唐代羁縻府州研究

刘统中古史文集

刘统 著

学林出版社

序一

唐代羁縻府州是一个很复杂很难搞清楚的问题。要搞清楚它一方面必须花很大的力气，另一方面必须绝对忠于史实，不受任何政治思想的影响。正是因为如此，所以古人、近代人直到当代人，长期以来史学界凡涉及这方面的述作，都极不完备，这为中国中古史研究、中国历代疆域变迁史研究留下了一个大缺憾。刘统同志这篇论文不能说把这个问题完全搞清楚了，但他的成就无疑大大超越了前人，成为研究这个问题的一个显著的新里程碑。

论文所搜集的资料不仅来自两《唐书》地理志、本纪、列传，《唐六典》《全唐文》《文苑英华》《大唐西域记》《通典》《元和郡县志》《册府元龟》《资治通鉴》《太平寰宇记》等及诸家笔记等唐宋文献资料，还包括了大量唐人墓志铭及其他出土文物中的有关记载，不仅采用了唐人的记载，还采用了唐朝域外记载如《蛮书》《世界境域志》《三国史记》《东国舆地胜览》等。对现代中外学者的有关著作和论文，也尽量吸取了其可用的论证。由此可见，作者所花的力气是很了不起的。在此基础上，因而有可能进行全面而深入的研究。

论文在分析论述上，可以说是戒绝了几十年来笼罩史学界的"左"风，凭史实讲话，做出了许多正确的论断。如其中的第七章第一节，指出羁縻府州的情况，因部族而异，因地而异，因时而异，差别很大。不能说是凡设置了羁縻州的地方便有唐一代都是唐朝的领土。其中有些短时期是，长时期不是。有的一直就只是一个名义，从来没有发生过任何实质上的政治隶属关系。这些话看似平凡，但在边疆史地研究史上却是非常大胆、可贵的突破。第二至第七节又详细考述了唐朝周围各地区羁縻府州在各个时期的情况，从而判断其性质，都是实事求是精神指引下的可喜成果。

文章指出、纠正了许多《新唐书·地理志》羁縻州章的脱误，都有令人信服的论据。论文具有上述两大优点，但也不能说达到了无瑕可指的地步。有些论述尚属可疑，有些记叙或出题，或重复。

此篇已是作者就此题写成的第三稿。第二稿比第一稿强，第三稿比第二稿又强了许多，可见作者的努力使成果在逐步提高质量。我想，作者就此稿再做一番仔细修订，那就可以达到在科学刊物上发表，并且为学术界一致赞许的水平了。

谭其骧
1988 年 10 月 25 日

序二

我国是一个统一的多民族国家，自周秦以来已经有了两千多年漫长的历史，在统一国家形成的过程中，呈现一种很具个性的特色，就是以居于黄河中下游地区的华夏族为核心不断地与周边其他族在政治、经济、文化以及社会生活等各方面进行长期的交往和融合。虽然在政治上表现为时而统一在一个政权之下，时而又分裂为几个政权并存。但随着历史的发展，互相融合越来越成为主要方面，其表现为统一的时间越来越长，分裂的时间越来越短，最终形成具有高度凝聚力、巩固的统一多民族国家。

究竟是什么内在力量促进这种过程呢？我们认为除了经济上的互补、文化上的认同外，中央政府因时度势，对不同地区、不同民族统治采取"因俗施治"的多样化的政策，则是其中一个很重要的原因。这就是《礼记·王制》所说"修其教不移其俗，齐其政不易其宜"的思想。汉武帝开始对新拓疆土的西域地区，不施行与内地一样的郡县制，而是设置军政合一的西域都护府，在青海地区置护羌校尉，以抚治与汉民族不同生产方式和不同生活习俗的游牧民族。东汉改西域都护为西域校尉，性质是一样的。三国魏在西域地区置戊己校尉、西域长史府，北魏又置西戎校尉府，唐宋时期则在周边少数民族地区置羁縻府州，而在元明清时代则为土司制度，这一系列制度都是这种传统思想的产物。

从历史发展的过程来看，中央王朝对边区统治，随着经济、文化联系交融的深化，越来越趋严密，而这种制度的比较完备和全面则始于唐代的羁縻府州。《新唐书·地理志》卷末云："唐兴，初未暇于四夷。自太宗平突厥，西北诸蕃及蛮夷稍稍内属，即其部落列置州县。其大者为都督府，以其首领为都督、刺史，皆得世袭。虽贡赋版籍，多不上户部，然声教所暨，皆边州都督、都护所领，著于令式。"先师谭季龙（谭其骧，编者注）教授著有《唐代羁縻州述论》（《长水集续编》），对唐代羁縻府州制度作了全面的论述，指出这种制度的种种复杂性，并做了十分细致的分析，对研究唐代羁縻州制度具有指导意义。

刘统同志的博士学位论文《唐代羁縻府州研究》是对唐代羁縻州个案的实证研究，全文对唐代六都护府属下诸都督府、羁縻州的设置年代、统隶关系、地理方位、兴废沿革作了全面的考订。以往尚无人对唐代羁縻府州作过如此全面、详尽的考订，有填补空白的意义。全书资料丰赡，考证翔实，逻辑严密，论断允当，是一篇研究佳作，也是研究唐代史地的必备书。对研究中国历史上对边疆地区统治制度的演变，具有重要的参考意义。我想读者读后必当有此同感。如果有人能够像刘统同志一样对我国自汉代以来历史上各代有关边疆地区的统治制度作全面、系统、深入的研究，并从中探求出一些规律性的东西，这不仅可以加深对我国多民族统一国家形成的理解，同时对今天如何促进民族团结、稳定边疆地区都有重要的参考价值。

刘统同志毕业于山东大学历史系，又为王仲荦教授硕士研究生，后又师从谭季龙教授攻读博士学位。我于50年代毕业于山东大学历史系，在校时听过王先生的魏晋南北朝隋唐史课，后随谭师从事历史地理研究。所以我和刘统是真正的前后同学，多年相处甚协。现谭师已仙逝，刘统同志的书要出版了，嘱我为序，虽感不宜也不便推辞，便写上几句，以表示祝贺。

邹逸麟
1997年7月5日

上篇 唐代羁縻府州研究

下篇　唐代羁縻府州考证

附 篇

上篇

唐代羁縻府州研究

第一章

引论

羁縻州，是唐朝为安置边境地区内附的少数民族部落而设置的一种特殊行政区划。《大唐六典·户部尚书》曰："凡天下之州府三百一十有五，而羁縻之州盖八百焉。"《旧唐书·地理志》列羁縻府州名目于诸都护府、都督府之后，并略有说明。唯《新唐书·地理志》列有专篇，并有序如下：

> 唐兴，初未暇于四夷。自太宗平突厥，西北诸蕃及蛮夷稍稍内属，即其部落列置州县。其大者为都督府，以其首领为都督、刺史，皆得世袭。虽贡赋版籍，多不上户部，然声教所暨，皆边州都督、都护所领，著于令式。今录招降开置之目，以见其盛。其后或臣或叛，经制不一，不能详见。突厥、回纥、党项、吐谷浑隶关内道者，为府二十九，州九十。突厥之别部及奚、契丹、靺鞨、降胡、高丽隶河北者，为府十四，州四十六。突厥、回纥、党项、吐谷浑之别部及龟兹、于阗、焉耆、疏勒、河西内属诸胡、西域十六国隶陇右者，为府五十一，州百九十八。羌、蛮隶剑南者，为州二百六十一。蛮隶江南者，为州五十一。隶岭南者，为州九十二。又有党项州二十四，不知其隶属。大凡府州八百五十六，号为羁縻云。

近年来，研究唐代边疆、民族史的学者们在论述羁縻府州的问题时，大多以此为依据，加以论述。但是如果与唐代历史文献相对照，就会发现这个序言有许多错误和遗漏。现列举几点：

一、唐代设羁縻州并不始自唐太宗贞观四年（630）。唐高祖武德年间就已开始设置。《新唐书·地理志》幽州幽都县："隋于营州之境汝罗故城置辽西郡，以处粟末靺鞨降人。武德元年曰燕州。""六年，自营州迁于幽州城中，以首领世袭刺史。"《太平寰宇记》卷71"燕州"条下引隋《北蕃风俗记》有更详细的记载。当时羁縻州与正州并没有明显的区别，《括地志》序略引《贞观十三年大簿》，记唐10道358州，河北的燕、师、昌、慎、威五州，剑南的郎、协、曲、褒等州，陇右的轨、崌、岩、奉等州，均被列入其内。而贞观四年平突厥设置的云中、定襄都督府则不在其中。只是在贞观二十二年（648）平薛延陀和高宗显庆年间平西突厥后，由于在边境地区大量设置羁縻府州，才将其与唐朝直接控制下的正州区别开来，称为羁縻州。

唐朝设置羁縻府州年代的下限，《新唐书·地理志》的序言中也没交代，只说"其后或臣或叛，经制不一，不能详见"。但州目中列举岭南道安南都护府管下有武陆州，为唐文宗开成三年（838）置。平原州，开成四年（839）置。这是岭南道最后设置的羁縻州。"安史之乱"后，关内道北部、陇右道大部为回纥、吐蕃据有，还有设置羁縻府州的记载，据《新唐书·沙陀传》：宪宗元和三年（808），沙陀部内附，"诏处其部盐州，置阴山府，以（朱邪）执宜为府兵马使"，"执宜死，子赤心嗣"。至宣宗大中年间，以赤心为蔚州刺史，方罢阴山府名号。这是唐朝在关内道设置的最后一个羁縻都督府。由此看来，自唐高祖武德元年（618）起，至宣宗大中年间的240年内，都不断地有羁縻府州设置。

二、《新唐书·地理志》列羁縻府州名目，分隶于贞观十道的关内、陇右、河北、剑南、江南、岭南六道，实际不止于此。《志》文中河东道并州阳曲县："（贞观）六年以苏农部落置燕然县，隶顺州，八年侨治阳曲，十七年省。"河北道羁縻州后注："李尽忠陷营州，乃迁玄州于徐、宋之境，威州于幽州之境，昌、师、带、鲜、信五州于青州之境，崇、慎二州于淄、青之境，夷宾州于徐州之境，黎州于宋州之境，在河南者十州，神龙初乃使北还，二年皆隶幽州都督府。"又据《旧唐书·西戎传·党项羌》："其在泾、陇州界者，上元元年率其众十余万诣凤翔节度使崔光远请降。宝应元年十二月，其归顺州部落、乾封州部落、归义州部落、顺化州部落、和宁州部落、和义州部落、保善州部落、宁定州部落、罗云州部落、朝凤州部落，并诣山南西道都防御使、梁州刺史臧希让请州印，希让以闻，许之。"据以上所述，除淮南道外，唐朝在九个道都设过羁縻府州，其范围相当广。

三、记载的错误和遗漏比比皆是。如焉耆都督府下注："有碎叶城，调露元年，都护王方翼筑。"郭沫若在《李白与杜甫》一书中，根据这条记载得出唐代有两个碎叶，一在中亚，一在焉耆。谭其骧先生在《郭著〈李白与杜甫〉地理正误》一文中，指出碎叶只有一个，在中亚托克马克。郭沫若之所以做了错误判断，是因为没有对《新唐书·地理志》的记载作深入考证。

再举姚州为例。《新唐书·地理志》以于、异等13州隶于姚州都督府，并注："武德四年，以古滇王国民多姚姓，因置姚州都督。"按《通典·州郡典》序："大唐武德初，改郡为州，太守为刺史，其边镇及襟带之地，置总管府以领军戎。至七年，改总管府为都督府。"则武德四年（621）无置都督府之说。《元和郡县志》记姚州沿革曰："姚州，龙朔中于州理置都督府，寻废入巂州，垂拱元年重置。"《旧唐书·张柬之传》曰："姚州本龙朔中武陵县主簿石子仁奏置之，后长史李考让、辛文协并为群蛮所杀……其州乃废……至垂拱四年，蛮郎将王善宝、昆州刺史爨乾福又请置州。"所述与《元和郡县志》相合，可知《新唐书·地理志》之误。

《新唐书·地理志》有关羁縻府州的记载，是唐朝正史中最详细的，稍加推究，就列出了它的几条错误，使我对这份史料的科学性和可靠性产生了怀疑，同时也引起了我对羁縻府州研究的兴趣。

唐帝国在"安史之乱"前的强盛繁荣，一项主要内容就是周边少数民族部落内附，疆域大大扩展，人口增加。具体表现就是羁縻府州的设置，数目之多，涉及的民族之广，都超过了前代。唐朝政府怎样实行羁縻统治？这些少数民族与中原王朝的关系如何？唐初一百多年疆域发生过什么变化？这些都是值得深入探讨的问题，要具体落实到羁縻府州的兴废、变迁和中原王朝的管理制度、政策和往来关系等方面。研究羁縻府州，对于研究唐代的民族关系、行政制度、边疆史地都有重要意义。

但是，研究这个问题，仅仅依据《新唐书·地理志》序言中的一段话，是不能得出一个令人信服的、全面准确的结论的，它的错误给我们研究唐代羁縻府州问题带来了极大的困难。通过阅读唐代历史文献，我们感到羁縻府州研究是一个难度很大的课题，主要表现在以下几个方面：

一、有关羁縻府州的材料十分缺乏。除了新、旧《唐书》的地理志外，纪传中只有简单的叙述。几部重要的唐代地理文献如《括地志》《通典·州郡典》《元和郡县志》则基本上没有记载。依靠樊绰的《蛮书》，我们才能了解到唐朝在今云南境内设置羁縻州的一些具体内容。依靠朝鲜古籍《三国史记》和《东国舆地胜览》，我们才获得了唐朝初期在辽东和朝鲜半岛上设置羁縻府州的更为深入的材料。对西域的昭武九姓地区和吐火罗地区的情况，依靠《大唐西域记》和 10 世纪波斯人的地理书《世界境域志》，才有一个初步的了解。但是这些文献毕竟太少了。另外，《唐会要》《册府元龟》以及《全唐文》和历年出土的唐代墓志、敦煌吐鲁番文书中，也有零星记载，需要下大力气去搜集整理。即使如此，许多地区羁縻府州的材料仍然很少，不能做出令人满意的解释。

二、羁縻府州的定点十分困难。内地正州，正史中均有沿革叙述，历代相承，便不难确定它的方位相当于今天何地。羁縻府州则不然，因自然地理环境和习俗的差异，羁縻府州的领地范围悬殊，而且文献记载得很不清楚。例如今天的蒙古草原和新疆天山以北的广大地区，唐朝是突厥、回纥等游牧部落的居住地。这些部落都是逐水草而居，迁徙无常的。举一例子，贞观二十二年，以多览葛部置燕然都督府，《新唐书·回鹘传》曰："多览葛亦曰多滥，在薛延陀东，滨同罗水。"按《旧唐书·北狄传》，贞观二年薛延陀"建牙于大漠之北郁督军山下，在京师西北六千里"。我们知道郁督军山即今蒙古国境内的杭爱山，同罗水在杭爱山以东，应为独乐水，即今图勒河。所以多览葛部设的燕然都督府应在今蒙古图勒河流域，靠近乌兰巴托一带。这是一个几百平方公里的范围，无法肯定它的确切方位。而剑南道的一些羁縻府州多以生活在山区坝子里的一些少数民族部落设置。如泸州都督府管下长宁州，领县4，户38。淯州，领县4，户15。《大清一统志》均定其方位在四川长宁县境内。以其领户来看，只是一个小村落，虽知在长宁县境内，也指不出其确址。只有天山南的安西四镇和几个羁縻州，因近年考古发掘到旧城遗址，可以精确定出方位。绝大部分羁縻州，也只能推测其大致方位。还有一些羁縻府州，受唐朝政治局势影响，几经迁徙。例如河北道营州管下的玄、慎、昌等州，最初置于营州附近，即今辽宁省朝阳附近，武后时内徙至幽州，后又迁至河南道的淄、青二州境内，玄宗开元末年，又迁回营州。还有《新唐书·地理志》中列举的党项24州，也是几经迁徙，都无法确定其准确方位。

三、对唐代羁縻府州这样一个重大问题，以前的研究成果很少。方国瑜先生在研究云南地方史的论著中，曾对唐朝在当地设置的羁縻州的沿革及方位做过详细论证。金毓黻先生在《东北通史》《奉天通志》等著作中，对东北地区唐代羁縻府州做过研究和考证。王治来等学者在中亚、西域史的研究中，对唐朝西域地区少数民族的变迁和羁縻府州设置也做了比较深入具体的研究。岑仲勉先生的《突厥集史》提供了一个研究唐朝北方民族和羁縻府州的较详尽的资料汇编。还有一些专题论文，不再一一列举。但是很少有人专门就羁縻府州问题进行研究。前辈的成果，为分区研究这个问题，提供了很好的借鉴和帮助。但是经过阅读历史文献，发现每个地区的材料，都有不同程度的缺陷，想从研究一个都护府来阐明唐朝的羁縻府州制度，都不能得出圆满的结论。因此，必须将各个地区的材料汇集起来，综合考证，来全面研究一下这个问题。

研究唐代羁縻府州，涉及民族关系、边疆地理、政治制度、经济制度等多方面的问题，以我个人的浅薄学力，想在本书中完全解决这个问题，几乎是不可能的。本书力图做到在广泛收集唐代正史、笔记、文集、碑志、出土文书以及后代地理书、正史、地方志、考古发现、外国古籍和今人研究成果的基础上，对唐代羁縻府州做以下几个方面的探讨：（1）纠正唐代地理文献中的不正确和不确切的论述，进行解释和详细论证。（2）尽可能将唐代所有羁縻府州确定方位或大致范围，述其沿革置废；并根据文献，补辑唐代地理文献中漏载的府州名目。（3）对唐代羁縻府州的设置制度、经济制度与中原王朝的关系做全面的探讨。（4）论述羁縻府州与唐朝疆域的关系。

希望本书能起到一个抛砖引玉的作用，以促进对这个问题的深入研究。

第二章

羁縻府州的建置与组织

第一节 唐初羁縻府州制度的草创

唐朝的羁縻政策，是李大亮在贞观四年首先提出的。当时刚刚平定东突厥，还没有开始经营西域。他说："中国百姓，天下本根，四夷之人，犹于枝叶。扰于根本，以厚枝附，而求久安，未之有也。""九州殷盛，四夷自服。"他又说："其自竖立称藩附庸者，请羁縻受之，使居塞外，必畏威怀德，永为蕃臣，盖行虚惠，而收实福矣。"[①]在朝廷中，就如何安置东突厥降户，也发生了一场争论。最后唐太宗采纳了温彦博的建议，"全其部落，顺其土俗，以实空虚之地，使为中国扞蔽"[②]，以此作为建置羁縻府州的基本方针。

实际上，羁縻州的设置从唐高祖武德年间就开始了。史载："初，隋末丧乱，豪桀并起，拥众据地，自相雄长；唐兴，相帅来归，上皇为之割置州县以宠禄之。"[③]这些归附的豪强中，就有少数民族部落。

武德元年，在河北幽州境内设燕州，《太平寰宇记》卷71引隋《北蕃风俗记》曰："初，开皇中，粟末靺鞨与高丽战，不胜，有厥稽部渠长突地稽者，

---

① 《旧唐书·李大亮传》。

② 《资治通鉴·唐太宗贞观四年》。

③ 《资治通鉴·唐太宗贞观元年》。

率忽使来部、窟突使部、悦稽蒙部、越羽部、步护赖部、破奚部、步步括利部，凡八部，胜兵数千人，自扶余城西北举部落向关内附，处之柳城，乃燕郡之北。炀帝大业八年为置辽西郡。"唐武德元年改为燕州总管府。唐王朝当时还未统一中原，谈不上在营州设置羁縻州。据《资治通鉴》，武德四年三月，"以靺鞨渠帅突地稽为燕州总管"。这也仅是名义上的归属。因为唐朝当时还未能控制河北。到武德六年（623）五月，"刘黑闼之叛也，突地稽引兵助唐，徙其部落于幽州之昌平城"，才算正式归于唐朝统治之下。燕州的迁徙过程，据《太平寰宇记》卷69引《郡国县道记》，燕州隋末为辽西郡，"理营州东二百里汝罗故城，后遭边寇侵掠，又寄理于营州城内"，"（武德）六年自营州徙居幽州城内"。突地稽部落几经迁徙，侨居幽州城内，当然是羁縻州，只是当时还没有这种区别。

地处今四川、青海、甘肃三省交界地区的党项诸部落，自唐武德、贞观之际向唐朝陇右、剑南道边州内附。

据《资治通鉴》记载，武德六年至八年（625），党项寇松、叠、渭、岷、廓等州，"寇"在这里，不能看作武装入侵，因为时间都在春、夏季节，逐水草而居的党项部落，很可能是在寻找牧场。贞观初，太宗着意吸引边境少数民族，派遣使节四出招抚。

贞观三年（629），"南会州都督郑元璹遣使招谕，其酋长细封步赖举部内附……列其地为轨州……其后诸姓酋长相次率部落皆来内属……列其地为崌、奉、岩、远四州，各拜其首领为刺史"[1]。南会州即茂州，由茂州遣使招谕，其地必在茂州以西。《大清一统志》卷419松潘直隶厅："废轨州，在厅西北。"《读史方舆纪要》卷73："废崌州，在松潘卫西北。"位置应在今若尔盖县、阿坝县一带。

贞观五年（631），"太仆寺丞李世南开党项之地十六州，四十七县"[2]。六

---

① 《旧唐书·西戎传·党项羌》。

② 《资治通鉴·唐太宗贞观五年》。

年（632），"党项羌前后内属者三十万口"。据《唐会要》卷98记载："贞观五年，诏开其河曲地为十六州。"这些羁縻州的设置，据《旧唐书·地理志》，有懿、阔、麟、雅、丛、岩、诺、蛾、直、肆、玉、台、桥13州，均隶松州。但在同书陇右道的记载中，却有如下自相矛盾之处：

兰州：武德八年置都督府，"贞观六年，又督西盐州。十二年，又督凉州。今督兰、鄯、儒、淳四州"。西盐州即位州，是生羌羁縻州。

岷州："贞观元年，督岷、宕、洮、旭四州。六年，督桥、意二州。十二年，废都督府。"

叠州：贞观十三年（639），"置都督，督叠、岷、洮、宕、津、序、壹、枯、嶂、玉、盖、立、桥等州，永徽元年，罢都督府"。

我以为，《旧唐书·地理志》的这些记载，反映了贞观年间初创党项州的情况。党项部落内附，并不限于松州管辖范围内。陇右道诸边州，都有招抚党项、开置羁縻州的情况。贞观九年（635），检校岐州都督刘师立遣使离间吐谷浑、党项关系，于是党项"多有降附，列其地为开、桥二州"。党项酋长拓拔赤辞内附，太宗委任他为西戎州都督。[①] 西戎州属于哪个都督府呢？按《旧唐书·李道彦传》，贞观九年，李靖击吐谷浑，岷州都督李道彦为赤水道行军总管，拓拔赤辞自愿为向导。李道彦至阔水，背信袭击拓拔赤辞，遭到反击，大败逃回松州。而拓拔赤辞肯定又背叛了唐朝。据此，西戎州应在松州管下，但存在的时间很短。

黔中道的几个正州，在初创时也具有羁縻州的性质。《旧唐书·地理志》曰：黔州，武德元年置。夷州、思州，武德四年置。南州，武德二年（619）置。当时唐朝尚未统一中原，怎么会先来开拓荒远的黔中呢？

《刘禹锡集》卷9《夔州刺史厅壁记》曰："唐兴，武德二年诏书，其以信州为夔州。七年，增名都督府，督黔、巫一十九郡。"黔中诸州，怎么会

---

① 《旧唐书·刘师立传》。

隶于夔州都督府呢？这与当时的政治形势有关。武德三年（620），李渊以李孝恭、李靖为统帅，在夔州（今重庆市奉节县）准备进攻江陵萧铣。武德三年，"改信州为夔州，使拜孝恭为总管，令大造舟楫，教习水战，以图萧铣。孝恭召巴蜀首领子弟，量才授用，致之左右，外示引擢而实以为质也"①。李孝恭召集的这些人中，除了山南诸部落酋长，也有黔中部落子弟。据《资治通鉴》记载，武德四年正月，黔州刺史田世康"攻萧铣五州、四镇，皆克之"。田世康是黔州大姓，听从李孝恭的招抚，起兵助唐，他的刺史之职也被唐朝承认。

思州是唐朝派使节招抚开置的。《大清一统志·贵州思南府·名宦》引唐朝《元和姓纂》的记载，"冉安昌，武德时为宣慰使。四年，以务川当牂牁要冲，请置郡守之，乃立为州。其后思、夷等土地之辟，苗民之附，皆自此始"。可见武德年间黔中诸州的开置，是唐朝招抚的结果，并非唐朝派驻官吏和军队进行直接统治。名为正州，实则羁縻。

类似这样的州，在《括地志》引"贞观十三年大簿"中，有70多个。像河北的师、昌州；剑南的冉、笮等州；黔中的庄、琰等州。当时与正州记录在一起，没有作区别。

贞观四年，唐朝出兵平东突厥。"于朔方之地，自幽州至灵州置顺、祐、化、长四州都督府。又分颉利之地六州，左置定襄都督府，右置云中都督府，以统其部众。"②

这是唐朝第一次正式设置羁縻府州的记录。对这样意义重大的事情，史书的记载却那样含混笼统，没有具体交代：（1）定襄、云中二都督府确切的地点。（2）自幽州至灵州如此广阔的地区，顺、祐、化、长四州是如何分布的？（3）唐朝如何管理这些羁縻府州？下面，我们分别探讨一下这些问题。

---

① 《旧唐书·李孝恭传》。
② 《旧唐书·突厥传》。

先谈谈定襄、云中二都督府。《资治通鉴》贞观四年四月注："定襄都督府侨治宁朔，云中都督府侨治朔方之境。按宁朔县亦属朔方郡。旧书温彦博传曰：帝从彦博议，处降人于朔方之地。则二都督府侨治朔方明矣。"胡三省根据《新唐书·地理志》将二府列入夏州境内，实为大误。因为夏州是唐朝的正州，而不是颉利故地。要考察二府所在，必须了解唐初颉利诸部的活动地区。

据《新唐书·突厥传》记载：颉利为东突厥可汗之初，"牙直五原北"。五原即丰州，今内蒙古的河套地区。贞观初年，颉利率部落迁移至汉定襄故城至代州北部地区，即今内蒙古呼和浩特至山西大同一带。贞观四年唐朝分道出兵打击颉利，进军方向就是这个地区。

根据唐太宗的命令，"兵部尚书李靖、代州都督张公谨出定襄道，并州都督李勣、右武卫将军邱行恭出通汉道，左武卫大将军柴绍出金河道，卫孝节出恒安道，薛万彻出畅武道，俱受（李）靖节度以讨之"①。我们知道唐朝的行军道，往往以攻击的目标命名。李靖的方向，当然是定襄故城。李勣的方向，是隋故通汉镇。据《隋书·袁充传》，通汉镇应在代州雁门以北。金河，即云中故城。《元和郡县志》曰："金河，即后魏什翼犍所都盛乐之地。"盛乐即云中，唐以其地有金河，置金河县，为单于都护府治所。恒安，按《新唐书·地理志》：云州云中县，"本马邑郡云内之恒安镇"，"有阴山道、青坡道，皆出兵路"。

经过以上考证，我们知道这场战争是在左起汉定襄、云中故城，右至云州恒安镇这条战线上进行的。当时颉利的牙帐就在定襄，在遭到李靖打击后，颉利向北逃至阴山碛口，后被俘虏，东突厥汗国灭亡，唐朝"复定襄、恒安地，斥境至大漠矣"。②突厥部落，皆降于李勣，"虏五万余口而还"。③

---

①　《旧唐书·突厥传》。

②　《新唐书·突厥传》。

③　《旧唐书·李勣传》。

唐朝收复了定襄故城，又俘获五万突厥人，怎样安置他们，成了一大问题。史书上没有说唐朝把他们长途押解到内地正州，只能是就近安置。联系到前面所说的"分颉利之地六州，左置定襄都督府，右置云中都督府"，我们有理由认为，这两个羁縻都督府，应该设在汉定襄、云中故城附近。

《新唐书·突厥传》说："故定襄城，其地南大河，北白道，畜牧广衍，龙荒之最壤，故突厥争利之。"这里的自然环境，十分适合游牧部落生存，自隋以来，突厥人就在那里定居了。隋末战乱，东突厥"迎萧皇后，置于定襄"①。《新唐书·突厥传》说："云中者，义成公主所居也。"1961 年，考古工作者分别考察了汉定襄、云中故城遗址。定襄遗址在今内蒙古自治区呼和浩特市东南 45 公里的美岱古城，发现"这里是一片广阔平原，它在古代不仅是阴山以南的重要孔道，也是发展农牧业的好场所"。②云中故城遗址在今内蒙古自治区和林格尔县城北 10 公里，呼和浩特南 10 公里的土城子。"宝贝河流经其南，河即古之金河，古城南面是平坦的河谷地带。"考古工作者根据历史文献的记载，以及城中出土的唐代文物、货币，及城外的墓葬，确定汉云中城、北魏盛乐城、隋大利城、唐云中都督府、单于都护府均置于此。③

定襄、云中故城，是游牧民族定居的理想地区，自然条件比漠北好得多。更重要的是，这里接近唐朝州县，为突厥南下劫掠提供了方便，因而颉利在此建牙，是合乎情理的。唐灭颉利，安置被俘部落的最好办法是就地解决，而不是把他们驱赶到几百里外，重新建立一个生活区。所以我认为，贞观四年设立的羁縻定襄、云中都督府，就设在汉定襄、云中故城。二城遗址，一左一

---

① 《隋书·北狄传·突厥》。

② 内蒙古自治区文物工作队：《1959 年呼和浩特郊区美岱古城发掘简报》，《文物》1961 年第 9 期，第 20 页。

③ 内蒙古自治区文物工作队：《和林格尔县土城子试掘纪要》，《文物》1961 年第 9 期，第 26—29 页。

右相距仅几十公里，也符合史书上"左置定襄都督府，右置云中都督府"的记载。

以上考证了许多，还仅仅是推论，遗憾的是，至今还没有一条过硬的历史文献记载来解决这个问题。要想证实这个推论能否成立，有待于今后考古的新发现。

定襄、云中二羁縻都督府建立后，唐朝怎样控制它们？二府都督由谁担任？隶属于唐朝的哪个地方机构？对此，史书上都没有记载。只是说太宗采纳了温彦博的建议："全其部落，顺其土俗"，"授以生业，教之礼义"，"选其酋长，使入宿卫"。唐太宗把突厥部落的大小酋长都召到长安，"皆拜将军中郎将，布列朝廷。五品已上百余人，殆与朝士相半，因而入居长安者近万家"。①

这种处置政策，不同于后来的羁縻政策，而与以前中原王朝处置少数民族降户的办法相似，把突厥贵族全部集中在长安，既有怀柔收买的含义，也有将他们作为人质集中管理，使部落处于无政府状态，无法再反抗唐朝的意图。

再谈顺州。贞观四年五月，"以突利为顺州都督"。突利可汗"牙直幽州之北。突利在东偏，管奚、霫等数十部"。降后，"封北平郡王"，"以其下兵众置顺、祐等州，帅部落还蕃"。②《新唐书·地理志》以顺州隶营州都督府，是合乎情理的。但《地理志》又说："又分思农部置燕然县，侨治阳曲；分思结部置怀化县，侨治秀容，隶顺州；后皆省。"阳曲属并州，秀容属忻州，何以河东道又有顺州呢？贞观五年，突利入朝，"至并州，道病卒"。突利入朝，显然有部族随行，突利卒，以滞留并州的下属侨置顺州，并加以秀容居住的思结部落，但这不是正式设置，所以很快就废罢了，而河北道顺州犹存。这样解释，尚可成立，而绝非河北道的顺州在河东道也有属县。

---

① 《资治通鉴·唐太宗贞观四年》。
② 《旧唐书·突厥传》。

贞观四年设置的羁縻州还有长、化（北开）、北宁、北抚、北安五州。据《旧唐书·地理书》，长、化二州均置于夏州境内。余三州治所不详。《金石萃编》卷38《阿史那忠碑》曰："（贞观）十一年，检校长州都督。"知长州以阿史那部落置。化州都督阿史那思摩，"颉利族人也，始毕、处罗以其貌似胡人，不类突厥，疑非阿史那族类"①。其是否突厥族属尚有疑问。北宁州都督阿史那苏尼失，"启民可汗之母弟"，"督部落五万家，牙直灵州西北"，及颉利为李靖所破，"苏尼失遂举其众归国"。②北抚州都督史善应，北安州都督康苏密，据张广达先生考证，均为昭武九姓粟特人。③

这些部落不同的羁縻州，由不同的方向内附。康苏密原是颉利亲信，在颉利败亡前以隋萧后来降，应该是由定襄内附。阿史那思摩与颉利同擒，而太宗特地将他迁入夏州，"令统颉利旧部落"④。阿史那苏尼失则是由灵州内附。唐朝之所以把这些部落迁至夏州境内，主要是由于关内道北部诸州因突厥侵掠，户口极少，当时迁入的阿史那思摩有"众十余万，胜兵四万，马九万匹"⑤。阿史那苏尼失有户五万。加之其他三州，是一个相当可观的数字。贞观四年，置丰州都督府，"不领县，唯领蕃户"。⑥都督史大奈，也是突厥族人。⑦丰州管下是哪些部落，史无明文。

长、化等五州是否属云中、定襄都督府管辖？我以为它们既在夏州境内，应属夏州都督府管辖。《旧唐书·窦静传》，窦贞观初为夏州都督，"及擒颉利，处其部众于河南"，太宗制曰："北方之务，悉以相委，以卿为宁朔大使，抚镇华戎。"⑧窦静卒于贞观九年，贞观十四年（640）三月，唐太宗"置宁朔大使，

---

① 《旧唐书·突厥传》。

② 《旧唐书·阿史那苏尼失传》。

③ 张广达：《唐代六胡州等地的昭武九姓》，《北京大学学报》1986年第2期，第73页。

④⑤ 《新唐书·突厥传》。

⑥ 《旧唐书·地理志》。

⑦ 《新唐书·史大奈传》。

⑧ 《旧唐书·窦静传》。

以护突厥"①。长、化等州显然应隶于唐宁朔大使管下。

所以，史书上的"自幽州至灵州，置顺、祐、化、长四州都督府"，只不过是一句虚词。这些羁縻州实际上分隶于它们所在的各边州都督府。我们知道顺州隶于幽州都督府，但顺州名下的思结部落的怀化县，侨治忻州秀容县，显然不会隶属于幽州。当时忻州尚未设置，究竟隶属于谁?《旧唐书·张俭传》曰："俭前在朔州，属李靖平突厥之后，有思结部落，贫穷离散，俭招慰安集之；其不来者，或居碛北，既亲属分住，私相往还，俭并不拘责，但存纲纪，羁縻而已。"张俭任朔州刺史，是在贞观四年以后。思结部落应在他的羁縻统治之下。

顺、祐、化、长等羁縻府州的设置，与定襄、云中二府有所不同。定襄、云中二府是在颉利故地设置，部落没有什么大的迁移变化。顺、祐、化、长四州则是将不同的部落由境外迁徙到唐朝各边州都督府境内，分别管辖。这样做的目的是为了充实边境户口，维护边境安全。如果唐朝政府能平等对待少数民族，与其和睦相处，也不失为一项安边之策。但是贞观十三年，突利可汗的弟弟结社率行刺太宗未遂，引起了唐太宗的思想变化，认为突厥降户居住在内地是危险的，于是以阿史那思摩为可汗，"突厥及胡在诸州安置者，并令渡河，还其旧部，俾世作藩屏，长保边塞"。②化州及长州均于同年废弃。③阿史那思摩率十万众渡河，牙于定襄城，实际上是与颉利旧部会合。当时北方有薛延陀汗国的威胁，强制迁移又造成部落人心动荡，仅三年，大部分降户又逃回胜、夏二州之境。贞观四年设置的羁縻府州，大部分都废弃了。定襄、云中之地，因阿史那思摩部众逃散，为突厥车鼻可汗据有。

综上所述，唐朝羁縻府州的草创阶段，没有什么统一的制度。正州与羁縻州之间尚无明显的区别，羁縻府州的设置、归属都是根据当时当地的具体情况处理，没有一套完整统一的规定。所以贞观四年设置的羁縻府州，最终还是未

① 《旧唐书·太宗纪》。

② 《资治通鉴·唐太宗贞观十三年》。

③ 《旧唐书·地理志》。

能巩固。尽管有种种不足，毕竟是一个开端。随着贞观末年大规模地设置羁縻
府州，其行政管理制度也逐渐完善起来。

第二节　羁縻府州的几种设置方式

从《新唐书·地理志》的序来看，羁縻府州的设置有两个特点：（1）以内
附少数民族部落设置，大者为羁縻都督府，小者为州。（2）都督刺史由部落酋
长担任，皆得世袭。如果研究一下唐代史料，就发现序言说的过于笼统，需要
从几个方面详细阐述。

在羁縻都督府之上，还设过羁縻都护府。高宗显庆二年（657），平阿史那
贺鲁，"裂其地为州县，以处诸部"，"又置昆陵、濛池二都护府以统之。其所
役属诸国皆置州，西尽波斯，并隶安西都护府"。[1]以西突厥十姓酋长阿史那弥
射为昆陵都护，领五咄陆部；以阿史那步真为濛池都护，领五弩失毕部。五年
后，高宗龙朔二年（662），十姓部落内乱，二都护府趋于瓦解。经裴行俭平叛
后，武后垂拱元年（685）重置二都护府。由于后突厥西侵，天授元年（690），
濛池都护阿史那斛瑟罗率部落入居内地，二都护府遂废止。唐高宗显庆年间，
西域的羁縻统治形式是这样的：

```
                     ┌── 四镇都督府 ────── 羁縻州（天山以南）
     安西都护府 ──────┤
                     └── 羁縻都护府 ────── 都督府 ────── 羁縻州（天山以北）
```

---

① 《新唐书·突厥传》。

内附部落也未必都设羁縻州，有的仅设一羁縻县，附于正州境内。《旧唐书·地理志》陇右道洮州："天宝元年，改为临洮郡，管密恭县、党项部落也，寄治州界。"

之所以出现这些情况，显然与羁縻州的设置方式有关。我们知道唐朝正州基本上由朝廷统一设立，其领地、户口、官员皆有定制。但羁縻府州则不同，归纳一下，大致有以下五种方式。

第一，由朝廷直接下令设置。贞观四年平东突厥，置顺、祐、化、长四州都督府，定襄都督府，云中都督府。贞观二十年（646）平薛延陀，太宗至灵州会见诸内附部落酋长。次年，诏置瀚海、金微等六府，皋兰等七州，"分西突厥地置濛池、昆陵二都护府"，"据诸姓降者，准其部落大小，位望高下，授刺史以下官"①。这三次设置，均由唐朝直接下令，设置的规模相当大。

第二，朝廷派使节出访设置。《唐会要》卷361：显庆三年（658）五月九日，"以西域平，遣使分往康国及吐火罗等国，访其风俗物产及古今废置，画图以进"。《唐会要》卷99记载果毅董寄生往康国，置康居都督府。又往史国，置佉沙州，以其国王为都督、刺史。"以陇州南由令王名远为吐火罗道置州县使，自于阗以西，波斯以东，凡十六国，以其王都为都督府，以其属部为州县。凡州八十八，县百一十，军、府百二十六。"②王、董二人虽是唐朝派出的使节，但官阶比唐朝派往东、西突厥故地进行册命和安置的卢承庆、元礼臣要低得多。王、董二人置州县后返回长安，撰《西域国志》60卷，"许敬宗领之，显庆三年上"③。其设置的羁縻府州由朝廷予以承认。

第三，军事将领在征讨中开置。这类情况主要表现在唐高宗时苏定方、李勣讨平百济、高丽，就地开置府州。

---

① 《资治通鉴·唐高宗显庆二年》。

② 《新唐书·地理志》。

③ 《新唐书·艺文志》。

显庆五年（660）八月，苏定方平百济，"平其国五部、三十七郡、二百城、户七十六万。乃析熊津、马韩、东明、金涟、德安五都督府，擢酋渠长治之，命郎将刘仁愿守百济城，左卫郎将王文度为熊津都督"，"文度济海卒，以刘仁轨代之"。① 这是唐朝在朝鲜半岛最先设置的地方行政机构。

设置了五个都督府后，苏定方即挟带百济王公大臣及百姓 1.2 万人乘船返回，新罗乘势占据了大部分百济故地。新罗"景德王分为全、武二州都督府"。即今韩国的全罗道。② 只有刘仁轨驻守的熊津都督府还在唐朝的控制之下。唐朝军队驻守在泗沘、熊津、带方三城。

从唐高宗显庆五年至麟德二年（665）的五年中，刘仁轨任带方州刺史，在驻守期间，他"修录户口，署置官长，开通途路，整理村落，建立桥梁，补葺堤堰，修复陂塘，劝课耕种，赈贷贫乏，存问孤老。颁宗庙忌讳，立皇家社稷。百济余众，各安其业。于是渐营屯田，积粮抚士，以经略高丽"。③ 据李朝徐居正修《东国舆地胜览》记南原古迹曰："刘仁轨城，即今府治所。周回数里，有旧基。姜希孟诗：废井荒凉锁暮烟。刘公事业说相传。井田遗址：唐刘仁轨为刺史兼都督，邑内里廛，取法井田，划为九区，至今遗址尚存。"

总章元年（668）九月，"李勣拔平壤，高丽悉平"。李勣"分高丽五部、百七十六城、六十九万余户，为九都督府、四十二州、百县，置安东都护府于平壤以统之，擢其酋帅有功者为都督、刺史、县令，与华人参理。以右威卫大将军薛仁贵检校安东都护，总兵二万人以镇抚之"。④

总章二年（669）二月，李勣上奏朝廷称："奉敕：高丽诸城堪置都督府及州郡者，宜共男生商量，准拟奏闻件状如前。敕依奏。其州郡应须隶属，宜委

---

① 《新唐书·东夷传·百济》。

② 《东国舆地胜览·全罗道》。

③ 《旧唐书·刘仁轨传》。

④ 《资治通鉴·唐高宗总章元年》。

辽东道安抚使兼右相刘仁轨遂便稳分割，仍总隶安东都护府。"[1]

男生即高丽贵族泉男生。从以上的话来看，李勣灭高丽后，与刘仁轨、泉男生共同商量，在高丽、百济故地设置羁縻府州。李勣开列了 39 州、城的名单，分为五类：

"鸭绿水以北未降十一城"，包括北扶余城州、新城州、辽东城州等。

"鸭绿水以北已降城十一"，有国内州等。

"鸭绿水以北逃城七"，有犁山城等。

"鸭绿水以北打得城三"，有银城等。

最后是熊津都督府、东明、支浔、鲁山、古泗、沙泮、带方、分嵯七州一府。

这里反映了一问题：所谓"未降""逃城"，分明是唐朝没有征服的地方。李勣也把它们列入呈报，表明这只是一个未付诸实施的计划。唐朝在高丽故地控制的羁縻府州，实际上占地有限，不是高丽全境。熊津州名义上是羁縻都督府，却由刘仁轨亲自驻守，说明它只是唐朝设于百济的一个军事要塞。这种羁縻统治是不能巩固的，唐军撤退后，高丽、百济境内的羁縻府州很快废弃了。

第四，边州都督府开置。这种方式主要表现在剑南、岭南和江南三道。利用招抚和征讨的方式，将地方豪族大姓控制下的领地纳入唐朝政府的管辖之下，设置正州和羁縻府州。武德五年（622），李靖"度岭至桂州，遣人分道招抚，其大首领冯盎、李光度、宁真长等遣子弟来谒，靖承制授其官爵。凡所怀辑九十六州，户六十余万。优诏劳勉，授岭南道抚慰大使，检校桂州总管"。[2] 按《新唐书·地理志》，岭南道有 73 州，1 都护府，其中一些正州和安南都护府是唐高宗以后陆续设置的。96 州中，有一部分应该是羁

---

① 《三国史记·地理》。

② 《旧唐书·李靖传》。

縻州。

唐初剑南道有羁縻南宁州都督府，世代为乌蛮大姓爨氏领地。武德七年（624），巂州都督府长史韦仁寿检校南宁州都督，"将兵五百人至西洱河，周历数千里，蛮、夷豪帅皆望风归附，来见仁寿。仁寿承制置七州、十五县，各以其豪帅为刺史、县令"。①《旧唐书·地理志》说南宁州"（武德）七年，改为都督，督西宁、豫、西利、南云、磨、南笼七州"。《校勘记》中说"史文疑脱西平一州"。按时间，这七个羁縻州是韦仁寿出使南宁州时所置。

第五，少数民族酋帅自行开置。这种情况比较特殊，在唐朝设置的羁縻府州中也是少数。云南安宁出土的《唐河东州刺史王仁求墓志》记载王仁求在唐高宗时于西洱河一带开置州县的情况。碑文说王系河东太原王氏之后，"将求宠于大国，以和其民人，招慰奏置姚府已西廿余州，俾睦其德"。碑文后又记咸亨五年（674），平定阳瓜州刺史蒙俭的叛乱，王仁求置河东等20余州，应稍早于高宗咸亨五年。王自称太原王氏，是伪托。《蛮书》卷5曰："渠敛赵，本河东州也。大族有王、杨、李、赵四姓，皆白蛮也。"《全唐文》卷175张柬之《请罢姚州屯戍表》云："至垂拱四年，蛮将王善宝、昆州刺史爨乾福又请置州。"王善宝，仁求长子，《王仁求碑》即王善宝所书。以上证据表明，王仁求是云南白蛮酋帅。

《王仁求碑》中自称在河东州"开其资财之道，颛川泽之利，（管）山林之饶，内足以养老尽孝，外足以事上贡税"，是当地强有力的统治者。当时西洱河一带"既处于僻界荒垂，不能为中国轻重，时复废弃，但云羁縻"。他看到这里"地形平衍，生殖丰阜，（彼）延企而慕思，宜郡县以从事"。于是，王仁求开置了20多个羁縻州。

但是这20多州，在唐朝文献中并没有明确记载。甚至河东州也被《新

---

① 《资治通鉴·唐高祖武德七年》。

唐书·地理志》错列入黎州都督府管下。方国瑜先生根据《蛮书》考订河东州在今云南凤仪,其说可信。河东州去黎州甚远,按其方位应隶于嶲州都督府管下,龙朔年间,姚州都督府立,王仁求开 20 余州,即改隶姚府管下。

王仁求开 20 余州,并不是奉唐朝政府之命,而是自行开置,"以求宠于大国"。这对双方都有利。唐朝不劳军旅,得到一大片领土。豪帅以此求得唐朝承认,以巩固自己地位。唐朝在岭南道,也曾借助高州冯氏和钦州宁氏拓地置州。事实表明,在偏僻遥远、交通困难的地区,用这种方式开拓羁縻州,比唐朝自己出兵要更有利。

为什么这 20 多羁縻州没有被列入《新唐书·地理志》呢?我们知道羁縻州与正州不同。正州的设置、变更,一般是由唐朝政府发布命令,所以记录在案。王仁求"奏置"20 余州,是他自行开设,报边州都督府备案的。姚州W 地处偏远,信息不通,羁縻州又时有废置,所以朝廷很难掌握清楚。因此,《新唐书·地理志》当然就无法将其收入书中了。

甚至姚州都督府的设置也是如此。《旧唐书·地理志》曰:姚州,"武德四年,安抚大使李英,以此州内人多姓姚,故置姚州,管州三十二"。而《旧唐书·张柬之传》曰:"姚州本龙朔中武陵县主簿石子仁奏置之,后长史李孝让、辛文协并为群蛮所杀……其州乃废。""至垂拱四年,蛮郎将王善宝、昆州刺史爨乾福又请置州。"张柬之说得比较具体,应以为准。赵绍祖《新旧唐书互证》卷 13 中解释《旧唐书》相互矛盾的记载说:"姚州当是置于武德,而移于麟德。又奏上于龙朔,而诏下于麟德。"这种解释也颇牵强。我的理解是:武德四年唐朝尚未统一中原,不可能致力于开拓姚州。李英所立,只是一羁縻州。王仁求开拓姚州,自置 20 余羁縻州,上报石子仁。石子仁于龙朔年间上疏高宗请置姚州都督府,麟德年间朝廷下诏批准。

第三节 关于羁縻府州数目的统计

《新唐书·地理志》列出唐代各道羁縻府州的名目和统计数字，我们将实际开列的州府清点一遍，发现有差异。

《序言》说"大凡府州八百五十六"，《志》文开列数目为855。剑南道少一州。进一步清点实际州目，列表如下。

表 2-1 《新唐书·地理志》所载唐代各道羁縻府州

道名	应有府州	实列府州	备 注
关内	119	119	都、流、厥、调、凑、般、匐、器、迹、锽、率、差、蚕、黎 14 党项废州未列入
河北	60	60	祐、长、化、北开、北宁、北抚、北安 7 州未列入。盖、辽、岩、带方 4 州，熊津等 5 府未列入
陇右	249	215	安西四镇都督府管内 34 州缺名，懿、盖等 19 党项州未列入
剑南	261	260	
江南	51	51	
岭南	92	74	蜀爨蛮州 18 缺名
党项州	24	11	序云不知所属，实则应隶山南东道梁州，13 州缺名
合计	856	790	有州名未列入 49 州，列入总数缺名 65 州

欧阳修的统计，实在是太粗略了。我们从以下两个方面来论证这个问题：其一，这些羁縻府州都存于什么时期？其二，有唐一代设置的羁縻府州究竟有

多少?

把《新唐书·地理志》与《旧唐书·地理志》相对照,可以看出《新唐书·地理志》大部分羁縻府州名目是参照以唐天宝十一载(752)统计为基础的《旧唐书·地理志》开列的,并加上一些"安史之乱"之后陆续设置的羁縻府州汇总而成。《旧唐书·地理志》中记载的羁縻府州,也不是一个标准年代的记录。其中不少羁縻府州,虽有名目而实际上在天宝十一载以前已不存在了。例如:

剑南道松州管下崌、懿、桥、玉等25州,"永徽已后,羌戎叛臣,制置不一。今存招降之始,以表太平之所至也"。《旧唐书·吐蕃传》说高宗永隆元年(680),"吐蕃尽收羊同、党项及诸羌之地,东与凉、松、茂、巂等州相接"。说明这25州在永隆元年后党项部落内迁,就已废弃,早于《新唐书·地理志》所说的懿、盖等19州是在唐肃宗时内徙。

《新唐书·地理志》北庭府管下2羁縻都护府、23羁縻都督府,《旧唐书·地理志》存16州,注曰:"寄于北庭府界内,无州县户口,随地治畜牧。"按《资治通鉴》记载,昆陵、濛池2府及诸州是唐高宗时平西突厥,以天山以北诸部落设置的。开元初突骑施汗国的强盛,兼并了诸部的领地,这些府州实际上已不存在。而寄治于北庭府境内的,不过是这些部落的残存户口。

《新唐书·地理志》记西域吐罗地区有16府,72州,《旧唐书·地理志》记16府,注曰:"自天宝十四载已前,朝贡不绝。今于安西府事未纪之,以表太平之盛业也。"这完全是虚词。这些府州是龙朔元年(661)王名远出使时命名的,唐朝并未在那里进行过实际统治。唐朝只是在名义上拥有这些羁縻府州,开元二十七年(739)后,大食占领河中、吐火罗,这些名义上的府州也不存在了。

列举以上几个例子是为了说明一个问题,无论是《新唐书》或《旧唐书》记载的羁縻府州,都是不同时期开置的总和,而不是同时存在的。

那么，唐朝在贞观、显庆、开元和"安史之乱"后这几个阶段里，各拥有多少羁縻府州呢？这是一个难以精确统计的问题。因为要解决这个问题，需列出一个羁縻府州沿革表，但由于史料不足，许多羁縻州只记设置年代，不记废止时间。另一些羁縻州只记"开元所领"，"其后或臣或叛，经置不一，不能详见"。连准确的开置年代也没有，就难以确定这些羁縻府州的起止时间了。

有唐一代究竟设置了多少羁縻府州？《新唐书·地理志》开列了 855 州，加上有名未列的 49 州，共 904 州。是否完全呢？只能说很不完全。在《新唐书》纪传和《新唐书·地理志》后附的贾耽《四夷路程》中，有许多羁縻府州未收入《地理志》中。例如：

《四夷路程》中安南境内有忠城、多利、朱贵、汤泉、禄索州，"皆爨蛮安南境也"。这应该是《地理志》中缺名的峰州都督府管内蜀爨 18 州中的几个。

《新唐书·南蛮传》，邕州西有黄氏、侬氏据州 18，黄氏有太州，《地理志》皆不载。

《新唐书·西域传》中记载唐高宗时，中亚昭武九姓诸国曾置康居、大宛、休循州三都督府，佉沙、木鹿等 5 州，《地理志》亦不载。

《新唐书·沙陀传》有阴山都督府，元和三年置。

以上所举，都是欧阳修编志时的疏漏。若搜录唐朝史料、诗文，后代地理书、朝鲜史书，以及出土的唐代碑铭、文书，还可以辑出一部分羁縻府州名目。据我个人的搜集，还可以补充以下州目：

关内道：

吐谷浑州 2：

　　安乐州：《新唐书·地理志》："威州，本安乐州。"

　　长乐州：《唐慕容威墓志》，见于《宁夏文物述略》。

陇右道：

北庭都护府：

千泉都督府、俱兰都督府、颉利都督府。以上3府见于乾陵石人像题名。

河北道：

宁夷州：见于《旧唐书·史思明传》。

礼州：见于《千唐志·靳勖墓志铭》。

北扶余城州、国内州、屋城州、多伐岳州、东明州、支浔州、鲁山州、古泗州、沙泮州、分嵯州，以上10州，总章元年以高丽故地置，见于金富轼著《三国史记》卷37附李勣上疏。

剑南道：

姚州、戎州都督府：

波州、蹄州、越析州、津州、化州、浪穹州、阳瓜州、蒙舍州、双祝州、沙壹州。以上10州，载于樊绰《蛮书》。

巂州，见于《南诏野史》卷上。

渠浪州：见于洪迈《容斋随笔》卷1。

泸州都督府境内州1：

蔺州，见《读史方舆纪要》卷73。

岭南道：

邕州都督府境内州11：

智州：《元丰九域志》卷10。

鹈州：《太平寰宇记》卷166，景云二年属邕州。

渡州、笼州、武峨州、武龙州、昆明州、婪凤州。见于《太平寰宇记》，先天二年（713）置。

广源州，见于《宋史·蛮夷传三》，元和年间，唐邕管经略使徐申招抚西原黄氏，立州。

廖州，见于上林县唐《智城碑》。

养利州，见于《读史方舆纪要》卷109。

安南都护府境内州4：

味州、登州，见于《蛮书》卷4。

武安州、南诚州，2州见于《唐会要》卷73。大足元年置。

黔中道：

诚州、徽州，见于《宋史·蛮夷传二》。

以上辑录的48州，其具体记载和方位，参见"下篇"的各道羁縻府州考证。

唐代文献中还有一些关于唐朝在剑南、岭南、黔中设置羁縻府州的记载，其数目超过了《新唐书·地理志》的记录。

剑南道姚州都督府，《大周河东州刺史王仁求碑》记唐高宗时，王仁求"奏置姚府以西廿余州"。《大周故正义大夫使持节都督姚、宗等卅六州诸军事守姚州刺史上柱国皇甫君（文备）墓志》记皇甫文备在武后万岁通天二年（697）后任姚州都督，"使持节姚、宗、巨、縻卅六州诸军事"。《旧唐书·张柬之传》记开元时姚州"总管五十七州"。反映了唐初姚州不断开置羁縻州的情况。《新唐书·地理志》姚州管下仅13州。《皇甫文备墓志》中提到的宗、縻等州则是在戎州管下。究竟戎州管内有多少州原隶于姚州，张柬之说的57州是哪些，目前还无法弄清楚。

岭南道桂州都督府，《全唐文》卷441韩云卿《平蛮颂》，记大历十二年（777）桂州都督李昌巘奉命征讨，"统外一十八州牧守，羁縻反覆，历代不宾。

皆受首请罪，愿为臣妾"。《新唐书·地理志》桂州管下仅8个羁縻州，大历十二年收复了哪些羁縻州，也没有具体的记载。

《唐文拾遗》卷41崔致远《补安南录异图记》曰："安南之为府也，巡属一十二郡（峰、骥、演、爱、陆、长郡、琼、武定、武安、苏茂、虞林），羁縻五十八州。"《新唐书·地理志》安南管下40州，加上逸名的峰州管下蜀爨18州，虽合58州之数。但长郡、琼、武定、苏茂都列入羁縻州，《蛮书》记载峰州以西的登、忠城、多利、哥富、甘棠等州，"大中初悉属安南管系，其刺史并委首领勾当。大中八年，经略使苛暴，川洞离心，疆内首领，旋被蛮贼诱引，数处陷在贼中"。说明峰州管下18州，大中八年（856）后多数已为南诏控制。崔致远的58州是咸通年间的情况。《新唐书·地理志》的58州在咸通年间还保留着多少，又新置了哪些州，也不清楚。

黔州都督府，据元和年间权德舆撰《黔州观察使新厅记》："（黔中）凡四使十五郡五十余城，裔夷岩险，以州部修贡职者，又数倍焉。"[1]50余城，即指黔州都督府管下51羁縻州，与《新唐书·地理志》记载相合。但是还有更多的羁縻州，连都督府也不清楚。按清朝《贵阳府志》和《麻江县志》，我们知道51羁縻州分布在今贵州南部。当时黔中道还管辖今湖南的湘西山区，当时是"五溪蛮"的住地。这些地方设了多少羁縻州，唐朝文献没有提及。五代时马楚政权向湘西扩张，征服五溪部落，记载了许多羁縻州。

《十国春秋》卷68：楚王马希范平五溪蛮，"自是宁州蛮莫彦殊以所部温、那等十八州，都云蛮尹怀昌率其昆明等十二部，牂牁张万濬率其彝、播等七州，皆前后来附"。《资治通鉴》后晋齐王天福八年记温、那等18州云："其州无官府，惟立牌于冈阜，略以恩威羁縻而已。"

《旧五代史·马希范传》曰："溪州洞蛮彭士愁，寇辰、沣二州，希范讨平之，士愁以五州乞盟，乃铭于铜柱。"铜柱的铭文，保存在光绪年修《湖南

---

① （唐）权德舆：《黔州观察使新厅记》。

通志》卷 268 中。内容是五溪大姓彭、田、向、龚、覃氏，各率其所领州县官吏与马希范会盟的情况。在最后的题名中，详细记录了五溪一带的羁縻州县名目。其中除溪州外，狭、忠彭、南、高、湘、向化、保静、涪、万、永、武宁、来化、感化、古、谓等州，皆为地理书中所不载。关于这些州的方位，马力在《北宋的北江羁縻州》(《史学月刊》1988 年第 1 期) 中已做了详细考证，此不赘述。但马力与《宋史·蛮夷传》对照，认为这些羁縻州属于北宋时期。我以为应属于唐代。铭文中列举了诸多官职，如"知军州事别驾""左厢都押衙""金紫光禄大夫""检校 × 州诸军事"等，都是晚唐以来就有的官号。铭文中说彭氏"世传郡印，家总州兵，历三四代，长千万夫"。立铜柱距唐亡仅 30 余年，又在宋朝建立之前，说明五溪诸姓在唐朝就已经建立了这些羁縻州。

总之，唐朝设置的羁縻府州，就目前能搜集到的，已达到将近 1000 个。开元天宝以前设置的，唐朝文献记载的还比较详细。"安史之乱"后，除安南外，几大都护府的羁縻州纷纷废弃或迁徙。晚唐岭南、黔中道羁縻州又有增长，而唐朝史书记载很不清楚，造成了《新唐书·地理志》的缺漏。相信今后随着出土文物的不断增加，对羁縻府州的研究还会深入下去。

第三章

羁縻府州的制度与管理

第一节 都护府和羁縻府州的任官制度

按《新唐书·地理志》序言的说法，唐朝设置羁縻府州，似乎只是为了安置内附的部落，在边境找块空地让其安居，以充实唐朝边防。它们只要与唐朝保持名义上的臣属关系，一切内部事务令其自治，政府概不过问，也没有什么具体的管理制度。事实并非如此，《新唐书·地理志》说："虽贡赋版籍，多不上户部"，"皆边州都督、都护所领，著于令式"。"边州都督、都护所领，著于令式"这句话，十分重要。让我们根据唐代文献记载，看看唐朝政府是如何管理羁縻府州的。

贞观十四年九月平高昌，置安西都护府于西州，是唐朝设立的第一个都护府。在此之前，关内道北部已经普遍设置了羁縻府州，但还没有设都护府，而是"置宁朔大使，以护突厥"。据《旧唐书·窦静传》，窦静曾以夏州都督兼宁朔大使，卒于贞观九年。则宁朔大使应置于贞观四年之后，九年以前。这是都护府的雏形。唐高宗时，向外扩张，先后设置了单于、安北、安东等都护府。按唐朝正史记载，除了设置时间较长的安西、北庭、单于、安北、安东、安南六都护外，还有设立时间较短的东夷、金山、保宁三都护府，一共九个都护府。

《通典·职官十四·都护》："大唐永徽中，始于边方置安东、安西、安南、安北四大都护府，后又加单于、北庭都护府。府置都护一人（掌所统诸蕃慰抚、征讨、斥堠，安辑蕃人及诸赏罚，叙录勋功，总判府事），副都护二人（掌贰都护事。其安北、单于则置一人），长史、司马各一人（录事、功曹、仓曹、户曹、兵曹、法曹参军各一人，参军事三人。其安北、单于唯有司马、仓曹、兵曹各一人，余并不置）。"

单于，安北都护府的都护、副都护，均由唐朝官员担任。贞观二十一年（647）初置燕然都护府，以李素立为都护。二十三年（649）三月，置丰州都督府，使燕然都护李素立兼都督。李在都护府治所"建立廨舍，开置屯田"[①]。副都护是元礼臣[②]。高宗显庆二年，燕然都护任雅相，副都护萧嗣业。龙朔元年，燕然都护为刘审礼[③]。单于都护府则有不同，麟德元年（664）以殷王李轮（李旦）为大都护。宗室王任都护是遥领，不赴任。都护府应是长史主管。高宗调露元年（679），单于府管下突厥部落反，即以单于府长史萧嗣业领兵讨之。[④]

都护府与正州一样，有等级之分。《唐六典·户部尚书》曰："单于、安西、安北为大都护府，安南、安东、北庭为上都护府。"《旧唐书·地理志》记载与《唐六典》大体一致。《新唐书·地理志》则以北庭为大都护府，安东为上都护府，安南为中都护府。我以为《新唐书》记载的是开元以前的情况，当时安东、北庭都有很大的领地和众多羁縻府州。开元时代，北庭大部分领地为突骑施所有，安东大部分羁縻州由于新罗、渤海的占据而废弃，两个都护府地位下降，就如《唐六典》所记了。

羁縻府州以部落划分，大者为府，小者为州，似乎没有等级之分。实际

---

① 《旧唐书·李素立传》。

② 《资治通鉴·唐太宗贞观二十二年》。

③ 《资治通鉴·唐高宗龙朔元年》。

④ 《资治通鉴·唐高宗调露元年》。

上还是有区别的。唐朝常常授予部落首领勋官称号，从品阶的高低可以看出唐朝对这个羁縻府州的重视程度。唐高宗显庆三年二月，"置怀化大将军正三品，归化将军从三品，以授初附首领，仍分隶诸卫"。①平阿史那贺鲁后，唐朝以阿史那弥射为昆陵都护，阿史那步真为濛池都护，并授右卫大将军衔，正三品。一般的羁縻州首领，地位要低些。贞观四年平东突厥，置云中、定襄二都督府领诸羁縻州，"其酋首至者皆拜为将军、中郎将等官，布列朝廷，五品以上百余人"②。据《安菩墓志》，当时六胡州大首领安菩入朝，"首领同京官五品，封定远将军，首领如故"。岭南道的羁縻州因地处边远，领户又少，地位更低。广西上林县出土《智城碑》为"左玉钤卫金谷府长上左果毅都尉员外置上骑都尉检校廖州刺史韦敬辨撰"。廖州是不见于正史记载的一个羁縻州，果毅都尉，"上府从五品下，中府正六品上，下府正六品下"③。而且还是员外官。可见廖州的地位比六胡州还要低。

领地的大小并不决定羁縻府州的等级。如果某个羁縻府州地处边防要地，或是唐朝致力于开拓、控制的地区，唐朝政府对其酋长委以高官，以示宠信。而一些地处遥远，唐朝无力控制，只是名义上归属的地区，即使领地再大，也不为唐朝重视。例如安西都护府管下的四镇都督府和吐火罗就是一个对比。吐火罗诸国除了定期到长安朝贡，接受唐朝的册封外，一切仍准持原状。甚至吐火罗叶护仍是突厥人。《册府元龟》卷999《外臣部·请求门》有开元六年（718）十一月吐火罗叶护阿史特勒致玄宗皇帝的上书："仆罗兄吐火罗叶护部下管诸国王都督刺史总二百一十二人，谢飏王统领兵马二十万众，罽宾国王统领兵马二十万众，骨吐国王、石汗那国王、解苏国王、石匿国王、悒达国王、护密国王、护时健国王、范延国王、久越得健国王、勃特山王各领五万众。仆罗祖父已来，并是上伴诸国之王，蕃望尊重。仆罗兄般都泥利，承嫡继袭。先

---

① 《旧唐书·高宗纪》。

② 《旧唐书·突厥传》。

③ 《新唐书·百官志》。

蒙恩敕差使持节，就本国册立为王。然吐火罗叶护积代已来，于大唐忠赤，朝贡不绝。本国缘接近大食、吐蕃东界，又是西镇，仆罗兄每征发部落下兵马讨论击诸贼，与汉军相知声援，应接在于边境，所以免有侵渔。"

从这件上书中我们看到了吐火罗叶护的管辖范围和他们与唐朝的关系。名为归顺唐朝，实则自治。在上书中，吐火罗叶护抱怨龟兹王和石国王都得到了唐朝三品将军的称号，他掌管那么大的一片地区，却只得到四品中郎将封号，深为不平，请求到长安朝贡，以得到高位。其实唐朝给羁縻府州诸国君长的封号，完全依照其亲疏关系处理。突骑施是唐朝依靠的力量，可以册封为王。石国、龟兹在唐朝直接控制下，册封三品也属正常。而吐火罗与唐关系最远，所以地盘虽大，叶护也只得四品郎将了。

羁縻府州都督、刺史的任命有几种形式。唐太宗于贞观四年平东突厥后、贞观二十年平漠北薛延陀后，曾两次召集北方诸部酋长到长安，授予他们勋官和羁縻府州都督、刺史官职。这种形式与唐朝的朝集选官制相似，但非常制。羁縻府州刺史的任命，平时由边州都督府负责。《新唐书·选举志》说："高宗上元二年，以岭南五管、黔中都督府得即任土人，而官或非其才，乃遣郎官、御史为选补使，谓之'南选'。"玄宗天宝八载（749），高僧鉴真途经桂州，适逢南选。始安郡都督冯古璞，"其所都督七十四州官人，选举试学人并集此州"。① 按《新唐书·地理志》，桂府管下只有梧、贺等 11 个正州，其余相当一部分应是羁縻州。

《新唐书·地理志》说羁縻府州"以其首领为都督、刺史，皆得世袭"。一般情况下是这样的。唐朝尊重部落习俗，父死子代，并由唐朝册立，承认其继承权，以维持部落的稳定。但有特殊情况，则不拘此例。

贞观二十二年，漠北地区的瀚海都督、回纥酋长吐迷度为兄子乌纥谋杀。唐燕然副都护元礼臣杀乌纥，平息内乱，立吐迷度子婆闰为瀚海都督。这是唐

---

① ［日］真人元开：《唐大和上东征传》。

朝用武力干预维持部落的世袭制。但是当有些部落发生叛乱，唐朝无力控制局势时，也承认篡位者为继承人。贞观二十二年，东北地区的奚部酋长可度者内附，被封为饶乐府都督。可度者死后，奚、契丹先后叛唐。唐朝征讨失败，无法控制二部。后来李大酺被拥立为奚部落酋长，开元二年（714），大酺请降。唐朝也承认李大酺的地位，封他为饶乐都督。这实际上是一种广义上的世袭，羁縻统治仍然可以维持下去。

《太平寰宇记》卷79记载剑南道姚州都督府管下羁縻州时说："其为刺史，父子相继，无子即以其党有可者公举之。"唐朝也承认由部落推举的继承人。如果酋长无后，引起内部争执，则由唐朝政府出面裁决。开元十年（722），黔中大酋长谢元齐死，"诏立其嫡孙嘉艺袭其官封"①。这是很特殊的。黔中羁縻州地处偏僻，对唐朝政府来说不甚重要，何以要中央下诏册立继承人呢？只能解释为谢元齐无后，子弟争夺，一场内乱即将来临，只好由黔州都督府上报，由朝廷来裁决，以避免内乱。

羁縻府州刺史如果不能履行职责和对唐朝的义务，唐朝也可以下令废除其继承权。《全唐文》卷285有开元二十四年（736）张九龄撰《敕当州别驾董惩运书》《敕当、悉等州羌首领书》。剑南当州别驾董惩运的父亲，原当州刺史，因酗酒被唐朝官员王昱上书奏报朝廷，董上书申诉，遭到张九龄的训斥："卿久袭冠带，复拘法式，宁不知此，犹且有词？至于卿身，合承刺史，比来未授，亦则有由。""卿若能自励，从此改修，父亡子及，终不失旧。"这段话的意思是，董氏父子虽是羌人酋长，亦必须遵守唐朝法令。如有过失，唐朝有权废除其父子世袭特权，重新委派他人担任刺史。张九龄派王承训前往当州处理，引起悉、柘、静、维、翼诸州首领不安。张九龄又发敕书，抚慰诸部："卿等祖父以来为国守境，皆尽忠赤，防捍外蕃。"反映了这些羁縻州的作用。并声明当州的事不会波及其他诸州。"既是子孙久袭冠带，各守先业，是得坦

---

① 《旧唐书·南蛮西南蛮传·牂牁蛮》。

然，何所忧虞？"只要这些部落首领忠于唐朝，唐朝承认其刺史世袭制。

在一些设置羁縻府州的部落，除了授予酋长都督、刺史的唐朝官号外，仍允许他们保留部落旧制。如回纥酋长吐迷度被唐朝封为怀化大将军兼瀚海都督，"然私自号可汗，署官吏，壹似突厥。有外宰相六、内宰相三，又有都督、将军、司马之号"。[①]高宗显庆年间，平阿史那贺鲁，于天山以北西突厥故地设昆陵、濛池二羁縻都护府，"以阿史那弥射为兴昔亡可汗，兼骠骑大将军、昆陵都护"，"阿史那步真为继往绝可汗，兼骠骑大将军、濛池都护"。[②]对唐朝来说，二都护受制于安西大都护府。对诸部落，二都护又兼有可汗称号。可见羁縻府州实行蕃汉双重官制，目的在于维持部落习俗，便于统治。

一般说来，羁縻府州是以内附的少数民族部落设置，由部落酋长担任都督刺史。但也有个别例外，内附部落也有列为正州的，正州刺史也有部落酋长担任的。

《元和郡县志》关内道丰州："贞观四年，突厥降附，又权于此置丰州都督府，不领县，唯领蕃户，以史大奈为都督。"蕃户即内附的部落民众，但史大奈虽是突厥人，却不是蕃部酋长。据《旧唐书·突厥传》记载，隋炀帝大业年间，史大奈即归中国，事隋、唐二朝为武将，他出任丰州都督，是唐朝委派他守护边防，所以虽领蕃户，也是正州。

凡被任命为羁縻府州都督、刺史的蕃部酋长，依唐朝官制发给印契、告身和笏版。贞观二十二年平薛延陀，以回纥等部置府州13，"拜其酋长为都督、刺史，给玄金鱼以为符信，又置燕然都护以统之"[③]。以后各道羁縻府州，都由唐朝政府授以州印。前引《旧唐书·西戎传·党项羌》，肃宗宝应元年（762），党项归顺州部落等十州，"并诣山南西道都防御使梁州刺史臧希让请州印，希让以闻，许之"。《宋史·蛮夷传》，"淳化二年，知晃州田汉权言，本管砂井步

① 《新唐书·回鹘传》。
② 《新唐书·突厥传》。
③ 《旧唐书·北狄传·铁勒》。

夷人粟忠获古晃州印一钮来献"。晃州是唐黔州都督府管下羁縻州，印当为唐朝所颁。《唐会要》卷73有唐文宗开成四年安南都护马植上表，奏管内有部落酋长杜存诚，管户四乡，"丁口税赋，与一郡不殊。伏以夷貊不识书字，难愿印文。从前征科，刻木权用，伏乞给发印一面，令存诚行用"。马植上表得到批准，但杜存诚被委任何官，史无明文。由此看来，在关内、山南、黔中、岭南诸道，都有授予羁縻府州部落酋长印符的记录。

州印之外，还授予羁縻府州的都督刺史告身。告身是唐朝政府在朝集铨选时发给官吏本人的委任状。按《新唐书·选举志》，凡铨选合格的官吏，"视品及流外，则判补。皆给以符，谓之告身"。《唐会要》卷73引开元四年（716）三月四日敕："诸都护府史，并令于管内依式简补，申所司勘责，然后给告身。"羁縻府州是"著于令式"的，这个诏书是责成都护府长史挑选羁縻府州都督判史人选，报朝廷审批，发给告身授官。《宋史·蛮夷传》："雅州西山野川路蛮者，亦西南夷之别种也。距州三百里，有部落四十六，唐以来皆为羁縻州。太平兴国三年，首领马令膜等十四人"，"上唐朝敕书告身凡七通，咸赐以冠带，其首领悉授官以遣之"。这些告身应是唐雅州都督府所授。

唐朝官员，按品给笏版。羁縻府州首领亦同。太宗贞观二十二年，结骨酋长失钵屈阿栈入朝求官，曰："执笏而归，诚百世之幸。"被太宗授以坚昆府都督。[①]说明羁縻府州首领与唐朝官员享受同样待遇。

第二节　唐朝政府对羁縻府州的管理

从上一节的叙述中我们看到：羁縻府州的职官制度，与内地正州没什么不

---

① 《资治通资·唐太宗贞观二十二年》。

同。唐朝地方官吏的品阶、印信制度，在羁縻州同样实行。不同的是，唐朝政府对羁縻府州的管理和控制，与正州有很大区别。

《资治通鉴》说：唐高宗总章元年，"复置安东都护府，擢酋豪有功者授都督、刺史、令，与华官参治。仁贵为都护，总兵镇之"。所谓"华官参治"的具体内容，就是唐朝政府委派一批官员担任羁縻府州的参军、佐史，对部落酋长起协助和监督的作用。朝鲜古籍《三国史记》卷7记咸亨元年（670）六月，"高丽谋叛，总杀汉官"。仪凤元年（677）二月，唐朝"徙安东都护府于辽东故城，先是有华人任安东官者，悉罢之"①。可见唐朝平定高丽，置安东都护于平壤的一段时间内，在管下诸羁縻府州中曾普遍设华官参治。

实际上"华官参治"羁縻府州的制度，在贞观末年已开始实行了。只是当时还不太成熟。

贞观二十年八月，漠北诸部酋长遣使见唐太宗，"乞置汉官"②。二十一年置府州，诸部"仍请能属文人，使为表疏"③。于是太宗下令"府州皆置长史、司马已下官主之"。④贞观末重置云中、定襄二都督府，后隶于单于都护府。突厥酋长舍利元英曾为云中都督。王立本曾任单于都护府长史⑤，崔余庆在显庆年间任定襄都督府司马⑥。

到唐高宗时，"华官参治"的羁縻统治方式作为一项定制，在许多地区实行过，唐代文献中还保存了一些零星史料，以资证明：

河北道：

《大唐故王府君墓志铭》："尹讳歧"，"以明经擢第"，"又授师州录事参

---

① 《资治通鉴·唐高宗仪凤元年》。

② 《旧唐书·太宗纪》。

③ 《资治通鉴·唐太宗贞观二十一年》。

④ 《旧唐书·回纥传》。

⑤ 《旧唐书·突厥传》。

⑥ 《旧唐书·崔敦礼传》。

军"，"以贞观十八年"，"终于渔阳郡官舍"。

《文苑英华》卷928张九龄撰《玄州司户参军吕府君碑》："公讳处真"，"起家授玄州司户参军"，"天册二年"，"遇疾终于家"。师州、玄州为营州都督府管下羁縻州。

千唐志《大唐故邵武县令靳君墓志》："君讳勖"，"麟德元年释褐补带方州录事，俄转进礼州司马"。带方州属安东都护府。

陇右道：

吐鲁番出土阿斯塔那239号文书《唐西州高昌县成默仁诵经疏》："成默仁，前任别敕授焉耆都督府录事。去景龙四年制改授沙州寿昌县令。"焉耆府属安西都护府。

剑南道：

《全唐文》卷295韩休撰《赠邠州刺史韦公神道碑》："公讳钧"，"（景龙年间）以亲累出为晏州嵯峨县丞"。

《大唐故青州司仓参军赵府君墓志》："（公）讳克廉"，"制检校縻州司户"。晏州属泸州都督府，縻州属戎州都督府。

《新唐书·南蛮传》："弄栋蛮"，"昔为褒州。有首领为刺史，误杀其参军，挈族北走，后散居磨些江侧"。杀了一个参军吓得举族迁徙，此参军为唐朝命官无疑。

黔中道：

《大唐故郏鄏府司马杜君墓志》："君讳才"，"释褐任弄州汤罗县尉，俄转庄州南阳县尉"，开耀元年（681），"终于洛阳私第"。庄州属黔州都督府。弄州不见于记载，待考。

从以上列举的史料中发现一个问题：凡有华官参治的羁縻州，都是内附于边州都督府境内定居的或有固定治所的。游牧部落居住的北庭都护府管辖区域没有一个实例。前述贞观末于漠北诸部署长史、司马，除了崔余庆在内附的定襄府任职，也没有实例证明漠北诸游牧部落有华官参治。看来在迁徙无常、无固定治所的地方，很难设固定的唐朝官吏，而采取了其他方法。

唐朝文献中有不少朝廷或都护府派遣使节，不定期地前往游牧部落处理内政的记载。唐太宗时，崔敦礼作为唐朝使节，"频使突厥"，"（贞观）二十年"，"又奉诏安抚回纥，铁勒部落"。① 设官也好，出使也好，都是唐朝实行羁縻统治的方式。这些使节和官员有哪些职责，执行什么使命呢？

（1）处理部落重大事件，如吊丧、立嗣。贞观二十二年，"瀚海都督回纥吐迷度为其下所杀。诏敦礼往就部落安辑之，因立其嗣子而还"。②

（2）招抚、安置内附部落。高宗永徽三年（652），薛延陀残部自漠北南下内附，遣崔敦礼出使茂州，"发薛延陀余众渡河，置祁连州以处之"。③

武后圣历初，北庭突骑施酋长乌质勒表示归顺唐朝，以解琬充使"安抚乌质勒及十姓部落，咸得其便宜，蕃人大悦"。④

（3）调解羁縻部落与唐朝地方政府的冲突。开元四年，杜暹"迁监察御史"，"会安西副都护郭虔瓘与西突厥可汗史献、镇守使刘遐庆等不叶，更相执奏，诏暹按其事实"，"（杜）承诏复往碛西，因入突骑施，以究虔瓘等犯状"。⑤ 由于杜暹执法公允，缓和了冲突，受到突骑施部落拥戴。

（4）推行汉化政策。《太平寰宇记》记唐岭南邕州都督府管下左右江22个羁縻州："并是羁縻卓牌州，承前先无朝贡，州县城隍不置立。司马吕仁高，唐先天二年奏：奉敕差副使韦道桢、滕崇、黄居左等巡谕，劝筑城隍。其州百姓悉是雕题凿齿，画面文身"，"承其劝谕，应时修筑。自后毁坏，不复重修"。吕仁高不顾当地少数民族习俗，强迫推行汉化政策，结果没有成功。

剑南、岭南道的边州都督府，定期召集羁縻州首领赴府，名为赏赐抚慰，实则是一种监督、管束的方式。《太平寰宇记》开列姚州都督府管下诸州，

---

① ② 《旧唐书·崔敦礼传》。

③ 《资治通鉴·唐高宗永徽三年》。

④ 《旧唐书·解琬传》。

⑤ 《旧唐书·杜暹传》。

后注："右上件羁縻诸州除没落云南蛮界一十五州，其余虽有名额，元无城邑。""或因春秋有军设则追集赴州，著夏人衣服。""无税赋以供官，每年使司须有优赏，不拘文法。"

也有不定期的召集。每逢都督府宣敕，或当道节度使、经略使巡视，则诸部酋长前来拜见。如嶲州都督府管下"又有夷望、鼓路……十二鬼主皆隶嶲州。又有奉国、且伽十一部落，春秋受赏于嶲州，然挟吐蕃为轻重。每节度使至，诸部献马……既见，请匹锦、斗酒……及还，裹锦植马上而去"。岭南邕州都督管下有"黄氏、侬氏据州十八，经略使至，遣一人诣治所"。[①]

这种召集方式，表面看来是对诸部落实行安抚，实际上是以此来掌握诸羁縻府州的设置并加以控制，然后将情况汇报朝廷。《新唐书·地理志》说羁縻府州"皆边州都督、都护所领，著于令式"。这个"令式"今天已不得见，《新唐书·刑法志》曰："唐之刑书有四，曰律、令、格、式。令者，尊卑贵贱之等数，国家之制度也；格者，百官有司之所常行之事也；式者，其所常守之法也。凡邦国之政，必从事于此三者。"令式是唐朝政府各部门的职能及行政法规的细则。有关羁縻府州的设置、管理制度，当然会包括在内。

令、式是制度书，不一定具体记载羁縻府州的具体名目、兴废沿革。我们在唐朝文献中，常常看到边州都督、都护的上表，述其管内诸羁縻州事宜。唐朝政府应有部门具体管理这方面的事务。羁縻府州首领不是唐朝正式职官，不在吏部管内。又"版籍贡献，不上户部"。究竟由谁负责？答曰：兵部。《旧唐书·职官志》兵部尚书下有职方郎中，"郎中，员外郎之职，掌天下地图及城隍、镇戍、烽堠之数，辨其邦国都鄙之远近，及四夷之归化。凡五方之区域，都邑之废置，疆场之争讼者，举而正之"。羁縻府州及邻近藩属国的部族、道里、置废、领地情况，都应在其掌管之内。

与职方郎中共同掌管羁縻府州事务的，还有礼部的主客郎中和鸿胪寺卿。

---

① 《新唐书·南蛮传·西原蛮》。

职方郎中管理由各地报来情况，而主客郎中则负责部落首领的来往接待。《新唐书·百官志》曰：主客郎中，"掌二王后，诸蕃朝见之事"。其具体事务为：蕃州都督、刺史朝集日，按品给衣冠，负责往来的驿传、食料。外蕃使节来，给程粮。处理蕃客的宿卫、市易、继袭等事，重要的是最后一句话："使绝域者还，上闻见及风俗之宜，供馈赠贶之数。"前述显庆三年，王名远出使吐火罗置州县，回来后撰《西域国志》60 卷，述其见闻及置府州情况，主客郎中按其职责，也应参与其事。

鸿胪卿，负责接待蕃客及使者。《唐会要》卷 63《诸司应送史馆事例》曰："蕃国朝贡，每使至，鸿胪勘问土地、风俗、衣服、贡献、道里远近，并其主子名报。"《新唐书·百官志》兵部职方郎中："凡蕃客至，鸿胪讯其国山川、风土，为图奏之，副上于职方。"鸿胪卿将了解的外蕃情况分别转送史馆和兵部职方郎中，加上职方郎中和主客郎中各自掌握的情况，唐朝政府对各地羁縻府州的情况就有了比较全面的了解，可以想象，《新唐书·地理志》羁縻州的专篇，就是根据这几方面的材料汇集而成的。

第三节　都护府对羁縻府州的军事管制

上一节列举的唐朝政府对羁縻部落实行的管理制度，都具有怀柔、安抚的性质。如果认为唐朝对少数民族部落仅是实行安抚，那就错了。唐朝政府以羁縻府州隶属于诸都护、都督管下，本身就具有军事管制的性质。

贞观二十二年，西突厥分裂，阿史那贺鲁率部落内附于庭州，贞观二十三年，置瑶池都督府，以贺鲁为都督，隶于安西都护。这是唐朝在天山以北地区设置的第一个羁縻都督府。当时唐朝四处开拓疆土，无力再派重兵直接控制天山以北地区。于是唐太宗召李靖一起商量对策，"太宗曰：朕置瑶池都督，以隶安西都护，蕃汉之兵，如何处置？靖曰：天之生人，本无蕃汉之别，然地远荒漠，必以射猎而生，由此常习战斗。若我恩信抚之，衣食周之，则皆汉人矣。陛下置此都护，臣请收汉戍卒，处之内地，减省粮馈，兵家所谓治力之法也。但择汉吏有熟蕃情者，散守堡障，此足以经久，或遇有警，则汉卒出焉"。[①]李靖的方针，是让阿史那贺鲁代唐朝控制这一地区，而唐朝军队则集中在某些军事据点内，进行监视。李靖的方针为后来唐朝在西域的军事管制定下了基调。

《新唐书·百官志》中，叙述都护的职责是"掌统诸蕃、抚慰、征讨、叙功、罚过，总判府事"。诸都护府、都督府都掌管着不同数量的军队，或驻守于治所，或分驻于诸羁縻府州附近。以安西都护府为例，《旧唐书·地理志》曰："安西都护府治所，在龟兹国城内。"但考古发现表明唐朝驻军与龟兹都督府不在一地。黄文弼先生在库车地区进行考古发掘，发现这样一个情况：龟兹城遗址在今库车城的东郊，古城墙遗址周长约七公里，从出土遗物看这里是唐代龟兹国都，也就是羁縻龟兹都督府所在。在东城墙内有麻札甫塘遗址，出土许多唐钱，"若把这些遗迹与历史记载联系起来看，可以说这个城是唐朝在龟兹所建立的一个政治中心区，或许是唐朝安西都护府的所在地"。在龟兹城遗址之外，西南距麻札甫塘约三公里的地方，有明田阿达古城遗址，为内外二重城，出土有"左卫率府广济府卫士□□□杂字"的汉文残纸。黄文弼先生以为："此纸必写在显庆以后，为唐驻龟兹之士兵残籍也。""因此我疑唐时龟兹城即在麻札甫塘，而驻兵于明田阿达。明田阿达城的结构、地理位置、形势也正与此相合。"[②]

在焉耆，黄文弼先生也找到了类似的证明。今焉耆县城南有四十里城子古

---

① 《李卫公问对》卷中。

② 黄文弼：《新疆考古发掘报告（1957—1958）》，文物出版社 1983 年版，第 65 页。

城遗址。遗址有二，一为喀拉马克沁古城，周 2856 米，有开元钱及唐人用具出土。在此古城西北角紧邻一大古城遗址，分内外二重。经实地考察与文献记载相对照，"喀拉马克沁为唐代镇城，其西北角之大城为焉耆国王之都城"。也不排除这样一种可能："焉耆国都与镇城可能是同在一地，各驻一城，或同驻一城，而有新老之别。"①

黄文弼先生的考察，搞清楚了唐安西都护府与龟兹、焉耆等四羁縻都督府的关系。羁縻都督府设在其国都城内，唐朝驻军则驻在都城附近的镇城内，负责保卫和监督都城。这样看来，安西四镇与四羁縻都督府是两个概念。前者是安西都护直接管辖下的军镇，后者是羁縻统治下的蕃府。碎叶、于阗也有相同的记载。《新唐书·地理志》记碎叶"有保大军，屯碎叶城"。开元四年，杜暹"以监察御史覆屯碛西，会安西副都护郭虔瓘与西突厥可汗阿史那献、镇宁使刘遐庆更相讼，诏暹即按。入突骑施帐，究索左验"。② 突骑施部落，当时是羁縻嗢鹿州都督府，"屯碎叶西北"③。杜暹到碎叶去调查安西副都护与镇守使的冲突，这个镇守使应是碎叶镇守使。后来突骑施攻陷碎叶，徙牙帐居之，碎叶才由唐朝军镇转为羁縻嗢鹿州都督府治所。《全唐文》卷 917 杨炎撰《四镇节度副使右金吾大将军杨公神道碑》曰："公名和"，"（天宝年间）自武卫将军四镇经略副使加云麾将军兼于阗军大使"，"以十四载五月，薨于镇西之馆舍"。说明唐朝在于阗镇曾有于阗军驻守。

都护府和边州都督府都有抚慰和征讨管下部落的职责。征讨可以分为两类：一是镇压民族分裂的行为，维护边疆安全。例如高宗显庆年间平西突厥阿史那贺鲁的叛乱，玄宗开元三年（715）安西都护府军队远征拔汗那，反击吐蕃和大食对中亚地区的入侵，均属这一类。另一类则是用武力征服一些弱小部落，或镇压这些部落对唐朝政府的反抗。高宗永徽元年（650）十二月，"梓州

---

① 黄文弼：《新疆考古发掘报告（1957—1958）》，文物出版社 1983 年版，第 26 页。

② 《新唐书·杜暹传》。

③ 《新唐书·突厥传》。

都督谢万岁，充州都督谢法兴，与黔州都督李孟尝讨琰州叛獠；万岁、法兴入洞招慰，为獠所杀"。①李孟尝先派两个羁縻府都督去诱降，为琰州部落拒绝，李孟尝便出兵征讨。当时他讨伐的不止琰州。最近出土的《唐李孟常碑铭》曰："（贞观）廿年，出除使持节都督黔、思、施、费、巫、庄、应、充、辰、播、矩、夷、琰、蛮、柯十五州，牂州都督等府诸军事，黔州刺史。属昆、牂二州蛮夷扇动，边亭夕警，荒徼晨严。公授律徂征，随机致讨，三令既申，一举大定。"②昆、牂二州，都是黔州都督府管下羁縻州。此外，开元九年（721）镇压兰池州康待宾起义，并于次年徙降户于河南，也属于此类。无论是哪一类的征讨，对羁縻府州的兴废都有很大影响。

在某种特殊的情况下，还设置过临时都护府，指挥军事行动，这就是唐高宗时在天山以北地区设置的金山都护府。

显庆年间，平定阿史那贺鲁叛乱，设立了昆陵、濛池二羁縻都护府管理天山以北诸羁縻府州，总隶于安西都护府下。龙朔二年，二羁縻都护府内乱，十姓无主，引起天山以北局势的大动荡，唐朝的羁縻统治趋于瓦解。

当时西域形势十分严峻：吐蕃侵入安西四镇，安西都护府由龟兹退驻西州。天山以北诸部又投附吐蕃，对唐朝守军有南北夹击之势。当年西突厥攻陷庭州，刺史来济战死，城池被毁坏荒废。唐朝必须采取有力措施，来恢复对西域地区的统治。在这种背景下，产生了裴行俭的西征和金山都护府的设置。

关于金山都护府的情况，历史记载很不清楚。郭平梁的《唐朝在西域的几项军政建置》，林超民的《安西北庭都护府与唐代西部边疆》，以及日本学者伊濑仙太郎的《中国西域经营史研究》对它做了许多研究，使我们对这个都护府的设置、作用有了较清楚的认识。

---

① 《资治通鉴·唐高宗永徽元年》。
② （唐）李安期：《唐李孟常碑铭》。

关于金山都护府设置的时间，有两条材料可考：一为《全唐文》卷228《赠太尉裴行俭神道碑》曰："出为西州长史，又改金山副都护，又拜安西大都护，西域从政七八年间，穷荒举落，重译向化。"按《旧唐书·裴行俭传》，贬西州长史在高宗显庆二年，拜安西大都护在麟德二年。显庆二年初置昆陵、濛池二都护府，隶安西都护之下，显然没必要重叠设置金山都护府。金山都护府的设置应在龙朔二年濛池、昆陵二都护府瓦解后至麟德二年之间的三年内。

又《新唐书·王方翼传》："裴行俭讨遮匐，奏为副，兼检校安西都护，徙故都护杜怀宝为庭州刺史。方翼筑碎叶城"，"未几，徙方翼庭州刺史，而怀宝自金山都护更镇安西"。裴行俭西征在高宗调露元年，至碎叶，平定阿史那都支和遮匐的叛乱。在此前后，王方翼、杜怀宝先后担任金山都护，从二人调换职务来看，金山都护府应治庭州，由庭州刺史兼领金山都护。

金山都护府之所以记载不明，因为它是在昆陵、濛池都护府瓦解后，为了平定天山以北的叛乱，重建唐朝统治而设置的临时性机构。当平叛完成后，就不再有金山都护府的称号了。

第四节　册封与纳质

册封，就是皇帝派遣使节，给某个蕃部落的酋长或继承人命名一个封号。这一类的记载很多，但是否属于羁縻统治的方式之一，是值得商榷的。因为必须明了册封的意义和目的。

我们前面谈到，唐初在北方游牧部落设置羁縻府州，实行蕃汉双重官制。对唐朝称为都督刺史，对本部落仍沿用可汗旧制。可汗的称号，需要得到唐朝的册封，才名正言顺。对蕃部来说，请求册封是以小事大的礼节，也是求得唐朝承认和庇护的一种手段。唐朝则通过册封来笼络部落酋长，达到羁縻统治的目的。

唐太宗、高宗时代，是羁縻统治最有力的时期。一些大部落的酋长，虽被封为可汗，但唐朝给他们的勋官称号从未超过三品大将军。突骑施酋长乌质勒，高宗时内附仅为贺莫达干、嗢鹿州都督，中宗神龙年间被封为怀德郡王，开了蕃部酋长封王的先例。其后玄宗开元年间，皮逻阁被封为云南王，大祚荣被封为渤海郡王，但历史事实表明，他们与唐朝的关系已经发生了变化。

唐高宗在天山以北设置的昆陵、濛池二都护府，在武则天时代已名存实亡。突骑施部落取而代之。首领乌质勒，原是濛池都护斛瑟罗下的部落首领，后逐渐强大，"其下置都督二十员，各统兵七千人，尝屯聚碎叶西北界，后渐攻陷碎叶，徙其牙帐居之。东北与突厥为邻，西南与诸胡相接，东南至西、庭州。斛瑟罗以部众削弱，自则天时入朝，不敢还蕃，其地并为乌质勒所并"。① 突骑施统一天山以北西突厥十姓部落，取代西突厥成为这个地区的统治者。唐朝无力派军队直接占领，只得借助突骑施的力量，所以才封乌质勒为王。乌质勒死后，其子娑葛袭封。中宗景龙二年（708），娑葛杀唐使者，攻陷安西都护府。又上书申冤，声称造反是为唐朝官员所迫。中宗赦免娑葛，还册封他为十四姓可汗。如果娑葛是唐朝直接控制下的羁縻府州首领，唐朝根本不会对他如此宽容。这个道理，周以悌曾对想投靠唐朝的突骑施将领阙啜忠节说得很清楚："国家不爱高官显爵以待君者，以君有部落众故也。今脱身入朝，一老胡耳。岂惟不保宠禄，死生亦制于人手。"②

武则天时，李尽忠、孙万荣带领奚、契丹部落反唐，使唐朝在东北的羁縻统治趋于瓦解。营州都督府管下的羁縻州部落只有一些残部入徙幽州。开元四年，奚、契丹酋长来降，重置松漠、饶乐二都督府，但是与唐朝的关系已大不

---

① 《旧唐书·突厥传》。

② 《资治通鉴·唐中宗景龙二年》。

如前。唐朝只是册封二部的酋长,对其内部事务则无权干涉。每逢更选首领,无论正常即位,还是阴谋篡夺,唐朝都予以承认。例如开元六年,松漠都督李失活死,从父弟娑固代统其众,玄宗遣使册立。尔后大臣可突于赶走娑固,立娑固从父弟郁于为主,玄宗"令册立郁于,令袭娑固官爵,仍赦可突于之罪"。后郁于病死,弟吐于受册立袭爵,又为可突于驱逐。可突于立邵固为主,又得到唐朝册立。

所以,开元时期将周边几大部族首领册封为王,反映了这些部落的强大已达到独据一方,唐朝无法用武力征服的地步。所以册封成了笼络他们的手段,而不是统治下的恩赐。

但是尽管如此,册封的目的还是为了控制这些大部落,以保证边境安全。唐朝配合册封还实行过和亲政策。开元、天宝之际,玄宗几次出降宗室公主与契丹、奚首领通婚。据《旧唐书·北狄传》记载:

开元五年(717),以永乐公主出降契丹首领李失活,以固安公主出降奚首领李大酺。

开元十年,以慕容氏为燕郡公主,出降契丹首领李郁干。

开元十四年,以东华公主妻契丹首领李邵固,以东光公主妻奚首领李鲁苏。

和亲政策本身,是中原王朝对少数民族地区无力直接统治或进行军事征服时,转而采用的一种安抚手段。我们看到高宗时初置松漠、饶乐二府,并没有用和亲政策,表明契丹、奚与唐朝的关系,在玄宗时确实与以前不同。但是公主下嫁除去笼络的目的外,还有监视其部落的意图。开元十八年(730),"契丹衙官可突干杀其主李召(邵)固,率部落降于突厥,奚部落亦随西叛。奚王李鲁苏来奔,召固妻东华公主陈氏及鲁苏妻东光公主韦氏并投平卢军"。[①]玄宗闻讯,发河北兵马讨伐。在此之前,"鲁苏牙官塞默羯谋害鲁

---

① 《旧唐书·玄宗纪》。

苏，翻归突厥。（固安）公主密知之，遂设宴诱，执而杀之。上嘉其功，赏赐累万"。[1]

纳质，即蕃部酋长遣子入朝留宿卫制度。唐朝皇帝常常命令蕃部酋长派子弟入朝，被唐朝封以将军郎将称号，留作宿卫。也有蕃部子弟前来朝贡被留宿卫的。这些子弟作为人质，被唐朝用来控制蕃部酋长，使其不得反叛。如贞观四年平东突厥后，以突利可汗弟结社率入朝为中郎将，后因谋反被杀。当时入朝的酋长"皆拜为将军，中郎将等官，布列朝廷，五品以上百余人"[2]。据突厥文《暾欲谷碑》自述："我，英明的暾欲谷，本人受教于唐朝，（那时）突厥人民臣属于唐朝。"[3] 结社率反叛事件发生后，太宗才下令让诸部酋长返回故地，而以其子弟入朝。太宗逝世，高宗立即令瑶池都督阿史那贺鲁之子咥运入朝，防其反叛。

留宿卫原是一种荣誉，《新唐书·百官志》说：武德、贞观时重资荫，只有贵族官僚子弟才有资格宿卫，"其后入官路艰，三卫非权势子弟辄退番，柱国子有白首不得进者；流外虽鄙，不数年给禄禀。故三卫益贱，人罕趋之"。这时再让蕃部子弟充宿卫，纯粹是当人质。而外蕃子弟仍不断入朝，目的是想学习中国制度和文化。在一些边州都督府，也曾有过类似情况。如唐宪宗时，韦皋任剑南节度使，"选群蛮子弟聚之成都，教以书数，欲以慰悦羁縻之，业成则去，复以他子弟继之。如是五十年，群蛮子弟学于成都者殆以千数"。[4] 这也是唐朝实行羁縻统治的一种方式。

但是要指出，册封和纳质并不仅是唐朝控制羁縻部落的方式，对一些不曾属于唐朝管下的外蕃和外国，也曾接受唐朝的册封和遣子入侍。甚至一些任正州刺史的部落酋长，也要遣子入侍。如岭南道高州总管冯盎，于贞观五年被征

---

① 《通典·边防十六》。

② 《旧唐书·突厥传》。

③ 《暾欲谷碑》，耿世民译。

④ 《资治通鉴·唐宣宗大中十三年》。

入朝[1]，作为人质加以控制。在这方面，羁縻部落与外蕃部落，没有什么区别。

第五节 朝贡关系探讨

朝贡是唐朝周边诸藩属国与唐朝保持联系的主要方式。在文献记载的朝贡国中，有一部分是唐朝曾设过羁縻府州的。我们从西域地区入手，探讨两个问题：（1）朝贡的性质；（2）朝贡与羁縻统治的关系。

唐朝对朝贡有完整的规定。《太平寰宇记》卷200《杂说并论》曰："西番诸国通唐使处，悉置铜鱼。雌雄相合，十二只皆铭其国名。第一至十二雄者留在内，雌者付本国。如国使正月来者，赍第一鱼。余月准此，闰月即赍本月而已。校与雄合，乃依常礼待之，差谬即推按奏闻。"

验明来使身份，总管接待事务的是礼部的主客郎中。据《新唐书·百官志》：主客郎中掌诸蕃朝见之事。"殊俗入朝者，始至之州给牒，覆其人数，谓之边牒。蕃州都督、刺史朝集日，视品给以衣冠、袴褶。""西南蕃使还者，给入海程粮；西北诸蕃，则给度碛程粮。"接待外国来使的鸿胪寺要询问收集蕃国的情况，并通报兵部职方郎中，已见前述。唐朝使节外出，也同样要将经过情况上报。这样，唐朝对西域的情况就了解得相当详细。《新唐书·地理志》曰："唐置羁縻诸州，皆傍塞外，或寓名于夷落。而四夷之与中国通者甚众，若将臣之所征讨，敕使之所慰赐，宜有以记其所从出。"

来长安朝贡的不一定都是国家使节。有不少西域商人看到唐朝政府为朝贡者提供食宿及各种优待，便纷纷打着朝贡的旗号住在长安，长期不返，后来

---

[1] 《资治通鉴·唐太宗贞观五年》。

居然成了唐朝政府的一个沉重负担。"初，代宗之世，事多留滞，四夷使者及四方奏计。或连岁不遣，乃于右银台门置客省以处之。""动经十岁，常有数百人，并部曲、畜产动以千计，度支廪给，其费甚广。"[①]

日本学者伊濑仙太郎在《中国西域经营史研究》一书中，综合了《新唐书》《旧唐书》的本纪和西域传、西戎传，《册府元龟》的朝贡、褒异二门中有关朝贡的记载，开列了一个详细的《西域诸国朝贡表》，列出编年记。因原文太长，引用不便，今简化统计如下。

表 3-1　西域诸国朝贡简表

国名	朝贡次数	起止年代	朝贡次数最多年代
高昌	10	武德二年—贞观十三年	贞观
焉耆	11	贞观六年—天宝七载	贞观
龟兹	14	武德元年—天宝七载	贞观
疏勒	8	贞观九年—天宝十二载	贞观
于阗	16	贞观六年—天宝七载	贞观
天竺	20	贞观十五年—开元十九年	开元
罽宾	19	武德二年—乾元元年	贞观、永徽、天宝
康国	31	武德七年—大历七年	贞观、开元、天宝
安国	18	武德—乾元二年	开元、天宝
曹国	7	贞观十六年—天宝四载	永徽、天宝
石国	21	贞观八年—天宝十四载	开元、天宝
米国	7	开元六年—天宝五载	开元
何国	2	贞观元年—十五年	贞观
史国	5	贞观十六年—天宝五载	开元

---

① 《资治通鉴·唐代宗大历十四年》。

续表

国名	朝贡次数	起止年代	朝贡次数最多年代
拔汗那	22	显庆元年—宝应元年	天宝
吐火罗	28	贞观九年—乾元元年	开元
悒怛	1	天宝七载	
帆延	1	贞观初	
石汗那	2	开元二十一年—天宝十三载	
识匿	4	贞观二十年—开元十五年	开元
护密	10	调露元年—乾元元年	开元
俱密	5	贞观十六年—天宝十载	开元、天宝
骨咄	5	开元十七年—天宝九载	开元
波斯	26	贞观十三年—大历六年	开元、天宝
西突厥	25	武德二年—开元二年	贞观
葛逻禄	6	天宝四载—十二年	天宝
突骑施	20	圣历二年—乾元二年	开元、天宝

按我们通常的想象，与唐朝关系最密切的藩属国，来往必定频繁，朝贡次数也一定最多。反之则表明关系疏远。从上表我们发现。与唐朝关系最密切的藩属国，朝贡记录反而少。高昌于贞观十四年被唐朝征服，改为西州，姑且不论。安西四府的焉耆、疏勒、龟兹、于阗在贞观二十二年第一次开置四镇前，朝贡频繁，从贞观二十二年到天宝十四载（755）110 年间，各有零星的四五次朝贡。与之对比的是，与唐朝没有直接藩属关系的波斯、天竺，朝贡记录很多，而且间隔的年数也很均匀。如果以朝贡来确定唐朝与这个蕃国关系的亲疏，显然解释不通。

怎样解释这个问题呢？我们以突骑施为例。高宗显庆二年，以突骑施部落为嗢鹿州都督府，隶于唐朝羁縻统治之下。至唐中宗神龙年间，突骑施统一天山以北诸部。这一段时间，只有两次朝贡记录。而唐玄宗开元天宝年间，突骑施有 17 次朝贡。对于这种关系的变化，《资治通鉴》卷 211 有一段耐人寻味的话：

> 突骑施酋长左羽林大将军苏禄部众浸强，虽职贡不乏，阴有窥边之志。

"职贡"与"朝贡"，显然不是一个概念。羁縻府州虽与正州不同，也有向唐朝提供赋税的义务。《唐六典·户部尚书》曰："若夷獠之户，皆从半输，轻税诸州。""远夷则控西域胡戎之贡献焉。"但交纳赋税的形式与正州不同。《新唐书·西域传·焉耆》曰："武后长安时，以其国小人寡，过使客不堪其劳，诏四镇经略使禁止僦使私马，无品者肉食。"为过往使者、军队提供食宿和租用私人马匹，可能就是焉耆对唐朝的贡赋形式。突骑施的职贡则是以和市的方式向唐朝提供马匹。玄宗开元十四年，"杜暹为安西都护，突骑施交河公主遣牙官以马千匹诣安西互市。使者宣公主教，暹怒曰：阿史那女，何得宣教于我。杖其使者，留不遣。马经雪死尽。突骑施可汗苏禄大怒，发兵寇四镇"。[①]这种和市显然带有义务性质，是突骑施向唐朝交纳赋税的一种方式。吐鲁番文书阿斯塔那 188 号墓有两份开元三年文书可作佐证：一为《唐上李大使牒为三姓首领纳马酬价事》：

```
                            一匹□酬拾      _____
三姓首领胡禄达干马九匹      □匹各柒      _____
三姓首领都担萨屈马六匹。
```

一为《唐译语人何得力代书突骑施首领多亥达干收领马价抄钱二十贯四百文》：

---

① 《资治通鉴·唐玄宗开元十四年》。

右酬首领多亥达干马三匹，值

十二月十一日付突骑施首领多亥达干领。

　　唐玄宗开元九年致突厥可汗书中说："国家旧与突厥和好之时，蕃汉非常快活。甲兵休息，互市交通。国家买突厥马羊，突厥将国家彩帛。彼此丰足，皆有便宜。"[①] 所谓"和好之时"，是指唐朝在漠北置安北都护府，实行羁縻统治之时。这种以和市向唐朝提供马匹的"职贡"，反映了唐朝与羁縻部落的密切联系。反之，当这些部落脱离了唐朝独立，双方变成国与国之间的关系时，他们就只是礼节性地到长安朝拜，提供一些珍奇方物罢了。

---

① 《册府元龟·外臣部·通好》。

第四章

羁縻府州对唐朝的义务和贡赋

第一节　军事征发

在这一节里，我们谈谈羁縻府州对唐朝的军事义务。

《李卫公问对》一书中记载了唐太宗与李靖的一段对话。贞观二十年，"太宗幸灵州，回，召靖赐座。曰：'朕命道宗及阿史那社尔等讨薛延陀，而铁勒诸部，乞置汉官，朕皆从其请。延陀西走，恐为后患，故遣李勣讨之。今北荒悉平，然诸部蕃汉杂处，以何道经久使得两全安之？'靖曰：'陛下敕自突厥至回纥部落凡置驿六十六处，以通斥候，斯已得策矣。然臣愚以谓汉戍宜自为一法，蕃落宜自为一法，教习各异，勿使混同。或遇寇至，则密敕主将，临时变号易服，出奇击之。'"李靖的意思，是让羁縻部落保留自己的军队，如有战事，则让部落兵换上唐军旗号，一起出征。后来的事实证明，出征是羁縻府州对唐朝应尽的义务。

《旧唐书·职官志》曰："符宝郎掌天子八宝及国之符节，……八曰天子信宝，发番国兵则用之。"唐初的几次大征讨，均有羁縻部落出兵协助。太宗贞观十八年七月，"上将征高丽，秋，七月……下诏遣营州都督张俭等帅幽、营二都督兵及契丹、奚、靺鞨先击辽东以观形势"。[①] 贞观十九年（645），唐

---

① 《资治通鉴·唐太宗贞观十八年》。

太宗亲征高丽，突厥部落酋长、右卫大将军李思摩随军前往。在进攻安市城时，太宗"命左卫大将军阿史那社尔以突厥千骑尝之，虏常以靺鞨锐兵居前，社尔兵接而北"①。突厥文《阙特勤碑》叙述说："突厥人丧失了成为国家的国家，……臣属于唐朝皇帝，（并为他们）出力五十年。前面，在日出之方，一直打到莫离可汗那里，在西方，一直打到铁门。"②莫离可汗，即高丽首领泉盖苏文。贞观十六年（642），盖苏文杀高丽王，"自为莫离支，其官如中国吏部兼兵部尚书也。于是号令远近，专制国事"③。由此看来，在征高丽的战争中，突厥兵为唐朝出力不小。

高宗调露元年，西突厥首领阿史那都支和李遮匐发动叛乱，侵安西都护府，裴行俭奉命征讨。他到西州，召集豪杰子弟千人为随从，又"徐召四镇诸胡酋长，……近得万人"。裴行俭带领一万多人的军队，奇袭并生擒阿史那都支。"因传其契箭，悉召诸部酋长"，迫使李遮匐投降。④裴行俭能够取得成功，全靠了西域诸羁縻部落酋长出兵协助。

需要指出，少数民族部落出兵协助唐朝征战，并非出于自愿，而是作为羁縻部落，必须服从唐朝调遣。唐朝用蕃兵作战，其实是以夷治夷，让部落间互相残杀。让东突厥人、回纥人去进攻西突厥，让东突厥、契丹、靺鞨人去进攻高丽，又让回纥人去打东突厥人，而唐朝兵马则损失很少。这肯定会引起民族仇恨。《阙特勤碑》中叙述自己为唐朝出征的情况，自问道："突厥一般黑民皆我之国民也，皆言今我国安在？我等为何国征伐？我等乃自有其可汗之人民，今我可汗安在？我等所臣事之可汗为谁？彼等既有此悟心，遂起而与大唐天子为敌。……唐国不只不思助我等，且愿屠杀突厥人，绝其子孙，幸此恶念皆告失败。"⑤

---

① 《新唐书·东夷传·高丽》。

② 《阙特勤碑》，耿世民译。

③ 《资治通鉴·唐太宗贞观十六年》。

④ 《资治通鉴·唐高宗调露元年》。

⑤ 《阙特勤碑》，韩儒林译。

后突厥的兴起，使唐朝在漠北设置的羁縻府州全部丧失，就是唐朝以夷治夷政策的一大失败。

唐朝还将内附的部落降户编入军队。《唐六典·户部尚书》曰："高丽、百济应差征镇者，并令免课役。"同书卷五兵部尚书又记："秦、成、岷、渭、河、兰六州有高丽羌兵。"这些高丽兵从何而来？太宗征高丽，曾"简俘萨以下酋长三千五百人，授以戎秩，迁之内地"①。高宗总章元年九月，李勣拔平壤，"移其户二万八千于内地"②。《旧唐书·高仙芝传》曰："高仙芝，本高丽人也。父舍鸡，初从河西军，累劳至四镇十将，诸卫将军。"秦、成等六州，是陇右节度使管辖之内。这些高丽兵，显然是从内附的高丽降户中简选来的。他们已不是羁縻部落军队，而是唐朝正规军的一部分。羌兵，文献中没有交代，从其驻防的地域来看，应该是从内附的党项羌部落中抽调的。

内附于边境地区的少数民族部落，有为唐朝驻守边防的义务。贞观年间，唐太宗把东突厥内附部落安置于黄河北岸，就是要让突厥人为唐朝守卫北方。正如突厥酋长阿史那思摩所说："世世为国一犬，守吠天子北门。"③

开元二十四年，张九龄《敕当、悉等州羌首领书》曰："当、悉、柘、静、维、翼等诸州首领百姓等"，"卿等祖父已来为国守境，皆尽忠赤，防捍外蕃。朝廷嘉之，官赏相继"。④以上诸州在剑南西山，以内附的党项羌部落置，职责是防御吐蕃。

安南都护府地处悬远，是唐朝军事防守的薄弱地区，由于从内地调兵十分困难，当地长官命令少数民族部落与唐朝军队共同防守。《资治通鉴》说峰州："有林西原"，"其旁七绾洞蛮"，"常助中国戍守，输租赋"。⑤裴行立任安南经

---

① 《旧唐书·东夷传·高丽》。

② （宋）王溥：《唐会要·高句丽》。

③ 《新唐书·突厥传》。

④ （唐）张九龄：《敕当、悉等州羌首领书》。

⑤ 《资治通鉴·唐宣宗大中十二年》。

略使，有杜英策、范廷芝，"皆谿洞豪也，隶于军"①。元和年间，杜英策被委任为安南副都护，协助都护张舟修筑安南府新城，维护了安南的安全。杜英策的后代杜存诚，自文宗开成年间至宣宗大中年间协助守卫安南。安南都护马植上奏曰："当管经略押衙兼都知兵马使杜存诚，管善良四乡。""杜存诚祖父以来，相承管辖，其丁口赋税，与一郡不殊。"②

唐朝对少数民族的军事征发，仅限于都护府、都督府直接控制下的羁縻部落，对那些地处遥远，仅在名义上羁縻于唐朝的藩属国，其助唐出兵的请求往往被拒绝。天宝元年（742），昭武九姓之一的西曹国王上疏请求："祖考以来，奉天可汗，愿同唐人受调发，佐天子征讨。"但被唐玄宗拒绝。③

第二节　贡赋与徭役

羁縻府州是否向唐朝交纳贡赋？从《新唐书·地理志》看："虽贡赋版籍，多不上户部，然声教所暨，皆边州都督、都护所领，著于令式。"许多人以此论断羁縻府州不向唐朝交纳贡赋。但《唐六典·户部尚书》曰："凡诸国蕃胡内附者亦定为九等，四等已上为上户，七等已上为次户，八等已下为下户。上户丁税银钱十文，次户五文，下户免之。附贯经二年已上者，上户丁输羊二口，次户一口，下户三户共一口（凡内附后所生子，即同百姓，不得为蕃户也）。凡岭南诸州税米者，上户一十二斗，次户八斗，下户六斗。若夷獠之户，皆从半输，轻税诸州。"这样看来，羁縻府州又是承担赋税的。如何解释这两

---

① 《新唐书·裴行立传》。

② （宋）王溥：《唐会要·安南都护府》。

③ 《新唐书·西域传·康》。

条相互矛盾的史料呢？我认为还是要从"边州都督、都护所领"这个前提入手，根据历史文献记载的实际例证来说明问题。

贞观二十一年，以漠北诸部置瀚海等 6 府 7 州，"岁贡貂皮以充租赋"①。在安西都护府，"开元盛时，税西域商胡以供四镇，出北道者纳赋轮台"②。其具体内容不太清楚。《新唐书·西域传上附焉耆传》曰："武后长安时，以其国小人寡，过使客不堪其劳，诏四镇经略使禁止傔使私马，无品者肉食。"傔即傔人，《旧唐书·职官志》曰："凡军镇大使、副使已下，皆有傔人、别奏以从之。"就是边将的随从人员。安西四镇，使节往还频繁。供给这些使者食宿马匹，是焉耆都督府对安西都护府承担的义务。乘私马，就是百姓承担的徭役。使节乘私马，百姓还能负担，若使节随身的众多侍从都要供给马匹，则是百姓无法承担的重负。故请求减免。

所谓岭南"夷獠之户""半输"，就是岭南桂、邕二府及安南都护府管下诸羁縻州户口，按唐朝租税额的半数交纳。《资治通鉴》卷 203 武后垂拱二年（682）记载："岭南俚户旧输半课，交趾都护刘延祐使之全输。俚户不从，延祐诛其魁首。其党李思慎等作乱"，"杀延祐"。

刘延祐被杀，并未使唐朝免除安南府羁縻州的赋税。文宗开成三年，安南都护马植奏："当管羁縻州首领，或居巢穴自固，或为南蛮所诱，不可招谕。""臣自到镇以来，晓以逆顺，今诸首领愿纳赋税。"他又列举管内杜氏家族的情况说：杜存诚等管善良四乡，并是僚户。"其丁口税赋，与一郡不殊。"③四个乡的赋税额相当于安南管下的一个正州，赋税额肯定不会太低。

岭南道桂州都督府管下羁縻州如何交纳赋税，唐代文献没有具体记录。《舆地纪胜》卷 122 引《宜州图经》曰："羁縻州有州县无廨宇。""所有租赋，宜州差人催督，皇朝因之。"所谓"皇朝因之"，就是宋承唐制。

---

① 《资治通鉴·唐太宗贞观二十一年》。
② 《新唐书·西域传·大食》。
③ （宋）王溥：《唐会要·安南都护府》。

剑南诸都督府管下羁縻州，也要向边州都督交纳赋税。《王仁求碑》说王在河东州"开其资财之道，颛川泽之制，管山林之饶。内足以养老尽孝，外足以事上供税"。所谓"事上供税"，是指河东州向巂州都督府交纳租税。只有一些远在深山，交通不便，与唐朝很少往来的羁縻州，才免交租税。《太平寰宇记》载泸州管下羁縻州纳、蓝、顺、宋"四州输纳半税，其（余）州在边徼溪洞，不伏供输"。这些州是"萨、定、巩、高、奉、浙六州，隔在山后，有远去五日程者"，"晏与思峨虽在唐羁縻，然贡赋版籍不上户部"。

羁縻州向唐朝交纳多少贡赋，没有一个明确规定。这正好给边州都督可乘之机，重敛苛剥，掠夺少数民族百姓。武后时，张柬之上疏曰："今姚府所置之官，既无安边静寇之心，又无（诸）葛亮且纵且擒之计，唯知诡谋狡算，恣情割剥，贪叨劫掠，积以为常。"[1] 姚州都督府官员不但任意加重租税，而且让羁縻州百姓承担繁重的徭役。睿宗景云年间，监察御史李知古在姚州"请以兵击姚州西贰河蛮，既降附，又请筑城，重征税之"，终于引起反抗，李知古被杀，姚、巂路断。[2]《南诏德化碑》说玄宗时剑南节度使章仇兼琼"遣越巂都督竹灵倩置府东爨，通路安南，赋重役繁，政苛人弊"。碑文历数唐朝官员六大罪状，其中之一是："重科白直，倍税军粮，征求无度，务欲敝我。"[3] 白直，即在官府服役的杂差。《唐六典·户部尚书》："凡州县官僚皆有白直，二品四十人，（以下类减）……九品四人……凡州县有公廨，白直及杂职两番上下，执衣三番上下。边州无白直执衣者，取比州充。"姚州都督府管下的羁縻州百姓既要承担平时的租赋，又要额外供给边州军粮，还要承担繁重的筑城、修路、官府听差等徭役。比起正州百姓，还要痛苦得多。

关内道北部单于都护府和灵、夏二都督府管下羁縻部落，也受到边将的压迫剥削。开元初，唐朝边将苛剥诸羁縻部落事，时有发生，以致玄宗于开元

---

① 《旧唐书·张柬之传》。

② 《旧唐书·徐坚传》。

③ （唐）郑回：《南诏德化碑》。

五年下诏斥责他们"所视唯利，放纵部曲，阿容子弟；此乃求鹰鹯以驯乳，使豺狼以掌牧；欲其辑宁，庸可得也！"①但情况并未好转。开元九年，"兰池州胡苦于赋役，诱降虏余烬，攻夏州反叛"②。由此掀起一场声势浩大的少数民族起义。

唐朝政府对羁縻部落是否承担赋税徭役，的确没有一个明确的规定。从以上列举的事实看，羁縻府州既在边州都督府和都护府的管制下，除交通往来极为不便的少数地区外，大多数羁縻州都要向边州都督和都护交纳赋税，并承担徭役。因为唐朝政府没有具体的数额规定，边州都督府的官吏往往任意加税，或过度驱使羁縻部落民众承担重役，这是引起羁縻府州动乱的一个主要原因。

---

① 《唐大诏令集·诫励诸军州牧将诏》。
② 《旧唐书·王晙传》。

第五章

羁縻府州与正州间的转化

第一节　六胡州的沿革与变迁

　　一般说来，羁縻州的地位低于正州，中央政府对它们的控制并不严，日常事务都由边州都督府和都护府托管。但是有一些羁縻州，随着唐朝政治、军事形势的发展，其所在地区成了边防要地，于是受到唐朝政府重视，加强管理，由羁縻州升为正州。这样的例子发生过不少，其中最有代表性的是地处关内道北部灵、夏二州境内的六胡州，它不但由羁縻州转为正州，而且还经历了几次反复和迁徙。

　　《新唐书·地理志》记其沿革曰："宥州宁朔郡，上。调露元年，于灵、夏南境以降突厥置鲁州、丽州、含州、塞州、依州、契州，以唐人为刺史，谓之六胡州。长安四年并为匡、长二州。神龙三年置兰池都督府，分六州为县。开元十年复置鲁州、丽州、契州、塞州。十年平康待宾，迁其人于河南及江、淮。十八年复置匡、长二州。二十六年还所迁胡户置宥州及延恩等县，其后侨治经略军。至德二载更郡曰怀德，乾元元年复故名。宝应后废。元和九年于经略军复置，距故州东北三百里。"

　　过去谈到六胡州的沿革，总是以此为准。但是也不免产生疑问，调露元年置六胡州，以唐人为刺史，说明它是正州。既是正州，为何又要以六个降户小州设置呢？这在唐朝州县中是很少见的。《中原文物》1982 年第 3 期发表的洛阳出土《唐六胡州大首领安菩墓志》，为我们研究六胡州早期的情况，提供了重要资料。

安菩墓志名为《唐故陆胡州大首领安君墓志》，文曰："君讳菩字萨，其先，安国大首领，破匈奴，衔帐百姓归中国。首领同京官五品，封定远将军，首领如故。曾祖讳钵达干，祖讳系利。君时逢北狄南下，奉敕遄征，一以当千，独扫蜂飞之众，领衔帐百姓，献职西京。""粤以麟德元年十一月七月，卒于长安金城坊之私第。"后由其子安金藏葬于洛阳。

安菩于高宗麟德元年去世，已有"六胡州大首领"称号，早于《新唐书·地理志》的记载，清楚地说明在麟德元年之前，六胡州就已经建立了。六胡州的初置究竟应在何时，是怎样设置的，则要以志文为依据，对照历史记载考证。

《新唐书·地理志》说，六胡州是以"突厥降户"设置的。《安菩墓志》则说这位六胡州大首领是来自中亚昭武九姓的安国人。昭武九姓部落怎么会在关内道北部设置羁縻州呢？志文中的"破匈奴，衔帐百姓归中国"这句话揭开了这个奥秘。

唐初东突厥强盛时，有许多昭武九姓人移居到那里，其中一些人成为颉利可汗的亲信贵族。《旧唐书·突厥传》中说的"颉利每委任诸胡，疏远族类"指的就是这件事。贞观四年李靖进攻颉利可汗，"其大酋康苏密等以隋萧后及杨正道来降"。[①] 当年设置的羁縻府州中，以康苏密为北安州都督，史善应为北抚州都督，他们都是昭武九姓粟特人。二州皆寄治夏州境内。按照通常的规律，他们管辖的部落应是昭武九姓部落。由于他们是与东突厥部落一起内附的，所以史书上统称为"突厥降户"。这与《安菩墓志》的记载是一致的。所以，六胡州部落的内附应该是在这个时候。

---

① 《新唐书·突厥传》。

六胡州部落何时成为羁縻州，《安菩墓志》没说清楚。从他被太宗授予"同京官五品，封定远将军，首领如故"这句话来看，贞观四年他就有了"六胡州大首领"这个称号。我们知道当时内附部落首领全部被集中在长安，六胡州是实封还是虚封？六胡州是一个名称还是六个小州的合称，都不清楚。有一件佐证是《全唐文》卷435李至远撰《唐维州刺史安侯神道碑》，碑文与六胡州有关。安侯名叫安附国，"其先出自安息，以国为姓。有隋失驭，中原无何，突厥乘时，籍雄沙漠。侯祖乌唤，为颉利吐发，番中官品，称为第二"，父胐汗，"贞观初率所部五千余入朝，诏置维州，即以胐汗为刺史"，封定襄郡公。贞观四年，安附国"与父俱诣阙下，时年一十有八"。调露二年（680），寝疾终于神都。次子，鲁州刺史思恭。

安乌唤为颉利吐发，与《旧唐书·突厥传》记载颉利重用胡人相合。东突厥亡，安胐汗率部落入朝，被任命为维州刺史。这个维州不应是剑南道的维州。《新唐书·地理志》的记载很清楚，剑南道的维州是武德七年以白苟羌户"于姜维故城置"。安胐汗内附，被授维州刺史后于贞观四年入长安，不可能长途跋涉至剑南赴任，这个维州只能是以昭武九姓部落设置于关内道的一个羁縻州。安思恭为鲁州刺史，应该是六胡州之中的一州。安附国死于调露二年，思恭已为鲁州刺史，说明六胡州当时是六个小羁縻州，各有刺史，是由内附的昭武九姓首领担任的。

调露元年，以唐人为六胡州刺史，是一个重大变化，表明六胡州已经由羁縻州转为正州，而不是《新唐书·地理志》所说"初置"。根据前引的调露二年安思恭仍为鲁州刺史，我认为唐朝的这次变革是把六个小羁縻州合为一个正州，以唐人刺史总领，下边仍由部落首领担任六个羁縻州刺史。耐人寻味的是，关内道北部的羁縻州已经历了两次动荡，而六胡州的地位反而得到了加强。贞观十三年，太宗令阿史那思摩带领"突厥及胡在诸州安置者，并令渡河，还其旧部"。[①]昭武九姓诸州是否一同北还，尚有疑问。贞观十一年，骨

---

① 《资治通鉴·唐太宗贞观十三年》。

利干入朝，太宗"诏遣云麾将军康苏蜜（密）劳答，以其地为玄阙州"。①说明康苏密在长安做官，并未率部落返回。安菩、安附国的墓志记载二人分别去世于长安、洛阳，也没有说他们曾率部返回漠北。

六胡州转为正州的同年，单于都护府管下的突厥阿史那温傅、奉职二部发动反唐叛乱，单于府管内 24 州皆反。唐朝出动了 30 万军队，费了很大力气才平定下去。看来六胡州并未参与其事，仍在唐朝控制之下。随着关内道北部羁縻部落的大量叛逃，后突厥的兴起，六胡州地处北部边防，地位日渐重要，转为正州是势在必行。

武后神功元年（697），后突厥默啜可汗不断袭击关内道北部。"初，咸亨中，突厥有降者，皆处之丰、胜、灵、夏、朔、代六州。至是，默啜求六州降户及单于都护府之地，并谷种、缯帛、农器、铁。"武后与大臣商量，"乃悉驱六州降户数千帐以与默啜"②。这条材料唐朝史书记载不太一致，《资治通鉴》《旧唐书·突厥传》《新唐书·突厥传》皆记默啜求丰、胜、灵、夏、朔、代六州降户，唯《旧唐书·田归道传》记默啜求六胡州。究竟是六州降户还是六胡州，我以为应以六州降户为是。因为其中有突厥、铁勒九姓，也包括地处灵、夏之间的六胡州。武后虽将几千降户归还默啜，却不包括六胡州部落。否则，就不会发生后突厥进攻六胡州的事件。

武后久视元年（700），后突厥南下进攻六胡州。这件事唐朝史书中都没有记载，张广达先生根据突厥文碑铭的记载，进行了周密研究，在《唐代六胡州等地的昭武九姓》（刊于《北大学报》1986 年第 2 期）一文中，第一次论证了这件事。

《阙特勤碑》第 31 行说："年十六岁时，我们率军攻六胡州（alti ĉub sordaq），战而胜之，我们迎击，在那里消灭了这支军队。"

---

① 《新唐书·回鹘传》。
② 《资治通鉴·周武则天神功元年》。

《毗伽可汗碑》第 24 行说："我在十八岁时率军攻六胡州，在那里打败了他们。"

alti ĉub sordaq 的真正含义，历来解释不同。法国学者沙畹及我国韩儒林先生的《阙特勤碑》译文，岑仲勉先生的《毗伽可汗碑》译文，均译为"六姓昭武和粟特"。[①]法国学者勒内·吉罗以此推断后突厥人在 700—702 年远征了西域的康居粟特人地区，[②]张广达先生经过周密研究，认为这组词的真正含义是六胡州，解决了历史上一大疑难问题。

由于唐朝加强六胡州一带的防卫，后突厥的进攻没有取得成功。在神功元年，唐朝归还北部六州降户后，凤阁侍郎李峤建议武后"治兵以备之"。[③]武后便派李峤出使六胡州，监督筑城。他在《奉使筑朔方六州城率尔而作》诗中写道："奉诏受边服，总徒筑朔方。驱彼犬羊族，正此戎夏疆……三旬无愆期，百雉郁相望……驱车登崇墉，顾眄凌大荒。千里何萧条，草木自悲凉。"[④]

也许会有疑问，"朔方六州"是指六胡州吗？为什么不是灵、夏、丰、胜等州呢？从诗文中我们可以找出以下根据：（1）"驱彼犬羊族"，即指征发少数民族降户筑城，当时灵、夏等六州降户已尽归默啜，只有六胡州降户还在。（2）筑城只有 30 日，不可能在灵、丰漫长的边境上筑城，只能在六胡州的小范围内。（3）城北便是"大荒"，即沙漠，与六胡州所处位置相符。六胡州遗址在今毛乌素沙漠中，当时夏州北部已逐渐沙漠化，侯仁之先生曾做过详细论证。[⑤]

《阙特勤碑》中没有突厥人掳获六胡州户口回归的记载，说明由于唐朝加

---

① 岑仲勉：《突厥集史》下册，中华书局 2004 年版，第 914 页。

② ［法］勒内·吉罗：《东突厥汗国碑铭考释》，耿昇译，新疆社会科学院历史研究所 1984 年版，第 60 页。

③ 《资治通鉴·周武则天神功元年》。

④ （唐）李峤：《奉使筑朔方六州城率尔而作》。

⑤ 侯仁之：《历史地理学的理论与实践》，上海人民出版社 1979 年版，第 54—59 页。

强了防卫，突厥人的进攻没达到目的。也说明六胡州地位的重要。

在经历了一段安定时期后，武后长安四年（704），六胡州"并为匡、长二州。神龙三年（707）复置兰池都督府，在盐州白池县北八十里，仍分六州各为一县以隶之"。①六胡州由正州再次降为羁縻州，而且改变了名称。按《新唐书·地理志》，兰池都督府是以党项内附部落置。当时吐蕃强盛，党项部落被迫由陇右道迁往关内道北部。为了羁縻党项部落，所以将六胡州部落与他们合并，统一管理。

开元九年，"兰池州胡康待宾诱诸降户同反，四月，攻陷六胡州，有众七万，进逼夏州"。玄宗命王晙、郭知运等带兵镇压，杀六胡州 1.5 万人，斩康待宾。开元十年八月，"康待宾余党康愿子反，自称可汗，张说发兵追讨擒之，其党悉平。徙河曲六州残胡五万余口于许、汝、唐、邓、仙、豫等州，空河南、朔方千里之地"②。兰池州都督府、六胡州都废弃了。

这次起义的原因，是因为"兰池州胡苦于赋役"③。一般羁縻州是不向唐朝政府交税服役的，但六胡州情况不同。自定居以来，六胡州人一直为唐朝看管监牧。《新唐书·兵志》曰："开元初，国马益耗，太常少卿姜晦乃请以空名告身市马于六胡州，率三十匹雠一游击将军。"唐朝向突厥、回纥买马，都以绢帛和市。而向六胡州市马，则只给一个徒有虚名的委任状。这是巧取豪夺，逼迫六胡州人向政府无偿献马。

再者，唐朝经常征发六胡州人从军出征。武后万岁登封元年（696），营州契丹反，唐朝"大发河东道及六胡州、绥、延、丹、隰等州稽胡精兵，悉赴营州"④。

此外，六胡州地区自然环境的日益恶化，也是造成起义的原因之一。按

---

① 《元和郡县志·新宥州》。

② 《资治通鉴·唐玄宗开元九年》。

③ 《旧唐书·王晙传》。

④ （唐）陈子昂：《上军国机要事》。

《通典·州郡典》的记载，六胡州"东至朔方郡（夏州）二百一十里，南至五原郡（盐州）一百四十里"。盐州即今陕西定边县。夏州即故统万城，今陕西横山县西北白城子。六胡州故址在今内蒙古自治区乌审旗南毛乌素沙漠中。从唐初开始，这一带就逐渐沙漠化。李峤筑六胡州城诗有"千里何萧条，草木自悲凉"之句，元和时戴叔伦《登夏州城观送行人赋得六州胡儿歌》中也有"沙头牧马孤雁飞""风沙满眼断征魂"的描写。在这种半沙漠地带从事农牧业生产，本身就很艰苦，加上沉重赋役，自然民不堪命了。

唐朝镇压六胡州起义后，迁移五万户于河南道诸州，既不利于内地统治，也造成了关内道北方空虚。南迁的六胡州人不断逃回故地。开元二十六年（738），又"于旧六胡州地置宥州"[1]，"敕河曲六州胡坐康待宾散隶诸州者，听还故土"[2]。唐朝政府采取了比较慎重的方法，安置六胡州人。"如闻已有逃在关内诸州，及先招携在灵、庆州界者，宜委侍中牛仙客于盐、夏等州界内，选土地良沃之处，都置一州，量户多少置县。"[3]这次重置，使原来的羁縻六胡州转为正州。

"安史之乱"爆发，叛将阿史那从礼"说诱九姓府、六胡州诸胡数万众，聚于经略军北，将寇朔方，上命郭子仪诣天德军发兵讨之"[4]。结果，诸胡逃离宥州，随安史叛军败退至范阳境，史思明"遣使逆招之范阳境，曳落河、六州胡皆降"[5]。"安史之乱"平定后，六州胡又迁移至河东道。德宗贞元二年，马燧至石州，"河曲六胡州皆降，迁于云、朔之间"[6]。文宗大（太）和年间，沙陀部落迁至河东，"素为九姓、六州所畏"。唐朝以沙陀酋长朱邪执宜治云、朔

① 《旧唐书·玄宗纪》。

② 《资治通鉴·唐玄宗开元二十六年》。

③ （唐）唐玄宗：《遣牛仙客往关内诸州安辑六州胡敕》。

④ 《资治通鉴·唐肃宗至德元载》。

⑤ 《资治通鉴·唐肃宗至德二载》。

⑥ 《资治通鉴·唐德宗贞元二年》。

下废府 11，领九姓、六胡州部落①。从此，昭武九姓人都被并入了沙陀部族，史书上不再有独立的"六州胡"的称呼。至于宪宗元和九年（814）李吉甫置新宥州，其方位据《元和郡县志》的记载，比开元末的宥州又北移了 150 公里，在今内蒙古自治区杭锦旗南乌审旗北的毛乌素沙漠中。新宥州的居民也不是六州胡，而是唐朝神策军将士并家属 9000 人。其主要任务是防御回纥、党项。这已不再是羁縻州，而是一个军镇性质的正州了。

第二节　岭南道大族豪强控制下的正州

岭南道正州的设置有两个特点：（1）虽然地处偏远，人口密度远远低于中原，但设置的州数远远超过其他各道。（2）州郡的设置很不巩固，时常发生变动，诸地理书的统计也不一致，如下表。

表 5-1　诸地理书中的岭南道州郡设置

文献名称	州数	备　注
贞观十三年大簿	53	
《旧唐书·地理志》	58	有林、景、德化、郎茫等州
《唐六典》户部尚书	70	实记 69 州，与《通典》相同
《通典·州郡典》	71	
《新唐书·地理志》	73	大致与《通典》同，较《旧唐书》增思唐、顺、陆、汤、演、武安、庞、南登等州
敦煌《唐郡县公廨本钱簿》	68	残缺
《元和郡县志》	55	残缺

---

① 《新唐书·沙陀传》。

根据唐代地理文献的记载，在岭南诸州中，只有广、桂、容、邕、交（安南）五个都督府建有正式的行政机构，置府、筑城、驻军，这是控制岭南的五个军事据点。而其他正州，除韶州外，都机构不全，处于荒陋落后的状态，我们举两方面的例证。

其一，诗人的描写。张籍形容象州曰："瘴水蛮中入洞流，人家多住竹棚头，一山海上无城郭，唯见松牌记象州。"① 李商隐形容昭州说："桂水春犹早，昭州日正西。虎当官路斗，猿上驿楼啼。"②

其二，敦煌出土的《唐开元天宝郡县公廨本钱簿》，也为我们提供了具体证据。按《新唐书·食货志》曰："天下置公廨本钱，以典史主之，收赢十之七，以供佐史以下不赋粟者常食，余为百官俸料。"并按州县等级和人员编制，规定了公廨本钱的数额。很显然，只有设置官府机构的地方，才有公廨本钱。中原如关内、河东以及淮南道，簿上的记载基本与《新唐书》中的数额一致，唯独岭南道差异很大。诸州多则二三百两，少则几十两。广州府领 13 县除番禺外，12 县本钱额都不足。如再折算利息，这点本钱是供养不起几个官吏的。只有广州、容州、邕州数额较高，大约是有军队驻扎，官员编制比一般州治大些。这样看来，岭南多数州县的官吏编制都不健全。一些州县即使有长吏，也是因为犯罪被贬斥到那里去的。柳宗元说："过洞庭，上湘江，非有罪左迁者罕至。又况逾临源岭，下漓水，出荔浦，名不在刑部而来吏者，其加少也固宜。"③ 李德裕被贬为崖州司户，在当地写给友人的信中说："大海之中，无人拯恤，资储荡尽，家室一空。百口嗷然，往往绝食，块独穷悴，终日苦饥。"④ 说明这些唐朝官吏俸禄极微，连家都养不了，更谈不上管理地方了。

既然如此，唐朝岭南道的正州由谁来控制？事实证明，它们是由当地少数

---

① （唐）张籍：《蛮州》。

② （唐）李商隐：《昭郡》。

③ （唐）柳宗元：《送李渭赴京师序》。

④ （唐）李德裕：《与姚谏议邻书三首》。

民族豪强大姓控制的。我们有必要研究一下岭南道正州的情况：（1）唐初岭南豪强大姓的分布。（2）他们如何管理州县（领地）?（3）这些正州与羁縻州有何区别?

我们先谈唐初高州冯氏的势力范围。冯盎的祖母就是著名的冼夫人（也有说为洗夫人，编者注）。这个家族"世为南越首领，跨据山洞，部落十余万家"。隋统一后，冯氏归附，"高祖（杨坚）异之，拜盎为高州刺史"，置长史以下官属，"听发部落六州兵马。若有机急，便宜行事"。①承认了冯氏的自治权。唐武德五年，李靖南征，冯盎又归附了唐朝。"以其地为高、罗、春、白、崖、儋、林、振八州，以盎为高州总管。"②

根据胡三省的注释，高州治今广东高州，罗州治今广东廉江，春州在广东阳春，白州在广西博白，林州即绣州，在广西玉林北。崖州在海南琼山，儋州在海南儋州，振州在海南三亚。《旧唐书·冯盎传》说冯氏在唐初"克平五岭二十余州"，"奴婢万余人，所居地方二千里"。显然不止上述八州。冯盎子冯智戴为东合州刺史，东合州即雷州，今广东雷州。冯盎死后，太宗以其子冯智玳为恩州刺史，冯子猷为潘州刺史。③恩州即今广东恩平，潘州在今广东茂名北。到唐玄宗天宝年间，高僧鉴真途经海南岛，看到当地仍由冯氏统治。天宝七载十一月，"至万安州，州大首领冯若芳请住其家"，"若芳每年常劫取波斯舶二三艘，取物为己货。掠人为奴婢。其奴婢居处，南北三日行，东西五日行，村村相次，总是若芳奴婢之住处也"。④《新唐书·地理志》万安州"领县四，户二千二百九十七"。看来万安州内领户几乎全部是冯家奴婢。这样的州县虽然名义上是唐的正州，实为冯氏家族领地。

冯盎在隋唐之际，还不断出兵兼并其他豪族领地。仅《新唐书·冯盎传》

① 《隋书·谯国夫人传》。

② 《资治通鉴·唐高祖武德五年》。

③ （唐）张说：《赠潘州刺史冯君墓志铭》。

④ ［日］真人元开：《唐大和上东征传》。

就记载他先后出兵讨平了潮州（今广东潮阳）、成州（唐之封州，今广东封开）等五州叛僚，和广、新（今广东新兴）的高法澄、冼宝彻等人。这样计算起来，冯盎的领地确有 20 州之地，相当于今广东省南部沿海地区，海南省全境和广西玉林地区。

唐朝政府招抚了冯盎，就等于控制了岭南的一半。但是冯盎借唐朝的旗号，四处扩张，引起唐太宗的不安。《文词馆林》残卷中有贞观二年敕，指责冯盎"卿已破新州，复劫数县，恐百姓涂炭，无容不即防御。闻卿自悔前愆，令子入侍，更令旋旆（师），不入卿境"，"自今以后，但宜在卿家将摄，以自怡养，更不得遣山洞群小钞掠州县，仍年别恒令儿子更番来去，又依式遣使参朝，朕即知卿赤心，自然不畏他人表奏"。① 说明当时冯盎的扩张使唐太宗要发兵讨伐他，后冯盎表示悔过，送儿子入朝当人质，唐太宗才罢休。

岭南地区的大族，还有循州的杨氏、钦州的宁氏、桂州李氏、澄州韦氏和邕州西原的黄氏、侬氏。武德五年，"岭南俚帅杨世略以循、潮二州来降"，被任命为循州总管。同年，李靖到桂州、李光度、宁真长来降，宁真长被任命为钦州总管。② 这些大族归顺唐朝后，保留了对旧领地的自治，并协助唐朝做了一些开拓工作。贞观十二年（638），桂州都督李弘节"遣钦州首领宁师古寻刘方故道，开拓夷獠，置瀼州"③。

这些豪族维护统治的方法，一是有自己的武装，二是互相联姻。唐中宗时，曾想发布令"禁岭南酋户不得畜兵"。大臣郑惟忠说："善为政者因其俗。且吴人所谓家鹤膝、户犀渠，此民风也，禁之得无扰乎？"于是中宗打消了这个念头。④ 他们不但有武装和奴婢，还互相联姻。例如唐玄宗时著名宦官杨思勖的母亲陈氏是"雷州大首领陈元之女，罗州大首领杨历之妻"，"五马浮江，

① （唐）唐太宗：《与冯盎敕》。

② 《资治通鉴·唐高祖武德五年》。

③ 《资治通鉴·唐武则天光宅元年》。

④ 《新唐书·郑惟忠传》。

侨人占乎南海，两州接畛，二门齐望"。①冯盎的孙子冯君衡夫人麦氏，"铁杖之曾孙女也"。麦铁杖是隋朝名将，韶州始兴郡豪强。贞观五年，太宗曾令冯盎入朝，以考察他对唐朝是否忠诚。实际上是将其作为人质，用这种方式对岭南豪强加以控制。

这些豪强大族怎样管理其领地内的州县，正史中是没有什么明确记载的。1982年广西人民出版社编辑的《广西少数民族地区石刻碑文集》，刊登了保存在广西上林县境内的两块唐碑录文。一为《智城碑》，在上林县智城山。一为《澄州无虞县六合坚固大宅颂》，在上林县麒麟山。它为我们提供了唐朝初年澄州地方豪强韦氏家族在当地进行统治的宝贵资料。

《智城碑》在历史文献中早有记载，宋王象之《舆地纪胜》卷115宾州上林县：智城洞，"去城四十里，唐韦厥所隐之洞。一山峭壁千仞，勒碑其上"。又曰：韦厥碑，"智城洞去县四十里"，"碑乃廖州刺史韦敬辨撰"。

这两块碑的主要内容，都是叙述韦氏家族在当地开拓领地，创立宅基的过程。《六合坚固大宅颂》曰："维我宗祧，昔居京兆，流派南邑，上望无阶，列牧诸邦，数封穷日"，"开场拓境，置州占构"。他所说的是其先辈韦厥。

关于韦厥的身世，《舆地纪胜》曰："韦厥，汉韦玄成之裔。唐武德七年，持节压服生蛮，开拓化外，诏领澄州刺史，后隐于智城洞。"按《新唐书·宰相世系表四》，韦玄成，汉丞相，京兆韦氏之祖。韦氏是唐代长安最著名的士族，外戚大僚，多出门下。但表中却无韦厥之名。说明澄州韦氏自称京兆韦氏之后，显然是假冒的。这与云南《王仁求碑》自称太原王氏一样。少数民族酋帅常给自己扯上一个世族的谱系，以壮门面。但澄州韦氏肯定不会得到京兆韦氏的承认，所以"上望无阶"。

唐平岭南，韦厥被任命为澄州刺史，这件事肯定与李靖有关。武德五年，李靖"度岭至桂州，遣人分道招抚，其大首领冯盎、李光度、宁真长等皆遣子

---

① （唐）张说：《颍川郡太夫人陈氏碑》。

弟来谒，靖承制授其官爵，凡所怀辑九十六州"。① 我们知道冯盎是高州首领，李光度是桂州豪族，隋永平郡（唐之藤州）守。② 宁真长是郁林郡大姓。隋岭南守将桂州总管李袭志，交州总管邱和等也在这一年归附唐朝。唐朝承隋之旧，让他们各回本州，担任地方长官。可以推断，韦厥也是此时归顺唐朝，被任命为澄州刺史的。他以唐朝命官的名义，征服境内少数民族部落，开始了家族统治。韦氏家人也都获得封爵。如碑文所载的廖州刺史韦敬辨，无虞县令韦敬一，都云县令韦敬办等。《舆地纪胜》曰："公与诸子皆封侯庙食，为庙者九。"《六合大宅颂》也说："皇皇前祖，睦睦后昆，上祢京兆，奕叶高门。流派南地，盖众无论，遍满诸邑，宗庙嘉存。"

韦厥任澄州刺史后，在智城山、麒麟山分别修建大宅。他决不是为了选择山明水秀之地隐居，而是要达到两个目的：作为州县治所，以行使权力；作为防御坞堡，以保证家族安全。

从正史记载中我们看到，岭南各地家族，常常互相攻击，以图兼并。《智城碑》说："韦使君性该武禁，艺博文枢，睹祸福于未萌，察安危于无像。蓄刃兼年，推锋盈纪，遂乃处兹险奥，爰创州庐。"韦厥在智城山修建的宅第，实际上就是澄州治所。《元和郡县志》曰："澄州上林县（郭下）本汉领方县地，武德四年分置上林县，在上林洞口，因以为名。"这话当初看来很费解，既云"郭下"，怎么会在"洞口"呢？看到《智城碑》后，才知澄州无郭，与上林县同治于智城洞附近的韦氏大宅中。

为了维持家族统治，韦氏在住宅修建上颇费苦心。《六合大宅颂》曰："其近修兹六合坚固大宅，以万世澄居。博文则物色益兴，用武则悬山戏斩绝。一人所守，即万夫莫当。实开口于数千，是勿劳余一矢。黎庶甚众，粮粒丰储，纵有十载口收，口从人无菜色。"麒麟山大宅占据险要，兵精粮足，堪称坚固。

---

① 《旧唐书·李靖传》。

② 《旧唐书·李袭志传》。

智城山大宅则是"周回四面，悉愈雕镂，绝壁千寻，皆同刊削。前临沃壤，凤粟与蝉稻芬敷，后迤崇隅"，"涧户汤地，为奸穴之钤键。重门一闭，无劳击柝之忧，沟洫再施，永绝穿逾之患"。住宅傍临三面绝壁，仅门前一路可通。加以重门沟洫，与其说是住宅，不如说是用于军事防御的坞堡。

韦氏在选择据点的同时，也注意到当地的地理环境，平时从事农业耕种。《智城碑》曰："或击壤以自娱，时耦耕而尽性。"住宅"前临沃壤，凤粟与蝉稻芬敷"。《六合大宅颂》曰："□桑滋耽，耕农尽力。斗争不起，咸统区域。"明代徐霞客曾探访过这一带，明朝称为三里。在他的《粤西游日记四》中描述道："名三里者，编户三里。一曰上无虞，二曰下无虞，三曰顺业里。后收归上林县。三里周围石峰，中当土山尽处，风气含和，独盛于此。土膏腴懿，生物茁茂，非他处可及，为良区异壤可知。"韦氏在澄州地区的统治和生活情况，在岭南地区是具有代表性的。聚族而居，据险而守，应该是岭南地方豪强控制下的州县的基本状况。

还有一些州虽然在唐代地理书中被称正州，但有名无实。因为唐朝并没有在那些地方设置过行政机构。《通典·州郡十四》，无四至路程的有横、田、武峨、粤、芝、爱、福禄、长、岩、禺、汤、瀼、笼、环、振、万安等州。敦煌《唐开元天宝郡县公廨本钱簿》中标明"无本"或"不言户数"的州有环、武峨、芝、粤、琼、万安、汤、福禄、山、长、牢、岩、平琴等州。《新唐书·地理志》邕州管下有显、武、沈州，安南管下有庞、南登州，注曰："后皆省废。"

无四至路程，说明治所确切地点不明。无户数说明无法征收赋税。无本则说明唐朝没有在那里设置过州县机构。其实这些州郡，只是在一段时间内临时设置，或只是虚挂名目。例如瀼州临潭郡，《新唐书·地理志》曰："贞观十二年，清平公李弘节开夷獠置（贞元后州、县名存而已）。"同时设置的还有笼州、田州。《通典》曰："隋大将军刘方始开此路，置镇守，寻废不通。大唐贞观中，清平公李弘节寻刘方故道，开置瀼州，以达交趾。今州在郁林之西南、交趾之东北。"但是《旧唐书》《新唐书》的纪传中都没有记载这件事。我们前面提到,李弘节派遣钦州首领宁师古开置瀼州,《通典》还记载李弘节"招降置环州、笼州"。招降就是遣使前往,不是出动军队。宁氏是钦州大族,在邕州以南、交州以北势力最强,所以李弘节命令他通邕州至交州道路是完全可信的。可以想象,宁师古向李弘节报告开置情况,李以其地有瀼水,便给了一个瀼州名号,一个正州就这样开置出来了。这一类州郡是有名无实,名为正州,实际上与羁縻州没什么区别。我们知道澄州治所只是智城山上据险而设的一座宅院。另外一些州是以山洞命名的。如《新唐书·地理志》中的勤州,开元年间"治富林洞"。党州,"永淳元年开古党洞置"。廉州以大廉洞命名。广东、广西山区的岩洞、溶洞,有的可容纳千人,俚僚部落聚族穴居,在当时很普遍。《元和郡县志》中载安南都护府下管州13,交、爱、驩、峰、陆、演6州"朝贡";长、郡、谅、武安、唐林、武定、贡7州"附贡"。还记"兼管羁縻州三十二"。而《新唐书·地理志》则把郡、谅、武定等州均记入羁縻州。可见这一类正州实际上与羁縻州无异。

第六章

羁縻府州的迁徙与变化

第一节　漠北诸部落的内附与迁徙

　　唐朝设置的羁縻府州，有两个特点。分布在岭南、黔中、剑南道南部的羁縻州，多是居住在丘陵与盆地的少数民族部落。它们的居住地比较固定，在那里设置的羁縻州除了因反叛唐朝，而予以废弃的外，一般变化比较小，不大迁移。而分布在关内、陇右、河北三道的北方游牧部落，如突厥、回纥、党项、奚和契丹等族，以其部落设置的羁縻府州一直没有固定的住地。特别是政治形势发生变化，例如后突厥汗国的兴起、吐蕃的入侵和扩张，使这些游牧部落的羁縻府州迁徙流动，分化组合，出现了十分复杂的情况。管辖它们的都护府、都督府也经常变换。对于这些变化，《新唐书·地理志》虽有提及，但记载得很不清楚，与历史文献中的记载发生矛盾和混乱。所以，研究这些游牧部落羁縻府州的沿革兴废，必须理清它们的迁徙变化过程。下面，我们先来探讨一下漠北诸部落的迁徙。

　　《新唐书·地理志》记载漠北诸部落羁縻府州，没有把它们的沿革迁徙说清楚，而是把不同时期的材料混在一起，使人看不出头绪。如关内道灵州都督府管下回纥燕然等6州，均为开元年间侨置。燕然、烛龙2州系贞观末于漠北置，隶于燕然都护府，为什么后来会迁至灵州呢？还有陇右道凉州都督府管下卢山等 1 府 3 州，以思结部置，"初隶燕然都护府，总章元年隶凉州都督府"，显然也是从漠北迁来。谭其骧先生在《唐北陲二都护府建置沿革与治所迁移》一文中在考证单于、安北二都护府的迁徙变化时，就注意到了这个问题，指出："《新唐书·地理志》关内道回纥州十八、府九。其中隶灵州都督府者六州，皆开元元年所置。其隶夏州都督府者五州四府，隶安北都护府者七州五府，不知其建置之始，要当在永淳、垂拱突厥、铁勒相继叛唐之后。其中一部分可能直接来自碛北，一部分当自河西辗转迁来。"关于漠北诸部羁縻府州的迁移变化，大致可划分为三个阶段：（1）贞观末至永徽初在漠北初置羁縻府州。（2）后突厥汗国兴起与漠北诸部落南迁内附。（3）开元初于关内道北部重置安北都护府，漠北内附部落于灵、夏等边州都督府侨置羁縻府州。

贞观二十年六月，李勣进军郁督军山（今蒙古杭爱山），平薛延陀，漠北诸部内附。唐太宗于灵州会见漠北诸部酋长，诸部表示归附唐朝，"乞置官司"。贞观二十一年正月，"诏以回纥部为瀚海府，仆骨为金微府，多滥葛为燕然府，拔野古为幽陵府，同罗为龟林府，思结为卢山府，浑为皋兰州，斛薛为高阙州，奚结为鸡鹿州，阿跌为鸡田州，契苾为榆溪州，思结别部为蹛林州，白霫为寘颜州。各以其酋长为都督、刺史"，"于是北荒悉平"。① 四月，"于今西受降城东北四十里置燕然都护，以瀚海等六都督，皋兰等七州并隶焉"②。

贞观二十一年置 6 府 7 州，使唐朝在漠北的羁縻统治初步奠定。其后，又有一些部落相继内附。贞观二十一年八月，以骨利干部置玄阙州。次年，以结骨部置坚昆都督府，俱罗勃部置烛龙州，以白霫别部置居延州。对尚未降附的突厥和薛延陀残部，唐朝出兵征讨。贞观二十三年，高侃击突厥车鼻可汗部落，以拔悉密部置新黎州。永徽元年九月，执车鼻可汗，"处其余众于郁督军

---

① 《资治通鉴·唐太宗贞观二十一年》。
② 《元和郡县志·丰州》。

山，置狼山都督府以统之"。又以车鼻可汗属下歌逻禄之乌德犍山左厢部落置浑河州。至此，漠北地区大体平定，"于是突厥尽为封内之臣。分置单于、瀚海二都护府，单于领狼山、云中、桑乾三都督，苏农等一十四州；瀚海领瀚海、金微、新黎等七都督，仙萼等八州。各以其酋长为刺史、都督"。①

这里还有一个问题：薛延陀部落是怎样处置的。《旧唐书·北狄传》："永徽元年，延陀首领先逃逸者请归国，高宗更置溪弹州以安恤之。"又有祁连州，《资治通鉴》贞观二十年六月：薛延陀多弥可汗"引数千骑奔阿史德时健部落"。二十二年二月，"以阿史德时健俟斤部落置祁连州，隶灵州都督"。永徽三年六月，遣兵部尚书崔敦礼等往茂州，"发薛延陀余众渡河，置祁连州以处之"。溪弹州、祁连州只是薛延陀部落的一部分。《册府元龟》卷985："薛延陀余众二万人渡仙崿河，侵瀚海、金微、幽陵三郡"，"于是发燕（然）副都护元（礼）臣率九姓铁勒捕（之）"。这件事显然发生在贞观二十一年以后。《资治通鉴》唐高宗开耀元年七月："薛延陀达浑等五州四万余帐来降。"《新唐书·地理志》以达浑都督府属夏州，管小州五。既云内附，则达浑府此前置于漠北。崔敦礼永徽三年往茂州，诸地理书均不载，胡三省注："当置之于薛延陀故地。"那么永徽三年以前，薛延陀部肯定已置府州。《资治通鉴》永徽元年瀚海都护府领七府，胡三省注："领瀚海、金微、新黎、幽陵、龟林、坚昆六都督府，其一逸。"这缺少的一个只能是以薛延陀部落设置的达浑都督府。

唐高宗龙朔三年（663）二月："徙燕然都护府于回纥，更名瀚海都护；徙故瀚海都护于云中古城，更名云中都护。以碛为境，碛北州府皆隶瀚海，碛南隶云中。"麟德元年，"改云中都护府为单于大都护府"。总章二年，"改瀚海都护府为安北都护府"。②经过这些变更，唐朝在漠北的羁縻统治基本稳定下来，

---

① 《资治通鉴·唐高宗永徽元年》。

② 《资治通鉴·唐高宗总章二年》。

由设在回纥住地的安北都护府管辖漠北诸部的瀚海等七都督府，仙萼等八州。《旧唐书·突厥传》曰："自永徽已后，殆三十年，北鄙无事。"这是漠北诸部设置羁縻府州的第一阶段。

高宗调露元年，漠南单于都护府突厥阿史德温傅、奉职二部反，24州首领皆叛应之。永淳元年（682），突厥骨咄禄等北上建后突厥汗国，唐朝在漠北的羁縻统治瓦解。安北都护府和管下部分羁縻部落，辗转迁徙到陇右道境内。其余大部分部落都投降了后突厥汗国。单于、安北都护管下的羁縻府州，绝大部分废弃了。我们只谈谈唐朝在陇右侨置安北都护府和羁縻府州的情况。

高宗开耀元年起，漠北连续三年大旱，饥馑和灾荒使同罗、仆固、回纥、多滥葛等部互相劫掠，引起大乱。武后垂拱元年，陈子昂在同城上疏描述漠北情况说："先九姓中遭大旱，经此三年矣。野皆赤地，少有生草，以此羊马死耗，十至七八。""自有九姓以来，未曾见此饥饿之甚。今者同罗、仆固都督，早已伏诛。""多猎葛复自相雠，人被涂炭，逆顺相半，莫知所安，回鹘诸部落又与金（微）州横相屠戮，群生无主，号诉嗷嗷。"九姓残户纷纷向居延海迁移，进入陇右道甘、凉诸州。唐朝在居延海设有同城守捉，地理环境较好。据陈子昂描述，"突厥尝所大入道，莫过同城。今居延海泽接张掖河，中间堪营田处数百千顷，水草畜牧，足供巨万"，"此可谓强兵用武之国也"。① 根据他的建议，垂拱元年，"敕侨置安北都护府于同城，以纳降者"。

陈子昂没说清楚垂拱元年内附至陇右的是哪些部落，据《资治通鉴》开元十五年（727）记："初，突厥默啜之强也，迫夺铁勒之地，故回纥、契苾、思结、浑四部度碛徙居甘、凉之间以避之。"那么，当时除了侨置于同城守捉的安北都护府外，回纥的瀚海都府、契苾部的贺兰州都督府、思结的卢山都督府和蹛林州、浑部的皋兰州是在凉州都督府的羁縻统治下。《新唐书·地理志》

---

① （唐）陈子昂：《为乔补阙论突厥表》。

说卢山府等"总章元年隶凉州",误。

契苾部落的内附,最早是在贞观六年。据《旧唐书·契苾何力传》,当时太宗置其部落于甘、凉二州,后以其部置贺兰州,隶凉州都督府。贞观十六年,契苾部落部分民众北附薛延陀,何力等不从。从《契苾明碑》看,从契苾何力之弟沙门,至契苾明,明子德,世袭贺兰州都督,并自称武威姑臧人。契苾明在武后证圣元年(695)卒于凉州姑臧县城内,表明契苾部落一直内附在凉州境内。而迁回漠北的那一部分,后置榆溪州。后突厥兴起,他们是否又迁回凉州,史无明文。

回纥、浑、思结三部内徙年代不太清楚,突厥默啜占据漠北、夺铁勒地的时间,据《旧唐书·突厥传》,武后万岁通天二年,默啜掠定州后北还,"又号为拓西可汗",向西扩张征服突骑施。回纥的内徙应在万岁通天二年以后。这是唐朝对漠北部落进行羁縻统治的第二阶段。

唐朝政府安排回纥等部定居甘、凉二州,是有用意的。当时河西走廊受到吐蕃、突厥的南北夹击,随时可能隔断唐朝与安西、北庭的联系。郭元振说:"今国之外患者,十姓、四镇是也,内患者,甘、凉、瓜、肃是也。"① 以为保卫河西走廊比安西、北庭更为重要。回纥等部落迁往甘、凉后,大大加强了当地的力量。他们还带着漠北的府号。开元十五年,瀚海大都督回纥承宗、贺兰都督契苾承明、卢山都督思结归国,又被编入唐朝的军队,受命出征。契苾部酋长契苾何力,太宗时东征西讨,"威青海而安白道,光三部而截九夷"。契苾明又充怀远军经略大使,后为凉、甘、肃、瓜、沙五州经略使。② 回纥部落"嗣圣中伏帝匐,开元中承宗、伏帝难,并继为酋长,皆受都督号以统蕃州"。③ 开元初伏帝匐又被授为河西经略副使兼赤水军使。④ 开元四年,伏帝匐、

---

① 《旧唐书·郭元振传》。
② (清)王昶:《金石萃编·契苾明碑》。
③ 《旧唐书·回纥传》。
④ (宋)王溥:《唐会要·回纥》。

契苾承祖、浑元忠等皆奉诏北伐默啜^①。说明这些部落已由羁縻府州逐渐转为唐朝军队的一部分。

开元十五年，王君㚟为河西节度使。诬陷回纥等四部谋反，流放四部酋长，引起回纥部落反抗，杀王君㚟，"断安西诸国入长安路，玄宗命郭知运等讨逐，退保乌德健山"。^②以后，回纥脱离唐朝，在漠北建立回纥汗国。契苾、浑、思结三部没有退回漠北，仍在唐河西节度使控制之下。天宝八载，浑部酋长浑释之"从哥舒翰拔石堡城，迁右武卫大将军，封汝南郡公"^③。天宝十四载，安禄山反，哥舒翰"领河陇诸蕃部落奴剌、颉跌、朱邪、契苾、浑、蹕林、奚结、沙陀、蓬子、处密、吐谷浑、思等十三部落，镇于潼关"。^④朱邪、沙陀、处密等部属安西，是高仙芝旧部。蹕林是思结别部。哥舒翰败后，契苾、浑、思结等部流散，再没回到陇右。直至文宗开成年间，党项大扰河西，振武节度使刘沔"率吐浑、契苾、沙陀三部落等诸族万人、马三千骑，径至银、夏讨袭"。^⑤武宗会昌三年（843），回纥大掠云、朔北边，刘沔部将石雄"得沙陀李昌国三部落，兼契苾拓拔杂虏三千骑"，"径趋乌介之牙"。^⑥看来唐武宗时，契苾部落已隶于振武军管下。而契苾部如何辗转徙至河朔一带，后来又如何变化，均无从考察了。

未迁移到河西的漠北诸部落，均被后突厥汗国征服。睿宗景云年间，后突厥汗国逐渐分化，诸部落不断逃散并起来反抗突厥人的统治。据《阙特勤碑》记载，30岁时，他与阿热、思结人交战。31岁时，又与"九姓乌护交战五次。征战的对象是阿跌、回纥、同罗"。阙特勤去世于开元二十年（732），时年47

---

① （唐）苏颋：《命薛讷等与九姓共伐默啜制》。
② 《旧唐书·回纥传》。
③ 《新唐书·回鹘传》。
④ 《资治通鉴·唐玄宗天宝十四载》，考异引《安禄山事迹》。
⑤ 《旧唐书·刘沔传》。
⑥ 《旧唐书·石雄传》。

岁。30 岁时是开元二年。

九姓乌护（Toquz Oruz），又译乌古斯。王治来先生认为："九姓古斯这个名称，或作九姓乌古斯，即九姓乌护，早就见于鄂尔浑河流域发现的属于公元八世纪的诸突厥文碑铭。其含义较广，是指整个突厥族诸部，而且与回纥一词并提。"①《阙特勤碑》所说的九姓乌护，是指铁勒九姓，即回纥、仆骨、同罗、拔曳固、阿跌等部落。九姓被突厥战败，从开元二年起纷纷南下，依附于唐朝。

这是唐朝对漠北部落进行羁縻统治的第三阶段。与贞观末年不同的是，这次是漠北部落南下迁徙至唐朝境内，寄治于唐关内道北部的军镇和边州都督府，并侨置羁縻府州。《新唐书·地理志》列举的灵州、夏州管下诸回纥州，反映了这一时期的情况。不同的是，在唐代文献记载中，往往称呼其部落，很少称羁縻府号。

开元三年二月："突厥十姓降者前后万余帐，高丽莫离支文简、十姓之婿也，与跌跌都督思泰等亦自突厥帅众来降，制皆以河南地处之。"②三年八月玄宗下诏授予官爵，除高文简、跌跌思泰外，还有郁射施大首领鹘屈利斤③。十月，又下诏授北蕃投降九姓首领思结都督磨散，契苾都督邪设施，匐利羽都督莫贺突默，薛延陀达浑都督，奴剌大首领前白登州刺史奴孝赖，跌跌首领刺史裴艾等将军称号，"依旧兼刺史"，"放还蕃"。④

这些部落首领，有的仍带羁縻府州称号，有的则以部落称呼，说明唐朝的羁縻统治已不像贞观年间那样正规。但是对这些内附部落，仍然保持了它们的完整和酋长世袭制。如《旧唐书·仆固怀恩传》说他家世袭金微都督，

① 王治来：《〈世界境域志〉及其所记载的中亚史地》，中亚文化研究协会第一届学术讨论会论文 1983 年铅印本，第 7 节。
② 《资治通鉴·唐玄宗开元三年》。
③ 《册府元龟·外臣部·册封》。
④ 《册府元龟·外臣部·褒异》。

居于夏州，给人错觉以为仆固部自贞观末一直在夏州境内。其实，其也是开元初与九姓一起南下的。据颜真卿《臧怀恪神道碑》，开元初，臧怀恪"转右领军中郎将兼安北都护中受降城使朔方五城都知兵马使"，"深为节度使王晙所器"，"尝以百五十骑遇突厥斩啜八部落十万余众于狼头山"，"时仆固怀恩父设支适在其中"，"诸部落持疑不肯，公刲羊以盟之"，"遂与设支部落二千帐来归"。①

《新唐书·地理志》记开元初于夏、灵二州境内重置的羁縻府州，户口不过数百，说明只是九姓的个别部落或残部。还有一些部落，被安置在沿边军镇的控制下，往往不再有羁縻府州的称号。

唐中宗景龙二年，张仁愿于黄河北岸筑三受降城，成为关内道北境防守重镇。开元二年重置单于都护府，治东受降城；移安北都护府治中受降城。当时仆固、跌跌部落内附，即寄居于中受降城附近。但是相当大的一批部落，被分隶于河东道北部的军镇。开元六年，玄宗下诏拔曳固都督颉质略出马骑三千人，同罗都督比言出马骑二千人，回纥都督移健颉利发出马骑一千人，仆固都督曳勒哥出马骑八百人，分授讨击大使头衔，"取天兵军节度。其兵有事，应须讨逐探候，量宜追集，无事并放在部落营生"。②天兵军设在太原府，天兵军大使是河东节度使前身。这些部落是内附后安置在代北的。天元四年，"回纥、同罗、霫、勃曳固、仆固五部落来附，于大武军北安置"③。这些部落在贞观末都曾设置羁縻都督府。被编入军队后，仍有都督称号，仍保留其部落。有事召集，无事自管生计，是当时的羁縻形式。但是唐朝对他们的控制比以前加强，开元六年，唐朝政府将蔚州横野军移至古代郡大安城南，"仍置汉兵三万人，以为九姓之援"④。实际上是监督控制。据《新唐书·地理志》，大武军在

① （唐）颜真卿：《臧怀恪神道碑》。

② 《册府元龟·外臣部·备御》。

③ 《旧唐书·玄宗纪》。

④ （唐）唐玄宗：《移蔚州横野军于代郡制》。

朔州马邑县，今山西朔县附近。大安城在蔚州灵丘县北，今山西灵丘县北，二军遥相呼应。

这些军事管制的羁縻制度，比贞观末年的安抚政策要严厉得多，因而很快引起民族冲突。开元四年，后突厥的暾欲谷积极招降九姓部落，"突厥降户处河曲者，闻毗伽（可汗）立，多复叛归之"①。这本身反映了唐朝羁縻政策的失败，但唐朝边将更倒行逆施，加紧镇压诸部落。开元四年十月，"单于副都护张知运悉收降户兵杖，令渡河而南，降户怨怒"。跌跌、阿悉烂部群起反抗，俘张知运北还。中途被安北都护王晙拦截，"斩获三千级"。开元八年六月，王晙又借口居住在中受降城附近的仆固、跌跌部落欲引突厥攻城，诱二部落 800 余人于中受降城一起杀掉，"河曲降户殆尽"。王晙的屠杀引起代北的同罗、拔曳固等部落的骚动，玄宗派张说前往抚慰，才平息了下去。②为了强化对关内道北部边防的控制，开元九年十二月，"置朔方节度使，领单于都护府，夏、盐等六州，定远、丰安二军，三受降城"；以张说为节度使。③

经过这些变化，原有的一套羁縻制度被改变了。都护府变成了一个普通军镇，原有的羁縻府州称号也逐渐废止了。内附的九姓部落大部分被编入军队。如仆固怀恩成为朔方军将；同罗等部则被编入范阳节度使，后成为安史叛军的一部分。安史之乱中，突厥酋长阿史那从礼"诱说九姓府、六胡州诸数万众，聚于经略军北，将寇朔方"，被郭子仪率天德军击败，"九蕃府还附"。④这里指的九姓府，是对曾有羁縻府称号的九姓部落的习惯称呼，实际上已不存在，与唐朝边州居民和军队融合了。所以安史之乱后，关内道北部不再有漠北部落设置的羁縻府州，而由陇右迁来的党项部落填补了这个空白。

---

① 《资治通鉴·唐玄宗开元四年》。

② 《资治通鉴·唐玄宗开元八年》。

③ 《资治通鉴·唐玄宗开元九年》。

④ 《新唐书·韩游瑰传》。

第二节　党项羁縻州的迁徙

《旧唐书·地理志》剑南道松州都督府："贞观二年，置都督府。督崛、懿、嵯、阔、麟、雅、丛、可、远、奉、岩、诺、蛾、彭、轨、盖、直、肆、位、玉、璋、祐、台、桥、序二十五羁縻等州。"关于这些羁縻州的设置，我们在谈唐初羁縻府州的草创时已交代过。武德、贞观之际，党项羌内附，陇右、剑南道与党项相接的几个边州都督府，都设置过党项羁縻州。我们从《旧唐书·地理志》可以看到：旭、桥、意三州，贞观十二年前隶岷州都督府。二十二年府废，又转隶于贞观十三年设置的叠州都督府。永徽元年罢叠州都督府，才划归松州都督府管下。这25羁縻州，"永徽以后，生羌相继忽叛，屡有废置"，也不是一直存在的。

懿、嵯、麟、可等州，是以党项羌最大的一支拓拔部设置的。李靖击吐谷浑，党项拓拔赤辞率部内附，"以其地为懿、嵯、麟、可三十二州"。[①] 高宗时吐蕃强盛，不断向东吞并吐谷浑、党项故地。"乾封二年以吐蕃入寇、废都、流、厥、调、凑、般、匐、器、逐、锽、率、差等十二州，咸亨二年又废蚕、黎二州。"[②] 党项族被迫向内地迁徙，陆续在关内道北部重置羁縻府州。

《新唐书·西域传·党项》曰："在西北者，天授中内附，户凡二十万，以其地为朝、吴、浮、归十州，散居灵、夏间。"这10州是党项哪些部落，没有交代。

《新唐书·地理志》引关内道羁縻州51、府15，注曰："禄山之乱，河陇陷吐蕃，乃徙党项州所存者于灵、庆、银、夏之境。"其中灵州管下静边州、嶂州、嵯州，庆州管下西戎州、儒州，均以拓拔部置，我们来考察一下拓拔部

---

① 《新唐书·西域传·党项》。

② 《新唐书·地理志》。

的迁徙过程。

《全唐文》卷16有中宗《赠拓拔思泰特进制》曰：党项大酋长，“使持节达、洫等一十二州诸军事，兼静边州都督，仍充防御部落使拓拔思泰；顷者，戎丑违命，爰从讨袭，躬亲矢石，奋其忠勇。方申剪馘之勋，俄轸丧元之痛。壮节弥亮，美名可嘉”，“可赠特进，兼左金吾卫大将军”。《册府元龟》卷974以此制颁于九年六月。中宗神龙无九年，这个制诏只能是开元九年玄宗所颁。按《资治通鉴》开元九年四月，六州胡康待宾反唐。七月，“党项乃更与胡战，胡众溃，西走入铁建山。（张）说安集党项，使复其居业”，“因奏置麟州，以镇抚党项余众”。以上事实证明：（1）静边州都督府在开元九年之前已迁徙至庆州，管达、洫等12州。《新唐书·地理志》以静边州都督府管25州，有恤州。达州则记于茂州管下，并注“无版”，误。（2）拓拔思泰参与镇压康待宾起义阵亡，党项部落离散，后置麟州，以重新安辑。但这些羁縻州是否保留旧名，不详。（3）《新唐书·地理志》静边州都督府25州有朝、吴、浮、归等州。《新唐书·西域传·党项》：“白狗（羌）与东会州接，胜兵才千人。在西北者，天授中内附，户凡二十万，以其地为朝、吴、浮、归十州，散居灵、夏间。”25州中，朝、吴等10州不应隶于静边州都督府。又归顺州，“宝应元年诣梁州刺史内附”，也不应隶静边州。去掉这些州，静边都督府管达、恤等12州，是迁到庆州境内的实际情况。

《新唐书·西域传·党项》曰：“上元元年，在泾、陇部落十万众诣凤翔节度使崔光远降。”以后几次反叛。永泰元年，臧希让为梁州刺史，“于是归顺、乾封、归义、顺化、和宁、和义、保善、宁定、罗云、朝凤凡十州部落诣希让献款，乞节印，诏可”。《新唐书·地理志》中列10州名目，但未注归属。看来这10州部落是由陇右迁至关内道泾、陇二州境内，被重新列为10州，又南下至山南西道梁州境内，不久又叛离。至于这10万党项民众东迁前是松州都督府下哪些羁縻部落，则无法考查。

“安史之乱”爆发后，居住于灵、夏、盐、庆诸州的党项部落部分投靠了吐蕃，反叛唐朝，侵扰关中。后又跟随仆固怀恩叛乱，给唐朝政府造成很大威胁。唐肃宗宝应元年，郭子仪平仆固怀恩反叛，招抚党项部落，徙静边等6府于银州之北，夏州之东。又置永平等7都督府于庆州，徙宜定、芳池州部落于绥、延州境。这是一种分而治之的策略。尔后，"居庆州者号东山部，夏州者号平夏部。永泰后稍徙石州，后为永安将阿史那思暕赋索无极，遂亡走河西"①。

党项部落迁至石州，是为唐朝防御回纥，后迁至河西，具体是哪里呢？《旧唐书·范希朝传》："振武有党项、室韦，交居川阜。"振武军，即原单于大都护府，今内蒙古托克托境内。党项首领为拓拔忠敬。②宪宗元和年间，拓拔部又迁回至盐、夏二州境内。元和五年五月，盐州奏渭北党项拓拔公政等一十三府连状称："管渭北押下帐幕收放，经今十五余年，在盐州界。今准敕割属夏州，情愿依前在盐州充百姓。"③所谓"一十三府"，应该是前述静边等13羁縻都督府，这是党项部落以羁縻府自称的最后一条史料。

党项部落迁至关内道以后，与唐朝的关系日益密切，唐人沈亚之在《夏平》一文中说，夏州境内党项部落"其所业无农桑，事畜马牛羊橐驼……尝与华民贸易"。④杜牧《贺平党项表》说党项迁至关内道后，"国家纳之，置于内地，爰受冠带，兼伏征徭"。⑤前述党项由河东石州逃往振武军，是因为不堪征赋勒索，说明他们逐步由羁縻部落转为国家编户。元和五年后，史书记载党项都称为某部落或某族，不再提羁縻府州称号。党项酋长也由羁縻州都督刺史转为正州刺史。如《元和姓纂》卷10记载："开元后，右监门大将军、西平公、静边州都督拓拔守寂亦东北番也。孙乾晖，银州刺史。侄澄岘，今任银州刺史。"《元和姓纂》成书于唐文宗开成年间，就是拓拔澄岘任银州刺史的时间。

---

① 《新唐书·西域传·党项》。

② （唐）白居易：《与希朝诏》。

③ 《册府元龟·外臣部·降附》。

④ （唐）沈亚之：《夏平》。

⑤ （唐）杜牧：《贺平党项表》。

可以认为，党项部落在关内道设置的羁縻府州，在宪宗元和年间予以废止。党项部落融合于唐朝编户之中。

第三节 安东都护府的沿革与迁徙

贞观十九年唐太宗征高丽，首次在辽东高丽故地开置羁縻府州。

《资治通鉴》说："凡征高丽，拔玄菟、横山、盖牟、磨米、辽东、白岩、卑沙、麦谷、银山、后黄十城，徙辽、盖、岩三州户口入中国者七万人。"

辽州，以高丽辽东城置。胡三省注："今大元辽阳府。"即今辽宁辽阳市老城，当时是高丽的一座军事重镇。

盖州，以高丽盖牟城置。贾耽《四夷路程》："营州东渡辽水至安东都护府（辽东城）五百里，自都护府东北经古盖牟、新城。"则盖牟应在今辽阳东北。张博泉《东北地方史》引证考古资料，确定唐新城遗址在抚顺北高尔山城。《新唐书·韦挺传》："帝破盖牟城，诏挺将兵镇守"，"城与贼新城接"。则盖牟城应与新城邻近。最近考古工作者在抚顺劳动公园发掘一汉代古城遗址，有高丽遗物，城与高尔山城隔浑河相望，可以确定为盖牟城遗址。

岩州，以白岩城置。金毓黻《奉天通志》说在辽阳东北 57 里石城山上，即今辽阳市东北大安平镇石城子。

这三州的性质，从《资治通鉴》记载来看，唐军攻白岩城，"城主孙代音潜遣腹心请降"，于是唐太宗以孙为岩州刺史。孙代音既是高丽城主，这个州显然是羁縻州。

唐太宗征高丽，拔高丽 10 城，据《奉天通志》，10 城范围皆在鸭绿江以北辽东境内。唐朝只设置了 3 个羁縻州，原因是其中一部分并非唐朝军队攻克。安市城会战，高丽军大败，"高丽举国大骇，后黄城、银城皆自遁拔去，数百里无复人烟"。① 这些无人把守的空城也名义上为唐朝据有。

唐军班师，"徙辽、盖、岩三州户口入中国者七万人"。贞观二十年，"罢辽州都督府及岩州"。表面看来，唐朝又放弃了已占领的辽东 10 城，但仔细看看史料，发现事实并非如此。

唐太宗班师，固然是由于冬季来临，不宜作战。迁 3 州户口入内地，则是不让高丽卷土重来。因为唐军并没有完全占据辽东，安市城一直在高丽控制之下。长孙无忌说："建安、新城之虏，众犹十万。"如果唐太宗不将 3 州户口内迁，让高丽重新控制，唐军等于前功尽弃。

迁 3 州户口，罢辽、岩二羁縻州是否证明唐朝放弃了辽东？司马光注意到了这个问题。在《资治通鉴考异》中指出："《实录》上云：'徙三州户口入内地者，前后七万人。'下癸丑诏书云：'获户十万，口十有八万。'盖并不徙者言之耳。"李勣克辽东城，"得胜兵万余人，男女四万口"。拔盖牟城，"获二万余口"，岩州户口不详。太宗诏书说的 18 万口，应指 10 城而言。那么还有 11 万口没有内迁，唐朝没有废掉盖州，辽、岩 2 州也是班师后第二年才罢，说明唐朝还控制着这些城市，作为再征高丽的据点。金毓黻在《东北通史》中指出，唐高宗征高丽，辽、盖、岩 3 城没有发生战斗的记载，也是唐朝一直占有其地的反证，是可信的。

唐高宗总章元年，李勣率大军攻克平壤，灭高丽。"高丽国旧分为五部，有城百七十六，户六十九万七千；乃分其地置都督府九、州四十二、县一百，又置安东都护府以统之，擢其渠酋有功者授都督、刺史及县令，与华人参理百姓。"② 这是唐朝初置安东都护府的概况。

《新唐书·地理志》有新城州、辽城州等九都督府，与上述相合。羁縻州

---

① 《资治通鉴·唐太宗贞观十二年》。
② 《新唐书·东夷传·高丽》。

只有南苏、盖牟等 14 州,远低于 42 州之数。《三国史记》卷 37 保留了总章二年李勣的奏章,记录了当时已设置或准备开置羁縻府州的城邑清单,共计 39 城。我们对照一下,来看看总章年间初置安东都护府的辖境。

新城、辽城(又作辽东城)、歌勿(又作甘勿)三都督府,南苏、磨米、积利、犁山、木底、安市六州,是《新唐书》与《三国史记》都有的,这都是唐朝征高丽攻克的城池,根据《资治通鉴》记载的唐朝进军路线,它们都在今辽东半岛和辽宁省东部。《三国史记》也注明它们都在鸭绿水以北。

越喜州都督府和拂涅、积利二州,从名称看应该是以靺鞨的越喜、拂涅、铁利三部设置的。以《新唐书·北狄传·渤海》的说法,铁利府在今黑龙江省的依兰一带,拂涅故地为东平府,在兴凯湖附近,与安东都护府相距甚远,唐朝的羁縻统治当时不可能延伸到那里。《辽史·地理志》曰:信州,"本越喜故城"。《大清一统志》奉天府二:"信州故城,在开原县南界,铁岭县东北界。"即今辽宁省铁岭市东北。《新唐书·北狄传》曰:黑水靺鞨,"太宗贞观二年,乃臣附,所献有常,以其地为燕州。帝伐高丽,其北部反,与高丽合"。燕州,初置于营州附近。可见黑水诸部当初都聚集在那一地区。所以《辽史·地理志》的记载,反映了唐太宗时,越喜、拂涅等部依附高丽,居住于今铁岭一带的状况。唐平高丽,即以降附的靺鞨部落置羁縻府州,隶于安东都护府管下。至于渤海以越喜、铁利等部置府,则是靺鞨东迁以后的事。

《三国史记》记录了安东府管下鸭绿江以北诸诚后,又列都督府和所辖 13 县,及东明、鲁山、古泗、沙泮、支浔、带方、分嵯 7 州。金毓黻以为"都督府"即指安东都护府的治所平壤。我们对照《东国舆地胜览》,确认"都督府"是在百济故地设置的熊津州都督府。

《三国史记》熊津都督府下领 13 县,其中尹城(悦已)、麟德(古良夫里)、散昆(新村)3 县,记载于《东国舆地胜览》中,位置分别在今韩国忠清南道的公州、广川、大川一带。其余 7 州,根据《东国舆地胜览》,也能确认其方位：

东明州，在今韩国忠清北道清州市一带。

支浔州，即加林、任存等城之境，在今忠清南道礼山一带。

鲁山州，在今全州一带。

古四州，在今全罗北道金堤、新泰仁一带。

沙泮州，在今全罗南道罗州一带。

分嵯州，在今全罗南道光州市附近。

详细情况，我们列入后面的《安东都护府管下羁縻府州考》中。通过以上考证，可知安东都护府初置时，领有高丽、百济故地，西与营州交界，东至国内城（今集安），朝鲜半岛除东南部的新罗外，全纳入了安东府管辖范围。

但是，唐朝的羁縻统治并不是巩固的。从《三国史记》的记载看，鸭绿江以北分为几种情况。国内、南苏、木底等 11 城为"已降"，银城等 3 城为"打得"，都是唐朝控制之下。积利、木银、犁山等 7 城为"逃城"，即户口逃散。新城、辽东等 11 城为"未降"。可见唐朝军队虽然打下了平壤，但高丽境内还有许多城州未在唐朝直接控制之下。在百济故地，除熊津、带方二州有唐朝军队控制，其余皆在百济人控制下。苏定方虽然平了百济，但黑齿常之等百济将领"依任存山自固"，"定方勒兵攻之，不克，常之遂复二百余城"。[1] 高宗龙朔年间，遣使招抚，黑齿常之才归降唐朝，被授为沙泮州刺史。[2] 可见在百济设置的其他羁縻州，也都是以百济官员为刺史、县令的。在这种背景下，由于高丽、百济人的反抗和新罗的助攻，安东都护府被迫内徙至辽东。

关于安东都护府的迁徙，《旧唐书·地理志》："上元三年二月，移安东府于辽东郡故城置。仪凤二年，又移置于新城。圣历元年六月，改为安东都督

---

① 《新唐书·黑齿常之传》。

② 《旧唐书·黑齿常之传》。

府。神龙元年，复为安东都护府。开元二年，移安东都护于平州置，天宝二年，移于辽西故郡城置。"我们沿着这条线索，来论证一下安东府迁徙的原因及特点。

安东府第一次迁徙的年代，《新唐书·东夷传·高丽》曰："总章二年，徙高丽民三万于江淮山南，大长钳牟岑率众反"，"诏高侃东州道，李谨行燕州道，并为行军总管讨之"，"侃徙都护府，治辽东州"。《新唐书·高宗纪》记高侃东征和迁都护府在咸亨元年四月。

为什么历史记载与《地理志》不合呢？我们知道唐朝在平壤设安东府仅是一种军事占领，很不巩固。高丽故地还有许多城在进行反抗，迫使唐朝军队有撤军迁户之举。总章二年四月，"高丽之民多离叛者，敕徙高丽户三万八千二百于江淮之南，及山南、京西空旷之地，留其贫弱者，使守安东"。[1]平壤实际上已成为一座空城，于是高丽民众纷纷起来反唐复国。咸亨元年六月，"高丽谋叛，总杀汉官"。原来与唐朝结盟的新罗也乘机兼并高丽、百济的领地，"纳高丽叛众，又据百济故地，使人守之"。上元二年（675），薛仁贵、李谨行率唐军征讨新罗，新罗"与唐兵大小十八战，皆胜之"[2]。在这种形势下，唐军退出朝鲜半岛。上元三年（676）二月，"徙安东都护府于辽东故城，先是有华人任东官者，悉罢之。徙熊津都督府于建安故城。其百济户口先徙于徐、兖等州者，皆置于建安"。[3]辽东故城，即今辽阳市。建安故城，即今辽宁盖县东北7.5公里高丽山城。熊津府自龙朔二年置，在百济故地存在了四年，麟德二年唐军撤退，百济酋长扶余隆不能守，也随唐朝军队内迁了。上元三年只是正式定居的记录而已。而安东府在平壤的统治仅存在了一年多。

《新唐书·东夷传·高丽》说咸亨元年安东府徙辽东州，《地理志》说上元三年徙辽东东郡故城，怎样解释这个矛盾呢？金毓黻在《东北通史》中指

① 《资治通鉴·唐高宗总章二年》。
② 《三国史记·新罗本纪》。
③ 《资治通鉴·唐高宗仪凤元年》。

出："辽东州虽以辽东城得名，而府治在州境，初无定所，故不必与辽东城俱在一地。实录曰府移于辽东州，以示别于下文之辽东城也。实录言咸亨元年移府者，是溯其自平壤内徙之始，地理志言上元三年徙府者，是究其治辽东城之终。"他的意思是，咸亨元年高侃迁安东府入辽东州境，是侨置，无固定治所。上元二年薛仁贵东征，有意在平壤重建统治，因战争失败，遂于上元二年将安东府定治于辽东故城。而早已内迁的百济民众，定治于建安城，重置熊津府称号。

安东府在辽东城仅一年后，又迁往新城。"仪凤二年授（高）藏辽东都督，封朝鲜郡王，还辽东以安余民，先编侨内州者皆原遣，徙安东都护府于新城。"①

第二次迁徙的目的，是由唐朝委任的高丽贵族为首领，达到羁縻统治的效果，但高藏随即反叛，被唐朝流放。又改派泉男生"安抚辽东、并置州县"。②安东都护府迁新城后，经泉男生安抚整顿，出现了一段稳定时期。

武后神功元年，契丹李尽忠、孙万荣反唐，攻陷营州，唐朝军队退入河北，无法控制辽东形势，宰相狄仁杰上疏请罢安东都护府。武后没有采纳，圣历二年（699），授高德武为安东都督，"以领本蕃。自是高丽旧户在安东者渐寡少，分投突厥及靺鞨等，高氏君长遂绝"。③

以高德武为安东都督，表明都护府已降为羁縻都督府，在没有唐朝军事庇护的情况下，维持羁縻统治是不可能的。高丽降户四散逃走，说明唐朝在辽东的羁縻统治，已经宣告结束。

唐朝并没有废弃安东都护府的称号。平定契丹叛乱后，武后长安四年，以唐休璟为幽、营二州都督兼安东都护。④唐休璟赴幽州上任，即是

---

① 《新唐书·东夷传·高丽》。
② 《新唐书·泉男生传》。
③ 《旧唐书·东夷传·高丽》。
④ 《资治通鉴·周武则天长安四年》。

第二年——中宗神龙元年，也即是《地理志》所谓恢复安东都护之说。

置于新城的安东都督府，早已不存在了。唐休璟兼领安东都护，是否表明安东府移治幽州了呢？恐怕不对。唐朝平定契丹之乱，营州、安东领地又在唐朝控制之下，即使还未能重置官府、驻军，也要先恢复名义上的统治。营州是唐朝正州，又进行了重建。安东府领户逃散，恢复旧制已不可能。

《旧唐书·地理志》曰："开元二年，移安东都护于平州置。天宝二年，移于辽西故郡城置。至德后废。"金毓黻在《东北通史》中述及这两次迁徙，不解其原因。推论曰："或因其时唐廷已作恢复营州之计，而营州南滨海之道，可与辽东交通，故移都护府于是，以便控制欤。"

《旧唐书·地理志》举天宝十一载地理：唐土东至安东府，"南北如前汉之盛，东则不及，西则过之"。注云："汉地东至乐浪、玄菟，今高丽、渤海是也。今在辽东，非唐土也。""辽西故郡城在营州东二百七十里"，即今辽宁省义县境内，是天宝年间唐朝实际控制的东部疆界。

天宝年间的安东都护府管下有安东守捉、怀远军、保定军。开元初，贾循为榆关守捉使，因"斩木开道"有功，"范阳节度使李适之荐为安东副大都护。安禄山兼平卢节度，表为副"。[1] 平卢节度当时驻平州，也是安东都护府所在。都护是由节度使兼任的。"安史之乱"，安禄山命令平卢节度副使吕知晦"诱杀安东副都护、保定军使马灵詧"[2]，这时的安东府是在辽西故城。安东副都护皆由驻军长官担任，表明安东都护府在开元天宝之际，已由一个地方行政机构转为军事机构。其职责也不再是统治高丽、百济余众，而是作为平卢节度使的下属，"镇抚室韦、靺鞨"。

天宝时安东都护府还有没有羁縻州呢？《旧唐书·地理志》记14羁縻府州，户5718，"并无城池，是高丽降户散此诸军镇"。5000户比起唐初几次移民的户

---

[1] 《新唐书·贾循传》。
[2] 《旧唐书·刘全谅传》。

口，是很小的一部分残余。绝大部分户口或逃亡，或与内地汉族融合了。《唐故右武卫将军高府君（钦德）墓志》可作佐证："公讳钦德"，"曾祖瑗，建安州都督。祖怀，袭爵建安州都督"，"以开元廿一年九月十有九日终于柳城郡官舍"。

高氏一家应是高丽贵族、高瑗、高怀为建安州都督，是在高宗时代。高钦德没有承袭羁縻州都督，说明建安州已经废掉了。他也离开了建安州故地，辗转成为营州都督府下一名军官。

"安史之乱"，唐朝失去对河北的控制，安东都护府被废弃了。其原因与平卢节度的迁移有关，乾元元年（758），平卢军使侯希逸带兵二万入青州，唐朝"诏就加希逸为平卢淄青节度使，自是迄今，淄青节度皆带平卢之名也"[1]。代宗大历十年（775），李正己为"平卢淄青节度观察海运押新罗渤海两蕃等使"[2]。当时因陆路不通，渤海、新罗入中国的商人使节改由鸭绿江口或辽东半岛走海路至山东登州，李正己恰巧是高丽人，故追加押两蕃使头衔。但这不是羁縻统治，而是国与国之间的往来关系。《唐高震墓志》记载大历八年（773），前辽东都督高藏之孙高震死于洛阳，被授以"右金吾卫大将军安东都护"头衔。[3] 这仅是一个荣誉称号，没有任何实际意义。

第四节　营州都督府管下羁縻府州的设置与迁徙

奚和契丹，是唐初东北地区的两个游牧民族。奚族的活动范围在土护真

---

① 《旧唐书·侯希逸传》。

② 《旧唐书·代宗纪》。

③ 《唐代海东藩阀志存》，罗振玉：《汉两京以来镜铭集秀》（外十四种），上海古籍出版社2013年版，第430页。

水（今老哈河）。东至松径岭与契丹交界，西抵大洛泊（今达里诺尔）与突厥为邻；西北至冷陉山（巴林西北），南至白狼水（今大凌河）。契丹居潢水之南、黄龙之北，即今西拉木伦河与老哈河之间。唐朝史书把它们称为"北狄"。

隋末唐初，奚、契丹受东突厥的压迫，居住于营州境内的靺鞨人又被高丽排挤，不断向营州内附，因此在贞观二十一年唐朝普遍设置羁縻府州之前，营州境内就已经设置了几个羁縻州。

第一个设置的是燕州，高祖武德四年，"靺鞨渠帅突地稽为燕州总管"①。设置的地点在营州境内的汝罗故城，即今辽宁省义县东南。武德六年五月，"刘黑闼之叛也，突地稽引兵助唐，徙其部落于幽州之昌平城"②。此后改隶于幽州都督府。

武德、贞观之初，营州都督府境内又陆续设置了几个羁縻州，按《旧唐书·地理志》排列如下：

威州，武德二年以契丹内稽部落置，初名辽州，贞观元年（627）更名。寄治营州城内。

慎州，武德初以涑沫靺鞨乌素固部落置，隶营州。

崇州、鲜州，武德五年以奚可汗部落置，隶营州都督。寄治营州东北阳师镇。

玄州，隋旧置，处契丹李去闾部落，唐因之。后废，贞观二十二年重置。

昌州，贞观二年置，领契丹松漠部落。

师州，贞观三年以契丹室韦部落置，治营州东北废阳师镇。

还有两个以突厥部落设置的羁縻州，《新唐书·地理志》列入关内道，实应隶于营州：

顺州，贞观四年以突厥突利可汗部落置，侨治营州南五柳戍。

---

① 《资治通鉴·唐高祖武德四年》。
② 《资治通鉴·唐高祖武德六年》。

瑞州，贞观十年以乌突汗达干部落置，在营州界。

以上诸州，分布于营州都督府（今辽宁省朝阳市）周围，每州多则五六百户，少则一百余户，实际上是在营州都督府庇护下的内附部落居住地。

武德年间是否设过羁縻都督府？孙玉良同志在《唐朝在东北民族地区设置的府州》一文中，根据《旧唐书·地理书》"武德五年，分饶乐郡都督府置崇州、鲜州，处奚可汗部落"，认为唐朝开国后即在饶乐水（西拉木伦河）奚人居地设置了羁縻都督府。并解释说："此时李渊尚未改郡为州，故称为饶乐郡，当设于武德五年以前，隶营州总管府。"[①]

我对此说有不同看法。自武德元年李渊称帝，即"罢郡、置州，以太守为刺史"[②]。于军事要地置总管府，后改为都督府，不会有武德五年尚称郡之事。

营州总管府置于武德元年十二月，是隋襄平太守邓暠上表归降。当时河北境内罗艺据幽州，高开道据妫州，窦建德据洺州，唐朝既未占有河北，更谈不上据有营州，这只是一种名义上的归属。

武德、贞观初于营州境内设置的羁縻州，户口很少，都是东北各族的一些零星部落，而奚、契丹的大部分仍在原地过着游牧生活，不属唐朝管辖。《资治通鉴》武德六年载高开道借奚兵侵幽州，如果五年已置都督府，怎么会有助高开道攻唐朝的事情？

所以，《旧唐书·地理志》关于武德五年设饶乐郡都督府一事，是错误的，不可作为依据，应根据本纪、列传的记载，得出合乎实际的结论。

贞观十九年，唐征高丽，使辽东形势发生了重大变化，原来威胁奚、契丹、靺鞨诸部的东突厥、高丽均已衰落，东北诸族纷纷归顺唐朝。贞观二十二年四月，"契丹辱纥主曲据帅众内附，以其地置玄州"，"隶于营州都督府"。这是以新部落重置。同年，"契丹帅窟哥、奚帅可度者并帅所部内属，以契丹部

---

① 孙玉良：《唐朝在东北民族地区设置的府州》，《社会科学战线》1986 年第 3 期，第 224 页。

② 《资治通鉴·唐高祖武德元年》。

为松漠府，以窟哥为都督。又以其别帅达稽等部为峭落等九州"，"以奚部为饶乐府，以可度者为都督。又以其别帅阿会等部为弱水等五州"，"辛丑，置东夷校尉官于营州"。①

东夷校尉，是承魏晋旧制。《晋书·地理志》曰："后汉末，公孙度自号平州牧，及其子康，康子文懿并擅据辽东，东夷九种皆服事焉。魏置东夷校尉，居襄平"，"及文懿灭后，有护东夷校尉，居襄平"。汉襄平城即今辽阳市，东夷校尉是当时中原王朝管理东北各族的行政长官。唐朝第一位东夷校尉是张俭。《旧唐书·张俭传》称他贞观年间"迁营州都督，兼护东夷校尉"。这件事在贞观十九年征高丽之前。"护东夷校尉"与贞观八年设于关内道北部落的"宁朔大使"职能是一样的，都是唐朝派出的管理羁縻部落的官员。当时没有设置都护府。这样看来，置东夷校尉的时间应该比《资治通鉴》的记载要早。

《旧唐书·张俭传》又说："其后，改东夷校尉为东夷都护，仍以俭为之。永徽初，加金紫光禄大夫。"校尉升格为都护，应与贞观二十二年大量设置羁縻府州有关。升都护在高宗即位之前，也可以做一旁证。

张俭之后，由程务挺继任都护。《旧唐书·程务挺传》："永徽六年，累除营州都督，兼东夷都护。"

东夷都护除了统领贞观初置于营州附近的 9 州外，兼领松漠、饶乐 2 羁縻都督府地。

饶乐府下领 5 州：

弱水州，以阿会部置。

祁黎州，以处和部置。

洛瓌州，以奥失部置。

太鲁州，以度稽部置。

---

① 《资治通鉴·唐太宗贞观二十二年》。

渴野州，以元俟析部置。

松漠都督府下领 8 州：

峭落州，以达稽部置。

无逢州，以独活部置。

羽陵州，以芬问部置。

白连州，以突便部置。

徙河州，以芮奚部置。

万丹州，以坠斤部置。

匹黎州，以伏部置。

赤山州，以伏部置。

营州境内 9 州，是有固定治所的，而松漠、饶乐二府及下属 13 州部落则是"逐水草畜牧，射猎居无常处"。没有固定治所。

唐高宗麟德年间，以靺鞨酋长突地稽之子李谨行为营州都督，"其部落家僮数千人，以财力雄边，为夷人所惮"。①李谨行身为唐朝官员，仍然带领部落进驻营州，这是唐朝以夷治夷的政策。他没有兼任东夷都护，说明麟德年间东夷都护府已废，仍由营州都督府管辖奚、契丹部落羁縻府州。

自贞观二十二年至武后万岁通天元年（696），这 48 年内，唐朝营州都督府的羁縻统治是比较稳定的。在营州附近的羁縻州，实行"华官参治"。我们在第三章中已经谈过，此不赘述。契丹兵为唐朝镇守城池。永徽五年，高丽王"以靺鞨兵攻契丹，战新城"，"为契丹所乘，大败"②。新城是安东都护府管下的羁縻州之一，当时是由契丹人为唐朝把守的。这与出征一样，是羁縻部落对唐朝所尽的义务。

武后时期，契丹松漠都督府迁至营州城侧。万岁通天元年，"营州契丹松

---

① 《旧唐书·北狄传·靺鞨》。

② 《新唐书·东夷传·高丽》。

漠都督李尽忠、归诚州刺史孙万荣举兵反，攻陷营州，杀都督赵文翙。尽忠，万荣之妹夫也，皆居于营州城侧。文翙刚愎，契丹饥不加赈给，视酋长如奴仆，故二人怨而反"。①

李尽忠、孙万荣的起兵，沉重打击了唐朝在东北地区的统治。营州都督府、安东都护府失守内迁，侨治幽州。营州都督府管下诸羁縻州，也来了一次大迁徙。据《新唐书·地理志》记载："乃迁玄州于徐、宋之境，威州于幽州之境，昌、师、带、鲜、信五州于青州之境，崇、慎二州于淄、青之境，夷宾州于徐州之境，黎州于宋州之境。""以顺州隶幽州都督府，徙瑞于宋州之境。"这些羁縻州侨治河南道境内达八年之久，直至唐中宗神龙年间，才北还至幽州。《新唐书·地理志》记载的突厥顺、瑞2州，奚部鲜、崇、顺化、归义4州，契丹玄、威、昌、师、带、归顺、信、沃、青山9州，靺鞨慎、夷宾、黎3州，共18州侨居幽州各县的地点，反映了自中宗神龙二年（706）至玄宗开元四年这一段营州管下羁縻府州的情况。而松漠、饶乐二府，随着二部的反抗而废止了。在他们反唐南下时，突厥部落乘虚袭击了奚、契丹故地，李尽忠、孙万荣失败后，"其余众及奚，霫皆降于突厥"。②唐朝统治者对东北各族政策的错误，使贞观年间取得的安东、东夷二都护的广大地区全部丧失，又收缩至平、蓟二州境内。

玄宗即位，唐朝政局稳定，国力强盛，契丹、奚又表示归顺。开元四年七月，"契丹李失活、奚李大酺率所部来降，复置松漠、饶乐二府。以契丹八部酋长为刺史"。开元五年，唐玄宗命宋庆礼等官员"更于柳城筑营州城，兴役三旬而毕。俄拜庆礼御史中丞，兼检校营州都督。开屯田八十余所，追拔幽州及渔阳、淄青等户，并招辑商胡，为立店肆，数年间，营州仓廪颇实，居人渐殷"。③

---

① 《资治通鉴·周武则天万岁通天元年》。

② 《资治通鉴·周武则天神功元年》。

③ 《旧唐书·宋庆礼传》。

　　唐朝重置营州都督府，恢复在东北地区的统治，并把侨置于幽州境内的原营州管下羁縻州迁回东北一部分。具体情况不太清楚，只有一些零星材料可以证明。《新唐书·安禄山传》说开元末，安禄山"授营州都督，平卢军使，顺化州刺史"。顺化州应在营州境内。同书《史思明传》说他是"营州宁夷州突厥杂种胡人也"，"与禄山同乡里"。安禄山是营州柳城杂种胡人，可见宁夷州也在营州境内。《资治通鉴》天宝十载（751）八月，安禄山过土护真水三百里，至契丹牙帐，契丹与奚合击唐兵，禄山大败，退入师州。《旧唐书·安禄山传》说安败后，"夜走平卢"，可见师州已由幽州迁回营州境内。

　　也有一部分侨居幽州的部落没有返回营州，由于长时间居于内地，有的已经汉化，在官府或军队中任职。《唐故行涿州司马金紫光禄大夫彭城郡刘公墓志铭》："府君讳建"，"汉室本宗，彭城是望"，"今即燕人也。自大父以前，多遇荒□不明，难为具载昭穆。故顺化州刺史兼侍御史讳瓃，即其先人"。[①]我们知道顺化州是以奚部落设置的羁縻州，刘建祖上是奚人无疑。从墓志全文来看，亲戚中多在涿州任官，这个部落应该是武后时由营州迁至幽州境内的。涿州原是幽州范阳县。刘建不承认其出身，而冒与彭城刘氏连宗，表明他已汉化。另外一些侨居幽州的奚、契丹部落，被唐朝招募为兵。如李希烈是燕州辽西人，"少籍平卢军"。李宝臣"本范阳内属奚也"，"为卢龙府果毅"。王武俊"本出契丹怒皆部，父路俱，开元中与饶乐府都督李诗等五千帐求袭冠带，入居蓟，武俊甫十五"，"隶李宝臣帐下为神将"。[②]

　　开元年间重置松漠、饶乐二都督府，羁縻统治的程度与以前大不相同。由于二部的强大，唐朝由原来的直接统治改为册封、和亲、互市等方式。关于唐朝册封二部酋长为都督和郡王封号，以公主出降，我们前面也谈过了。除此之外，唐朝政府还经常给契丹、奚各部落酋长授予州刺史、县令等称号，表

①　（唐）郭洪：《唐故行涿州司马金紫光禄大夫彭城郡刘公墓志铭》。
②　《新唐书·王武俊传》。

明唐朝的一套羁縻州县行政制度，仍在奚、契丹部落中实行。据《册府元龟》卷 975 记录，开元十四年正月："奚御史、郡王父李缀进位右武卫员外大将军及奚弱水州刺史。"弱水州是唐初饶乐都督府下一州，开元中名号仍存。开元十二年三月，"遣使赍锦八万段，分赐奚及契丹"，"一万段与燕（郡）公主，松漠王衙官、刺史、县令"。开元十四年七月，"契丹部落刺史出利，县令苏因多等来朝"。所谓刺史、县令，就是唐初设置的羁縻州的刺史、县令。直至唐文宗开成四年，唐朝还"授奚、契丹、室韦等告身八十九通"。可见册封制度一直没有停止过。

关于和市，樊衡《为幽州长史薛楚玉破契丹露布》中说："自开复营州，二十年内，部落不聋，安农互商，金帛山积，我国家之于惠贷，亦深矣。"[①] 按《旧唐书·郭知运传》，薛楚玉与契丹交战在开元二十一年，《露布》所说 20 年间的和市情况，显然指开元初重置营州后。这种和市的性质与当时唐朝与突骑施的一样，是唐朝与藩属国之间的贸易往来，不同于以前的羁縻部落交纳贡赋。

天宝元年，玄宗置十节度，以统边军。"范阳节度临制奚、契丹"，"治幽州"；"平卢节度镇抚室韦、靺鞨"，"治营州"。[②] 安东都护府虽有其名，因新罗独立，无所统，仅领兵八千，驻营州。实际上东北诸部，均由安禄山管辖。"天宝元年，以平卢为节度，禄山为之使，兼柳城太守，押两藩、渤海、黑水四府经略使。"[③] 天宝二年，兼领范阳节度使，于是奚、契丹诸部改由幽州管辖。由于安禄山的倒行逆施和邀功求宠，在范阳节度使管理时期，唐与奚、契丹的关系急剧恶化。安禄山起初与史思明"俱为捉生"。所谓"捉生"，就是公然掠夺奚、契丹百姓。为节度使后，"乃绐契丹诸酋，大置酒，毒焉。既酣，

---

① （唐）樊衡：《为幽州长史薛楚玉破契丹露布》。

② 《资治通鉴·唐玄宗天宝元年》。

③ 《新唐书·安禄山传》。

悉斩其首，先后杀数千人，献首阙下"。又"诛其君李日越，料所俘骁壮戍云南"。安禄山还挑拨奚与契丹的关系，发兵十余万，"以奚为乡导，大战潢水南，禄山败，死者数千"。此后，契丹开始依附于回纥，与唐朝的关系日益疏远。

天宝十四载，安禄山"发所部兵及同罗、奚、契丹、室韦凡十五万众，反于范阳"。安禄山屡次侵扰奚、契丹部落，没有史料表明住在塞外的奚、契丹部落参加了叛乱。史书上所说的诸族兵，应是幽州和营州境内的诸羁縻州部落居民。《旧唐书·地理志》曰："自燕以下十七州，皆东北蕃降胡散诸处幽州、营州界内，以州名羁縻之，无所役属。安禄山之乱，一切驱之为寇，遂扰中原。至德之后，入据河朔，其部落之名无存者。"也就是说，河北道的羁縻府州，在"安史之乱"后就完全废止了。

"安史之乱"后，唐朝处于藩镇割据的局面，"藩镇擅地务自安，郭戍斥候益谨，不生事于边。奚、契丹亦鲜入寇，岁选酋豪数十入长安朝会，每引见，赐与有秩，其下率数百皆驻馆幽州"。与东北诸族关系趋于稳定，但已不存在羁縻关系了。

---

① 《新唐书·安禄山传》。

②④ 《新唐书·北狄传·契丹》。

③ 《资治通鉴·唐玄宗天宝十四载》。

第七章

羁縻府州与唐朝疆域的关系

第一节　羁縻府州的兴废与唐朝疆域的伸缩

在这一章里，我们来探讨一下羁縻府州与唐朝疆域的关系。

在唐朝 300 年的历史中，其疆域发生过相当大的变化。《旧唐书·地理志》叙述唐朝前期疆域的变化说："至（贞观）十三年定簿，凡州府三百五十八，县一千五百五十一。至十四年平高昌，又增二州六县。自北殄突厥颉利，西平高昌，北逾阴山，西抵大漠。其地东极海，西至焉耆，南尽林州南境，北接薛延陀界。""高宗时，平高丽、百济，辽海已东皆为州。俄而复叛，不入提封。"《旧唐书·地理志》记载的州县内容，以玄宗天宝十一载为标准年代。述其疆域四至："东至安东府，西至安西府，南至日南郡，北至单于府。南北如前汉之盛，东则不及，西则过之。"并注："汉地东至乐浪，玄菟，今高丽、渤海是也。今在辽东，非唐土也。汉境西至敦煌郡，今沙州，是唐土。又龟兹，是西过汉之盛也。"

根据唐朝各时期地理文献的记载，谭其骧先生主编的《中国历史地图集》第五册绘制了三幅唐时期全图，分别画出了总章二年、开元二十九年（741）、元和十五年（820）的疆域政区和周边少数民族的分布地及其所建立的政权。而产生这种变化的主要原因，就是羁縻府州的迁徙兴废。

通过前面几章的论述，我们看到羁縻府州的情况是千变万化、十分复杂的：因部族而异，因地而异，又因时而异，差别很大。

《新唐书·地理志》记载的 800 多个羁縻府州，存在于不同的时期。《新唐书·地理志》的序言说："今录招降开置之目，以见其盛，其后或臣或叛，经制不一，不能详见。"它说的"不能详见"，恰恰是我们要详细探讨的问题。因为羁縻府州的置废，与唐朝边疆的开拓与内缩有着密切关系。

如前所述，我们看到唐朝各地的羁縻府州有的一直处于唐中央政府的统治之下，最后升为唐朝的正州或被并入唐朝的边州都督府。有的则因部族的强大和迁徙，逐渐脱离了唐朝的控制，建立了少数民族地方政权，但仍与唐朝保持藩属关系。还有一些由于地域遥远，从开始就是名义上归附于唐朝，与唐朝一直保持国与国之间的联系。尽管《中国历史地图集》第五册把羁縻府州都划归唐朝疆域范围之内，也显示出它们与唐朝正州、边州都督府的区别，但在研究唐朝疆域与羁縻府州的关系时，还是有必要注意一下它们的兴废变化。而论及它们与唐朝关系的亲疏远近，应该有个判断的标准。总结一下唐朝的羁縻政策和羁縻府州对唐朝的义务，大致可归纳为以下几点：

（1）唐朝是否一直在那里拥有统治权，或虽然有时发生动乱分化，但在较长的一段时期内还相对稳定。

（2）唐朝的羁縻政策，如驻扎军队、华官参治、使节监督等，是否得到切实的实行。

（3）羁縻府州是否承担对唐朝的义务，如交纳贡赋、应召出兵、承担徭役等。

根据这三条标准，我们可将羁縻府州分为三种类型：（1）一直处于唐朝控制之下的；（2）一度为唐朝据有，后来发生变化的。（3）只在名义上与唐朝有羁縻关系的。

第一类是设置于唐朝边州都督府领地之内的羁縻州。这类羁縻州又可分为两种情况：一是边州都督府以管内少数民族部落开置的；一是境外少数民族部落迁徙至边州都督府辖境内，侨居设置的。属于前一种的有黔州都督府管下的牂、琰、庄、充、应、矩六州，武德贞观时置为正州，开元天宝中陆续降为羁縻。剑南道泸州都督府所领的纳、萨、巩、晏等州，仪凤初置为正州，先天年间降为羁縻。茂州都督府所领维、翼二州本为羁縻，后为正州。涂、炎、彻、向、冉、穹、笮七州，《旧唐书·地理志》注其"相次为正"，《新唐书·地理志》仍划归羁縻。唐朝政府能根据需要将它们晋升正州或退入羁縻，说明对其控制有力。

岭南道桂、邕二都督府管下的羁縻州，分布在柳州以西的金龙江、江水河之间的山区和南宁以西邕江上游的丘陵地带。由于地形复杂、交通困难，唐朝无力直接统治，故设立羁縻州。范成大《桂海衡虞志》谈到宋朝平定邕州依氏，"参唐制，分析其种落。大者为州，小者为县，又小者为洞"，"推其长雄者首领，籍其民为壮丁，以藩篱内部，障防外蛮"，"其酋皆世袭"。我们前面谈到岭南大部分正州刺史都是由当地土著豪强担任刺史的，唐朝在对正州和羁縻州的管理上，没有很大区别。使节巡行、定期召集和赋税制度，都在岭南羁縻州实行着。由于豪强大姓经常扩张自己的领地或与其他大姓进行兼并，常有战争发生，使唐朝政府一度失去控制，战争平息后，他们往往又回归唐朝统治之下。从天宝年间直到唐末，西原黄氏不断向东扩张，攻城略地。当时被黄氏驱逐兼并的不仅是韦、周二族，钦州宁氏也被黄氏消灭。据《资治通鉴》记载，贞元十年（794）五月，"钦州蛮酋黄少卿反，围州城"。七月，黄少卿陷钦、横、浔、贵州，并威逼邕州。唐朝邕州刺史徐申通过招抚黄氏，才稳定了局势。"黄氏既至，群盗皆服，于是十三部二十九州之蛮，宁息无寇害。"[1] 宪宗元和三年，以黄少卿"为归顺州刺史"[2]。大历十二年，桂州管内18个羁縻州"羁縻反复，历代不宾"，桂州都督李昌巙奉命征讨，"擒获元恶并其下将率八十四人"，"其余逼逐俘虏二十余万，并给耕牛种粮，令还旧居"。[3] 以上事

---

① （唐）李翱：《徐申行状》。

② 《资治通鉴·唐宪宗元和三年》。

③ （唐）韩云卿：《平蛮颂》。

实表明，岭南道桂州、邕州管下的羁縻州，都是唐朝领土的一部分。

属于后一种的有关内道夏州境内的六胡州、兰池州，我们已经详细地探讨了它们的内附、置州、迁徙、转正州的过程，清楚了其与唐朝的关系。

陇右道凉州都督府下贺兰州都督府，贞观时以契苾部落内附置，世代居甘、凉之间。开元十五年，贺兰府都督契苾承明被流放藤州，其后不闻贺兰府之名。契苾部被编入陇右军队。安史之乱，契苾部随哥舒翰至潼关参战。

河北道营州都督府管下羁縻州有奚部的鲜、崇、顺化等州，契丹部落的玄、威、昌、师等州，靺鞨的慎、夷宾等州，初内附于营州都督府内。武后时李尽忠、孙万荣反，诸州内徙，侨置于幽州都督府境内，又一度移至河南道青、淄、黎州境内。中宗神龙初还隶幽州。《旧唐书·地理志》曰："安史之乱，一切驱之为寇，遂扰中原。至德之后，入据河朔，其部落之名无存者。"

以上列举的这些羁縻州，都是内附部落设置，它们处于边州都督府的直接控制下，虽经分化离合，结果或升为正州，或纳入唐朝军队，都成为国家直接控制下的编户。这反映了一个民族融合的过程。这些侨置于边州都督府境内的羁縻府州，有唐一代基本处于唐朝政府的管辖之下。

在唐朝边境以少数民族设立的羁縻府州，情况比较复杂。《唐六典·主客郎中》条曰："凡四蕃之国，经朝贡之后，自相诛绝及有罪灭者，盖三百余国。今所存者，七十余蕃。"下列 70 余蕃名目。其中曾被唐朝设置为羁縻府州或被唐朝授予羁縻府州名义的有三姓葛逻禄、处密、处月，三姓咽蔑，坚昆、奚、契丹、渤海靺鞨、室韦、新罗、波斯、拔汗那、康国、安国、石国、吐火罗、曹国、米国、史国、龟兹、疏勒、于阗、焉耆、突骑施 24 蕃。

这 70 余蕃的名单反映了什么时候的情况？名单中有杀下突厥，而没有两个著名的大族——回纥和南诏。杀下突厥，即小杀突厥毗伽可汗，开元四年即位。回纥当时是唐陇右道羁縻州，处于甘、凉之间。开元十五年后，杀凉州都督王君㚟，退回漠北，建立回纥汗国，取代后突厥。南诏原隶剑南道姚、戎二都督府管下，天宝九载（750）反唐，建立南诏国。突骑施在开元五年后逐渐脱离唐朝羁縻统治，开元七年（719）唐朝册封苏禄为忠顺可汗，标志突骑施汗国为唐朝承认。《唐六典》反映的情况，应在开元五年至十五年这一段时间内。

这 20 余蕃国虽然"各有土境"，但他们与唐朝都有或近或远的羁縻关系，我们从这 20 余蕃入手，来做些具体分析，看看它们哪些属于第二类——唐朝一度据有又发生变化的；哪些属于第三类——与唐朝只有名义上的隶属关系。

第二节　安西四镇

《新唐书·地理志》所说的四镇都督府，是今新疆维吾尔自治区天山以南、帕米尔以东的龟兹、焉耆、于阗、疏勒 4 府及下辖 34 个羁縻州。隋末唐初，这个地区在西突厥控制下。贞观十四年平高昌，置西州，以此为据点，开始了对这一地区的经营。贞观十六年，始置安西都护府于西州。《旧唐书·郭孝恪传》："贞观十六年，累授金紫光禄大夫，行安西都护、西州刺史。"安西都护和西州刺史虽由一人兼任，但西州是一个正州，不应归都护府管辖。按当时的实际情况，唐朝是以西州为据点，开始经营西域，并逐渐把这一广大地区纳入羁縻统治之下的。

贞观十八年，焉耆王投靠西突厥，郭孝恪发兵征讨，俘焉耆王，"留栗婆准摄国事而还"，焉耆归于唐朝控制。贞观二十年，西突厥可汗遣使入贡，"且请婚。上许之，且使割龟兹、于阗、疏勒、朱俱波、葱岭五国以为聘礼"[1]，说明唐朝要把这五国从西突厥的控制转为自己的统治区。当时在唐朝控制下的焉

---

[1]　《资治通鉴·唐太宗贞观二十年》。

眷不在其中，也是一个证明。

贞观二十一年十二月，以阿史那社尔为昆丘道行军大总管，以讨龟兹。二十二年十二月，破龟兹国都拨换城。于是，太宗"始徙安西都护于其都，统于阗、碎叶、疏勒，号四镇"①。至此，它们由西突厥控制转为唐朝的领土。

但是《旧唐书·地理志》《新唐书·地理志》以及《通典·州郡典》却一致记载安西四镇为高宗显庆年间置。其实贞观二十二年置四镇的材料是很充分的。《旧唐书·吐蕃传》曰：贞观中，"阿史那社尔开西域，置四镇"。《新唐书·吐蕃传》引崔融议曰："太宗文皇帝践汉旧迹，并南山抵葱岭，剖裂府镇，烟火相望，吐蕃不敢内侮。"移安西都护府至龟兹后，都护仍是郭孝恪。《旧唐书·郭孝恪传》曰："俄又以孝恪为昆丘道副大总管以讨龟兹，破其都城，孝恪自留守之，余军分道别进。"

值得注意的是，首次设立的四镇中有碎叶。《新唐书·地理志》把它归入焉耆之下，以致以讹传讹，造成两个碎叶的错误概念。碎叶只有一个，即今中亚的托克马克。阿史那社尔的这次远征名为讨龟兹，实际是与西突厥争夺整个西域的广大地区。《资治通鉴》说："阿史那社尔既破处月、处密，引兵自焉耆之西趋龟兹北境，分兵为五道，出其不意。"又说："阿史那社尔前后破其大城五，遣左卫郎将权祗甫诣诸城，开示祸福，皆相帅请降，凡得七百余城"（《新唐书·阿史那社尔传》作七十余城），"西域震骇，西突厥，于阗、安国争馈驼马军粮"。②这充分说明，平龟兹后，唐军分头西进，一直到了中亚昭武九国附近，碎叶包括在内。武后时，王孝杰克碎叶，复四镇，武后奖励他说："昔贞观中，贝绫得此蕃城，其后西陲不守，并陷吐蕃，今既尽复于旧，边境自然无事。"③武后指的就是碎叶，但贝绫是什么人，无从知晓。《资治通鉴》贞观二十一年十二月阿史那社尔出讨西域，太宗"仍命铁勒十三州，突厥，吐蕃、

①　《旧唐书·西戎传·龟兹》。

②　《资治通鉴·唐太宗贞观二十二年》。

③　《旧唐书·王孝杰传》。

吐谷浑连兵进讨"。贝绫可能是蕃将之一。

第一次置安西四镇的时间很短,《旧唐书·西戎传·龟兹》曰:"先是,太宗既破龟兹,移置安西都护府于其国城,以郭孝恪为都护,兼统于阗、疏勒、碎叶、谓之四镇。高宗嗣位,不欲广地劳人,复命有司弃龟兹等四镇,移安西依旧于西州。"四镇失守的原因是郭孝恪被杀。据《新唐书》《旧唐书》中《郭孝恪传》的记载,阿史那社尔还军后,郭孝恪留守龟兹,龟兹国相那利与城中里应外合,袭杀郭孝恪。"太宗闻之,初责孝恪不加警备,以致颠覆,后又怜之,为其家举哀。"太宗死于贞观二十三年五月,那么郭孝恪必死于五月之前,所以,第一次设安西四镇大约只有五个月的时间。这大概也是唐代诸地理书中不载的原因。

郭孝恪死后,龟兹等国处于混乱状态,"唐兵既还,其酋长争立,更相攻击"。[①]高宗显庆二年,瑶池都督、西突厥可汗阿史那贺鲁叛唐,据有西域。"处月、处密及西域诸国多附之。"直至显庆二年苏定方破阿史那贺鲁,平定西域,显庆三年五月:"徙安西都护府于龟兹,以旧安西复为西州都督府,镇高昌故地。"这次设置的四镇是龟兹、焉耆、于阗、疏勒。这时,西域又受到吐蕃的侵扰,四镇的统治很不巩固,疏勒首先附于吐蕃。高宗麟德二年闰三月,"疏勒弓月引吐蕃侵于阗"。咸亨元年四月,"吐蕃陷西域十八州,又与于阗袭龟兹拨换城,陷之,罢龟兹、于阗、焉耆、疏勒四镇"。[②]

这次罢四镇只是暂时的。咸亨二年(671),匐延都督,居于碎叶附近的西突厥处木昆部酋长阿史那都支与吐蕃联合,寇安西,诏吏部侍郎裴行俭讨之。裴行俭至西州,"徐召四镇诸胡酋长",以行猎为名,奇袭阿史那都支,擒之,"执送碎叶城","留王方翼于安西,使筑碎叶城"。[③]

从以上记载可以看出:(1)裴行俭召四镇酋长出兵,可见吐蕃并未长驻四

---

① 《资治通鉴·唐高宗永徽元年》。

② 《资治通鉴·唐高宗咸亨元年》。

③ 《新唐书·突厥传》。

镇，退兵之后，安西四镇又属唐朝控制。（2）王方翼是裴行俭的副手，头衔是安西都护。由西州集合出兵，可见龟兹失陷后，安西都护迁至西州。（3）王方翼筑碎叶城，以安西都护名义镇守，说明高宗调露元年，安西都护府治碎叶。《旧唐书·王方翼传》描述王方翼筑碎叶城："立四面十二门，皆屈曲作隐伏出没之状，五旬而毕，西域诸胡竞来观之，因献方物。"碎叶镇的设立，使唐朝不仅能控制四镇，而且控制了中亚诸国，具有重要意义。

武后垂拱二年，由于吐蕃进攻，安西四镇又发生了动乱。吐鲁番阿斯塔那100号墓出土的《氾德达告身》记载："准垂拱二年十一月三日敕，金牙军拔于阗、安西、疏勒、碎叶等四镇，每镇酬勋一转。"《全唐文》卷185《蜀州青城县令达奚思敬碑》称他于垂拱二年任金牙道行军司兵，"设策请拔碎叶、疏勒、于阗、安西四镇"。《千唐志斋藏石》中又有《忠武将军疏勒人裴沙钵罗墓志》曰："属蕃落携贰，安西不宁，都护李君与公再谋，奏拔四镇。公乃按以戎律，导以泉井，百战无死败之忧，全军得生还之路。"吐鲁番文书中出土的西州征镇名籍，征发的壮丁分别被派往金山道、疏勒道、金牙道、昆丘道行军和救援龟兹，可见当时斗争十分激烈。最后，唐朝被迫放弃了四镇。黄惠贤先生在《从西州高昌县征镇名籍中看垂拱年间西域政局之变化》一文中将其过程考证甚详，此不赘述。[①]结果，安西副都护唐休璟"收其余众，以安西土，迁西州都督"[②]。安西都护府再次废弃，又迁回西州。表明西域形势不利于唐朝时，西州是唐朝最后坚守的阵地。

四镇失陷六年后，"西州都督唐休璟请复取龟兹、于阗、疏勒、碎叶四镇"。武后长寿元年（692）十月，王孝杰"大破吐蕃，复取四镇，置安西都护府于龟兹，发兵戍之"[③]。此后直至天宝末年，天山以南的龟兹、于阗、疏勒一

---

① 黄惠贤：《从西州高昌县征镇名籍中看垂拱年间西域政局之变化》，唐长孺主编：《敦煌吐鲁番文书初探》，武汉大学出版社1983年版，第396—438页。

② 《旧唐书·唐休璟传》。

③ 《资治通鉴·周武则天长寿元年》。

直在唐朝控制之下。而碎叶则因为天山以北地区局势的变化，突骑施的强盛，后突厥的西征，而数次易手。最后在开元七年，突骑施"十姓可汗请居碎叶，安西节度使汤嘉惠表以焉耆备四镇"①。碎叶成为突骑施牙帐驻地，安西四镇又变成了龟兹、疏勒、于阗、焉耆。

唐朝在安西四镇置军驻守。玄宗天宝元年，改安西都护为安西节度使，"抚宁西域，统龟兹、焉耆、于阗、疏勒四国"，"管戎兵二万四千人"。②在四镇之间往来道路上，又设置若干军、镇、守捉。"于阗东界有兰城、坎城二守捉城。西有葱岭守捉城，有胡弩、固城、吉良三镇。东有且末镇。西南有皮山镇。焉耆西有于术、榆林、龙泉、东夷僻、西夷僻、赤岸六守捉城。"③吐鲁番文书中记载高宗咸亨年间，安西都护府管下有玉河军、萧乡军。④《新唐书·地理志》曰："葱岭守捉，故羯盘陀国，开元中置守捉。安西极边之戍。"表明帕米尔以东、天山以南，都在安西都护府的有效管辖之下。

安西都护府的守军多是从内地征发来的，开元二十五年五月，"敕以方隅底定，令中书门下与诸道节度使量军镇闲剧利害，审计兵防定额，于诸色征人及客户中召募丁壮，长充边军"。⑤黄文弼先生在库车明田阿达古城发现一汉文残纸，上有"左卫率府广济府卫士□□"。⑥按《旧唐书·职官志》：太子左右卫率府，"掌东官兵杖翊卫之政令"，"凡亲勋翊府及广济等五府属焉"。残纸上写的这名卫士应该是由长安东宫卫队调去守卫龟兹的，但仍保持其原府号。吐鲁番文书中也常有征调西州人驻守四镇的记录，如哈拉和卓103号墓出土的一份《唐自书历官状》曰："从咸亨三年简点蒙补旅帅已来，至四年中从果毅薛

---

① 《新唐书·西域传·焉耆》。

② 《旧唐书·地理志》。

③ 《新唐书·地理志》。

④ 国家文物局古文献研究室、新疆维吾尔自治区博物馆、武汉大学历史系编：《吐鲁番出土文书》第6册，文物出版社1985年版，第476页。

⑤ 《资治通鉴·唐玄宗开元二十五年》。

⑥ 黄文弼：《新疆考古发掘报告（1957—1958）》，文物出版社1983年版，第65页。

逊入疏勒，经余三年以上。"①这是一个西州府兵军官，奉命到疏勒驻守三年。

　　安西四镇的唐朝守军，并不是驻在四国都城内，而是在旁边另驻军城，保护四个羁縻都督府。黄文弼先生在焉耆、库车（龟兹）的考古过程中发现了这一点，我们前面已经讲过，此不赘述。

　　龟兹、焉耆、于阗、疏勒四国都城内，设有羁縻都督府，都督即是其国王。其属吏中一部分是汉人。吐鲁番出土阿斯塔那239号墓文书有一份《唐西州高昌县成默仁诵经功德疏》曰："西州高昌县安西乡成默仁，前任别敕授焉耆都督府录事，去景龙四年二月廿七日制改授沙州寿昌县令。"这说明"华官参治"的政策也在安西都护府内实行着。都护府管内的行政管理，有吐鲁番阿斯塔那61号墓出土文书《唐西州高昌县上安西都护府牒稿为录上讯问曹禄山诉李绍谨两造辩辞事》可证。唐高宗年间，昭武九姓人曹禄山与汉人李绍谨在弓月城因借贷事发生冲突，弓月城当时是安西都护府管下羁縻嗢鹿州辖地，当地官府将他们捉住，因官司涉及胡、汉关系，当局将其转至安西府处理。因当时安西府暂驻西州，故由西州高昌县受理审讯。黄惠贤先生在详细考证了文书内容后指出："这说明无论是胡人之间，或者胡、汉之间发生争端，无论是刑事案件，或者是民事诉讼，唐官府都予以受理。因此，唐朝官府在高昌、弓月地区都充分行使着权力。其次，通过《牒稿》记录的全部案件审理过程可以看出，唐王朝的地方官府在处理胡、汉纠纷时，把双方都视为自己的臣民，并不因为李绍谨是汉人而曲意袒护。唐王朝的这个地方官府，在处理这件民事诉讼中，可以说是较为妥当的。"②从上述驻军、华官参治、处理民政事务的实例中可以说，唐朝安西都护府在天山以南地区统治相当有力，在"安史之乱"后吐蕃攻陷西域前的一百年间，这里是在唐朝的疆域版图之内。

---

① 国家文物局古文献研究室、新疆维吾尔自治区博物馆、武汉大学历史系编：《吐鲁番出土文书》第6册，文物出版社1985年版，第596页。

② 黄惠贤：《〈唐西州高昌县上安西都护府牒稿为录上讯问曹禄山诉李绍谨两造辩辞事〉释》，唐长孺主编：《敦煌吐鲁番文书初探》，武汉大学出版社1983年版，第361页。

《新唐书·地理志》记四镇都督府管下有 34 羁縻州，名目不存。关于 34 州，唐朝史料记载很少。《旧唐书·高宗纪》："咸亨元年四月，吐蕃寇陷白州等一十八州，又与于阗合众袭龟兹拨换城，陷之。"白州应该是羁縻州之一。吐蕃既占有于阗，又攻龟兹，说明 18 州是咸亨元年以前在于阗、龟兹境内设置的。

疏勒府领州 15，可考者只有金州。《册府元龟》卷 97："（天宝）十二载正月，疏勒首领摄耀、建州司马裴国良、金州首领阿满儿褐车鼻施并来贺正。"但金州方位也不清楚。

《新唐书·地理志》中还有河西内属诸胡州 12、府 2。没有记载设置年代，贾耽《四夷路程》记其方位，皆在安西四镇境内，安西道路的记载，只能是天宝年间的情况。既云"内属"，应当是从其他地区迁入四镇的。《资治通鉴》卷 214 开元二十七年九月："处木昆、鼠尼施、弓月等诸部先隶突骑施者，皆帅众内附，乃请徙居安西管内。"前引疏勒府金州首领阿满儿褐车鼻施，显然不是当地人，车鼻施是突骑施别种。可以推断，河西内属 12 州 2 府，是开元二十七年后以西突厥十姓、突骑施别部内附于四镇境内部落设置的。

第三节　天山以北地区和北庭都护府

唐朝在天山以北地区的羁縻统治，没有天山以南那样稳定。在沿革上经历了瑶池都督府、昆陵和濛池二都护府、金山都护府、北庭都护府、碛西节度使、北庭节度使这样一个复杂过程。我们沿着这条线索，探讨天山以北地区与唐朝的隶属关系。

隋末唐初，天山以北地区是西突厥的领地。贞观十四年九月，侯君集平高昌，以高昌都城为西州。以可汗浮图城为庭州，即今新疆吉木萨尔北破城子。

庭州与西州一样，是唐朝为控制天山以北地区设置的一个据点。贞观二十二年四月，西突厥分裂，阿史那贺鲁率众内附，处之庭州莫贺城。贞观二十三年二月，置瑶池都督府，隶安西都护，以贺鲁为瑶池都督，使招讨西突厥未服者。这是唐朝在天山以北设置的第一个羁縻都督府。

阿史那贺鲁部落"居于多逻斯川，在西州直北一千五百里，统处密、处月、姑苏、歌逻禄、弩失毕五姓之众"①。多逻斯川，冯承钧考订为今新疆北部额尔齐斯河。瑶池都督府的辖境应在今准噶尔盆地一带。

当时唐朝北平突厥，东征高丽，又置安西都护府，无力再派重兵直接统治天山以北地区，因而委派阿史那贺鲁代唐朝管理西突厥诸部，而总隶于安西都护府之下。这样，天山以北地区纳入了唐朝版图。

永徽二年（651），阿史那贺鲁发动叛乱，企图在天山以北地区重建西突厥的统治。七月，贺鲁部寇庭州，攻陷金岭城及蒲类县，致使庭州"萧条荒废"。贺鲁想用这种手段将唐朝军队赶回内地。为了反击阿史那贺鲁的分裂叛乱，唐朝派大军与阿史那贺鲁进行了七年战争，终于在显庆二年取得了最后胜利。

这次胜利具有重大意义。（1）彻底消灭了西突厥这一支西域最强大的力量，唐朝重新统一了西域，并维持了多年的稳定局面。（2）唐朝直接控制了天山南北地区，并且将中亚地区从西突厥手中接管过来，归于唐朝的庇护之下。（3）唐朝在天山以北地区设置羁縻府州，加强对那里的统治。

显庆二年，苏定方平阿史那贺鲁，西突厥十姓部落纷纷来归附。"定方于是息兵，诸部各归所居，通道路，置邮驿，掩骸骨，问疾苦，画疆场，复生业，凡为沙钵罗所掠者，悉括还之，十姓安堵如故。"然后，高宗下令"分西突厥地置濛池、昆陵二都护府"，"遣光禄卿卢承庆持节册命，仍命弥射、步真与承庆据诸姓降者，准其部落大小，位望高下，授刺史以下官"②。

---

① 《旧唐书·突厥传》。

② 《资治通鉴·唐高宗显庆二年》。

《新唐书·突厥传》:"贺鲁已灭,裂其地为州县,以处诸部。""又置昆陵、濛池二都护府以统之。其所役属诸国皆置州,西尽波斯,并隶安西都护府。以阿史那弥射为兴昔亡可汗,兼骠骑大将军,昆陵都护,领五咄陆部;阿史那步真为继往绝可汗,兼骠骑大将军、濛池都护,领五弩失毕部。"西突厥十部的分界是在太宗贞观年间,"沙钵罗咥利失可汗分其国为十部,左五咄陆部,居碎叶东;右五弩失毕(部),居碎叶西"。①这里的碎叶是指碎叶川,实际上是指楚河。昆陵、濛池二都护府的分界是沿袭了西突厥的旧制。

濛池、昆陵二都护府下,又以西厥十姓、突骑施、葛逻禄等部分置羁縻都督府。《新唐书·地理志》记录了匐延、絜山等23个都督府名称。其中金满州是永徽五年以处月部落置,阴山、大漠二府是显庆二年正月以葛逻禄二部置②,此时并入二都护府下。另外据陈国灿《唐乾陵石人像及其衔名的研究》一文考证,尚有千泉、俱兰、颉利3个都督府。总计唐朝显庆二年在天山以北共设了2个羁縻都护府,26个羁縻都督府。

这些羁縻府州,是以天山以北的诸游牧部落设置的。天山南北的自然地理条件不同。塔里木盆地中央是塔克拉玛干大沙漠,只有在缘边的南北两条交通线上,分布着一块块的绿洲。在这些绿洲上,居住着西域大多数人口,并有较为发达的农业。唐朝只要在这些绿洲上设置军镇,就控制了天山以南的全部领土。天山以北则不同,那里是强大的草原游牧部落活动地区,在这一大片广阔地带,都是草原、沙漠,极少有人口定居的城镇。先后在这里活动的西突厥、突骑施、葛逻禄等部落迁徙无常,又多次南下抄掠,威胁天山以南诸国安全,要想控制天山以北的广大地区,对唐朝政府来说,实在是一件很困难的事。唐朝只能在西州、庭州至碎叶的天山北路交通线上设置军镇、守捉,维护唐朝与中亚交通往来。至于北部广大地区,只有通过笼络强大的部落,授以官衔名

---

① 《新唐书·突厥传》。
② 《资治通鉴·唐高宗显庆二年》。

号，来控制其他部落。

显庆二年设昆陵、濛池二都护府和诸羁縻都督府，是唐朝在天山以北实施全面羁縻统治的开始。对于唐朝，二都护府受制于安西都护府。对诸部落，二都护又兼有可汗称号，可见实行的是蕃汉双重制度，目的在于维持民族习俗，便于管理。之所以设二都护府，是唐朝吸取阿史那贺鲁独领诸部势力过大以致反叛的教训，使其分而治之。阿史那弥射、阿史那步真虽是西突厥贵族，在贞观年间就已内附，成为唐军中的蕃将，让他们返回部落，成为唐朝统治的代理人，显得更为可靠一些。但是唐朝忽略了阿史那步真有独占西突厥故地的野心，时隔五年，便发生了动乱。

高宗龙朔二年，继往绝可汗、濛池都护阿史那步真诬陷兴昔亡可汗、昆陵都护阿史那弥射谋反，唐将苏海政杀了兴昔亡可汗，引起诸部骚乱。继往绝可汗不久死去，"十姓无主，有阿史那都支及李遮匐收其余众附于吐蕃"。[1]唐朝的羁縻统治第二次瓦解了。

从龙朔二年到仪凤二年裴行俭西征这14年间，除庭州外，天山以北诸部不在唐朝控制之下。为了恢复羁縻统治，唐朝在庭州设置了金山都护府，作为军事指挥部。关于金山都护府的设置及作用，日本学者伊濑仙太郎在《中国西域经营史研究》中做了专门考证，此不赘述。

裴行俭的西征，平定了阿史那都支的叛乱，重置碎叶镇，旨在恢复唐朝对天山以北地区的控制。但是形势并没有稳定，永淳二年（683），阿史那车簿又帅西突厥十姓反，被安西都护王方翼平定。为了尽快结束动乱局面，武后垂拱元年，重置昆陵、濛池二府，授阿史那弥射子元庆为昆陵都护，"令袭兴昔亡可汗，押五咄六部落；步真子斛瑟罗为右钤卫将军兼濛池都护，押五弩失毕部落"。[2]阿史那元庆于长寿元年（即如意元年）为来俊臣诬陷，腰斩于长安，所

---

① 《资治通鉴·唐高宗龙朔二年》。

② 《旧唐书·突厥传》。

以阿史那元庆很可能只是名义上的昆陵都护，根本没有返回西突厥故地，《旧唐书》的记载是有问题的。按《资治通鉴》，斛瑟罗领濛池都护是在垂拱二年九月，当时由于后突厥默啜的西进，"西突厥十姓，自垂拱以来为东突厥所侵掠，散亡略尽，濛池都护继往绝可汗斛瑟罗收其余众六七万人入居内地"。时在武后天授元年，史称"西突厥阿史那氏于是遂绝"。以阿史那氏建立的昆陵、濛池二府，不复存在。其领地为突骑施和后突厥瓜分。武后久视元年（700）正月，以"斛瑟罗为平西军大总管，镇碎叶"[①]。当时西突厥余部阿悉吉薄露反叛，剽掠碎叶，唐将田扬名引斛瑟罗之众攻薄露。可见斛瑟罗已成为唐军将领，不再是濛池都护了。

昆陵、濛池都护府两次设置，均以失败告终。后来郭元振总结教训，认为不应当让内附于唐朝的西突厥可汗子弟担任天山以北诸部的首领。因为他们久居长安，脱离部落，虽得唐朝信任，却不为诸部落所拥护。郭元振说："此等子孙非有惠下之才，恩义素绝，故人心不归。来者既不能招携，唯与四镇却生疮痏，则知册可汗子孙，亦未获招胁十姓之算也。"所以郭元振建议依靠天山以北最强大的部落，来维持唐朝统治。唐朝建北庭都护府，联合突骑施共同维护天山以北疆域，就是体现了这种策略。

突骑施首领乌质勒，原是濛池都护斛瑟罗管下的嗢鹿州都督。垂拱二年后，斛瑟罗入朝，"不敢还蕃，其地并为乌质勒所并"。突骑施成为天山以北最强大部落，与此同时，唐朝设北庭都护府，取代金山都护，行使羁縻统治。唐朝派使节册封突骑施可汗，并派使节到突骑施部落处理内政。这种政策起到了比军事讨伐更好的效果，突骑施归顺唐朝，"职贡不乏"，又代唐朝庇护昭武九国和吐火罗地区的安全。自垂拱二年到开元五年的30多年间，除后突厥入侵造成暂时的动荡，唐朝在天山以北地区基本保持了羁縻统治。

开元五年，突骑施可汗苏禄"部众浸强，虽职贡不乏，阴有窥边之志"。

---

① 《资治通鉴·周武则天久视元年》。

唐朝无法控制他的扩张。开元二年十月，"突厥十姓胡禄屋等诸部诣北庭请降"。开元三年，西突厥十姓部落大量内徙，原因是后突厥默啜西侵，杀突骑施可汗娑葛，驱赶西突厥十姓部落。吐鲁番阿斯塔那341号墓出土文书中，有一份开元五年西州文书："小德今月二日牵车城东塌地，其日斋时，贼从东北面齐出，遂捉小德并牛，至夜在苇东食，宿至三日明，即发入突播山，至四日夜，在小岭谷宿，□□□冈圈自解手足上山，经三日上山，投得维么戍烽。"唐小德是西州农户，被贼掠走北去，入突播山，应在西州之北，即今吐鲁番北的博格达山。小德逃回后，又翻山至维么戍，应在吐鲁番东北博格达山南麓。由此可知，西州控制的范围不过周围百里之内，烽戍以外，便无人把守了。以此类推，庭州也是如此。

开元十四年，突骑施可汗苏禄发兵攻安西四镇，与唐朝公开决裂。唐朝又失去了对天山以北地区的控制。所以《旧唐书·地理志》曰："开元二十一年，分天下为十五道。""又于边境置节度、经略使，式遏四夷。""北庭节度使，防制突骑施，坚昆、斩啜。""防制"与"统御"不是一个概念。《通典·边防九·石国》引《杜环经行记》曰："从安西西北千余里，有勃达岭。岭南是大唐北界，岭北是突骑施南界，西南至葱岭二千余里"，"勃达岭北行千余里至碎叶川"，"又有碎叶城"。冯承钧《西域地名》以勃达岭即今天山之拔达岭（Badal）。所以开元年间，唐朝史书中已不再有北庭府管下的羁縻州称号，仍恢复其部落名。

开元二十七年，唐朝出兵大举进攻突骑施，当时突骑施可汗苏禄病死，内部混乱，唐朝乘机集合四镇兵马，大举进攻。《文苑英华》卷917《四镇节度副使右金吾大将军杨公神道碑》曰："公名和"，"初开元中，群胡方盛，南寇于阗，公以中军副鼓行而前"，"二十七年，有诏四镇诸军大出汉南垒，问罪苏禄，洗兵滇河，旌甲数万人，城池五十国"。这一战唐朝大胜，碛西节度使盖嘉运攻碎叶，擒突骑施可汗吐火仙，一直进军到中亚的怛罗斯城和曳建城。杨和神道碑所谓"五十余国"，是指唐朝不但控制了突骑施领地，而且又控制了河中地区的 50 多个大小城邦。所以史称"威震西陲"。"处木昆、鼠尼施、弓月等诸部先隶突骑施者,皆帅众内附。"①唐北庭都护府又达到了高宗显庆年间的势力范围。但是由于玄宗的好大喜功,边将们对西域诸国无端发动侵略战争,引起当地民众反抗。天宝十载,高仙芝远征军大败于怛罗斯,大食占领了河中地区。"安史之乱"爆发后,唐朝势力急剧内缩,安西、北庭大部分地区被吐蕃、葛逻禄分别占领。

综上所述,唐朝在天山以北地区,除北庭府及天山北路部分军镇为唐朝直接统治外,大部分游牧部落的羁縻统治是不稳固的。真正实行羁縻统治的时间可分为以下几段:

（1）贞观二十三年至永徽二年的瑶池都督府时期,共 3 年。

（2）显庆二年至龙朔二年的昆陵、濛池二都护府时期,共 5 年。

（3）调露元年裴行俭西征至天授元年后突厥西侵、十姓内徙,共 11 年。

（4）长安二年置北庭都护府至开元五年与突骑施联合统治,共 15 年。

（5）开元二十七年征突骑施至天宝十载怛罗斯之战,共 13 年。

第四节　中亚昭武九国

唐代西域昭武九国,地处今中亚阿姆河与锡尔河之间,唐初处于西突厥的统治之下。《北史·西突厥传》说处罗可汗曾立二小可汗,分统所部。"一在石国北,以制诸胡国。一居龟兹北,其地名应娑。"诸胡国即指昭武九国。

唐高宗显庆三年,平阿史那贺鲁。原为西突厥控制的昭武九国,也被唐朝

---

① 《资治通鉴·唐玄宗开元二十七年》。

接管。唐朝在这里开始设置羁縻府州。按《资治通鉴》显庆四年的记载："诏以石、米、史、大安、小安、曹、拔汗那、怛悒、疏勒、朱驹半等国置州县府百二十七。"

这个记载显然有问题：（1）疏勒于贞观九年内附，贞观二十二年成为安西四镇之一，何来显庆四年置州之事？（2）同书龙朔元年六月条又曰，吐火罗、哒哒等十六国"置都督府八、州七十六"。怛悒、哒哒、怛阗同是一地，怎么会两次置府呢？

《唐会要》卷 99 有两条记载：康国，"显庆三年，高宗遣果毅董寄生列其所居城为康居都督府，仍以其王拂呼缦为都督"。史国，"显庆三年，遣果毅董寄生列其治所为祛（祛）沙州，以其王昭武失阿曷为刺史"。

这两条记载是准确的，因为它们与同书卷 36 的记载一致：显庆三年"五月九日，以西域平，遣使分往康国及吐火罗等国，访其风俗物产及古今废置，画图以进"。去吐火罗的是王名远，置阿姆河以南府州。去康国的就是董寄生，置阿姆河以北诸府州。

显庆三年在昭武九国设置的羁縻州，《新唐书·地理志》中没有记载。根据《新唐书·西域传》统计，有康居、大宛、休循州 3 个羁縻都督府，祛沙、南谧、贵霜、安息、木鹿 5 个羁縻州。它们隶属于唐安西都护府，因为当时唐朝是通过碎叶镇来控制中亚地区的。

《文苑英华》卷 913 张说《夏州都督太原王方翼神道碑》曰："裴吏部立名波斯，实取遮匐"，"诏公为波斯军副使兼安西都护"，"大城碎叶，街郭回互，夷夏纵观，莫究端倪。三十六蕃，承风谒贺，自洎汗海东肃如也"。36 蕃中，当然就应有昭武 9 国。高宗调露元年，裴行俭平阿史那都支，筑碎叶城，唐朝安西都护府移治碎叶，并先后设置过天山军、瀚海军、保大军等机构。到武后长安三年（703）乌质勒占领碎叶，建立突骑施汗国，24 年时间，九姓诸国在唐朝控制之下。

唐朝在昭武九姓地区实行什么样的羁縻统治，历史记载很不清楚。李光庭

《汉西域图考》引元人耶律楚材《西游录》曰："又西三百里塔拉斯，数百里皆平川，冈领回互，甚得形势，川北头有钜丽大城，城外皆平原可田。唐时凿道南山，夹为石槽以行水，槽脊跨坚岸，有唐节度参谋、检校刑部员外郎、假绯鱼袋太原王济之碑。"塔拉斯，即怛罗斯，今江布尔城，当时是中亚军事重镇。王济事迹无考，从记载来看，显然是唐朝在那里驻军屯田。驻军的时间，只能是唐朝直接控制碎叶的这一段时间里。

在昭武九国城镇，没有唐驻军的记载，这与安西四镇情况不同，说明中亚地处边远，唐朝无力常驻重兵。天宝元年，西曹国王遣使见玄宗曰："祖考以来，奉天可汗，愿同唐人受调发，佐天子征讨。"①被玄宗拒绝。至于昭武九国是否要向唐朝交纳贡赋，助军出征，《旧唐书·郭元振传》引唐中宗景龙二年上疏曰："又，欲令郭虔瓘入拔汗那税甲税马以充军用者，但往年虔瓘已曾与忠节擅入拔汗那税甲税马，臣在疏勒具访，不闻得一甲入军。""又虔瓘往入之际，拔汗那四面无贼可勾，恣意侵吞，如独行无人之境。"拔汗那即休循州都督府，景龙二年时已依附突骑施、吐蕃。郭虔瓘入拔汗那，有明显的掠夺性质，未必能说明拔汗那是在向唐朝交纳贡赋，只能说明这个小国同时受到唐朝、吐蕃、突骑施三方的压迫。1933年，考古学者在撒马尔罕东140公里穆格山城堡遗址出土一批文书，其中有三件汉文书，其中之一为中宗神龙二年牒，通知伍涧、交城、大斗守捉使，有东都右御史即将前往视察。②按《新唐书·地理志》，三守捉均在凉州，与粟特毫无关系。有人认为这是西域商人把唐朝文书带往粟特，当地君王收藏起来，以示对唐朝的尊重。但是粟特贵族收藏与己无关的旧牒文，似乎于理不通。郭平梁先生提出一种新见解：文书年代为中宗神龙二年，当时郭元振以凉州都督迁安西都护，带的是凉州军

① 《新唐书·西域传·康》。
② ［日］岩佐精一郎：《唐代粟特城塞之发掘及其出土文书》，万斯年辑译：《唐代文献丛考》，商务印书馆1947年版，第148页。

队。郭虔瓘曾到休循州税甲税马,也可能到过粟特。文书是唐军留下的。[1]唐军轮流到西域驻守,为了调遣方便,仍保留其内地称号编制,这在吐鲁番文书中屡见不鲜,我本人同意后一种意见,但是否正确,还有待于新出土文献证实。

从中宗神龙二年开始,大食开始向东扩张,占领了吐火罗地区。大食呼罗珊总督库太巴(Kutayba ibn Muslim el-bahili,中国史书称为屈底波)带领阿拉伯军队攻占了石汗那、布哈拉、撒马尔罕等中亚重镇。阿拉伯史书中称为"库太巴的征服"。中亚诸国向唐朝和后突厥、突骑施等强大部落求援,引起一场巨大战争。英国学者珀西·塞克斯在《阿富汗史》中写道:"库太巴的征服占领了下吐火罗斯坦和石汗那,强固地守住布哈拉,并有移民居住。撒马尔罕也派军队加以防守。但其周围地区却没有被征服。锡尔河以外的诸王国不仅没有被征服,而且持着敌对态度,他们的统治者受到突厥人的支持,在某种程度上还得到中国人的支持。"开元二年,库太巴死去。这时后突厥人在暾欲谷、阙特勤率领下,在征服了突骑施、杀其可汗娑葛后,向中亚大举进军,赶走了大食占领军。《暾欲谷碑》中说:"我们渡过珍珠河,翻过称作天子的圣 Ak-taq 山,我们一直到达铁门(关),从那里,我们回师,大食人,吐火罗人,以及住在这边的 Asuk 为首的粟特人,全都臣服了。"[2]

后突厥战胜后,便撤退回北方草原。唐朝军队又向大食占领的中亚城市拔汗那进攻。开元三年,唐军由安西都护府出征。"拔汗那者,古乌孙也,内附岁久。吐蕃与大食共立阿了达为王,发兵攻之,拔汗那王兵败,奔安西求救。(张)孝嵩谓都护吕休璟曰:'不救则无以号令西域。'遂帅旁侧戎落兵万余人,出龟兹西数千里,下数百城,长驱而进。是月,攻阿了达于连城。""阿了达与数骑逃入山谷,孝嵩传檄诸国,威振西域,大食、康居、大宛、罽宾等八国皆

---

[1] 郭平梁:《唐代在西域的几项军政建置》,《新疆历史论文集》,新疆人民出版社 1977 年版,第 118 页。

[2] 《暾欲谷碑》,耿世民译。

遣使请降。"①

这是唐朝在中亚的一次重大胜利。1933 年在撒马尔罕东 140 公里穆格山城堡遗址出土了一份粟特文文书，据考证是唐开元年间米国国王迪瓦什梯奇致哈赫塞尔爵爷的一封信。信中说："来了这样多的军队，有突厥的，也有中国的。而从拔汗那王那几十日向这儿的 Yw'nk（突厥人）处派来了军官，但我这里把军官捉住了。"据研究，他指的就是唐朝向拔汗那的这次远征。②英国学者吉布在他的《阿拉伯人在中亚的征服》一书中说："不可忘记，粟特人同东方的商业贸易联系，要比同西方的联系强得多，这也就促使他们在不得不进行选择的时候努力培植同突厥和中国人的关系，而不是去同阿拉伯人拉关系。"

库太巴死后，中亚各国纷纷起来反抗大食人。他们向唐朝和突骑施求援。从开元七年到开元九年，康国、东安、石、吐火罗等国君都上表请求唐朝出兵。东安国王上表曰："请敕下突厥（骑）施令救臣等，臣即统领本国兵马计会翻破大食。"吐火罗叶护上表曰："奴身今被大食重税，欺苦实深，若不得天可汗救活，奴身自活不得，国土必遭破散。""又承天可汗处分突厥（骑）施可汗云：西头事委你，即须发兵除却大食。"③当时苏禄为突骑施可汗，已重整旗鼓，与唐朝分庭抗礼。唐朝控制不了突骑施，自然无力顾及中亚地区，只得请突骑施来维护中亚地区的安全。在这一点上，突骑施与唐朝立场一致。开元十二年，苏禄在拔汗那大败阿拉伯军队，在阿拉伯史书上，"这次灾难被称为'渴水日'（之战），实际上这是若干年内阿拉伯人最后一次远征河中地区，是对阿拉伯人威望的一次沉重的打击"。④苏禄抗击大食侵略，不仅维护了河中的安全，也维护了唐朝西部边疆的安全。

---

① 《资治通鉴·唐玄宗开元三年》。

② 马小鹤：《公元八世纪初年的粟特——若干穆格山文书研究》，复旦大学硕士毕业论文，1984 年。

③ 《册府元龟·外臣部·入觐》。

④ ［英］珀西·塞克斯：《阿富汗史》，张家麟译，商务印书馆 1972 年版，第 276 页。

玄宗天宝年间，突骑施内乱衰败，唐朝又进军河中。为了迎合玄宗的扩张欲望，唐朝将领对河中诸国大肆侵略。天宝九载，高仙芝侵石国，"虏其王及部众以归，悉杀其老弱"，引起诸国的愤怒，"潜引大食欲攻四镇"。天宝十载，高仙芝率唐军与大食军在怛罗斯会战，唐军大败，从此唐朝势力退出了中亚。

第五节　西域吐火罗地区

吐火罗地区，即今阿富汗的北部，唐初在西突厥的控制之下。贞观四年玄奘途经这里，描述当地"酋豪力竞，各擅君长，依川据险，分为二十七国。虽画野区分，总役属突厥"①。西突厥可汗在缚喝国置南牙，令一叶护驻守。②西突厥汗国瓦解后，吐火罗诸国表示愿意归附唐朝。唐高宗显庆三年，"以陇州南由令王名远为吐火罗道置州县使，自于阗以西，波斯以东，凡十六国，以其王都为都督府，以其属部为州县。凡州八十八，县百一十，军、府百二十六"。③

王名远出使吐火罗设置羁縻府州的情况，唐代史书中记载过于简略。《新唐书·地理志》中虽保留了各府州的具体名目，但也有不少错误。它把王名远出使时间定在唐高宗龙朔元年。而据《唐会要》卷36的记载是"（显庆三年）五月九日，以西域平，遣使分往康国及吐火罗等国，访其风俗物产，及古今废置，画图以进。令史官撰西域图志六十卷，许敬宗监领之，书成，学者称其

---

① （唐）玄奘：《大唐西域记·睹货逻国故地》。
② （唐）道宣：《大慈恩寺三藏法师传》。
③ 《新唐书·地理志》。

博焉"。同书卷99《吐火罗》条曰："(显庆)三年,其叶护那史乌泾波奉表告立,高宗遣置州县使王名远到其国,以所理阿缓大城为月氏都督府,仍分其小城为二十四州,以乌泾波为都督。""龙朔元年,授乌泾波使持节月氏等二十五州诸军事,月氏都督。"

将以上记载与《资治通鉴》《新唐书·地理志》相对照,王名远是在高宗显庆三年五月前往吐火罗设置府州,返回长安后,将行程及置州情况写成《西域图志》一书,由宰相许敬宗呈上,高宗发布予以承认。

从王名远行程的时间来看,他在吐火罗都城召见诸国君臣,给府州命名后便于吐火罗立碑,纪功而还了。在他命名的府州中,有不少是以汉朝和北魏时期的西域国名而定的,但是前代西域诸国有的不存,有的不在其地,变化很大,以汉代西域诸国的地理位置去对照唐代同名羁縻府州方位,往往偏差很大。有的都督府与其属州地理位置相距很远,很难说它们同属于一国。唐代正史中极少有这些府州的具体记载,考证这些府州方位,主要依据《大唐西域记》和一些游记。阿拉伯人在公元985年写的《世界境域志》(*Hudud al alam*)保存了许多唐代中亚地区的地理资料,有助于我们了解吐火罗地区的具体情况。

唐朝在吐火罗地区设置府州与其他地区不同,唐朝不是通过武力征服占有这片领土,而是在击败西突厥后,接管了它的领地和势力范围。虽然王名远巡行了吐火罗地区,命名州县,也只是象征性的。唐朝并未在那里驻扎军队,派驻官员,征收赋税。吐火罗只是派使节到长安朝贡,我们在前边已经进行了统计和叙述。周连宽先生认为,"从以上史实来看,从7世纪初至8世纪中叶,吐火罗仍作为一个国家,与隋唐两朝交往"①。唐朝与吐火罗的关系,仍是国与国之间的关系。

唐朝不能直接占领吐火罗地区,主要是地理条件的制约。吐火罗与唐安西四镇被帕米尔高原隔开,中间唯有瓦罕走廊这一道通道。看看《大唐西域记》

---

① 周连宽:《大唐西域记史地研究丛稿》,中华书局1984年版,第132页。

卷 12 对这条路的描述，就知道这样险恶的山路和气候，是唐朝军队无法通过的。所以《通典》以葱岭守捉为"安西极边之戍"。吐火罗与唐朝的贸易往来，大多先北至昭武九国，再向东北至碎叶，然后再经北庭都护府或龟兹进入中国。唐朝要真正控制吐火罗，必先控制碎叶和昭武九国，但是唐朝在昭武九国都没能建立巩固的军事统治，更谈不上南下据有吐火罗地区。

唐朝在这里设置的羁縻都督府，多数是仅有名义而无具体的羁縻制度。还有一些是虚设。例如波斯都督府，在设置前，波斯已为大食所灭，波斯王子率残部逃往吐火罗。适逢王名远出使，便置波斯府于疾陵城。很快又为大食所灭，王子逃到长安，至死未返。

玄宗天宝年间，唐朝国力强盛，向西扩张。天宝八载十一月，吐火罗叶护上表说揭师王附吐蕃，围攻小勃律，请安西发兵救援。玄宗应其请求，天宝九载，高仙芝出兵破揭师国。[1]唐朝之所以出兵，是因为小勃律一直是唐与吐蕃争夺的对象。开元初，唐朝于小勃律置绥远军，不久又为吐蕃占有。天宝六载，高仙芝再征小勃律，又置归仁军，"募千人镇之"。[2]唐朝在安西西境的征讨，到此为止，并未深入到吐火罗境内。唐平小勃律后，"拂菻、大食诸胡七十二国皆震恐，咸归附"。

第六节　渤海、黑水、室韦

渤海是粟末靺鞨人建立的地方少数民族政权。隋末唐初，靺鞨部落生活在

---

① 《资治通鉴·唐玄宗天宝九载》。
② 《新唐书·西域传·大勃律》。

辽东地区，不断受到高丽的排挤和压迫。唐灭高丽，靺鞨部落依附于唐朝营州督府的管制之下。武后万岁通天年间，契丹李尽忠、孙万荣起兵反唐，靺鞨酋长大祚荣率部落东迁，开始脱离唐朝控制，在天门岭打败了李楷固率领的唐朝讨伐军队，"属契丹及奚尽降突厥，道路阻绝，则天不能讨，祚荣遂率其众东保桂娄之故地，据东牟山，筑城以居之"。① 即今吉林敦化。大祚荣自立为振国国王。以后逐步拓宽疆域，"尽得扶余、沃沮、弁韩，朝鲜海北诸国"，"至是遂为海东盛国，地有五京、十五府，六十二州"。②

渤海的强大，使唐朝无力征服，于是承认其独立。玄宗开元元年，以祚荣为"渤海郡王，以其所部为忽汗州，令祚荣兼都督"③。以后渤海每易一王，都由唐朝册封。名号是渤海郡王忽汗州都督。在唐朝正史中，渤海的羁縻府号一直是忽汗州都督府，《新唐书·地理志》记为渤海都督府，是错误的。

渤海政权沿用唐朝政治制度，与唐朝政权保持朝贡关系，并与唐朝有密切的文化、经济交往。从唐朝与渤海的关系来看，唐朝并未对渤海实行直接统治。《旧唐书·地理志》曰："平卢军节度使，镇抚室韦、靺鞨。"所谓"镇抚"，就不是"统领"。据《续日本纪》，唐肃宗至德元载，"平卢留后事徐归道，遣果毅都尉行柳城县兼四府经略判官张元涧来聘渤海。且征兵马曰：今载十月，当击禄山，王须发骑四万来援平贼，渤海疑其有异心，且留未归"。④ 可见平卢节度使不能指挥渤海军队，当然就谈不上统领其国。唐朝与渤海的关系，是接受渤海使者的朝贡，册封新即位的渤海国王，并与渤海进行经济和文化上的交流，完全是大国与小国之间的关系。

黑水都督府以黑水靺鞨部落设置。"开元十年，其酋倪属利稽来朝，玄宗即拜勃利州刺史。于是安东都护薛泰请置黑水府，以部长为都督、刺史，朝

---

① 《旧唐书·北狄传·渤海靺鞨》。

② 《新唐书·北狄传·渤海》。

③ 《资治通鉴·唐玄宗开元元年》。

④ 金毓黻：《渤海国志长编》，《社会科学战线》杂志社1982年版，第88页。

廷为置长史监之，赐府都督姓李氏，名曰献诚，以云麾将军领黑水经略使，隶幽州都督。"①黑水靺鞨在今黑龙江流域下游，据张博泉先生考证，勃利州即今伯力，现为哈巴罗夫斯克一带。黑水府在辽为哈州，即今俄罗斯阿纽依河口附近。②唐置黑水都督府，引起渤海王大武艺的不安，以为唐与黑水欲联合进攻渤海，因而发兵征讨黑水部落。当时唐朝发兵进攻渤海，以援黑水，而黑水部则引兵投奔唐朝。据韩愈撰《乌氏庙碑铭》，谈到乌承玼"开元中，尚书管平卢先锋军属，破奚、契丹，从战捶禄，走可突于渤海上。至马都山，吏民逃徙失业，尚书领所部兵塞其道，堑原累石，绵四百里，深高皆三丈，寇不得进"，"黑水室韦以骑五千来属麾下，边威益张"。按《新唐书·乌承玼传》，是役在玄宗开元二十二年。它说明，黑水都督府初置时，与唐朝有军事隶属关系。《新唐书·方镇表》曰："（开元）二十八年，平卢军节度使兼押两蕃、渤海、黑水四府经略处置使。"但是除了朝贡关系外，黑水部落与唐朝没什么更多的联系，只是名义上的归属，而且贞元年后"渤海盛，靺鞨皆役属之，不复与王会矣"。③黑水都督府的领地大部为渤海占有，这个羁縻都督府可能就不存在了。

室韦都督府的记载很少。《新唐书·地理志》中无其名。《旧唐书·北狄传·室韦》曰："贞元八年闰十二月，室韦都督和解热素等一十人来朝。""大（太）和九年十二月，室韦大都督阿成等三十人来朝。"《唐会要》卷96"室韦"条又补充道："（开成四年）十二月，室韦大都督袂虫等三十人来朝贡。"会昌二年十二月，"引见室韦大都督热论等十五人"。室韦东至黑水靺鞨，西至突厥，南至契丹，包括20多个部落，生活于今外兴安岭、嫩江、黑龙江上游的广大地区，部落有酋长，但互不统属，说明其社会发展还处于相当原始的阶段。唐朝何时设室韦都督府，史无明文。《资治通鉴》天宝元年记十节度之设，"平卢节度使镇抚室韦，靺鞨"。据此，室韦都督府应置于开元年间。《唐会要》

①③ 《新唐书·北狄传·黑水靺鞨》。
② 张博泉：《东北地方史稿》，吉林大学出版社1985年版，第199—209页。

只记录了从贞元至会昌这几十年间室韦来朝贡的情况，说明以前室韦地处边远，与唐朝往来极少。《新唐书·北狄传·室韦》以室韦"非显夷"，表示对其并不重视。所以，室韦都督府也只是名义上的设置。

第七节　云南境内的羁縻府州

唐朝在今云南境内设置的羁縻府州，分隶剑南道的嶲、姚、戎三州都督府。在此之前，隋朝云南爨氏领地分南宁州置恭、协、昆三州，唐朝的羁縻统治在这个基础上又大大发展了。

《旧唐书·地理志》曰："武德元年开南中，置南宁州。""四年置总管府。""五年罢总管，其年冬复置，寄治益州；七年改为都督。""八年自益州移都督于今治（即味县）。贞观六年罢都督，置刺史，八年改南宁为郎州。"南宁州是唐初云南境内一个很重要的羁縻都督府，需要研究一下它的沿革过程。

《旧唐书·地理志》的记载显然有错误。武德元年唐朝尚未据有中原，何来"开南中"之说？按《资治通鉴》，隋文帝讨伐爨氏，杀南宁州大族爨翫，诸子没为奴。唐武德三年八月，高祖释放诸爨，以爨翫之子弘达为昆州刺史，"令持其父尸归葬"。尔后唐益州刺史段纶"遣俞大施至南宁，治共范川，诱诸部皆纳款贡方物"。这就是"武德元年开南中"的内容，实际上是恢复爨氏在南宁州的统治。

唐初对南宁州的控制，主要通过派遣使节招抚。武德四年，嶲州治中吉弘纬使南宁，招抚昆弥（即昆明蛮）部落，"在爨之西洱河为界"[1]。武德七年八

---

[1] 《通典·边防三》。

月，以巂州都督府长史韦仁寿"检校南宁州都督，寄治越巂，使之岁一至其地慰抚之"。韦仁寿"将兵五百人至西洱河，周历数千里，蛮夷豪帅皆望风归附，来见仁寿。仁寿承制置七州十五县，各以其豪帅为刺史、县令"。于是唐高祖"命仁寿徙镇南宁，以兵戍之"。①

韦仁寿的出使和置南宁州都督府，使唐朝在云南的羁縻统治初具规模。据《旧唐书·地理志》，南宁州总管府，武德四年领南宁、恭、协、昆、尹、曾、姚、西濮、西宗九州。七年，改为都督，督西宁、豫、西平、西利、南云、磨、南笼七州。"并前九州，合十六州。"其范围南至今云南省的玉溪、通海，东南至南盘江，东至今贵州省的兴义、普安，西至云南楚雄。韦仁寿以巂州都督府长史，检校南宁州都督，后又徙镇南宁，说明南宁州最初隶属于巂州都督府，而不是《旧唐书·地理志》所说的"寄治益州"。

韦仁寿以唐朝官吏身份出镇南宁州，又和"诸酋长乃相与筑城，立廨舍"②。其目的是想把南宁州变为一个正州。当时正州与羁縻州还没有明显的差别，但韦仁寿驻守南宁州一年便去世了。以后，爨弘达仍任南宁州都督，又恢复了大族统治。

《旧唐书·地理志》说，南宁州"贞观六年，罢都督、置刺史。八年，改南宁州为郎州"。贞观末年，郎州又升为都督府。贞观二十三年，爨蛮之西的部落内附，"以其地为傍、望、览、丘、求五州，隶郎州都督府"。高宗永徽年间，郎州道总管赵孝祖讨伐大勃弄、小勃弄部落，"西南夷遂定，罢郎州都督，更置戎州都督"。③

南宁州刺史—郎州都督—戎州都督府的沿革表明，唐初云南东部诸部落的内附，使南宁州的领地迅速扩大了，故重置郎州都督府。但内附部落不仅是爨氏，还有其他部落，把它们交给南宁州爨氏统领是不合适的，需要设一个正州

---

① 《资治通鉴·唐高祖武德七年》。

② 《旧唐书·韦仁寿传》。

③ 《新唐书·南蛮传·两爨蛮》。

都督府来统一管辖，这就是戎州都督府的由来。此后，南宁州旧领诸州与新羁縻縻州均隶于戎府管下。

唐高宗时姚州都督府的开置，反映了唐朝在云南中、西部设置羁縻州的情况。在姚州未设府前，先设了一个縻州都督府。縻州即今云南元谋，从地理位置上看，是唐朝由嶲州南下东至滇池、西至洱海的交通要道。按《新唐书·地理志》，縻州本西豫州，隶南宁州都督府，南接姚州。初置都督府时，管縻、望、谤罗三州。而望州则是贞观末以内附部落置，则縻州为都督府亦应在贞观之后。《新唐书·南蛮传》记载永徽初，"大勃弄杨承颠私署将帅，寇麻州，都督任怀玉招之，不听。高宗以左领军将军赵孝祖为郎州道行军总管，与怀玉讨之"。方国瑜先生以为麻州应为縻州，很有道理。并指出：（1）縻州都督府之设置，应在贞观二十三年设望州之后，可能在永徽之初。（2）任怀玉是首任縻州都督。（3）此战之后，即废都督府。①

縻州都督府废后，即是姚州都督府的设置。姚州原来也是南宁州都督府下一个羁縻州，唐高宗时，河东州豪酋王仁求开置姚府以西20余州，见于《王仁求碑》，我们前面已经详细叙述。按《旧唐书·张柬之传》，姚州都督府的设置是在高宗龙朔年间。麟德年间，移州治于共范川（今云南姚安），成为一个重要的边州都督府。

姚州都督府所领羁縻州数，唐代文献记载不一。《王仁求碑》说开置姚府以西20余州是高宗时的情况。《唐姚州刺史皇甫文备墓志》记曰："万岁通天二年迁守邛州刺史"，"又迁姚府都督，使持节姚、宗、匡、縻卅六州诸军事"。姚、宗、匡、縻四州，原来都是南宁州管下，说明武后万岁通天年间，将原属戎州管内的一部分羁縻州划归于姚州。但究竟姚府管下哪些是由戎州划来，哪些是新开置，不得其详。

《旧唐书·张柬之传》引武后神功年间张柬之上疏，称"姚府总管五十七

---

① 方国瑜：《云南史料目录概说》，中华书局1984年版，第90页。

州"。看来武后时期，姚府羁縻州数上升很快。但是张柬之列举了一系列姚州动乱、唐朝官吏被杀、都督府屡有废置等情况，说明唐朝尽管在姚州开拓羁縻州，但统治并不稳固。这也是我们无法搞清姚州所领羁縻州详细情况的主要原因。

　　玄宗开元年间是唐朝在云南地区羁縻统治的极盛时代。唐朝将诸部落的羁縻州按地理区域划分，分别隶于姚、戎二府和安南都护府。《全唐文》卷287有张九龄撰《敕安南首领爨仁哲等书》，按《旧唐书·张九龄传》，张于开元二十二年任中书令，这篇敕书应该是在这一年起草的。它生动地反映了唐朝在云南地区的羁縻统治情况。敕书中列举了属安南都护府的崀州刺史爨仁哲、潘州刺史潘明威、僚子首领阿迪、和蛮大鬼主孟谷误，属姚府管下的昆州刺史爨嗣绍、黎州刺史爨曾，属戎府管下的南宁州刺史爨归王、威州刺史爨崇道等，指出他们管下的部落"时有背叛"，原因是部落之间"朋雠相嫌""兵戎相防"，而"都府不平，处置有失"。唐朝政府遣掖庭令安道训为使，"往彼宣问，并令口具，有不稳便，可一一奏闻"。并告诫他们"虽在僻远，各有部落，俱属国家，并识王化"。有些部落虽无羁縻州称号，仍保留了其部落名称和"首领""大鬼主"的头衔，唐朝也把他们同羁縻州一样对待。

　　开元年间南诏的兴起，使云南形势发生变化。原蒙舍州刺史皮逻阁统一了洱海附近的六诏，被唐朝封为云南王。南诏向东扩张，占据了爨氏领地，与唐朝政权发生了矛盾。加上唐朝边将对南诏的横征暴敛，繁重赋役，导致了天宝九载的反唐战争。阁罗凤率兵"攻陷云南"，即姚州云南郡；"取夷州三十二"。[1] "安史之乱"爆发后，南诏、吐蕃联合进攻唐朝。代宗大历年间，"成都既南失姚、协，西亡维、松，由清溪下沫水而左，尽为蛮有"[2]。文宗大（太）和年间，唐与南诏以大渡河为界。原姚、戎二府管下的羁縻州，绝大部分为南诏据有。

---

① 《资治通鉴·唐玄宗天宝九载》。
② 《新唐书·李德裕传》。

唐代羁縻府州考证

《新唐书·地理志》专述羁縻府州，开列 800 多个羁縻府州名目，按道划分，归属于诸都护府、边州都督府之下。今作唐代羁縻府州考证，说明如下：

1. 根据唐代文献资料、历代地理著作以及今人研究成果、考古文物资料，尽可能搜集到有关各羁縻府州的资料，述其建置沿革、迁徙、分合，并考证其方位所在。

2. 《新唐书·地理志》的划分，因无标准年代，有许多地方并不确切。在考证过程中，虽然大体依其顺序，也根据实际情况，做了一些改动。如：

贞观四年平东突厥，于关内道北部设定襄、云中都督府及诸羁縻州，《新唐书·地理志》不载，而将部分州目列入单于都护府及夏州都督府。当时尚无单于都护府，亦无确切隶属，故列专篇考证。

松州都督府管下诸党项州，分布在陇右、剑南道交界处。松州唐初隶于陇右，后改隶剑南道。《新唐书·地理志》于剑南道述松州沿革，而将羁縻州隶于陇右道，自相矛盾。今将松州管下诸羁縻州划在剑南道。诸州后多迁至关内道，亦一并在剑南道内述其迁徙，不另在关内道篇内考证。

《新唐书·地理志》将西域吐火罗诸府州隶于安西都护府管下，只是名义上的隶属，为了从地域划分上叙述得更清楚，故列一专篇。

3. 《新唐书·地理志》记载的州目并不完全，今据历史文献及考古资料，补辑 40 余州，按其地望，归入诸都护府、都督府下，予以考证说明。《新唐书》纪、传中记载的羁縻府州，凡《地理志》遗漏的，也一起补入，按其归属划入诸都护府、都督府，或专篇考证。例如：

昭武九国所置诸羁縻州，应隶于安西都护府。《新唐书·地理志》未载，今列单篇考证。

《三国史记》中记载于高丽故地设羁縻州，《新唐书·地理志》多有遗漏。今补辑，列入安东都护府管下。

新罗置鸡林州都督府，管下九州，名目见《新唐书·东夷传·新罗》。因为仅是名义上的隶属，《新唐书·地理志》未列入羁縻州内。今列专篇，予以考证。

4. 诸羁縻府州所在方位，凡有出土碑志、古城遗址可做证明者，注其详细地点。其余根据地理文献及今人研究成果，述其大略方位，注明"确址不详"。文献记载极为缺乏、无法考证者，如剑南道黎、雅二州都督府管下诸羁縻州，均做一综述说明。

5. 诸羁縻府州史料，凡前面章节引用过的，本篇从略。

6. 为节省文字，引文中《旧唐书·地理志》简称《旧志》;《新唐书·地理志》简称《新志》;《资治通鉴》简称《通鉴》。

关内道

贞观四年置羁縻府州考

定襄都督府：贞观四年置，见本书第二章第二节。颉利所统，初在黄河以北，不在夏州境内。李百药曰："纵欲存立阿史那氏，唯可使存其本族而已。""仍请于定襄置都护府，为其节度。"李百药所言定襄，应为定襄故城。《括地志》曰："定襄故城在朔州善阳县北三百八十里。"《大清一统志》归化六厅："定襄故城，在归化城东。汉置县，属定襄郡，后汉属云中郡，建安末省。"即今呼和浩特郊区美岱古城。其南15公里东黄合少乡遗址出土有"定襄丞印"的封泥，推测汉定襄故城应在黄合少镇汉旧城遗址。李靖、李勣出马邑、云中，破突厥颉利部于阴山，虏五万余口而还。羁縻定襄都督府应置于汉定襄故城附近。

云中都督府：《括地志》："云中故城在胜州榆林县东北四十里，秦云中郡。"《通鉴》唐高宗麟德元年正月："改云中都护府为单于大都护府。""初，李靖破突厥，迁三百帐于云中城，阿史德氏为之长。至是，部落渐众，阿史德氏诣阙，请如胡法立亲王为可汗以统之。上召见，谓曰：今之可汗古之单于也。故更为单于都护府。"据此，知汉之云中故城，唐初李靖迁突厥户于此，置云中都督府，后徙瀚海都护于此，更名云中都护，麟德元年，改为单于都护府。

138

唐代诸地理书，记载不一，今正之。《山西通志》卷 30 以古云中城在托克托厅东北，今和林格尔县土城子遗址。

顺州：贞观四年平突厥，以其部落置。按《新志》，顺州分处营、并、代三州地，不应划入关内道。岑仲勉《突厥集史》卷 5 注，以为河北道、河东道同时有两顺州，曰："不然，代州都督安能遥领营州南之顺州也。"据《旧唐书·突厥传》，突利牙在幽州东北，死后赠北平郡王，则内附时顺州初置于营州。贞观五年入朝至并州卒，其随行部族驻于阳曲，于其地侨置顺州。《旧唐书·张俭传》曰："俭前在朔州，属李靖平突厥之后，有思结部落贫穷离散，俭招慰安集之。"侨置怀化县于忻州定襄县，与阳曲突利部落并属顺州。《旧志》代州："（贞观）十二年，省顺州，以怀化县来属。"则河东道之顺州废，而河北道顺州犹存。

长州：《旧志》：夏州长泽县，"贞观七年，置长州都督府。十三年，废长州，县还夏州"。《金石萃编》卷 38《阿史那忠碑》："（贞观）十一年，检校长州都督。"长泽，在今陕西省靖边县西。

化州（北开州）：《旧志》：夏州德静县，"贞观七年，属北开州。八年，改北开州为化州。十三年，废化州，以县属夏州"。《通鉴》贞观四年五月：阿史那思摩"拜右武侯大将军，寻以为北开州都督"。贞观十三年七月："诏右武侯大将军、化州都督、怀化郡王李思摩为乙弥泥孰俟利苾可汗"，"突厥及胡在诸州安置者，并令渡河，还其旧部"。《新唐书·突厥传》："（贞观）十五年，思摩帅众十余万，胜兵四万，马九万匹始度河，牙于故定襄城。"《旧唐书·突厥传》："时思摩下部众渡河者凡十万"，"至十七年，相率叛之，南渡河，请分处于胜、夏二州之间"。据上述，贞观四年置北开州于德静，即今内蒙古自治区乌审旗南。贞观八年改为化州，十五年北徙至故定襄城，十八年，突厥户南迁，州废。

北宁州：《通鉴》贞观四年六月："以阿史那苏尼失为北宁州都督。"《旧唐书·阿史那苏尼失传》：贞观初"督部落五万家，牙直灵州西北"，"及颉利为李靖所破，苏尼失遂举其众归国"，"太宗赏赐优厚，拜北宁州都督、右卫大将军，封怀德郡王，贞观八年卒"。此后北宁州不见于记载，当省。

北安州：《旧唐书·李靖传》：贞观三年，"突厥诸部离叛"，"其所亲康苏密来降"。《通鉴》贞观四年六月："以右骁卫将军康苏密为北安州都督。"治所不详。

北抚州：《通鉴》贞观四年六月："以中郎将史善应为北抚州都督。"治所不详。贞观十五年，李思摩率突厥降户北迁，诸州应皆废。

单于、安北都护府管下羁縻府州考

阿德州：以阿史德部置。按《通鉴》唐高宗麟德元年："初，李靖破突厥，迁三百帐于云中城，阿史德氏为之长。"《旧唐书·突厥传》曰："时有阿史德元珍，在单于检校降户部落。"阿德州当以此阿史德部置，在单于都护府城旁安置。调露元年阿史德温傅及 24 州反叛，其州当废。

执失州：《新唐书·执失思力传》："执失思力，突厥酋长也。""会颉利败，太宗令思力谕降浑、斛萨部落。"《通鉴》贞观十九年十二月："执失思力将突厥屯夏州之北以备薛延陀。"《新志》以执失州隶夏州都督府，当以执失思力部落置。调露元年州废。

苏农州：以突厥苏农部置。《新志》并州阳曲县下注："（贞观）六年以苏农部落置燕然县，隶顺州，八年侨治阳曲，十七年省。"则苏农州初置于今山西省阳曲县境内。《旧志》曰："定襄都督府，寄治宁朔县界，管小州四：阿德州、执失州、苏农州、拔延州。"诸府州何时徙至夏州境内，不详。

云中都督府：前述唐高宗永徽元年，云中都督府隶于单于都护府管下。

《旧唐书·突厥传》：骨咄禄者，"亦姓阿史那氏，其祖父本是单于右云中都督舍利元英下首领"。则云中都督府当在单于府城旁。

白登州：《册府元龟》卷977："贞观二十一年十月，奴剌啜匐俟友率其部兵千余，口一万内附。"卷974：开元三年十月，授"奴赖（剌）大首领前自（白）登州刺史奴赖孝为左领军将军"，放还蕃。则白登州当为贞观二十一年后以奴剌部置，确址不详。

桑乾都督府：《通典·州郡典》："云州云中郡，东至桑乾都督府一百五十里。"《旧唐书·唐休璟传》："调露中，单于突厥背叛。""后奚、羯胡又与桑乾突厥同反，都督周道务遣休璟将兵击破之于独护山。斩获甚众。"《新唐书·王方翼传》："阿史那元珍入寇，被诏进击"，"因降桑乾、舍利二部"。云州即今山西省大同市，桑乾府应在今内蒙古自治区察哈尔右翼前旗境内。调露元年废。

郁射州：《新志》："以郁射施部置，初隶定襄，后来属。"《旧唐书·窦静传》："寻转夏州都督，值突厥携贰"，"郁射设所部郁孤尼等九俟斤并率众归款"。《册府元龟》卷977记其事在贞观三年九月，郁射设部内附于夏州境内，与《新志》记载相合。调露元年州叛，开元三年又归附。《册府元龟》卷964开元三年八月玄宗诏曰："郁射施大首领鹘屈利斤……可左骁卫将军员外置兼刺史，封阴山郡开国公。"郁射州开元年间治所无考。

卑失州：《新志》："以卑失部置，初隶定襄，后来属。"《册府元龟》卷974："开元四年四月，突厥俾（卑）失州大首领伊罗友阙颉斤十囊来降。"确址无考。

呼延州都督府：《新志》："贞观二十年置，领州三。"《旧唐书·李敬业传》："贞元十七年、吐蕃陷麟州。""至盐州西横槽烽，蕃将号徐舍人者，环集汉俘于呼延州，谓僧延素曰：'……此地蕃汉交境，放师还乡。'"盐州治在今陕西省定边县，呼延州应位于宁夏回族自治区盐池县境内。

跌跌州：《通鉴》唐玄宗开元三年二月："跌跌都督思泰等亦自突厥帅众

来降，制皆以河南地处之。"开元八年六月："突厥降户仆固都督匀磨及跌跌部落散居受降城侧，朔方大使王晙言其阴引突厥，谋陷军城，密奏请诛之。诱匀磨等宴于受降城，伏兵悉杀之，河曲降户殆尽。"按《旧唐书·王晙传》，受降城即中受降城。跌跌州开元三年以河曲降户跌跌部置于中受降城附近，即今内蒙古自治区包头市西巴尔朱海城附近。开元八年废。

贺鲁州：《唐会要》卷 73：贞观二十三年，"诸突厥归化"，"贺鲁部置贺鲁州"，"并隶云中都督府"。《册府元龟》卷 986：开元六年二月诏书中有"右骁卫大将军贺鲁窒合真"。同书卷 977："（开元）六年四月，突厥贺鲁阿波属下首领倍罗贺鲁曳辞等投降。"贺鲁州当为贞观末初置，开元三年又以突厥内附诸部中之贺鲁部重置，治所不详。

葛逻州：按《唐会要》卷 73，贞观二十三年与贺鲁州等同置，高宗调露元年，单于府 24 州叛，当废。《册府元龟》卷 974：开元三年正月，"突厥葛逻禄下领裴达干来降，授果毅兼葛（逻）州长史"，"放还蕃"。葛逻部开元初与突厥降户同内附，当安置于灵、夏境内，确址无考。

瀚海都督府：《旧唐书·回纥传》："（贞观二十一年），以回纥部为瀚海府，拜其俟利发吐迷度为怀化大将军兼瀚海都督。"瀚海府原隶燕然都护，唐置燕然都护于漠北单于台，即今蒙古哈尔和林一带。高宗龙朔三年，徙燕然都护府于回纥，更名瀚海都护府。后为安北都护府，瀚海都督府隶于其下。《新唐书·回鹘传》："武后时，突厥默啜方强，取铁勒故地，故回纥与契苾、思结、浑三部度碛，徙甘、凉间。"时安北都护府侨治同城守捉，瀚海府隶凉州都督府管下。"开元中承宗、伏帝难，并继为酋长，皆受都督号以统蕃州。""开元中，回鹘渐盛，杀凉州都督王君㚟"，"退保乌德健山，南去西城一千七百里"。回纥返回故地，不受唐朝节制，瀚海府遂废。

燕然都督府：《新唐书·回鹘传》："多览葛亦曰多滥，在薛延陀东，滨同罗水"，"延陀已灭，其酋俟斤多滥葛末与回纥皆朝，以其地为燕然都督府"。薛延陀建牙于乌德犍山，多览葛在东，应在今蒙古乌兰巴托一带，确址不详。

《新志》：燕然州，"开元元年来属，侨治回乐"。回乐，即今宁夏回族自治区灵武县境内。

金微都督府：以仆骨（仆固）部置。《册府元龟》卷985："（贞观二十年）六月，薛延陀余众二万人渡鲜崿河，侵瀚海、金微、幽陵。三郡都督各发兵逆击，大破之。"鲜崿河，即色楞格河；金微府应在河以东，今蒙古鄂嫩河流域。《唐会要》卷72诸蕃马印：杖曳固马"在瀚海南幽陵山东杖曳固川"；仆骨马"小于杖曳固"，"住在幽陵山南"。幽陵山确址不详。《陈子昂集》卷6《燕然军人画像铭并序》："有唐制匈奴五十六载"，"是岁也，金微州都督仆固始桀骜，惑乱其人，天子命左豹韬卫将军刘敬同发河西骑士，自居延海入以讨之"。同书卷4《为乔补阙论突厥表》："今者同罗、仆固都督，早已伏诛"，"回鹘诸部落又与金（微）州横相屠戮，群生无主，号诉嗷嗷"。其年为武后垂拱二年。其后仆骨部内附。《旧唐书·仆固怀恩传》所记置府于夏州，当在开元初。安史之乱，怀恩帅所部从朔方军，不带金微府之号。

幽陵都督府：以拔野古部置。《通典·边防十五》："拔野古亦铁勒之别部，在仆骨东境。"《唐会要》卷72：杖曳固马"在瀚海南幽陵山杖曳固川"。幽陵山之方位不详，幽陵府确址难以肯定。贞观二十一年置府，拜屈利失为都督。后突厥兴起，安北府南迁，幽陵府名号亦不存。开元初南迁内附。《旧唐书·玄宗纪》：开元四年六月，"突厥可汗默啜为九姓拔曳固所杀"，"回纥、同罗、霫、勃曳固、仆固五部落来附，于大武军北安置"。《通鉴》开元八年六月："拔曳固、同罗诸部在大同、横野军之侧者"，天兵节度大使张说"持节即其部落抚慰之"。《新志》：蔚州兴唐县，"治横野军"。横野军在蔚州南，即今山西蔚县。开元四年后，拔曳固部幽陵都督府侨治于此。

龟林都督府：以同罗部置。《通鉴》贞观三年九月："拔野古、仆骨、同罗、奚酋长并帅众来降。"未见置府之说，置府实应在贞观二十一年。《唐会要》卷72：同罗马"在洪诺河东南，曲越山北，幽陵山东"。确址不详。《通典》卷199："多滥葛在薛延陀东界，居近同罗水。"岑仲勉《突厥集史·唐代

143

漠北突厥诸部占地概说》曰："部既以同罗为名，应居同罗水，即今之通勒河，其部殆在库伦（今乌兰巴托）与肯特山之间。"今从其说。开元五年，同罗与回纥等部内附后皆置于横野军侧。《新唐书·回鹘传》："安禄山反，劫其兵用之，号'曳落河'者也。"

卢山都督府：以思结部置。《通鉴》贞观四年九月："思结部落饥贫，朔州刺史新丰张俭招集之，其不来者，仍居碛北"，"及俭徙胜州都督，州司奏思结将叛"，"徙之代州"。《新志》忻州秀容县："贞观五年以思结部落于县境置怀化县，隶顺州。"《旧志》代州："（贞观）六年，又督顺州，十二年省顺州，以怀化县来属。"按居于代北乃思结别部，贞观二十一年以思结部置卢山府，乃碛北之思结部。《新唐书·回鹘传》："思结在延陀故牙。"即郁督斤山附近。《唐会要》卷72："思结马，碛南突厥马也，煨漫山西南，阎洪达井东南。"确址无考。《通鉴》玄宗开元三年七月："九姓思结都督磨散等来降。"此后与回纥等徙居甘、凉之间，隶属河西节度使。后附属陇右节度使。《通鉴》天宝十四载引《安禄山事迹》：哥舒翰为副元帅，领河陇诸蕃部落思结等十三部落，镇于潼关。

坚昆都督府：《通鉴》贞观二十二年二月："以结骨为坚昆都督府"，"隶燕然都护"。《太平寰宇记》卷199：黠戛斯，"本名结骨，又名居勿，又谓之坚昆"。《通典》卷200："结骨在回纥西北三千里。"贾耽《四夷路程》："坚昆部落有牢山、剑水。"冯承钧《西域地名》：剑水，即今叶尼塞河上游乌鲁克穆河。突厥默啜反，安北府南迁，未闻坚昆府内附。《阙特勤碑》记征服黠戛斯，并有其国，马长寿考证在景云元年。碑曰："我们出征黠戛斯，越过曲漫山，取得了他的国家。"曲漫山，法国学者勒内·吉罗考证为今蒙古唐努乌拉山，坚昆府当在此山北。《新唐书·回鹘传》：坚昆，"乾元中为回纥所破，自是不能通中国"。都督府遂废。

新黎州：贞观二十三年以拔悉密部置。拔悉密，亦称驳马，方位诸书记载不一，以其在北庭以北、结骨东南，殊难考证。

狼山州、浑河州：《通鉴》永徽元年九月："高侃执车鼻可汗"，"处其余众于郁督军山，置狼山都督以统之"。《新志》：浑河州，"以车鼻可汗余众歌（葛）逻禄之乌德犍山左厢部落置"；狼山州，"以歌（葛）逻禄右厢部落置，为都督府，隶云中都护，显庆三年为州"。郁督军山，即今蒙古杭爱山，二州确址不详。《通鉴》开元二年："突厥可汗默啜衰老，昏虐愈甚"，"葛逻禄等部落诣凉州降"。三年二月注引实录："突厥葛逻禄下首领裴罗达干来降。"时三姓葛逻禄居北庭府以北，称"突厥葛逻禄"者，应即狼山、浑河二州部落。《新志》陇右道羁縻州曰："开元中又有火拔州、葛禄州，后不复见。"葛禄州，当为开元初突厥葛逻禄部落内附凉州者置。狼山、浑河州不见记载，当废。《新唐书·回鹘传》：天宝时，"与九姓复立回纥叶护，所谓怀仁可汗者也。于是葛禄之处乌德犍山者，臣回纥"。按《通鉴》，回纥部落自凉州北还在开元十五年，葛逻禄部亦随之北还，故葛禄州不见于记载。

榆溪州：《新唐书·回鹘传》曰榆溪州为贞观六年内附于凉州之契苾何力部置，误，《通鉴》贞观二十一年以契苾部为榆溪州，《旧唐书·太宗纪》：贞观二十年八月，幸灵州。契苾等"十一姓各遣使朝贡"。《册府元龟》卷12贞观二十年八月诏曰：其契苾车苾俟斤及铁勒诸姓，"总统百万余户，散出北溟，远遣使人，委身内属"。榆溪州以漠北之契苾部置，非内附于甘、凉者。《唐会要》卷72："契（苾）马与阿跌马相似，在阎洪达井以北，独乐水以南，今榆溪州。"独乐河即图勒河，榆溪州应位于今蒙古图勒河、乌兰巴托以南，确址不详。

寘颜州：以白霫部置。

居延州：以白霫别部置。《新唐书·回鹘传》："白霫居鲜卑故地，直京师东北五千里。与同罗、仆骨接，避薛延陀，保奥支水冷陉山，南契丹，北乌罗浑，东靺鞨，西拔野古。""其部有三：曰居延、曰无若没、曰潢水。""贞观中再来朝，后列其地为寘颜州，以别部为居延州。""显庆五年，授酋长李含珠为居延都督。"文字混乱，殊难考证。按《通鉴》，寘颜州与漠北诸部同置于贞观二十一年，居延州置于二十二年。岑仲勉《突厥集史》考证寘颜州以白霫部置，居延州以霅部置。白霅与同罗、仆骨、拔野古接，霅部与契丹、靺鞨接，在奥支水冷陉山。二部非同族，不可混淆。《通鉴》贞观四年八月："突厥既亡，营州都督薛万淑遣契丹酋长贪没折说谕东北诸夷，奚、霅、室韦等十余部皆内附。"霅即居延部，其地应在今西拉木伦河、内蒙古巴林左旗以北。真颜州之白霅应在其西部，即今大兴安岭以西、蒙古克鲁伦河以东，确址不详。

高阙州：以斛薛部置。《旧唐书·崔知温传》："麟德中，累转灵州都督府司马。州界有浑、斛薛部落万余帐"，"知温表请徙于河北"。灵州黄河北有故高阙戍，《通典·州郡三》丰州注："高阙当在河之西地。"即今内蒙古杭锦后旗黄河西北。高阙州当于高阙故地置。

稽落州：《新志》："本高阙州，以斛萨部置。永徽元年废高阙州，更置稽落州，后又废。三年，以阿特部复置。"《新唐书·回鹘传》："斛薛处多滥葛北。"《新志》以漠北斛薛与南迁灵州之斛薛为一谈，有误。阿特，即阿跌。《通典》卷199："阿跌，亦铁勒之别部，在多滥葛西北。"斛薛与阿跌同居多滥葛之北，稽落州当先以漠北斛薛部置，后以阿跌部置。《旧唐书·突厥传》记开元八年，唐军北征后突厥毗伽可汗暾欲谷，"掩突厥衙帐于稽落河上"。稽落州以稽落水为名，确址不详。

玄阙州：《新唐书·回鹘传》："骨利干处瀚海北"，"其地北距海，去京师最远"，"以其地为玄阙州"，"龙朔中，以玄阙州更为余吾州，隶瀚海都督府"。《元史·地理志》："昂可剌者，因水为名，附庸于吉利吉思。"即唐史所载骨利干国也。冯承钧《西域地名》考证在今俄罗斯安加拉河流域。

浚稽州：《唐会要》卷72："浑马与斛薛马同类，今皋兰都督又分部落在皋兰山（买）浚鸡山。"岑仲勉《突厥集史》以为"'买'字疑西南之误合。回纥州有浚稽州，或与此浚鸡山有关"。《阙特勤碑》："我们出征黠戛斯"，"越过曲漫山"，"我们与其可汗战于Sunga山"。[①]岑仲勉考证Sunga为浚鸡山之

---

① 《阙特勤碑》，耿世民译。

对音，前述曲漫山即今蒙古唐努拉山，浚鸡山当在其附近，确址不详。

仙萼州： 州当以仙娥河为名。贾耽《四夷路程》："回纥牙帐北六七百里至仙娥河。"冯承钧《西域地名》考证即蒙古色楞格河。确址无考。

鸡鹿州： 以奚结部置。《新唐书·回鹘传》："奚结处同罗北。"《唐会要》卷72：奚结马，"在鸡服山南赫连枝川北住，今鸡禄州"。《太平寰宇记》卷196附突厥地名有鸡扶山，确址无考。开元初内附于灵州回乐。

鸡田州： 以阿跌部置。《太平寰宇记》卷198："阿跌，铁勒之别部也，在多滥葛西北。"《唐会要》卷72：阿跌马"在莫贺库寒山东南安置，今鸡田州"。佐藤种治《满蒙历史地理词典》以阿跌部在外蒙古以北，俄领后贝加尔地区居住，相当于今蒙古鄂尔浑河流域。《通鉴》开元三年，"跌跌都督思泰等亦自突厥帅众来降，制皆以河南地处之"。《旧唐书·李光进传》："李光进，本河曲部落稽阿跌之族也，父良臣袭鸡田州刺史，隶朔方军。"《旧志》灵州："鸡田州，寄在回乐县界，突厥九姓部落所处。"

皋兰州： 《新唐书·回鹘传》："浑在诸部最南者，突厥颉利败时，有俟利发阿贪支款塞。薛延陀之灭，大俟利发浑汪举部内向，以其地为皋兰都督府，后分东、西州。"《唐会要》卷73：贞观二十三年二月，"以阿史德特建俟斤部落置皋兰、祁连二州，隶灵州都督府，至永徽元年废"。按《新志》：浑部皋兰州隶灵州，阿史德部皋兰州隶凉州，《唐会要》之阿史德部皋兰，应在凉州境内。《唐会要》卷73："斛薛马，与碛南突厥同类，今在故金门城北阴山安置，今皋兰州。"金门城确址不详。又曰："永徽元年三月三日，以皋兰州为都督府。"《旧志》灵州曰："永徽二年，废皋兰等三州。"按《旧唐书·浑瑊传》："浑瑊，皋兰州人也，本铁勒九姓部落之浑部也。高祖大俟利发浑阿贪支，贞观中为皋兰州刺史，曾祖元庆，祖大寿，父释之，皆代为皋兰都督。"《通鉴》天宝十三载三月："皋兰府都督浑惟明并加云麾将军。"知永徽初改皋兰州为都督府，未尝废。《旧志》又曰："开元初废（六胡州），复置东皋兰、燕然、燕山、鸡田、鸡鹿、烛龙等六州，并寄灵州界。""东皋兰州寄在鸣沙

147

界"，"户一千三百四十二"。则开元初皋兰由漠北南徙。

烛龙州：贞观二十二年以俱罗勃部置。《唐会要》卷72："俱罗勃马与回纥相类，在特勒山北。""回纥马与仆骨相类，同在乌特勒山北安置。"岑仲勉《突厥集史》考证乌特勒山，即乌德犍山，今蒙古杭爱山。回纥在山北，则俱罗勃在其东北，今图勒河流域。开元初内附于灵州。《旧志》："烛龙州在温池界，亦九姓所处。"

燕山州：《旧志》："在温池县界，亦九姓所处，户四百三十。"初置之事无考。

达浑都督府：《通鉴》唐高宗开耀元年七月："薛延陀达浑等五州四万余帐来降。"《旧志》夏州："达浑都督府，延陀部落，寄在宁朔县界，管小州五：姑衍州，步讫若州，嵲弹州，鹘州，低粟州。户一百二十四。"溪弹州，按《旧唐书·北狄传》："永徽元年，延陀首领先逃逸者请归国，高宗更置溪弹州以安恤之。"达浑府内附五州不应有溪弹州。《通鉴》既云达浑等五州内附，则此五州已先置于漠北。然贞观二十一年置府，无达浑名号。按达浑府既以薛延陀部落置，《通鉴》高宗永徽三年六月："遣兵部尚书崔敦礼等将并、汾步骑万人往茂州，发薛延陀余众渡河，置祁连州以处之。"茂州，诸地理书均不载，胡三省注："当置于薛延陀故地也。"永徽初，薛延陀部落亦置府州，由此可证。达浑府五州应去溪弹州，而补以茂州。祁连州以突厥阿史德时犍部落置。《通鉴》贞观二十年六月，李道宗等北击薛延陀，多弥可汗"引数千骑奔阿史德时健部落"。永徽三年南迁置祁连州，乃阿史德时健部并薛延陀残部。而薛延陀大部仍居漠北，《唐会要》卷96："总章二年十二月，延陀部落余众扰乱，诏发突厥进袭，至乌罗德健山，大破之。"延陀部落穷困，遂于开耀元年内附。

仆固州都督府：贞观二十一年以仆固部置金微都督府于漠北，武后垂拱年间内附，仆固怀恩家族世袭金微都督，见前金微府考。此仆固州都督府，当为仆固别部置。《旧唐书·玄宗纪》：开元四年存，其回纥、仆固等"五部落来附，于大武军北安置"。《册府元龟》卷992开元六年二月诏："仆固都督曳勒哥出马骑八百人，充大武军右军讨击大使。"大武军在代州。《通鉴》开元八年六月，朔方大使王晙诱仆固都督勺磨等宴于受降城，伏兵杀之，据上述，知仆固州开元四年以内附仆固部置，侨置代州大武军。开元六年后，受朔方军节度，移于中受降城侧，八年废。《旧志》以仆固州置于夏州朔方县，应为朔方军之误。

归德州：《新志》列入党项州，注曰："侨治银州境。"《全唐文》卷277张说《拨川郡王碑》："拨川王论弓仁者"，"圣历二年，以所统吐浑七千帐归于我"，"开元五年，兼归德州都督"。归德州为开元五年以吐谷浑部落置。确址不详。

安乐州：《新志》：威州，"本安乐州。初，吐谷浑部落自凉州徙于鄯州，不安其居，又徙于灵州之境。咸亨三年以灵州之故鸣沙县地置州以居之"。《新唐书·吐谷浑传》："诺曷钵请内徙"，"（咸亨）三年，乃徙浩亹水南"，"又徙灵州，帝为置安乐州，即拜刺史，欲共安且乐云"。《元和郡县志》灵州回乐县："安乐川，在灵州南稍东一百八十里。长乐山，旧名达乐山"，"旧吐谷浑部落所居，今吐蕃置兵守之"。《新唐书·吐蕃传》引徐舍人语，盐州西45公里有横槽烽，复45公里至安乐州。则安乐州在盐州西90公里。即今宁夏同心县大罗山东。

长乐州：《宁夏文物述略》1974年同心县韦州出土《唐慕容威墓志》："仍充长乐州游奕副使，以乾元元年，同窆于州之南原。"《通鉴》乾元二年（759）六月注："（开元二十二年）以安乐、长乐二州隶原州。"《旧唐书·吐谷浑传》："及吐蕃陷我安乐州，其部众又东徙，散在朔方、河东之境。""（贞元十四年），以慕容复为袭长乐州都督、青海国王、乌地也拔勒豆可汗。未几，卒，其封袭遂绝。"《宋史·郑文宝传》："威州在清远军西北八十里，乐山之西。唐大中时，灵武朱叔明收长乐州，即其地也。"《元和郡县志》以安乐川和长乐山比邻，《慕容威墓志》述其曾祖即诺曷钵，知长乐州与安乐州俱以吐谷浑部落置，均在韦州一带。

浑州：《新志》："仪凤中自凉州内附者，处于金明西境置。"延州注："又仪凤中，吐谷浑部落自凉州内附。置二府于金明西境，曰羌部落、曰阎门。"《读史方舆纪要》卷57：金明寨"在（延安）府西北，本金明县地"。即今陕西省延安市西北。

宁朔州：《新志》："初隶乐容都督府，代宗时来属。""右隶夏州都督府。"《新唐书·突厥传》："吐谷浑大酋慕容道奴（等部）"，"相踵款边，诏内之河南"，"（拜）道奴左武卫将军兼刺史，云中郡公"。宁朔州疑即吐谷浑慕容道奴部置，确址不详。

阴山都督府：宪宗元和三年以沙陀部落置。初为沙陀都督府，隶北庭。《旧五代史·唐书·武皇纪》："始祖拔野，唐贞观中为墨离军使"，"太宗平薛延陀"，"分同罗、仆骨之人，置沙陀都督府"。《新唐书·沙陀传》："贞元中，沙陀部七千帐附吐蕃，与共寇北庭，陷之，吐蕃徙其部甘州"，"元和三年，悉众三万落循乌德犍山而东"，"款灵州塞"，"诏处其部盐州，置阴山府"。

河北道

营州都督府管下羁縻府州考

靺鞨州 4：

燕州：唐武德四年以粟末靺鞨内附部落置。见前引《太平寰宇记》卷71附隋《北蕃风俗记》。《通鉴》唐高祖武德四年三月："以靺鞨渠帅突地稽为燕州总管。"为燕州设置之始。《新志》幽州："隋于营州之境汝罗故城置辽西郡，以处粟末靺鞨降人。"汝罗城，按《太平寰宇记》卷71燕州辽西县："属辽西郡，与郡同在汝罗故城之（东）。"《大清一统志》锦州府古迹，考隋辽西县在义县东南四十里，即今辽宁省义县东南。《新志》曰，"（武德）六年自营州迁于幽州城中，以首领世袭刺史"，改隶幽州都督府管下。《旧志》："开元二十五年，移治所于幽州北桃谷山。"当在今北京市北，顺义、昌平之间。《太平寰宇记》卷69曰："建中初为朱滔所破灭，寻，州废。"

慎州：《旧志》："武德初置，隶营州，领涑沫靺鞨乌素固部落。"《辽史·地理志》：榆州高平军，"唐载初二年，析慎州置黎州，处靺鞨部落，后为奚人所据"，"统县二：合众、永和"。清人李慎儒《辽史地理志考》卷三："以和众、永和两属县地理参考，辽榆州当在今直隶永平府、承德府东北边及内蒙古喀喇沁左翼东北境。"以此推之，慎州初置于今辽宁省凌源、

151

喀喇沁左翼蒙古族自治县一带。《旧志》又曰："契丹陷营州后南迁,寄治良乡县之故都乡城。""万岁通天二年,移于淄、青州安置。神龙初,复旧,隶幽州。"《大清一统志》顺天府三:"西乡故城,在涿州西北。水经注:侠河东径西乡县故城北,世谓之都乡城。按地理志,涿郡有西乡县而无都乡城,盖世传之非也。"慎州当侨置于今北京良乡与河北涿州之间,确址不详。

黎州:《旧志》:"载初二年,析慎州置,处浮渝靺鞨乌素固部落,隶营州都督。万岁通天元年,迁于宋州管治。神龙初还,改隶幽州都督。天宝领县一(新黎)。""新黎,自宋州迁寄治于良乡县之故都乡城。"治所与慎州同。

夷宾州:《旧志》:"乾封中,于营州界内置。处靺鞨愁思岭部落,隶营州都督。万岁通天二年,迁于徐州。神龙初还,隶幽州都督。领县一(来苏)。""来苏,自徐州还,寄于良乡县之古广阳城。"《大清一统志》顺天府三:"广阳故城在良乡县东北十里。"即今北京良乡东北。

突厥州 2:

顺州: 贞观四年以突利部落置。"六年,顺州侨治营州南之五柳戍。"后徙至幽州境内。《旧志》:"天宝元年,改为顺义郡。乾元元年,复为顺州。旧领县一(宾义)。""宾义,郡所理,在幽州城内。"《大清一统志》以顺州在顺天府顺义县。曰:"开元二十五年,移置燕州于此。建中二年州省,属河北道。唐末五代亦称顺州。"《通典·州郡典》虽以顺州寄治幽州城内,又曰:"顺州之北境,天宝初置归化郡。"则顺州不应在幽州城内,应于开元二十五年与燕州共同迁于幽州之北。燕州在昌平、顺义之间,顺州则治今北京顺义。故《辽史地理志考》曰:"盖顺州虽本在幽州城内,而自废为幽都县,乃将顺州移北,治于归顺。后乃复旧名,称顺州耳。"今从其说。

瑞州:《旧志》:"贞观十年,置于营州界,隶营州都督,处突厥乌突汗达干部。旧领县一(来远)。"《辽史·地理志》:来州来宾县,"本唐来远县地"。《辽史地理志考》卷 3:"今盛京锦州府宁远州西南一百三十里为唐之瑞州,以来远县为州治。有故城周五里。"在今辽宁省绥中县境内。《旧志》又曰："万岁通天二年，迁于宋州安置。神龙初还，隶幽州都督。""来远旧县在营州界。州陷契丹，移治于良乡县之故广阳城。"《大清一统志》顺天府三："广阳故城在良乡县东北十里。"即今北京良乡东北。

奚州9、府1：

崇州：《旧志》："武德五年，分饶乐郡都督府置崇州、鲜州，处奚可汗部落。隶营州都督。旧领县一（昌黎）。""昌黎，贞观二年置北黎州，寄治营州东北废阳师镇。八年，改为崇州，置昌黎县。契丹陷营州，徙治于潞县之古潞城，为县。"按《通鉴》及《旧唐书·北狄传》，饶乐都督府置于贞观二十二年，《旧志》有误。阳师镇当以阳师水为名。《北齐书·文宣帝纪》：天保四年九月，"契丹犯塞"。十月，"诏安德王韩轨率精骑四千，东趣断契丹走路"，"至阳师水"，"大破之"。《奉天通志》卷53："阳师水，疑即今养息牧河。阳师与养息音近故也。唐之师州，当于是地求之，则应在今彰武县境。"崇、师二州同置于阳师镇。《通鉴》武后万岁通天元年九月：许钦寂"与契丹战于崇州，军败，被擒"。此后崇州徙至幽州境内。潞城，《大清一统志》顺天府三："潞县故城在通州东。今州东八里甘棠乡有古城，周四里许，如县故墟，盖隋唐时潞县治。"即今北京通州东。

鲜州：《旧志》："分饶乐郡都督府奚部落置，隶营州都督。万岁通天元年，迁于青州安置。神龙初，改隶幽州。天宝领县一（宾从）。""宾从。初置营州界，自青州还寄治潞县之古潞城。"见崇州考。

顺化州：《新志》：顺化州，"县一：怀远"。《唐文续拾》卷5《唐故行涿州司马金紫光禄大夫彭城郡刘公墓志铭》："府君讳建"，"故顺化州刺史兼侍御史讳瓌，即其先人"。《新唐书·安禄山传》："乃授营州都督，平卢军使，顺化州刺史。"《旧唐书·安禄山传》，记其事在开元二十八年（740）。《旧唐书·德宗纪》："建中二年，省燕州、顺化州。"按燕州初置于营州，有怀远县，贞观元年省。《新志》营州都督府有怀远守捉城，疑归顺州为分燕州怀远县置。《奉天通志》卷70以辽中县"为隋唐怀远镇地"，即今辽宁省辽中区境内。

饶乐都督府：《旧唐书·太宗纪》：贞观二十二年十一月，"契丹帅窟哥，奚帅可度者，并率其部内属。以契丹部为松漠都督，以奚部置饶乐都督"。贾耽《四夷路程》："营州西北百里曰松陉岭，其西奚，其东契丹。"《辽史·地理志》：中京大定府，"拓拔氏乘辽建牙于此。当饶乐河水之南，温榆河水之北"，"奚长可度率众内附，为置饶乐都督府"。按辽中京在今内蒙古自治区宁城县西大明城。《辽史·地理志》又引宋人薛映记曰："中京正北八十里至松山馆，七十里至崇信馆，九十里至广宁馆，五十里至姚家寨馆，五十里至咸宁馆，三十里度潢水石桥，旁有饶州，唐于契丹尝置饶乐州，今渤海人居之。"又曰："饶州匡义军"，"本唐饶乐府地。贞观中置松漠府"，"有潢河"。《辽史》记载混乱，以薛映记，饶州在潢水北，即今西拉木伦河北。《辽史地理志考》以其地在今内蒙古翁牛特旗右翼北界潢水之北。张博泉《东北地方史稿》考订饶乐府在今内蒙古自治区林西县西南30公里小城子英桃大队旧城址。宁城、林西二说均有所据。按《旧唐书·北狄传》：奚国"东接契丹，西至突厥，南拒白狼河，北至霫国。自营州西北饶乐水以至其国"，"风俗并于突厥，每随逐水草，以畜牧为业，迁徙无常"。故其无固定治所。

领州5：

弱水州：以阿会部置。

祁黎州：以处和部置。

洛瓌州：以奥失部置。

太鲁州：以度稽部置。

渴野州：以元俟析部置。

张博泉《东北地方史稿》考订曰："弱水州以阿会部置。《隋书》阿会氏五部中为盛，诸部皆归之。弱水即饶乐水，今西拉木伦河。祁黎州以处和部置当以《魏书·勿吉传》的祁黎山得名，山在今老哈河下游与松岭山脉北麓之间。洛瓌州以奥失部置，因洛瓌水得名，《唐志》有弱水州又有洛瓌州，当时二水流经必有区别。《辽史·地理志》：高州有乐水，即今英金河，在赤峰境内，此当是弱洛水（饶乐水）的南源，洛瓌州可能在此乐水上。太鲁州以度稽部置。在今洮儿河。"《册府元龟》卷975：开元十四年正月，"奚御史郡王父李绂进位右武卫员外大将军及奚弱水州刺史李高进阶镇军大首领"。以示开元年间，饶乐府下仍有诸州名号。《旧唐书·玄宗纪》：开元二十二年九月，"改饶乐都督府为奉诚都督府"。

归义州：《新志》："总章中以新罗户置，侨治良乡之广阳城，县一：归义。后废。"按《新唐书·东夷传·高丽》：总章二年，"（高）侃徙都护府治辽东州，破叛兵于安市，又败之泉山，俘新罗援兵二千"。疑归义州以此新罗户置，应在安东府附近。《辽史·地理志》："惠州惠和军"，"本唐归义州地"。《辽史地理志考》："辽惠州故城在今直隶承德府建昌县北三百四十里，接内蒙古敖汉部境，地名博罗科旧城，周四里。或唐时归义州未侨治良乡之前，本在博罗科，则未可料，而唐志无明文也。"侨治良乡，应在万岁通天元年后。李尽忠陷幽州，诸州迁往山东河南，而归义州废。《通鉴》唐玄宗开元二十年二月，"奚酋李诗琐高帅五千余帐来降"，"充归义州都督，徙其部落置幽州境内"。《新唐书·王武俊传》："王武俊字元英，本出契丹怒皆部。父路俱，开元中，与饶乐府都督李诗等五千帐求袭冠带，入居蓟。"则开元后以奚部重置归义州，应侨治幽州蓟县境内，即今北京市。《新志》以归义州后更名归义郡。按燕州天宝元年更名归义郡，《新志》混为一谈，有误。

契丹州17、府1：

玄州：《通鉴》唐太宗贞观二十二年四月："契丹辱纥主曲据帅众内附，以其地置玄州，以曲据为刺史，隶营州都督府。"《旧志》："万岁通天二年，移于徐、宋州安置。神龙元年复旧。今隶幽州。天宝领县一（静蕃）。""静蕃，州治所，范阳县之鲁泊村。"范阳县后为涿州治，即今河北省涿州市，确址不详。

威州：《旧志》："武德二年，置辽州总管，自燕支城徙寄治营州城内。七年，废总管府。贞观元年，改为威州。""所领户，契丹内稽部落。旧领县一（威化）。""威化，后契丹陷营州乃南迁，寄治于良乡县石窟堡。"《新志》，营州东"有镇安军，本燕郡守捉城"。唐初营州管下有辽、燕二州，疑燕郡守捉城即燕支城，当在今辽宁省朝阳市东。

昌州：《新志》："贞观二年以松漠部落置，侨治营州之静蕃戍，七年徙于三合镇。"张博泉《东北地方史稿》考订即今朝阳北奈曼旗境内。《旧志》："万岁通天二年，迁于青州安置。神龙初还，隶幽州。旧领县一（龙山）。""龙山，营州陷契丹，乃迁于安次县古常道城。"《大清一统志》："常道城在东安县西北五十里。"即今河北省廊坊市西。

师州：《旧志》："贞观三年置，领契丹、室韦部落，隶营州都督。万岁通天元年，迁于青州安置。""旧领县一（阳师）。""阳师，初，贞观置州于营州东北废阳师镇，故号师州。神龙中自青州寄治于良乡县之故东闾城。"营州阳师镇在今辽宁彰武境，见前崇州考。良乡即今北京良乡。东闾城确址无考。《新唐书·史思明传》：天宝初，"从禄山讨契丹，禄山败，单骑走师州"，"思明逃山中"，"追见禄山平卢。"按《新志》：玄宗开元五年，营州都督府自渔阳还治柳城，有平卢军。此时师州应从幽州迁回柳城。《通鉴》唐玄宗天宝十载八月："契丹围师州，禄山使思明击郤之。"即此证也。

带州：《旧志》："贞观十九年，于营州界内置，处契丹乙失革部落，隶营州都督。万岁通天元年，迁于青州安置。神龙初，放还，隶幽州都督。天宝领县一（孤竹）。"孤竹，"寄治于昌平县之清水店。"即今北京昌平境内。

归顺州：《旧志》："开元四年置，为契丹松漠府弹汗州部落。天宝元年，改为归化郡。乾元元年，复为归顺州。天宝领县一（怀柔）。"《大清一统志》顺天府三："归顺州，今怀柔县治。"即今北京怀柔。

沃州:《旧志》:"载初中,析昌州置,处契丹松漠部落,隶营州。"按前述,昌州初置于营州静蕃戍。《辽史地理志考》卷3:"唐之静蕃戍,在今直隶承德府朝阳县东北。"《旧志》又曰:"州陷契丹,乃迁于幽州。""天宝领县一(滨海)。"滨海,"迁于蓟县东南回城。"《大清一统志》顺天府三:"回城在大兴县东南五十里。"即今北京大兴境内。

信州:《旧志》:"万岁通天元年置。处契丹失活部落,隶营州都督。"《辽史·地理志》中京道高州,"唐信州之地"。《辽史地理志考》卷3:"高州在今内蒙古喀喇沁右翼故大宁城之西北。"即今内蒙古自治区宁城县西北。《旧志》又曰:"(万岁通天)二年,迁于青州安置。神龙初还,隶幽州都督。天宝领县一(黄龙)。"黄龙,"寄治范阳县。"范阳县唐大历后置涿州,即今河北省涿州市。

青山州:《旧志》:"景云元年,析玄州置。隶幽州都督。领县一(青山)。""青山,寄治于范阳县界水门村。"《辽史·地理志》:中京大定府金源县,"本唐青山县境"。川州长宁军,"本唐青山州地"。按唐青山州置于景云年间,时营州已陷契丹,诸州均迁至幽州境内。开元年间,营州方迁回柳城。则青山州应初置于范阳,即今河北省涿州。《辽史》所指青山,见于《北史·契丹传》:"天保四年九月,契丹犯塞。文宣帝亲戎北讨,至平州,遂西趣长堑。诏司徒潘相乐帅精骑五千,自东道趣青山。""相乐又于青山大破契丹别部。所虏生口,皆分置诸州。"《辽史地理志考》卷3曰:"辽金源县在今内蒙古喀喇沁右翼最东境。喀喇沁右翼东南一百五十里有大青山。唐青山县,即青山州治,当在大青山下也。"开元四年唐重置营州都督府于柳城,师州、归顺州北还,见于《旧唐书·安禄山传》。然青山州是否北还置于大青山下,史无明文。

松漠都督府: 贞观二十二年,以契丹部置,并置峭落等九州。《旧唐书·契丹传》:"契丹居潢水之南,黄龙之北,鲜卑之故地。"《通鉴》玄宗天宝十载八月:"安禄山将三道兵六万以讨契丹","过平卢千余里,至土护真水，遇雨。禄山引兵昼夜兼行三百余里，至契丹牙帐"。潢水即今西拉木伦河，土护真水即今老哈河。契丹部落居于二水之间。《辽史地理志考》卷3曰："自今直隶永平府迁安县西北一百七十里之喜峰口外，迤北一百二十里，为辽之松亭关。山多大松，连绵内蒙古喀喇沁右翼、翁牛特左右翼及克什克腾部西南札鲁特左翼，古谓之千里松林，又谓之松漠。唐置松漠都督府，命名以此。"《新志》：松漠都督府领州八：峭落州，"以达稽部置"。无逢州，"以独活部置"。羽陵州，"以芬问部置"。白连州，"以突便部置"。徒何州，"以芮奚部置"。万丹州，"以坠斤部置"。匹黎、赤山州，"以伏部置"。契丹部落"逐猎往来，居无常处"，故确址均不详。武后万岁通天元年，松漠都督李尽忠反，陷营州，诸州皆废。《通鉴》开元四年七月，"契丹李失活、奚李大酺帅所部来降，制以失活为松漠郡王，行左金吾大将军兼松漠都督，因其八部落酋长，拜为刺史。"

归诚州：《旧唐书·契丹传》："契丹有别部酋帅孙敖曹"，"武德四年与靺鞨酋长突地稽俱遣使内附，诏令于营州城傍安置，授云麾将军行辽州总管。至曾孙万荣，垂拱初累授右玉钤卫将军归诚州刺史"。按此，归诚州当置于营州附近。万岁通天元年，孙万荣反，州废，后未有重置记载。

降胡州 1：

凛州：《旧志》："天宝初置于范阳县界，处降胡。领县一。"无考。

宁夷州：《旧唐书·史思明传》："营州宁夷州突厥杂种胡人也。""与安禄山同乡里。"同书《安禄山传》："安禄山，营州柳城杂种胡人也。"知宁夷州侨置于营州城旁，以处胡人。《新志》不载，今补。

礼州：《千唐志斋藏志·大唐故邵武县令靳君墓志铭》："君讳勖，字大廉"，"麟德元年释褐带方州录事，俄转进礼州司马。途分韩俗，境接燕垂"，"盛简贤才，寄深戎旅"。据此，礼州应在辽东，确址无考。

安东都护府管下羁縻府州考

按《新志》及《三国史记》卷 37 地理志，择其可考者如下。

盖牟州：唐太宗贞观十九年征高丽以盖牟城为盖州。九月班师，先拔辽、盖二州户口渡辽。贞观二十年，罢辽州都督府及岩州。盖州废止年代不载。《三国史记》总章元年安东府所领州无盖牟之名，似与辽、岩二州同罢。《大清一统志》以盖牟在盖平，考贾耽《四夷路程》："营州东渡辽水至安东都护府五百里，府，故汉襄平城也。自都护府东北经古盖牟、新城。"《新唐书·韦挺传》："帝破盖牟城，诏挺将兵镇守"，"城与贼新城接，日夜转斗无休时"。安东都护府治辽东城，盖牟城应在辽东城东北，与新城邻近。盖平即今辽宁省盖州，在辽阳西南，方位不合。《大清一统志》之说不妥。唐新城遗址在今抚顺市城北高尔山。据考古发掘，今抚顺市劳动公园有一汉代古城遗址，有高丽遗物。古城与高尔山城隔浑河相望，与唐文献相符。故唐盖牟城应在抚顺劳动公园古城遗址。

新城州都督府：《旧唐书·东夷传·高丽》："（乾封）二年二月，勣度辽至新城，谓诸将曰：新城是高丽西境镇城，最为要害，若不先图，余城未易可下。遂引兵于新城西南，据山筑栅，且攻且守。"《旧唐书·程名振传》：永徽六年（655），"又率兵破高丽于贵端水，焚其新城"。贵端水即今浑河。知新城在浑河北岸。《奉天通志》卷 53："今抚顺城北有高丽古城，依山为垣，谓即新城。证以唐代用兵之形势及贾耽所记，无一不合。"即抚顺市北高尔山山城。张博泉《东北地方史稿》第 5 章第 2 节记其遗迹："山城上面环山，城墙随山势起伏用土筑造，周围约八里。有东、南、北门。南门是正门，也是山水外泄的水道。城西南有土筑壕堑，当是唐兵于城西南据山筑栅的遗迹。"总章元年置安东都护府于平壤，以新城州为都督府。《三国史记》曰："新城州本仇次忽，或云敦城。"仪凤二年正月，移安东都护府治新城。

辽城州都督府：《三国史记》作辽东城州，即辽东城。贾耽《四夷路程》："渡辽水至安东都护府五百里，府，故汉襄平城也。"即指辽东城。贞观十九年征高丽，李勣克之，以其城为辽州。胡三省注：今大元辽阳府。贞观二十年，罢辽州都督府。总章元年，李勣列辽东州县。《三国史记》有辽东城州，当为复置。《新唐书·东夷传·高丽》：总章二年，高侃徙都护府治辽东州。《通鉴》作仪凤元年（上元三年）二月徙治。二年，又徙府治于新城。辽东州，即今辽阳市老城。

建安州都督府：贾耽《四夷路程》："安东都护府西至建安城三百里，故中郭县也。"张博泉《东北地方史稿》以建安州为今盖州东北 7.5 公里青石关堡高丽城村的东山高句丽山城。《唐故右武卫将军高府君墓志铭》："公讳钦德"，"曾祖瑗，建安州都督。祖怀，袭爵建安州都督"，"（公）以开元廿一年九月十有九日终于柳城郡官舍"。应是高丽酋长世袭。《通鉴》唐高宗仪凤元年二月："徙熊津都督府于建安故城。其百济户口先徙于徐、兖等州者，皆置于建安。"

安市州：《辽史·地理志》：铁州，"本汉安市县，高丽为安市城"，"在（东）京西南六十里"。辽东京即辽阳，安市城址当在今辽宁海城。《奉天通志》卷 53 曰："今海城南十五里之营城子，考此古城，循山为垣，周五六里。其中时有矢镞铁釜及唐代泉币出土。登城而望，四面有山，映照颇与新旧两唐书所纪战争之形势相近。"

哥勿州都督府：《新唐书·泉男生传》："男生走保国内城，率其众与契丹、靺鞨兵内附"，"举哥勿、南苏、苍岩等城以降"。《三国史记》卷 13："（东明）王见沸流水中有菜叶遂流而下，知有其人在上流者，因以猎往，寻至沸流国。""二年六月，（沸流王）以国来降，以其地为多勿都，封松让为主。高丽语谓复旧土为多勿，故以名焉。"《三国史记·地理志》有甘勿主城，本甘勿伊忽。多勿、甘勿，应为哥勿音转，其城当与国内城邻近。沸流水即今浑江。《考古通讯》1956 年第 6 期《浑江中游考古调查》以今吉林通化市快大茂区三合堡有古高丽山城遗址，应为哥勿城，待考。

越喜州都督府：《新唐书·北狄传·渤海》："高丽故地为西京"，"扶余故地为扶余府"，"拂涅故地为东平府"，"铁利故地为铁利府"，"越喜故地为怀远府"。《辽史·地理志》：信州，"本越喜故城。渤海置怀远府，今废"。《大清一统志》奉天府二："信州故城，在开原县南界、铁岭县东北界。"即今辽宁省铁岭市东北嵩山堡一带。

舍利州都督府：《新唐书·北狄传·渤海》："铁利故地为铁利府。"铁利似为舍利之误。故地应与越喜州相去不远，待考。

南苏州：《新唐书·东夷传·高丽》：贞观二十一年三月，"李勣为辽东道行军大总管"，"由新城道以进。次南苏、木底、虏兵战不胜，焚其郭"。乾封三年二月，薛仁贵"拔南苏、木底、苍岩三城，引兵略地"。以李勣行军路线，南苏、木底二城当在新城东北。《旧唐书·契苾何力传》："高丽有众十五万，屯于辽水，又引靺鞨数万据南苏城，何力奋击，皆大破之。"南苏、木底、苍岩三城，应为邻近。按南苏城以南苏水为名。《大清一统志》兴京山川有苏子河："苏子河在（兴京）城北半里，汉志高句丽县有南苏水，疑即此。"《中国历史地图集·东北资料汇编》从其说，定南苏城于今辽宁省抚顺市东浑河与苏子河交汇处。地名有南杂木，疑为南苏音转。

木底州：前述南苏与木底邻近，今辽宁新宾满族自治县木奇镇，在清为驿站。附近有高丽山城遗址，应为木底城所在，疑木奇即木底之音转。

苍岩州：《考古》1962年第11期《吉林辑安高句丽霸王朝山城》调查集安县西北六十里新开河口霸王朝山城，以为山城"居高临下，不但将这一带浑江水面一览无余，而且恰好扼住了这里通往新开河谷的咽喉，势殊险要"。城堡属于高句丽时代，又在南苏、木底之间，应为苍岩城所在。

磨米州：《通鉴》唐太宗贞观十九年："凡征高丽，拔玄菟、横山、盖牟、磨米、辽东、白岩、卑沙、麦谷、银山、后黄十城。"《大周故□□将军行左豹韬卫郎将赠左玉钤卫将军高公墓志铭》："公讳慈，字智捷，朝鲜人也"，"万岁通天元年五月奉敕差又充泸河道讨击大使"，"寻以寇贼凭陵"，"父子俱陷，不屈贼庭，以万岁通天二年五月廿三日终于磨米城南"。城确址无考。万岁通天元年五月，契丹李尽忠、孙万荣反，陷营州，磨米州亦陷，州当废于是时。

积利州：《通鉴》贞观二十一年："七月，牛进达、李海岸入高丽境，凡百余战，无不捷。攻石城，拔之。进至积利城下。"《三国史记》曰积利城本赤里忽，在鸭绿水北，应在辽东半岛。今辽宁省瓦房店市龙潭山一带有得利营城故址，为高丽古城，《中国历史地图集·东北资料汇编》定得利古城址为唐积利州。

石城：石城与积利城近，已见前述。《三国史记》有似城，本史忽。似城与石城音相近，疑即一地。《辽东志》盖州古迹曰："石城，在盖州城东南二百里闸河山。"《奉天通志》卷83："城儿河山，源出（庄河）县西行九十里，屈曲于城儿山北山峡中。右岸为夹河山，两山上旧各有城，今城儿山遗迹犹存，传为高丽盖苏文筑。"牛进达由海登陆，先攻石城，再攻积利，城儿山古城在今庄河市西北五十里，应为石城所在。

黎山州：《三国史记》有犁山城，本加尸达忽，在鸭绿水以北，确址不详。

延津州：《辽史·地理志》：银州，"本渤海富州"，"统县三：延津县，本渤海富寿县，境有延津故城，更名"。当为唐延津城所在。辽银州即今辽宁省铁岭县，则延津州即今铁岭。

拂涅州：《辽史·地理志》："辽州，本拂涅国城，渤海为东平府。"辽州治在今辽宁省新民市东北五十八里辽滨塔村，其地与越喜故地邻近，应为唐初黑水靺鞨所居。

岩州：以高丽白岩城置。《通鉴》贞观十九年六月，"白岩城请降"，"以白岩为岩州"。二十年闰二月："罢辽州都督府及岩州。"《旧唐书·东夷传·高丽》曰："其城因山临水，四面险绝。"唐军克辽城而后至白岩，其地必在今辽阳以东。《奉天通志》卷53："盛京通志谓岩州城在辽阳东北五十七里石城山上，周四里，一门，是也。今考城在安平之北，太子河北岸，俗称燕州城。盖读燕为去声故耳。"即今辽阳市东北五十七里大安平镇对河石城子。

北扶余城州：《旧唐书·东夷传·高丽》，贞观五年，高丽"乃筑长城，东北自扶余城，西南至海，千有余里"，即此。《新唐书·北狄传·渤海》："扶余故地为扶余府，常屯劲兵捍契丹，领扶、仙二州。"知扶余与契丹交界。《辽史·地理志》：通州，"本扶余国王城，渤海号扶余城"。《奉天通志》卷53："今据许亢宗《奉使行程录》及《武经总要》所纪考定，今昌图城北四十里之四面城为扶余府故地。"《中国历史地图集·东北资料汇编》以扶余城在今吉林四平市西侧一面城古城，并考之甚详。

国内州：以高丽国内城置。《通典·边防二·高句丽》："马訾水一名鸭绿水"，"去辽东五百里，经国内城南，又西与一水合，即盐难水也。二水合流，西南至安平城入海"。贾耽《四夷路程》："自鸭绿江口舟行百余里，乃小舫溯流东北三十里至泊汋口，得渤海之境。又流五百里，至丸都县城，故高丽王都。"《三国史记》卷37："孺留王二十二年，移都国内城。都国内城历四百二十五年，长寿三十五年，移都平壤。"知丸都即国内城，即今吉林省集安市。

熊津州都督府：唐高宗显庆五年八月，苏定方以百济故都置府，仪凤元年二月，徙至辽东建安故城。《东国舆地胜览》卷17：公州牧，"本百济熊川"，"唐高宗遣苏定方与新罗金庾信攻灭百济，置熊津都督府。留兵镇之。唐师既去，新罗尽有其地"。即今韩国忠清南道公州市。《三国史记》卷37记领13县，可考者3：尹城、麟德、散昆。

《三国史记》曰："尹城本悦已。"《东国舆地胜览》卷18："定山县，本百济悦已县。东至公州界二十一里。"当在今公州西。

《三国史记》："麟德县本古良夫里。"《东国舆地胜览》卷19："洪州青阳县，本百济古良夫里县。西至洪州界十一里。"当在今忠清南道广川一带。

《三国史记》："散昆县本新村。"《东国舆地胜览》卷20："洪州保宁县，本百济村县。东至青阳县界四十七里，至洪州界三十二里，西至海岸十九里。"

当在今大川一带。

东明州： 领四县，可考者一："久迟县本仇知。"《东国舆地胜览》卷 18：
"全义县，本百济仇知县。东至清州界十八里。"清州即今韩国忠清北道清州
市，即东明州所在。

支浔州： 领九县，可考者三："已汶县本今勿。马津县本孤山。隆化县本
居斯勿。"

《东国舆地胜览》卷 17："林川郡本百济加林郡。古迹有今勿村处，在郡
东二十里"。

同书卷 20："礼山县本百济乌山县，新罗改孤山，为任城郡领县。"

同书卷 30：任城郡大兴县古迹有居叱勿所，"在县东二十一里"。

以上三城，林川郡即加林城，任城郡即任存城，《旧唐书·刘仁轨传》：
显庆五年，"时苏定方既平百济，留郎将刘仁愿于百济府城镇守"，"百济为僧
道琛、旧将福信率众复叛"，"引兵围仁愿于府城。诏仁轨检校带方州刺史，代
文度统众，便道发新罗兵合势以救仁愿"，"道琛等乃释仁愿之围，退保任存
城"。诸将会议，或曰："加林城水陆之冲，请先击之。"仁轨曰："加林险固，
急攻则伤损战士，固守则用日持久，不如先攻周留城。"据此，则任存城与加
林城相去不远。礼山县即今忠清南道礼山，支浔州当置于此。

鲁山州： 领六县，可考者二："鲁山县本甘勿阿。唐山县本仇知只山。"

《东国舆地胜览》卷 34："咸悦县，本百济甘勿阿县，新罗改今名。"金沟
县，"本百济仇知只山县，新罗改今名。东至今州府界十六里"。以其地图考
之，咸悦在韩国全罗北道里里市以北。金沟在今全州市与金堤郡之间。据
此，鲁山州当置于今全州一带。

古四州： 领五县，可考者三："古四州本古沙夫里。带山县本大尸山。辟
城县本辟骨。"《东国舆地胜览》卷 33："古阜郡本百济古济夫里郡，新罗改今
名。东至泰仁县三十七里。""金堤郡本百济碧骨郡，新罗改今名。东至金沟县
界十四里，南至泰仁县界二十二里。"同书卷 34："太山郡本百济大尸山郡，

新罗改太山。西至金堤郡界二十八里，北至金沟县十七里。"以上三地在今全罗北道堤^①、新泰仁一带。古四州当置于此。

沙泮州：领四县、可考者四："沙泮州本号尸伊城。无割县本毛良夫里。佐鲁县本上老。多支县本夫只。"《东国舆地胜览》卷 36："长城县本古尸伊县，新罗改为岬城郡，高丽改今名。西至高敞县界十五里。"号尸伊当为古尸伊之误。"高敞县本百济毛良夫里县，新罗改今名。东至长城县界十里。"

"咸平县本百济屈乃县。牟平县，本百济多只县，新罗改多歧。本朝太宗九年，合两县改今名。东至罗州界三十二里，西至海岸四十一里。"多只即多支字异。

"茂长县：茂松县本百济松弥知县。长沙县本百济上老县。本朝太宗十七年，合两县改今名。"东至高敞县界 7 公里，西至海岸 14.5 公里，南至灵光郡界 11.5 公里。

罗州即今韩国全罗南道罗州市，灵光郡即今灵光郡，咸平县即今咸平郡。据此，沙泮州应在今罗州、灵光、咸平一带。

带方州：领六县，可考者二："带方州本竹军城。竹军县本豆肸。"《东国舆地胜览》卷 39："南原都护府，本百济古龙郡，后汉建安中为带方郡。曹魏时南带方郡，唐高宗遣苏定方灭百济，诏刘仁轨检校带方州刺史。"即今全罗北道南原市。同书卷 40："兴阳县本长兴府，有荳原废县，在县西十五里，本百济豆肸县。高丽改今名，属宝城郡，后属长兴府。"其地在今全罗南道宝城与长兴之间。据此，知今南原以南至海，均属带方州管内。

分嵯州：领四县，可考者四："分嵯州本波知城。贵且县本仇斯珍兮。皋西县本秋子兮。军支县。"《东国舆地胜览》卷 40："乐安郡，本百济分嵯郡。有军支部曲，在郡南二十五里。"同书卷 39："潭阳都护府，本百济秋子兮郡，北至长城县界二十里。"即今全罗南道光州市北潭阳郡。同书卷 36："珍原县，

---

① 编者注：作者原稿如此。

本百济秋斯珍兮县。南至光山县界十七里，北至长城县界二十三里，西至灵光郡县二十三里。"应在今全罗南道光州市与长城郡之间。

鸡林州都督府管下九州考

《旧唐书·东夷传·新罗》："（龙朔）三年，诏以其国为鸡林州都督府，授法敏为鸡林州都督。"据《新唐书·东夷传·新罗》，上元二年，安东都护府内徙，新罗"多取百济地，遂抵高丽南境矣。置尚、良、康、熊、全、武、汉、朔、溟九州，州有都督，统郡十或二十，郡有大守，县有小守"。九州为新罗自置，新罗以鸡林州大都督府名义藩属于唐，其九州亦载入唐史书。今考九州方位，以明鸡林州都督府之辖境。

鸡林州都督府：治新罗都城。《东国舆地胜览》卷21："庆州府，本新罗古都。金城在府东四里，月城在府东南五里。"今为韩国庆尚北道庆州市所在。

《三国史记》卷34："后与大唐侵灭二邦，平其土地，遂置九州。本国界内置三州：王城东北当唐恩浦路曰尚州，王城南曰良州，西曰康州。故百济国界置三州：百济故城北熊津口曰熊州，次西南曰全州，次南曰武州。于高句丽南界置三州：从西第一曰汉州，次东曰朔州，又次东曰溟州。九州所管郡县，无虑四百五十。"

尚州：《东国舆地胜览》卷28："尚州牧，本沙伐国，新罗沾解王取以为州、法兴王改上州，置军主。真兴王改上洛郡，神文王复为州，景德王改今名。"其地即庆尚北道尚州市。《三国史记》卷34："唐垂拱三年复置，筑城周一千一百九步。"领9郡。

良州：《三国史记》卷34："文武王五年，麟德二年，割上州、下州地置歃良州。神文王七年筑城，周一千一百六十步。景德王改名良州，今梁州。领县一：嶽阳，本居知火县，景德王改名，今因之。"《东国舆地胜览》卷23："彦阳县，本新罗居知火县。景德王改嶽阳，为良州领县。东至蔚山郡界十九里，西至密阳府界二十八里，至清道郡界三十一里。北至庆州府界13里。"良州应位于今庆尚南道蔚山郡与密阳郡、青道郡之间，领13郡。

康州：《三国史记》卷34："康州，神文王五年，唐垂拱元年，分居陁州置菁州，景德王改名，今晋州。"《东国舆地胜览》卷30："晋州牧，西至全罗道光阳县界九十四里，北至宜宁县界四十里。"即今庆尚南道晋州市。领9郡。

汉州：《东国舆地胜览》卷6广州牧："本百济南汉山城。及唐苏定方攻灭百济，唐师行，新罗渐收其地。改南汉山城，为汉山州，又称南汉山州。景德王十五年改汉州。高丽太祖二十三年改今名。东至骊州界七十五里，南至利川府界七十四里，距京都四十一里。"即今韩国首尔市南20公里处。领21郡。

朔州：《三国史记》卷35："贾耽古今郡国志云：句丽之东南，涉之西、古貊地，盖今新罗北朔州、善德王六年，唐贞观十一年为中（牛）首州，置军主。景德王改为朔州，今春州。"《东国舆地胜览》卷46："春川都护府，东至杨口县界八十九里，西至京畿加平县界五十九里。"即韩国江原道春川市。领12郡。

溟州：《三国史记》卷35：贾耽古今郡国志云："今新罗北界溟州，盖涉之古国。前史以扶余为涉地，盖误。善德王时为小京，置仕臣。太宗王五年，唐显庆三年，以何瑟罗地连靺鞨，罢京为州，置军主以镇之。景德王十六年改为溟州。"《东国舆地胜览》卷44："江陵大都护府，本涉国。汉武帝元封二年，遣将讨右渠定四郡时，为临屯。景德王十六年，改溟州。东至海岸十里，西至横城县界一百九十里，北至襄阳府界六十里。"即江原道江陵市。领9郡。

熊州：《三国史记》卷36："熊州本百济旧都，唐高宗遣苏定方平之，置熊津都督府。（新）罗文武王取其地有之，神文王改为熊川州，置都督。景德三十六年改名熊州。"领11郡。熊州治所在今忠清南道公州市。详见前考。

全州： 苏定方平百济，置熊津、马韩、东明、金涟、德安五都督府。《东国舆地胜览》卷33："唐师既还，新罗尽并其地，景德王分为全、武二州都督府。全州府，本百济完山。新罗真兴王十六年，置完山州。景德王十五年，改今名以备九州。东至镇安县界四十七里，南至任实县界四十二里。"即今全罗北道全州市。领11郡。

武州： 《三国史记》卷36："武州本百济地，神文王六年为武珍州。景德王改为武州，今光州。"《东国舆地胜览》卷35光山县："百济武珍州，（高丽）太祖二十三年，改光州。南至和顺县界二十一里，西至罗州界四十七里。"即今全罗南道光州市。领14郡。

陇右道

凉州都督府管下羁縻府州考

凉州都督府属陇右道，管下有羁縻府州若干，多是唐高宗武后时由漠北南徙者，原属安北都护府管下。

贺兰州都督府：《旧唐书·契苾何力传》："契苾何力，其先铁勒别部之酋长也。""贞观六年，随其母率众千余家诣沙州，奉表内附，太宗置其部落于甘、凉二州。"十四年，"时何力母姑臧夫人，母弟贺兰州都督沙门并在凉府，十六年，诏许何力觐省其母，兼巡抚部落"。《全唐文》卷167《契苾明碑》：君讳明，本出武威姑臧人也。麟德年中，授贺兰州都督，以证圣元年薨于凉州姑臧县之里第。据此，贺兰州当置于贞观六年，治于凉州府城内，即今甘肃省武威县。开元十五年，凉州都督王君㚟流放凉州诸部酋长，引起反叛，契苾部与回纥等杀王，一起由凉州迁回漠北。其后不闻贺兰府之名号，当废。

蹛林州： 贞观二十一年以思结别部置。《唐会要》卷72："匐利羽马，碛南突厥马也，刚摩利施山北，今蹛林州。"刚摩利施山，今地不详。

祁连州（西皋兰州）：《新志》："皋兰州，贞观二十二年以阿史德特健部

169

置，初隶燕然都护，后来属。"隶凉州都督府。《通鉴》贞观二十二年六月：薛延陀"多弥引数千骑奔阿史德时健部落"。二十二年二月："以阿史德时健俟斤部落置祁连州，隶灵州都督。"永徽三年六月：崔敦礼等"发薛延陀余众渡河，置祁连州以处之"。如上述，则有二祁连州，一为阿史德时健部置，一为薛延陀余众置。《新志》曰：东皋兰州，"以浑部置，初为都督府，并以延陀余众置祁连州，后罢都督，又分东、西州，永徽三年皆废，后复置东皋兰州"。永徽三年废祁连州，乃薛延陀部之祁连州。阿史德部祁连州迁至凉州，更以皋兰州名之。实际上，它应作西皋兰州，以示与浑部之东皋兰州区别。如此解释，尚可成立。

火拔州：《旧唐书·郭虔瓘传》：开元二年春，突厥默啜遣其子围击北庭，虔瓘率众固守，默啜女婿火拔颉利发石阿失毕惧不敢归，遂将其妻归降。《旧唐书·玄宗纪》：开元二年闰二月，火拔颉利发石矢毕封燕山郡王。《全唐文》卷 227《拔川郡王（论弓仁）碑》："九姓之乱单于也，公四月度碛，过白柽林，收火拔部帐。"《通鉴》天宝十三载三月："敕以陇右十将，特进火拔州都督、燕山郡王火拔归仁为骠骑大将军。"据上述，开元二年，后突厥火拔部由北庭内附，置火拔州，隶于陇右道。至德元载五月，哥舒翰守潼关，火拔归仁执哥舒翰降安禄山。安禄山以火拔归仁叛主，不忠不义，斩之。其后火拔部不知所终，火拔州亦废。

阁门州：《新志》：吐谷浑州，隶凉州都督府。《新唐书·西域传·吐谷浑》，咸亨三年，吐谷浑地陷于吐蕃，其王诺曷钵"乃徙浩亹水南"，"而鄯州地狭，又徙灵州"。《元和郡县志》卷 39 鄯州湟水县："浩亹水，今谓之阁门水，经县东。"附近有汉浩亹故城。疑阁门州即以吐谷浑诺曷钵部置于此。诺曷钵部后迁到灵州，置安乐州。《新志》延州注："又仪凤中，吐谷浑部落自凉州内附，置二府于金明西境，曰羌部落，曰阁门。"疑阁门州又东徙至延州境内。

安西都护府管下羁縻府州考

按《新志》，安西四镇及昭武九姓、吐火罗地区诸羁縻府州，均隶安西都护府管下，今考安西四镇及天山以南、葱岭以东诸府州，昭武九姓、吐火罗地区另章考证。

龟兹都督府：治龟兹国伊逻卢城。贞观二十二年十二月，阿史那社尔平龟兹，太宗徙安西都护府于龟兹国都城，寻废。高宗显庆三年五月复置，咸亨元年四月，吐蕃陷龟兹，罢安西都护府及四镇。武后长寿元年十月，王孝杰破吐蕃，复龟兹，置安西都护府于龟兹。伊逻卢城，据车慕奇《丝路之旅》记载，考古发现其在新疆库车县城东郊，古城周长八公里。黄文弼称为麻札甫塘古城。

领州9。今可考者唯有白州。《旧唐书·高宗纪》：咸亨元年四月，"吐蕃寇陷白州等一十八州，又与于阗合众袭龟兹拨换城，陷之，罢安西四镇"。州以白山为名，确址不详。

毗沙都督府：治于阗国西山城。《通鉴》贞观二十三年七月："阿史那社尔之破龟兹也，行军长史薛万备请因兵威说于阗王伏阇信入朝，社尔从之。"七月，"伏阇信随万备入朝"。高宗上元二年春正月，"以于阗国为毗沙都督府，分其境内为十州，以于阗王尉迟伏阇雄为毗沙都督"。《新唐书·西域传·于阗》："其居曰西山城，胜兵四千人，有玉河，国人夜视月光盛处必得美玉。"据车慕奇《丝路之旅》记载，于阗故城在今新疆和田县南25公里玉龙喀什河西岸，名曰玛利克瓦特古城，遗址南北长1500米，东西两端分别为750米和450米。

领州10，《新志》缺载。据《新五代史》卷74《于阗传》引高居诲行纪曰："绀州，于阗所置也，在沙州西南，云去京师九千五百里矣。又行二日到安军州，遂至于阗。""其国东南曰银州、卢州、湄州，其南千三百里曰玉州，云：汉张骞所穷河源出于阗，而山多玉者，此山也。"高居诲所记，其地多无考，然于阗以汉家名称置州，似应为唐朝时设置。又据《宋会要辑稿》卷197，拂菻国："其国东至西大石及于阗王所居新福州，次至旧于阗，次至约昌城，乃于阗界。"福州应在今新疆和田县西，确址不详。

焉耆都督府： 贞观二十二年以焉耆国都城置。《新唐书·西域传·焉耆》："阿史那社尔讨龟兹，阿那支奔之，壁东境抗王师，为社尔所禽，数其罪，斩以徇。立突骑支弟婆伽利为王，以其地为焉耆都督府。"《新唐书·西域传·焉耆》曰："焉耆所都周三十里，四面大山，海水缭其外。"《大唐西域记》曰：阿耆尼"国大都城，周六七里，四面据山，道险易守。泉流交带，引水为田"。黄文弼实地考察，以为在今焉耆县南博斯腾湖西岸博格达沁古城。徐松《西域水道记》卷2海河条云："淖尔（博斯腾湖）西岸有故城，雉堞犹存，周九里许，谚曰四十里城。"黄文弼《塔里木盆地考古记》说："四十里城市之东约2里地，有旧城一座，名博格达沁。""位于草滩之中，墙基尚存，周约3里。城中已漫草荒芜，洼者且浸水而成池塘。城中有二土阜，审其发掘痕迹，似为土坯所砌之古房址。城西北隅有一大土墩，高3米多，同人在其附近拾有开元钱半枚及碎铜片数块，则此城确为唐代遗址。""审其形势及军事设备，或为唐焉耆镇所在地。"《文物》1982年第4期刊登考古发掘报告，记博格达沁古城在今焉耆县西南12公里处，长方形，城墙周长3000米左右。

疏勒都督府： 贞观二十二年以疏勒国迦师城置。《新志》引贾耽《四夷路程》曰："疏勒镇南北西三面皆有山，城在水中，城东又有汉城，亦在滩上。赤河来自疏勒西葛罗岭，至城西分流，合于城东北，入据史德界。"车慕奇《丝路之旅》曰："唐疏勒镇在喀什城东30公里哈奈故城，在伯什托乎拉村，克勒孜河由西来，至故城前分流出恰赫马赫河，至城东又合，称为喀什噶尔河，流向巴楚。"与《新唐书》记载正合。黄文弼以唐疏勒镇遗址附近有黑太沁遗址，区域横直30公里，周围有烽墩及古房屋遗址，发现不少铜钱与陶片，应为唐代遗物，即疏勒国都迦师城。

领州 15。今可考者唯有金州。《册府元龟》卷 971："（天宝）十二载正月，疏勒首领摄耀、建州司马裴国良、金州首领阿满儿褐车鼻施并来贺正。"确址不详。

碎叶镇：以碎叶城置。碎叶，《大唐西域记》曰："清池西北行五百余里，至素叶水城。城周六七里，诸国商胡杂居也。"役属西突厥。贞观二十二年，阿史那社尔平西域，以碎叶为四镇之一。寻废，为西突厥十姓部落所据，置羁縻碎叶州。唐乾陵蕃臣石像一题款为"碎叶州刺史安车鼻施"。高宗调露二年，裴行俭平西突厥处木昆部，收复碎叶，王方翼筑碎叶城。一度为安西都护府驻地。《通鉴》开元二十六年，突骑施吐火仙可汗据碎叶城。《新唐书·西域传·康》曰："天宝七载，北庭节度使王正见伐安西，毁之。"《通典·边防九·石国》引杜环经行记曰："勃达岭北行千余里至碎叶川"，"又有碎叶城。天宝七年，北庭节度使王正见薄伐，城壁摧毁，邑居零落"。据《北京大学学报（哲学社会科学版）》1985 年第 4 期张广达文考证，今吉尔吉斯斯坦托克玛克西南八公里的阿克·贝希姆古城遗址，应是唐碎叶所在。

河西内属诸胡：

州 12，府 2。其可考者：

乌垒州：以汉西域都护乌垒城置。《汉书·西域传》："都护治乌垒城，去阳关二千七百三十八里，与渠犁田官相近，土地肥饶，于西域为中，故都护治焉。"《西域图志》卷 15 考订在策尔特，即今新疆轮台县东之策达雅。

姑墨州：《新志》作和墨州，误。贾耽《四夷路程》曰："又六十里到拨换城，一曰威戎城，曰姑墨州。南临思浑河。"按思浑河即今阿克苏河。拨换城即今之阿克苏。

温宿州：《新志》作温府州，应为温宿之误。贾耽《四夷路程》："又二十里到于阗境之胡芦河，又六十里至大石城，一曰于祝，曰温肃州。"胡芦河即今托什干河，大石城即今新疆阿克苏西之乌什。

蔚头州：一作郁头州。贾耽《四夷路程》："据史德城，龟兹境也，一曰郁头州，在赤河北岸孤石山。"据车慕奇《丝路之旅》记载，郁头州应在今阿克苏西南至巴楚途中的库孜萨来古城，俗称唐王城。在山腰上，城三重，分内城和两重外城。其周长分别是 756 米、1008 米、1688 米。

以上诸州，《通典·边防七·西戎总序》曰：龟兹"东至都护理所乌垒城四百里"，"其南三百里至渠犁"，"东北与尉犁，东南与且末，南与精绝接"，"今安西都护府所理则龟兹城也"，"并有汉时姑墨、温宿、尉头三国之地"。

耀建州：在疏勒境内，见前疏勒府金州。

演渡州：《新志》曰："又西北经半城，百六十里到演渡州，又北八十里到疏勒镇。"据此，演渡州当年在今新疆疏勒县南之阿克陶。

遍城州：疑为半城之误，半城应在今阿克陶南之英吉沙。

达满州：贾耽《四夷路程》曰："渡赤河，经岐山，三百四十里至葭芦馆。又经达漫城，百四十里至疏勒镇。"达漫应为达满之对音，其地应在今疏勒东之伽师县。

碛南州：贾耽《四夷路程》曰："于阗西五十里有苇关，又西经勃野，西北波系馆河，六百二十里至郅支满州城，一曰碛南州。"《新志》有郅及满州，应为郅支满州之对音。其地在今新疆叶城。

渠犁都督府：前引《汉书·西域传》，乌垒与渠犁田官相近，《通典·边防七·西戎总序》曰："故轮台以东，捷枝、渠犁皆故国地。"杜佑注："轮台、渠犁，地名，今在交河北庭界中，其地相连。"按唐轮台与西汉轮台非一地，杜佑注渠犁既在故轮台以东，西汉轮台即今新疆轮台县，渠犁应在今尉犁县。

北庭都护府管下羁縻府州考

北庭所管，指天山以北、金山以西、碎叶以东地区。高宗显庆二年，置昆陵、濛池二都护府并诸府州。至龙朔二年，昆陵、濛池都护阿史那弥射、阿史那步真先后亡去，诸府州遂分化瓦解，不可详考。后突骑施统一诸部，有的仍带府州名号，有的则徙于内地。今虽言北庭管下，实则按《新志》，将显庆二年所置羁縻府州作一考订，然部落多迁，居无恒处，确址难以肯定。昆陵、濛池二都护府，正文中已有论述，今不复赘。

嗢鹿州都督府：以突骑施索葛、贺莫部置。《新唐书·突厥传》："突骑施乌质勒，西突厥别部也"，"隶斛瑟罗，为贺莫达干"。达干，官名，嗢鹿州都督府即以其部置。"屯碎叶西北，稍攻得碎叶，即徙其牙居之，谓碎叶川为大牙，弓月城，伊丽水为小牙。"《西域图志》卷12曰："碎叶川即今图斯库勒，伊丽水即今伊犁郭勒，是伊犁又为突骑施乌质勒小牙也。乌质勒子为嗢鹿都督，其地入唐为嗢鹿都督府可知。"据此，嗢鹿州都督府于显庆二年设置后，初治伊犁河流域，今新疆伊宁一带，后因突骑施强盛，徙居碎叶川东，即今中亚托克马克以东，伊塞克湖以北。

絜山都督府：以突骑施阿利施部置。《西域图志》卷13曰："案唐时碎叶川，为今之图斯库勒。突厥咥利失可汗置五大啜，所谓五咄陆部居碎叶东者，当在今图斯库勒之东，跨伊犁郭勒左右也。五咄陆部中突骑施索葛贺莫部为嗢鹿州都督府，突骑施阿利失部为絜山都督府，嗢鹿州都督府在今伊犁，其絜山都督府必与嗢鹿毗连者。今自哈讨至古尔班萨里，凡属伊犁郭勒下流左右，环抱水草丰饶之境，其为絜山都督府之地可知。"即今阿拉木图一带。唐乾陵蕃臣石人像后一题款为"故右威卫将军兼絜山都督突骑施傍斳"。

双河都督府：以摄舍提敦部置。亦五咄陆之一部。唐乾陵石人像一题款为"故右武卫将军兼双河都督摄舍提暾护斯"。双河，《新唐书·突厥传》：苏定

175

方到双河，"距贺鲁牙二百里，阵而行，抵金牙山，贺鲁众适猎，定方兵纵破其牙"，"贺鲁跳度伊丽水"。《西域图志》卷12："伊丽水即今伊犁郭勒，是当时贺鲁牙在今伊犁，其东二百里之双河，考其方位，今博罗塔拉为双河都督府旧境无疑。"双河即指精河和博尔塔拉河，《文物》1962年第7期李遇春《博尔塔拉自治州石人墓调查简记》考察"博乐县西5公里处"的唐城遗址，以其为双河都督府所在。

鹰娑都督府：以鼠尼施处半部置。鼠尼施，亦五咄陆之一部，居鹰娑川。《隋书·北狄传·西突厥》：处罗可汗"复立二小可汗，分统所部"，"一居龟兹北，其地名应娑"。《新唐书·突厥传》：永徽四年，"苏定方击贺鲁别帐鼠尼施于鹰娑川"。鹰娑府当于此时置。唐乾陵石人像一题款为"左威卫将军鹰娑都督鼠尼施半毒勤德"。松田寿男《西突厥王庭考》以其地在龟兹北方大裕尔都斯山谷中，即今新疆库车、轮台以北开都河上游。按《通鉴》玄宗开元三年三月，突厥"默啜发兵击葛逻禄、胡禄屋、鼠尼施等，屡破之，敕北庭都护汤嘉惠、左散骑常侍解琬等发兵救之"。开元二十七年九月，"处木昆、鼠尼施、弓月等诸部先隶突骑施者，皆帅众内附，仍请徙居安西管内"。鹰娑府之名不存。

盐泊州都督府：以胡禄屋阙部置。胡禄屋亦五咄陆部之一。《文献通考·突厥传》：显庆二年，"（苏）定方至曳咥河西，贺鲁率胡禄屋阙啜等二万余骑列阵而待"。唐乾陵石像后一题款为"吐火罗叶护咄伽十姓大首领盐泊都督阿史那忠节。"《旧唐书·郭元振传》作阿史那阙啜忠节，与前述胡禄屋阙啜应是一人。则胡禄屋部应居于曳咥河以南。曳咥河即今新疆准噶尔北部额尔齐斯河。已知五咄陆其余诸部伊犁河流域，葛逻禄居阿尔泰山以西，胡禄屋应在其间。《西域图志》卷10以为"应在今额彬格淖尔南境，左右诸河环抱之间，与今绥来县全境，形势适符，而唐得之以为盐泊都督府"。额彬格淖尔，即玛纳斯咸水湖，盐泊似应指此。《世界境域志》第3章17节："第十个咸水湖是图斯库勒（Tuz-kul），在葛逻禄境内，该湖长十程，宽九程，出产盐，七个葛逻禄部落之食盐皆取自此湖。"既云在葛逻禄，当在准噶尔一带，应是玛纳斯湖。

阴山州都督府：显庆三年分葛逻禄三部置三府，以谋落部置。《新唐书·回纥传》曰："永徽初，高偘之伐车鼻可汗，三族皆内属。显庆二年，以谋落部为阴山都督府，炽俟部为大漠都督府，踏实力部为玄池都督府，即用其酋长为都督。"葛逻禄三部方位，《新唐书·回鹘传》记曰："在北庭西北，金山之西，跨仆固振水，包多怛岭，与车鼻部接。""三族当东、西突厥间，常视其兴衰，附叛不常也，后稍南徙，自号三姓叶护。"《西域图志》卷 11 曰："按唐书回纥传载，贺鲁居多逻斯川时，统有哥逻禄部，哥逻禄即葛逻禄也，贺鲁灭于唐高宗永徽四年，而葛逻禄已于永徽之初内附。其三族分疆之外，史无明文，难以审证。然考当时突厥分有乌孙故地，葛逻禄居东西空厥间，而沙陀突厥则与东突厥杂居者，为今塔尔巴噶台全境，所属方位相合，其地东直金山，南直庭州。"多逻斯川，即额尔齐斯河；塔尔巴噶台即今塔城，葛逻禄的活动范围大致在这一带。阴山州亦应置于此。

大漠州都督府：以葛逻禄炽俟部置。大漠，指准噶尔之古尔班通古特沙漠。大漠州应位于沙漠以北的福海一带。唐乾陵石像一题款为"右金吾卫大将军兼大漠都督三姓咽麫叶护昆职"。

玄池州都督府：以葛逻禄踏实部置。玄池，即额尔齐斯河下游之斋桑泊，玄池州当置于此。突厥默啜西侵，葛逻禄三部亦为后突厥控制。玄宗开元二年，"突厥可汗默啜衰老"，"葛逻禄等部落诣凉州降"。开元三年，重置葛逻禄三府。《全唐文》卷 40 玄宗《再赠三姓葛逻禄书》："三姓葛逻禄大漠都督特进朱斯，阴山都督谋雉匐鸡，元池都督实力胡鼻等，卿积代以来，为国藩捍"，"金山安置，虽是旧居，未知初来，并得好否？"《新唐书·突厥传》："诏处其众于金山。"同书《回鹘传》曰："至德后，葛逻禄寖盛，与回纥争强，徙十姓可汗故地，尽有碎叶，怛罗斯诸城。"唐对葛逻禄三府的控制，持续到天宝年间。《世界境域志》第 15 章记葛逻禄疆域在楚河流域，第 16 章记炽俟部在伊塞克湖以北，与穆斯林世界接近（时昭武九姓为大食所占），皆为至德以后事。

金附州都督府： 析大漠州置。

金满州都督府： 永徽五年以处月部落置为州，隶轮台，龙朔二年为府。

处月，突厥之别种。《通鉴》贞观十六年八月："（西突厥）乙毗咄陆又遣处月、处密二部围天山，孝恪击走之，乘胜进拔处月俟斤所居城，追奔至遏索山，降处密之众而归。"天山即西州天山县，今吐鲁番西托克逊。遏索山在乌鲁木齐南，处月俟斤城必在其间。永徽五年四月，"以处月部置金满州"。胡三省注："其地近古轮台，属北庭都护府。"古轮台，即唐庭州轮台县，今新疆乌鲁木齐市北部。《西域图志》卷21以金满州在迪化州（乌鲁木齐）以东，博克达鄂拉（博格达峰）以北地区。金满州开元年间尚存名号，《大唐银青光禄大夫金满州都督贺兰军大使沙陀公故夫人金城县君阿史那氏墓志铭》："以开元七年八月二十四日，遘疾终于军舍。"

轮台州都督府： 当于唐庭州轮台县境内置。

咽麪州都督府： 初，玄池，咽麪为州，隶燕然，长安二年为都督府，隶北庭。燕然都护府领东突厥故地，与北庭以金山为界。玄池州在斋桑泊附近，则咽麪州当与玄池州邻近。咽麪，《唐六典·礼部尚书·主客郎中》作咽蔑，《通鉴》高宗咸亨四年十二月："弓月南结吐蕃，北招咽麪，共攻疏勒。"胡三省注："咽麪，亦铁勒种，居得嶷海。"弓月城在今新疆伊宁一带，咽麪在其北，玄池州以南，其范围相当于今新疆博尔塔拉以北至哈萨克斯坦阿拉湖一带，得嶷海应指此湖。

孤舒州都督府： 以突骑施哥舒部落置。初置地域不详，当在突骑施境内。《旧唐书·哥舒翰传》："哥舒翰，突骑施首领哥舒部落之裔也，蕃人多以部落称姓，因以为氏。""父道元，安西副都护，世居安西。"

凭洛州都督府： 以凭洛水为名，《新唐书·突厥传》，骆弘义献计曰："愿发射脾、处月、处蜜、契苾等兵"，"急趋之，大军住凭洛水上为之景助"。《新志》北庭大都护府："自庭州西延城西六十里有沙钵城守捉，又有凭洛守捉，又八十里有耶勒城守捉，又八十里有俱六城守捉，又百里至轮台县。"北庭即今吉木萨尔北破城子。凭洛守捉在庭州至轮台的路上，当在今吉木萨尔西。凭洛州应置于此。

沙陀州都督府：以沙陀部置，《新唐书·沙陀传》："沙陀，西突厥别部处月种也。""处月居金娑山之阳，蒲类之东，有大碛，名沙陀，故号沙陀突厥云。"又曰："明年，废瑶池都督府，即处月地置金满，沙陀二州，皆领都督。"金满州置于永徽五年，沙陀州亦当同年置。蒲类，《新志》北庭府后庭县，"本蒲类"，"宝应元年更名，有蒲类、郝遮、盐泉三镇"。沙陀系处月种，居地应与金满州相近，沙陀州地点应在蒲类县，即今新疆奇台县东南。

千泉都督府：唐乾陵石人像一题款为"右领军将军兼千泉都督泥孰俟斤阿悉吉度悉波"。《旧唐书·突厥传》："弩失毕有五俟斤"，"四曰阿悉结泥孰俟斤"。据《通鉴》唐高宗显庆三年，平贺鲁，置昆陵、濛池二都护府。千泉都督府当于此时以泥孰部置，隶于二都护府下。千泉，《大唐西域记》曰："素叶城西行四百余里至千泉。"周连宽考证在今吉尔吉斯斯坦比什凯克（伏龙芝）市以西的波得果尔诺一带。《新志》缺载，今补。

俱兰都督府：唐乾陵石人像一题款为"故右金吾卫将军兼俱兰都督阙俟斤阿悉吉那靳"。《旧唐书·突厥传》弩失毕五部之一有阿悉结阙俟斤。俱兰都督府当以此部置。贾耽《四夷路程》，碎叶西125公里有俱兰城。《世界境域志》第15章："俱兰是一个小地区，与穆斯林世界相接。"王治来考证在今吉尔吉斯斯坦卢戈沃依附近。《新志》缺载，今补。

颉利都督府：唐乾陵石人像一题款为"故右卫将军兼颉利都督拔塞干蓝羡"。拔塞干暾沙钵俟斤，为五弩失毕一部。唐以其部置都督府，当与碎叶等地相近。《世界境域志》第15章："巴尔思汗是湖边的一个城镇，繁荣而秀丽。"巴尔思汗应即拔塞干之对音。王治来考订在伊塞克湖附近，《新志》缺载，今补。

昭武九国所置羁縻府州考

唐高宗显庆三年，遣果毅董寄生赴昭武九姓诸国，设置羁縻府州，《新志》及诸地理书均不载。今据《新唐书·西域传》所记，参考古阿拉伯人著《世界境域志》、冯承钧《西域地名》、王治来《中亚史纲》及周连宽《大唐西域记史地研究丛稿》考订如下。

康居都督府： 以康国阿禄迪城置。《隋书·西域传》：康国，"都于萨宝水上阿禄迪城，城多众居"。《大唐西域记》："飒秣建国，周千六七百里，东西长，南北狭。国大都城周二十余里，极险固，多居人，异方宝货，多聚此国"，"机巧之伎，特工诸国"，"凡诸胡国，此为其中"。飒秣建即撒马尔罕之对音。《世界境域志》第 25 章 13 节："撒马尔罕是一个巨大、繁荣、很美丽的城镇，全世界的商人都到这里来。该城有内城、城堡和城郊。撒马尔罕生产纸张，输出到全世界。"

大宛都督府： 以石国柘折城置。《新唐书·西域传》："石，或曰柘支、曰柘折，曰赭时"，"圆千余里，右涯素叶河。王姓石，治柘折城，故康居小王窳匿城地。西南有药杀水"，"显庆三年，以瞰羯城为大宛都督府"。冯承钧以为瞰羯城即柘折城之误。《世界境域志》第 25 章 79 节："赭石（Chaj）是一个巨大而繁荣的地区，宾克特（Bikath）是赭石的首府。这座巨大而又繁荣兴旺的城镇是政府的所在地。"冯承钧考订在今中亚塔什干附近锡尔河支流 Chirchik 河不远之 Binkath。

休循州都督府： 以宁远（拔汗那）国渴塞城置。《新唐书·西域传》："宁远者，本拔汗那"，"居西鞬城，在真珠河之北。有大城六，小城百"，"贞观中"，"遏波之治渴塞城。显庆初，遏波之遣使朝贡，高宗厚慰谕。三年，以渴塞城为休循州都督"。《世界境域志》第 25 章 47 节："西鞬（Akhsikath）是费尔干纳的首府，为异密及其代理官员的驻地。它是一个大城镇，位于喀杀河

（药杀水）河畔，在山脚下。"冯承钧《西域地名》考订西鞬即今乌兹别克斯坦之纳曼干（Namangan），在卡散与锡尔两河汇流处，渴塞城在今塔什干东南之卡散（Kasan）。王治来《中亚史纲》考订渴塞城在西鞬以北50公里处。

佉沙州：以史国乞史城置。《新唐书·西域传》："史，或曰佉沙，曰羯霜那，居独莫水南康居小王苏薤城故地。""国有城五百，隋大业中，其君狄遮始通中国，号最强盛，筑乞史城，地方数千里。""显庆时，以其地为佉沙州，授君昭武失阿喝剌史。"冯承钧以乞史即渴石（Kesh）之对音。《世界境域志》第25章15节："渴石，这是热带地方的一个城镇，下雨很多，有内城、城堡和城郊，流过城门的两条河，都被利用来溉田。"其地即今乌兹别克斯坦撒马尔罕以南的沙赫里夏勃兹（Shahri-sebz）。

南谧州：以米国钵息德城置。《新唐书·西域传》："米，或曰弥末，曰弭秣贺，北百里距康。其君治钵息德城。永徽时为大食所破，显庆三年，以其地为南谧州，授其君昭武开拙为剌史。"钵息德城，冯承钧、周连宽均考订在今撒马尔罕东南之模安（Maghian）。

贵霜州：以何国置。《新唐书·西域传》："何，或曰屈霜你迦，曰贵霜匿，即康居小王附墨城故地。"永徽时，"以其地为贵霜州，授其君昭武婆达地剌史"。冯承钧、周连宽考订其地在今撒马尔罕西北60英里之Peishambe，王治来考订在撒马尔罕与布哈拉之间的卡塔—库尔干。

安息州：以安国阿滥谧城置。《新唐书·西域传》："安者，一曰布豁，又曰捕喝，元魏谓忸蜜者。东北至东安，西南至毕，皆百里所。西濒乌浒河，治阿滥谧城。即康居小君长罽王故地。""显庆时，以阿滥（谧）为安息州，即以其王昭武杀为剌史。"捕喝，即布哈拉之对音。《世界境域志》第25章第1节："布哈拉，是河中最繁荣的大城，东安的国王住在这里。其地潮湿，生产大量的水果，并有奔腾的流水。布哈拉领域的长宽各为十二程，全部由一道围墙环绕，没有间断，所有的堡坞与村庄都在这围墙之内。"阿谧滥城，冯承钧考订即中古布哈拉王朝都城Aryamithan之对音，在今布哈拉附近，今地名

181

Ramithan。

木鹿州： 以东安国籛斤城置。《新唐书·西域传》："东安，或曰小国，曰喝汗，在那密水之阳，东距何二百里许，西南至大安四百里，治喝汗城，亦曰籛斤。"显庆时，以"籛斤为木鹿州，以其王昭武闭息为刺史"。冯承钧以为喝汗即中亚古城 Kharghan 之对音，那密水即今泽拉夫善河，喝汗城在今河南岸 Kermineh 城附近，在布哈拉以东。

西域吐火罗道羁縻府州考

《新志》曰："西域府十六，州七十二。"下注："龙朔元年，以陇州南由令王名远为吐火罗道置州县使，自于阗以西，波斯以东，凡十六国，以其王都为都督府，以其属部为州县。凡州八十八，县百一十，军、府百二十六。"今据《新志》所列府州名号，择其可考者考订如下。

月氏都督府：

以吐火罗叶护阿缓城置。冯承钧《西域地名》曰：阿缓城，即《大唐西域记》之活国，《旧志》之遏换，《太平寰宇记》之阿换、拨换，皆 Awar 之对音，即瓦勒瓦利吉（Warwaliz），今阿富汗东北境之昆都士（Kunduz）。《世界境域志》第 23 章 72 节："瓦勒瓦利吉，是一个繁荣的城镇，也是吐火罗斯坦的首府。有许多宜人之胜地和奔腾的流水，其人民友善。"

大夏州： 以缚叱城置。《大唐西域志》：缚喝国，"北临缚刍河，国大都城周二十余里，人皆谓之小王舍城也"。《世界境域志》第 23 章 67 节："巴里黑，是一个巨大而繁荣的城镇，过去是萨珊王朝国王的驻地。是商人们常去之地，繁荣而很令人喜爱，它是印度的商业中心。巴里黑有一条大河，自巴米羊流来，在巴里黑附近分为十二个支流，该河穿过巴里黑城，全被利用来灌溉各区的农田。"冯承钧以为缚叱、缚喝、巴里黑，皆为大夏都城Bactria 之对音。城当在今阿姆河以南，即今阿富汗马扎里沙里夫以西之巴尔赫（Balkh）。

妫水州： 以羯城置。《汉书·西域传》：大月氏国，"本居敦煌、祁连间，至冒顿单于攻破月氏"，"月氏乃远去，过大宛，西击大夏而臣之，都妫水北为王庭"。妫水即阿姆河，月氏原都河北，至呋哒徙都河南。若妫水州以月民故都为名，当在今阿富汗铁尔梅兹附近。

粟特州： 以阿捺腊城置。岑仲勉《西域十六国都督府州治地通考》以阿捺腊为 Andarab 之对音。《大唐西域记》："安呾罗缚国，觌货罗国故地。""无大君长，役属突厥。山阜连属，川田隘狭。气序寒烈，风雷凄劲，丰稼稿，宜花果。"《世界境域志》第 23 章 77 节："安达拉布是山中的一个村镇，这是一个有大量农作物和大量谷物的地方，有两条河。从喷赤希尔和加里雅那矿中开采的白银，在这里压成迪勒木钱。"冯承钧以其地在阿富汗东北境之昆都士安达拉伯。

钵罗州： 以兰城置。冯承钧以兰城为 Baghlan 之简译，即今阿富汗巴格兰。《世界境域志》第 23 章 72 节叙述巴格兰在瓦勒瓦利吉附近，王治来注释在阿富汗东北部多什河中游，方位相近。

祀惟州： 以昏磨城置。昏磨，即《世界境域志》中之 Khulm，第 5 章"关于山脉及矿产"第 9 节叙述一山经"巴罕和巴达克山之南，经过骨咄地区之南然后进入吐火罗境内，在塔拉寒、萨卡勒坎德、昏磨和悉泯健之间及巴里黑之南延伸，进入胡实健境内"，即阿富汗东北之兴都库什山。昏磨城当在山北，今阿富汗马札里沙里夫以东之胡勒姆。

迟散州： 以悉蜜言城置。即《大唐西域记》之纥露悉泯健国。冯承钧以为即今阿富汗胡尔姆河上游之海巴克（Haibak）。海巴克旧名撒曼干（Samangan），附近有城曰鲁邑（Rui）。悉蜜言即撒曼干之对音，纥露悉泯健即 Rui 与 Samangan 之合称。《世界境域志》第 23 章 70 节："西敏甘是山中一个城镇，其地有白石山，类似大理石，在其中开凿住房、厅堂亭阁、偶象寺、马厩以及亭阁中使用的一切器具，西敏生产好酒和大量水果。"

富楼州：以乞施巇城置。《世界境域志》第 23 章 74 节："西基密什特是一个种了大量庄稼和出产谷物的地区。"王治来注其地在阿富汗东北境之伊什卡米什（Ishkamish），位于巴格兰之东。此即乞施巇之对音。

桃槐州：以阿腊城置。《汉书·西域传》："桃槐国王，去长安万一千八十里，户七百，口五千，胜兵千人。"徐松注曰："计其道里，盖亦葱岭西小国。"州以其国为名，阿腊城方位。岑仲勉以为在阿富汗昆都士以南之汗纳巴德（Aliabad）。

苑汤州：以拔特山城置。拔特山，又称巴达克山，蒲特山，皆 Badhakhshan 之对音。《世界境域志》第 24 章 24 节："巴达克山，是一个很令人喜爱的国家和商人们常去之地。其地有银、金、石榴石、青金石诸矿。其麝香是从吐蕃输入的。"《慧超往五天竺传》曰："由此犯引（帆延）国北行廿日至吐火罗王住城、名缚底耶。见今大食兵马在彼镇压，其王被迫，走向东一月程，在蒲特山住，见属大食所营。"城在今阿富汗东北境法扎巴德。

条支都督府：

以诃达罗支国伏宝瑟颠城置。《新唐书·西域传》："谢䫻居吐火罗西南，本曰漕矩吒，或曰漕矩，显庆时谓诃达罗支，武后改今号。东距罽宾，东北帆延，皆四百里。南波罗门，西波斯，北护时健。其王居鹤悉那城"，"亦治阿娑你城"。冯承钧考证鹤悉那即今阿富汗喀布尔以南之加兹尼（Ghazni）。《世界境域志》第 24 章 19 节称之为哥疾宁（Ghazag）。

领州 9：

细柳州，以护闻城置。《新唐书·西域传》：谢䫻"北五百里有弗栗恃萨傥那"，"其君突厥种，治护苾那城"。护闻即护苾那，其方位应在喀布尔。

另有虞泉州，犁靬州，崦嵫州，巨雀州，遗州，西海州，镇西州，乾陀州。

以上诸州，多以部落置。《世界境域志》第 24 章 22 节曰："在哥疾宁和上述各个村镇范围内，住着哈拉吉突厥人。他们有许多羊只，他们随着气候、草地和牧场而转移迁徙。在巴里黑、吐火罗斯坦、不思忒和古兹甘诸省，这类哈拉吉突厥人也很多。"王治来注以为哈拉吉人是一突厥部族，由葛逻禄内迁到谢飐，定居在哥疾宁一带平原上。则以上诸州均在哥疾宁附近。

天马都督府：

以解苏国数瞒城置。数瞒即愉漫（Suman）之对音。《大唐西域记》："愉漫国，东西四百余里，南北百余里；国大都城周十六七里"，"西南临缚刍河至鞠和衍那国"。《世界境域志》第 25 章 33 节："愉漫是一个强固的城镇，位于山坡上，周围建造了城墙，其城堡在山顶上，城内有一大泉，这地方生产大量番红花。"沙畹《西突厥史略》以为在乌浒河北支卡非尔尼甘（Kafirnagan）河上游，今塔吉克斯坦首都杜尚别。

洛那州： 以忽论城置。

忽论，即忽露摩。《大唐西域记》："忽露摩国，东西百余里，南北三百余里，国大都城周十余里。""东到愉漫国。"沙畹以为即《世界境域志》第 25 章 38 节之恰尔坎（Kharun，一作 Akhrun）。"恰尔坎是一个繁荣的村镇，亦属于苏鲁沙那。"其地应在卡非尔尼甘河上游，愉漫之南。

高附都督府：

以骨咄施沃沙城置。《新唐书·西域传》："骨咄，或曰珂咄罗，广长皆千里，王治思助建城。"施沃沙即思助建之对音。《世界境域志》第 26 章第 1 节："骨咄（Khutalan）是位于高山当中的一个地区，广阔、繁荣，田畴开垦，人

185

口稠密，且多宜人之胜地。胡勒木克是骨咄的主要地方和国王的住地。它位于山坡上，人很多，有很多区。"《新唐书·西域传》又曰："循缚刍水北有咀蜜种"，"又东逾四种，有镀沙者"，"东界骨咄，接葱岭十八种"。王治来《中亚史》第 8 章第 3 节以骨咄在今塔吉克斯坦瓦赫什河流域，胡勒布克在今库里亚布附近。

休密州： 以乌斯城置。汉五翎侯之一曰休密翎侯，州以其为名。乌斯城，应为瓦赫什（Waxs）之对音。《世界境域志》第 26 章第 6 节："瓦赫什，是瓦赫夏布河岸的一个繁荣地区。"冯承钧以其地在今塔吉克库尔干提尤别以北。

修鲜都督府：

以罽安国遏纥城置。

《新唐书·西域传》："罽宾，隋漕国也，居葱岭南。""王居修鲜城，常役属大月氏。"亦称迦毕试。《大唐西域记》："迦毕试国，周四千余里，北背雪山，三陲黑岭，国大都城周十余里"，"王刹利种也"，"统十余国"。应在今阿富汗兴都库什山以南卡菲里斯坦地区（Kafiristan）。修鲜城当在今喀布尔以东。周连宽《大唐西域记史地研究丛稿·缚喝国考》曰迦毕试都城在今阿富汗葛尔班得与彭赤什尔两河交汇处的贝格拉木（Begram）。

毗舍州： 以罗漫城置。毗舍当为比罗娑洛之对音。《大唐西域记》曰："城西南有比罗娑洛山。山神作象形，故曰象坚也。"罗漫城应在其地。

乌弋州： 以塞奔你罗斯城置。州以《汉书·西域传》中乌弋山离国为名。《大唐西域记》曰迦毕试都城南 20 公里至霫蔽多伐剌祠城。沙畹以为即塞奔你罗斯之对音。

龙池州： 以遗恨城置。《大唐西域记》曰："王城西北二百余里至大雪山，山顶有池，请雨祈晴，随求果愿。闻之耆旧曰：昔健驮罗国有阿罗汉，常受此池龙王供养。"龙池州以此命名，当在兴都库什山南麓。

罗罗州： 以滥犍城置。《太平寰宇记》卷 183 乌苌国有"阿波罗罗龙池，一名奄罗龙池,中有毒龙"。罗罗州以此为名,滥犍城当与遗恨城相近。冯承钧考证滥犍城即《大唐西域记》之滥波,在今阿富汗东境拉格曼(Laghman),在喀布尔以北,Alingar 与 kunar(库纳尔)河之间。

檀特州: 以半制城置。《太平寰宇记》卷 183 乌苌国有檀特山,"外国传云:须达拏太子所住石室在山东壁上,西南有东泉,生白莲花。西北有塔,即阿周仙人住处"。州以其山为名。半制城,冯承钧考证在阿富汗喀布尔东北 panjshir 河上同名城。

悬度州: 以布路犍城置。《新唐书·西域传》:"喝盘陀","由疏勒西南入剑末谷,不忍岭六百里,其国也","南距悬度山"。州以其山为名,悬度山在今新疆塔什库尔干以西。布路犍城地点不详。

写凤都督府:

以帆延国罗烂城置。帆延即《大唐西域记》中梵衍那,在吐火罗之南。《大慈恩寺三藏法师传》:"自缚喝南行,与慧性法师相随入揭职国,东南入大雪山,行六百里,出覩货罗境。入梵衍那国,国东西二千余里,在雪山中。"《新唐书·西域传》:"帆延者","居斯卑莫运山之旁,西北与护时健接,东南距罽宾,西南诃达罗支,与吐火罗连境","王治罗烂城,有大城四五,水北流入乌浒河"。罗烂城即巴米扬,《世界境域志》第 23 章 78 节:"巴米扬,是古兹甘(护时健)与呼罗珊边境地区分界处的一个地方,其地有大量农作物,一条大河从其地绕过。"

悦般州都督府:

以石汗那国艳城置。《新唐书·西域传》:"石汗那,或曰斫汗那。自缚底野南入雪山,行四百里得帆延,东临乌浒河。"则石汗那应在乌浒水南。然《世界境域志》第 25 章 27 节:"石汗那(Chaghaniyan)是一个荒凉的地区,它是一片有广阔庄稼地的地带。石汗那城是一个大城镇,位于山脚上,是这个地区的首府。有奔腾的流水，宜人的气候和贫穷的居民。"其地与呾密和愉漫相连，则应在乌浒水以北。王治来《中亚史》第 8 章第 3 节以石汗那位于今塔吉克斯坦迭瑙以南 30 公里的达里维尔津—特佩城，中世纪的石汗那在迭瑙东南 6 公里的别德拉契城，在克兹勒苏河注入苏尔汗河处。与《世界境域志》合。

双靡州：以俱兰城置。俱兰，《新唐书·西域传》：吐火罗故地"东又有七种，东南峡道险甚，无虑三百里，得俱兰。东北山行五百里，即护密，北识匿也"。冯承钧考证在阿富汗东北境，科尔恰河上游有一地名 Kuran，其地以产琉璃驰名。据此，则双靡州在乌浒水南，不应属悦般州都督府管，疑《新志》有误。双靡州是否在石汗那境内，待考。

奇沙州都督府：

以护时健国遏蜜城置。《大唐西域记》作胡实健，《世界境域志》作古兹甘。第 23 章 46 节："古兹甘是一个很繁荣而令人喜爱的省区，该省东接巴里黑及吐火罗斯坦，以至巴米羊；南接古尔与不思忒边界，西邻伽尔契斯坦及其主要城市布什亭至马雷边境，北界乌浒河。"遏蜜城，即安勃尔（Anber），同书第 58 节："安勃尔是古兹甘的首府，它是一个美好繁荣的城镇，是商人们的住处和巴里黑的大商场，很富，它位于山脚下。"冯承钧考证在今阿富汗北境席巴尔干（Shibergan）。

领州2：

沛隶州：以漫山城置。《世界境域志》第 23 章 51 节："漫山（Manshan），是一个山区，属于 Dari Andara，过去其首领称为 Braz Banda，但现在从古兹甘灭里的首都派了一个长官到此地。"王治来推测可能在安勃尔与雅胡丹之间，即今席巴尔干与迈马纳之间的地带。

大秦州：以叡蜜城置。叡蜜应为锐末陀之对音。《大唐西域记》："锐秣陀国"，"西南至胡实健国"。则锐末陀在护时健东北。冯承钧考订在今阿富汗胡尔姆（Khulm）西南之 Siri Pul 附近。

姑墨州都督府：

以怛没国怛没城置。《新唐书·西域传》："怛满，或曰怛没，东陀拔斯，南大食，皆一月行。""居乌浒河水平川中。兽多师子，西北与史接，以铁关为限。"冯承钧考订为 Termiz 之对音，即今捷尔梅兹，在阿姆河与苏尔汗河交汇处。《世界境域志》第 25 章 22 节："怛密是位于乌浒河畔的一个繁荣城镇，其城堡即在河岸上，该城是骨咄和石汗那的商业中心。"

栗弋州： 以弩羯城置。

弩羯即菝赤建。《大唐西域记》："（白水城）西南行二百余里至恭御城，城周五六里，原隰膏腴，树林蓊郁。从此南行四五十里至菝赤建国。菝赤建国周千余里。""城邑百数，各别君长，进止往来，不相禀命，虽则画野区分，总称菝赤建国。从此西行二百余里至赭时国。"周连宽《大唐西域记史地研究丛稿》的《从跋禄迦国至赭时国的一段行程》一节以菝赤建即 Nujkend 之对音。Nujkend，突厥语新城之意。《新唐书·西域传》："新城之国，在石东北赢百里。有弩室羯城，亦曰新城，曰小石国城，后为葛逻禄所并。"冯承钧考订在塔什干以东。周连宽确定弩羯城位于塔什干以东 25 公里的养吉—巴沙尔（Yanghi Bazar）。

旅獒州都督府：

以乌拉喝国摩羯城置。《隋书·西域传》："乌那曷国，都乌浒水西，旧安息之地也。""都城方二里。""东北去安国四百里，西北去穆国二百余里。"乌那曷国，即乌拉喝国。王治来《中亚史》考订在今阿富汗西北之安德胡伊。

昆墟州都督府：

以多勒建国低宝那城置。多勒建即呾剌健。《大唐西域记》：胡寔健国"西北至咀刺健国",咀刺健国"西接波刺斯国界"。冯承钧以为即波斯东部与阿富汗交界处之塔拉寒（Talaqan）地区，在木尔加布河流域上游。《世界境域志》第23章52节："塔拉寒位于古兹甘边境，并属其国王管，该城很优美，出产大量酒和毛毡。"低宝那城位置应在阿富汗西北部迈马纳一带。

至拔州都督府：

以俱国褚瑟城置。《新唐书·西域传》："俱蜜者，治山中，在吐火罗东北，南临黑河。"《大唐西域记》作拘谜陀：拘谜陀国，"据大葱岭中，国大都城周二十余里，西南邻缚刍河，南接尸弃尼国"。据此，则俱蜜国在阿姆河北。王治来《中亚史》考订在塔吉克斯坦的达尔瓦兹（Darwaz）地区。

鸟飞州都督府：

以护蜜多国摸逹城置。《新唐书·西域传》：护蜜者，"元魏所谓钵和者，亦吐火罗故地。东南直京师九千里而赢，横千六百里，纵狭才四五里。王居塞加审城，北临乌浒河"。护蜜应在今兴都库什山东部瓦罕地区。塞加审城，《世界境域志》第261章14节："伊什卡什姆，是一个城镇，瓦罕地区的主要地方，其居民为异教徒或为穆斯林，瓦罕的灭里就住在那里。"即今阿富汗东北境伊什卡什姆，在瓦罕西。鸟飞州应在其地。

钵和州：以娑勒色诃城置。

《魏书·西域传》："钵和国，在渴盘陀西。"《洛阳伽蓝记》卷5引宋云行纪："九月中旬入钵和国，高山深谷，险道如常，国王所住，因山为城。""国之南界有大雪山。"钵和州即今阿富汗东北境之瓦罕（Wakhan）。

王庭州都督府：

以久越得犍国步师城置。久越得犍，即《大唐西域记》之鞠和衍那。"愉漫国西南临缚刍河，便至鞠和衍那国。"据此，久越得犍国当在乌浒水北。冯承钧考订在今塔吉克斯坦西南角库巴的安（Kabadian），位于卡非尔尼甘河下游。

波斯都督府：

以波斯国疾陵城置。波斯，隋末役属于西突厥。按《新唐书·西域传》，贞观末，波斯王伊嗣俟"为大酋所逐，奔吐火罗，半道，大食击杀之。子卑路斯入吐火罗以免。遣使者告难，高宗以远不可师，谢遣。会大食解而去，吐火罗以兵纳之。龙朔初，又诉为大食所侵，是时天子方遣使者到西域分置州县，以疾陵城为波斯都督府，即拜卑路斯为都督。俄为大食所灭，虽不能国，咸亨中犹入朝，授右武卫将军，死"。

据王治来《中亚史》第9章叙述，伊嗣俟之死是在公元651年，萨珊王朝亡，伊朗为阿拉伯人占领。661年立波斯都督府，实际上是虚设，无领地。667年，阿拉伯军队东侵吐火罗，卑路斯逃往中国，波斯都督府一共存在六年。

波斯既为大食所占，波斯都督府不可能设于波斯本土，只能在波斯与吐火罗边境。疾陵城，《世界境域志》第24章2节："锡斯坦，该省的主要地方是疾陵（Zarang）。该城有一城堡，周围有一护城河，护城河之水自城堡中流出。城内有水渠，房屋中都有流水。城有五道门，而其郊区则由围墙环绕，有十三个门。该省区属于热带，从不下雪。"冯承钧考订今波斯俾路支—锡斯坦省东北隅之萨巴里湖（Hamun），旧名Zara，城名盖出于此。王治来《中亚史》考订在今阿富汗与伊朗交界地区锡斯坦的扎兰杰城（Zaranj），今从之。

剑南道

戎州都督府管下羁縻州考

《新志》以南宁州等 63 州隶戎州都督府，这个记载很不准确。按《旧志》："武德四年，置总管府，管南宁、恭、协、昆、尹、曾、姚、西濮（髳）、西宗（宗）九州。""七年，改为都督，督西宁（黎）、豫（靡）、西利（微）、南云（匡）、磨、南笼（钩）、（西平）七州。并前九州，合十六州。"《通鉴》高宗麟德元年五月，"于昆明之弄栋川置姚州都督府"。后南宁州管内宗、匡、縻等诸州，划归姚州都督府管辖。见于前引《皇甫文备墓志》。据张九龄《敕安南首领爨仁哲等书》，称"戎州首领右监门卫大将军南宁州刺史爨归王"，知开元末，南宁州始隶于戎州管下。又如武德州，据《旧唐书·南蛮东女国传》，贞元九年，西山八国内附，哥邻国王董卧庭"赠武德州刺史"，为虚封，其地实已为南诏控制。《新志》将曲、协、靖三州录于浪川州之后，浪川州为贞元十三年韦皋置。曲、协州本属南宁州都督府，南诏立，驱逐爨氏诸部，《新唐书·南蛮传》曰："自曲靖州、石城、升麻、昆川南北至龙和，皆残于兵。"爨氏部分北迁内附于戎州，《新志》所录曲、靖、协三州乃贞元年间侨置于戎州境内。所以，《新志》记载的戎州管内 63 州，实际上是将天宝以前南宁、姚州都督府曾领以及贞元年后于戎州侨置诸州统统混在一起，我们在下面

192

对诸羁縻州沿革、地望、迁徙的叙述中，将分别予以说明。

南宁州：治味县。《旧志》：武德元年，开南中置南宁州，乃立味、同乐等九县。武德四年，置总管府，管南宁等九州。《新唐书·南蛮传》："爨归王为南宁州都督，居石城，袭杀东爨首领盖聘及子盖启，治共范川。"领县七：味、同乐、升麻、同起、新丰、陇堤、泉麻。

味：樊绰《云南志》卷6："石城川，味县故地也。"《大清一统志·云南曲靖府》："南宁故城在府四十五里，旧名共范川，今其地名三岔，故城遗址尚存。石城故城在（曲靖）南宁县北二十里。"三岔，即今云南曲靖县城西7.5公里处三岔堡。

同乐：《云南志》卷6："爨路弄川，汉同劳县故地也，在龙河遇川南百余里。"同劳应即同乐音异。同乐为晋旧县，《爨龙颜碑》在今云南陆良县东南10公里贞元堡。《爨宝子碑》出土于曲靖城南70里杨旗田。二碑皆云碑主系"建宁同乐人"。樊志将味县与同乐一起叙述，间隔必定不远。唐同乐县应在今云南陆良县附近。

升麻、同起：《云南志》卷6："升麻川西南有曲轭川，汉南宁州同起县也。"按汉朝无南宁州，当指唐朝。方国瑜《彝族史稿》第2章第4节参考21条考订升麻在今云南寻甸、嵩明二县境内，曲轭在今云南马龙县。今从其说。

新丰：《云南志》卷6："石城南面有新丰川，汉南宁州新丰县故地也，废城墙堑犹在，大小与石城川同。"其地当在今曲靖县南。

昆州：治益宁。《通典·边防三·西爨》："大唐武德初，拜（爨）翫子弘达为昆州刺史。"昆州乃爨氏故地，故《旧志》曰："武德初，招慰置。"领县四：益宁、晋宁、安宁、秦臧。天宝末，没于南诏。广德二年，南诏于昆州治置柘东城，隶柘东节度。

益宁：《云南志》"昆池在柘东城西，南北百余里，东西四十五里"。《大清一统志》："昆明县，附郭。唐置益宁县，为昆州治。"即今昆明市。

晋宁：《云南志》卷6："晋宁州，汉滇池故地也。在柘东城南八十里晋平川。"《徐霞客游记》卷 11："阳城堡在晋宁县西郊,俗名古土城。"《大清一统志》："古土城在晋宁州西北,隋刺史梁毗筑,有九门十三衢,今废。"晋宁应在今云南省晋宁区西。

安宁:《云南志》卷 6："安宁镇,去柘东城西一日程。"《新唐书·南蛮传》："有两爨大鬼主崇道者,与弟日进,日用居安宁城左,闻章仇兼琼开步头路,筑安宁城,群蛮震骚,共杀筑城使者。玄宗诏蒙归义讨之。"《滇纪》："天宝九载,南诏攻安宁,鲜于仲通南讨,遂解围去。及仲通败,南诏遂取安宁。"《大清一统志》："安宁故城在今安宁州治南。"即今云南安宁市南。

秦臧:《大清一统志》："秦臧故城在富民县。"即今昆明市西北富民县境内。

黎州:《新志》："本西宁州,武德七年析南宁州二县置。贞观八年更名。北接昆州。"领县二:梁水、绛。

梁水:《云南志》卷 6:"量水川,汉旧黎州,今吐蕃呼为量水川。通海城南十四日至步头。"《元史·地理志》临安路宁州:"在本路之东,唐置黎州。"元宁州治通海县,当即南诏之通海城,唐黎州之梁水县所在。今为云南省通海县。

匡州:《新志》:"本南云州,武德七年置,贞观八年更名。"领县二:勃弄、匡川。

匡川:《旧志》注:"县界有永昌故城也。"《云南志》卷 6:"云南城,天宝中阁罗凤所规置也。尝为匡州地。城池郭邑皆如汉制。"《读史方舆纪要》卷 117 大理府云南县:云南故城"在县南"。"唐志:自戎州开边县而南七十里至曲州,又二千五百里至云南城,即此城也。""今县东南又有废城,即唐时匡川县治,后废。"又云:云南驿"在县东,其相近有古城村,或以为古云南郡城也"。即今云南祥云县东南。

勃弄:《新唐书·南蛮传》:"弄栋西有大勃弄、小勃弄二川蛮,其西与黄瓜、榆叶、西洱河接。"《读史方舆纪要》:"勃弄废县在(大理)府东百里。"

《大清一统志》:"今有废县在(云南)县东南,即唐志匡州勃弄县处。"即今云南弥渡县一带。

縻州:《新志》:縻州,"本西濮州,武德四年置。贞观十一年更名。汉越嶲郡地,南接姚州"。《旧志》:领县四:青蛉、濮水、歧星、铜山。

青蛉:《元史·地理志》:大姚县,"唐置西濮州,后更名縻州"。"统县四,一曰青蛉,即此地。夷名大姚堡,与弄栋川相接。"《读史方舆纪要》卷116:"青蛉废县,在(大姚)县北。"即今云南大姚县以北。

曾州:《新志》:曾州,"武德四年置,西接匡州。县五:曾、三部、神泉、龙亭、长和"。《大清一统志》大理府:"故曾城在邓川州东,唐置曾州。"邓川州,即今大理白族自治州洱源县邓川镇。以此推之,唐曾州应于今云南大理市以北。此与《新志》"西接匡州"之说不合,今存疑待考。

镜州:《新志》:镜州,领县六:夷郎、宾唐、溪琳、琼连、池临、野并。元郭松年《大理行记》:"云南州西北十余里山麓间,有石如镜,光可镜物,故名曰镜州。"《大清一统志》大理府:"镜州故城在云南县西南,土城遗址尚存。"其地应在今云南省祥云县西南。

洛州:《新志》:"析镜州置。县四:临津、宾夷、曾城、葱药。"亦应在今云南祥云县一带,确址不详。

钩州:《新志》:钩州,"本南龙州,武德七年置,贞观十一年更名。东北接昆州。县二:望水、唐封"。《读史方舆纪要》卷114昆阳州:望水废县"在州西南。唐武德七年置南龙州,贞观十一年改钩州,治望水县,兼领唐封一县,寻废"。按顾氏说,钩州地应在今昆明市西南。《大清一统志》:"华纳城,在昆阳州西北。或曰唐时南龙州置于此,皆未见所据。"

褒州:《新志》:褒州,"武德七年置。本弄栋地,南接姚州。县二:杨彼、乐强"。《旧志》以乐强作强乐。《云南志》卷四:"弄栋蛮,则白蛮苗裔也。本姚州弄栋县部落。其地旧为褒州,尝有部落首领为刺史,误殴杀司户者,为府城论罪,遂率家众北走。"《新志》姚州:自泸州"南渡泸水,经褒州、微州三百五十里至姚州"。《大清一统志》:"废襃州在姚州北。"赵吕甫《云南志校释》引《姚安县志》:"废襃城在(姚安)城北九十里。""据此,襃州应在今大姚县北之永定镇、中和街一带。"即今云南永仁县境内。

縻州:《新志》:"本西豫州,武德七年置。贞观三年更名,南接姚州。初为都督府,督縻、望、谍罗三州,后罢都督。县二:磨豫,七部。"《新唐书·南蛮传》:"永徽初,大勃弄杨承颠私署将帅,寇麻州。都督任怀玉招之,不听。高宗以左领军将军赵孝祖为郎州道行军总管,与怀玉讨之。至罗仵侯山","孝祖大破之"。方国瑜《云南史料目录概说》卷2乙部,以麻州为縻州之误,并立论曰:"由此记载可知:(1)縻州都督府之设置,应在贞观二十二年设望州之后,可能在永徽元、二年间。(2)任怀玉为縻州都督,当是初设都督时来任。(3)縻州都督所管当不止三州,大、小勃弄及青蛉、弄栋等地,亦属縻州都督,故勃弄首领反抗,联合弄栋进攻縻州也。(4)盖在此次战事之后,废縻州都督也。唐设縻州都督府,统摄郎州都督以西之地,而縻州地僻,不适设都督府,旋即废也。"《大清一统志》楚雄府:"废縻州,在大姚县西北。"方国瑜考证在今元谋县境。

微州:《新志》:微州,"本西利州。武德七年置,贞观十一年更名。北接縻州。县二,深利,十部"。按前引《新志》:由泸州"南渡泸水,经襃州、微州三百五十里至姚州"。微州应在縻州以东金沙江南岸襃州东北。《大清一统志》楚雄府:"废微州在大姚县北。"即今姚安以北。

宗州:《新志》:"本西宗州,武德七年置,贞观十一年第名宗州,北接姚州。县三:宗居、石塔、河西。"《元史·地理志》:临安路河西县,"在杞麓湖之南","唐初于姚州之南置西宗州,领三县,河西其一也"。《读史方舆纪要》卷115:河西县在"(临安)府西北百八十里",古城"在县东北一里,相传唐宗州故城也"。即今云南通海县西15公里西城镇。

盘州:《新志》:"本西平州,武德四年置,贞观八年更名。故兴古郡地。""县三:附唐、平夷、盘水。"《旧志》:"北接郎州,南接交州。"《新唐书·南蛮传》：显庆元年，"郎、昆、黎、盘四州大首领王伽冲率部落四千人归附"。《大清一统志》曲靖府陆凉州："汉平夷县地，唐初置平夷县，后改属盘州。"《读史方舆纪要》卷114：陆凉州平夷城，"即今州治"。"唐复置平夷县，属盘州。""附唐废县在州东南，唐为盘州治。"即今云南陆良县。

麻州：《新志》："贞观二十二年析郎州置。"《云南志》卷四："在曲靖州，弥鹿川，升麻川，南至步头，谓之东爨。"州当以升麻川为名。《大清一统志》曲靖府马龙："唐为麻州地，天宝末没于蛮。"《读史方舆纪要》卷114马龙州西安废县："废麻州在州北。"即今云南马龙、寻甸二县之间。

英州、声州、咸州、泸慈州、严州、汤望州、武德州、秦龙州、武镇州、南唐州：《新志》仅录其名，不记属县、道里、户口。《太平寰宇记》卷79记其道里，并注："在益州郡界内，其州近滇池，并是蛮夷诸獠。缘地最远与姚、巂州、云南接界。"即今乌蒙山区。确址不可考。《新唐书·南蛮传》："总章三年，置禄州、汤望州。咸亨三年，昆明十四姓率户二万内附，析其地为殷州、总州、敦州。""其后又置盘、麻等四十一州，皆以首领为刺史。"可知上述11州应置于咸亨三年后，天宝末没于南诏。

波州：《新志》不载。《云南志》卷6："云南城西隔山有品睑睒，尝为波州。大池绕山，长二十余里，波州废城在池东南隅。"《读史方舆纪要》卷117云南县："品甸陂在县西三十余里，志云：唐初尝置陂州于此。"《旧唐书·中宗纪》：神龙三年六月，"姚巂道讨击使侍御史唐九征击姚州叛蛮，破之，俘虏三千计，遂于其处勒石纪功焉"。《大唐新语》卷11："波州铁柱，唐九征铸。"是州当置于此前。《云南志》卷1有波大驿，西行三日至羊苴咩城。方国瑜以波大驿即波州地，在今云南祥云县，今从之。

览州：《新唐书·南蛮传》。"爨蛮之西，有徒莫祗蛮、俭望蛮，贞观二十三年内属，以其地为傍、望、览、丘、求五州，隶郎州都督府。"《云南志》卷6："云南东第四程至曲驿，有大览睒、小览睒，汉旧览州也。"《寰宇通志》卷112："楚雄府，唐贞观中归附，置览州，天宝间没于南诏。"即今云南楚雄。

求州：大理《石城会盟碑》有求州首领代连弄，此求州当为承唐之旧置。方国瑜《彝族史稿》考订在云南武定县境。《读史方舆纪要》卷115：澂江府新兴州，"唐贞观中置求州"。即武定。

化州：《云南志》卷6："云南东第三程至石鼓驿，旧化州也。"《明一统志》："废石鼓县，在镇南州东三十里。"向达《蛮书校注》卷66："石鼓驿疑即后来之石鼓县也。"镇南州即今云南南华县。化州应在南华县东吕合镇，东去览州（楚雄）一日程，与《云南志》记载相合。《新志》无化州，今补。

曲州：《新志》："本恭州。隋置，隋乱废。武德元年开南中复置，八年更名。故朱提郡，北接协州。县二：朱提、唐兴。"《旧志》：郎州，"北接曲州"。《云南志》卷1记上贞元十年七月，韦皋开石门路，置行馆，由戎州南行，"第七程至蒙夔岭，岭当大漏天，直上二十里，积阴凝闭，昼夜不分。从此岭头南下八九时，青松白雪，川路渐平。第九程至鲁望，即蛮、汉两界，旧曲靖州之地也。曲州、靖州废城及邱墓碑阙皆在"。赵吕甫考订蒙夔岭即乌蒙山，南宁州即今云南曲靖，则唐之曲、靖二州故城应在乌蒙山南、曲靖以北，即今云南宣威一带，据《新唐书·南蛮传》，天宝末，阁罗凤驱东爨，"自曲靖州，石城、升麻、昆川南北至龙和，皆残于兵"，曲州、靖州皆北徙至戎州境内。《太平寰宇记》卷79："曲州在（戎）州西南九百里，天宝年中因云南破，移在开边县界，去县一百二十七里，管县四。"《宋史·蛮夷传四》：叙州三路蛮，"正西曰石门部"，"唐曲、播十二州之地"。方国瑜《彝族史稿》考订曲州在今昭通、鲁甸一带，此乃贞元中侨置之地。

协州：《新志》："本隋置，隋乱废，武德元年开南中复置。县三：东安，西安、胡津。"《太平寰宇纪》卷79："协州在（戎）州西南八百里，天宝年中因云南离叛被破，今移置在州西南四百九十三里。管县二。"唐初协州属南宁州都督府，位置当在曲靖州附近。《读史方舆纪要》卷114曲靖府："废协州亦在府东北。"《通典·州郡六》："（戎州）西南到羁縻协州四百十里。"《元和郡

198

县志》："（协州）东北至戎州四百一十里，南接曲州。"应为天宝后移置地点。《大清一统志》叙州府二："南广故城，在珙县西南，隋以后为协州地。"方国瑜《彝族史稿》考订在今云南彝良县一带，今从之。

靖州：《新志》："析协州置，县二：靖川、分协。"《新唐书·南蛮传》：乌蛮，"其种分七部落，一曰阿芋路，居曲州、靖州故地"。其地当与曲州相邻。《太平寰宇记》卷79："靖州在（戎）州西南五百一十里，管县二。"则是靖州迁至戎州境内的地点。以里程计，靖州在协州南一百里。方国瑜考订在贵州省威宁县一带，今从之。

悦州：《新志》："县六，甘泉、青宾、临川、悦水、夷邻、胡播。"《太平寰宇记》卷79："悦州在（戎）州南二百一十七里，管县五。"曹学佺《蜀中名胜记》卷16泸州："有悦江，在州治东北，源出戎县渚武箐，经悦州，故名。"《大清一统志》叙州府："废悦州，在兴文县南。"即今四川宜宾地区兴文县境内。

筠州、连州：《蜀中名胜记》卷15叙州府筠连县："汉定川县，唐之筠连州也。其地南通芒部，西控乌蒙，四山皆竹，一色相连，因谓之筠连矣。"《读史方舆纪要》卷70叙州府筠连县："府西南二百五十里。""唐置羁縻筠、连二州，属戎州都督府。"《太平寰宇记》卷79："筠州在（戎）州南四百十七里，管县八。""连州在州西，后筠州析出，管县六。"二州"在南广溪洞"。指今四川宜宾以南的南广河流域山区，则唐之筠、连二州应在今四川筠连县境内。

志州、德州、盈州、南州、扶德州、为州、播陵州、播朗州、武昌州：以上九州，据《新志》，德州为析志州置。南州、播陵州、为析盈州置。为州为析扶德州置。《太平寰宇记》卷79记诸州里程，并注："在南广溪洞内，并是诸獠。"诸州确址今无考。当在今宜宾以南南广河流域云南昭通地区的威信、镇雄、彝良、盐津一带地区。

驯州、骋州、浪川州、商州：《新志》：浪川州，"贞元十三年，节度使韦皋表置"。《新唐书·南蛮传》："戎州管内有驯、骋、浪三州大鬼主董嘉庆，累世内附，以忠谨称，封归义郡王。"《宋史·蛮夷传四》："叙州三路蛮，西北曰董氏。""董蛮在马湖江右，僰侯国也。唐羁縻驯、骋、浪、商回州之地。"《太平寰宇记》卷79："三州在马湖江，并是蛮。"《读史方舆纪要》卷73马湖府：马湖江"在府南，即金沙江也，自乌蒙府流入府界，经蛮彝长官司南，又东流径府城南，至叙州府界，流合于大江"。"废浪川州在府西南。"《蜀中名胜记》卷15马湖府："马湖所辖地，汉之䔍县，平夷县，唐之滈、浪州，沐川寨也。"由此推之，唐驯、骋、浪三州即在马湖府境内，即今四川宜宾地区金沙江北岸屏山、沐川二县境内。三州相邻。《太平寰宇记》卷79有高州"在（戎）州西北二百九十三里。管县五。今见属南溪县，供纳税赋"。其地当在今宜宾地区屏山县北商州镇。《新志》无，今补。

钳州、哥灵州、滈州、切骑州、品州、从州、轲连州、碾卫州：以上诸州，《宋史·地理志》叙州注："皆在石门路。"《太平寰宇记》卷79记诸州里程，确址无考。《读史方舆纪要》卷73废浪川州下注：石门路，"即马湖南境也"。《新志》戎州开边县："自县南七十里至曲州，又四百八十里至石门镇。"石门镇即今云南大关北豆沙关。《太平寰宇记》将曲、靖等州与钳、滈等州并列入石门路，位置当相去不远。钳、滈等州应分布于今云南昭通地区。

姚州都督府管内羁縻州考

于异州：《新志》作于州、异州。《读史方舆纪要》卷116姚州遵川城："废于异州在府境。"即今姚安一带，确址不详。

袖州：《云南志》卷6："宁北城又北有桑川，即至铁桥城南九赕。"赵吕甫推测桑川与袖州字音相近，位于今云南丽江地区巨甸以南，待考。

野共州：《云南志》卷 6："宁北城东北有野共川。"赵吕甫考证在今云南鹤庆县一带，野共州当以川为名。

洪郎州：《云南志》卷 6："宁北城北地有旭川，又北有横川，又北有郎婆川。"赵吕甫《云南志考释》引《元一统志》卷 7："丽江路有铁桥城，牟郎共城。""巨津州西接牟郎共城。"以为郎婆川即牟郎共城地，今丽江地区巨甸以西。牟郎共城与洪郎州音相近，或应作郎洪州为是。待考。

眉邓州：《云南志》卷 6："铁桥城西北有罗眉川，又西牟郎共城。"《寰宇通志》卷 113："兰州，唐为南诏之地，本狈蛮所居，名罗眉川。元于罗眉川置兰州。"元兰州即今云南兰坪县。赵吕甫推测眉邓州即以罗眉川为名。

遵备州：《云南志》卷 3："遵赕，一诏也。咩罗皮后为遵赕州刺史。"卷 6："遵川城，旧遵川也，南去龙口城十五里。"《元史·地理志》：邓川州，"唐置遵川州，治大厘"。《读史方舆纪要》卷 117：邓川州在"（大理）府北七十里"。德源城"在州治东，亦曰大厘城，唐时遵备州治此"。即今云南洱源县邓川镇。

浪穹州：《通鉴》武后永昌元年五月："浪穹州蛮酋傍时昔等二十五部，先附吐蕃，至是来降。以傍时昔为浪穹州刺史，令统其众。"《新唐书·南蛮传》："浪穹诏，其王丰时死，子罗铎立，罗铎死，子铎罗望立，为浪穹州刺史。与南诏战，不胜，挈其部保剑川，更称剑浪。"《云南志》卷 3："贞元十年，南诏击破剑川，俘矣罗君，徙永昌。"《读史方舆纪要》："浪穹县在（邓川）州西十五里，北至剑川州百里。"即今云南省洱源县。

阳瓜州、蒙舍州、双祝州：《王仁求碑》："阳瓜州刺史蒙俭实始其乱，咸亨之岁，犬羊大扰。"《云南志》卷 3："天宝七载，蒙归义卒，阁罗凤立，朝廷册袭云南王。以伽异为卿，兼阳瓜州刺史。""开元二十六年，长男阁罗凤授右领军卫大将军兼阳瓜州刺史。次男诚节，蒙舍州刺史。次男成进，双祝州刺史。"卷 6 又曰："蒙舍川，罗盛已上之地。旧为蒙舍州，去龙尾城一日程。蒙舍北有蒙巂诏，即阳瓜州也。"蒙舍州在今云南巍山县北十里。阳瓜州在下关市南大仓镇一带。双祝州确址不详，亦应在下关附近。

沙壹州：《云南志》卷 3："开元初，盛逻皮立，朝廷授特进，台登郡王，知沙壹州刺史。"《旧唐书·南蛮传》：南诏蛮，"姓蒙氏"，"自言哀牢之后，代居蒙舍州为渠帅，在汉永昌故郡东，姚州之西"。蒙舍、阳瓜二州为开元二十六年蒙氏破洱河蛮后受唐朝册封，沙壹州置于此前，亦应在蒙舍川，即今下关至巍山一带，确址不详。

巍州：《新唐书·南蛮传·南诏》："细奴逻，高宗时遣使者入朝，赐锦袍。细奴逻生逻盛炎。"《南诏野史》卷上："细奴逻，贞观二十三年即位，永徽癸丑四年，遣逻盛炎入朝。唐诏授奴逻为巍州（今蒙化厅）刺史，赐以锦袍。"方国瑜《云南史料目录概说》记中兴二年画卷题字祭铁柱者有"巍峰刺史蒙罗盛"。考订罗盛即逻盛炎。据此，唐高宗永徽时细奴逻为阳瓜州刺史，子逻盛炎受封巍（峰）州刺史。巍州当位于今云南巍山县。

河东州：前引《王仁求墓志》，王仁求于唐高宗咸亨五年以前为河东州刺史。《云南志》卷 6："渠敛赵，本河东州也。西岩有石和城，乌蛮谓之'土山坡陀'者，谓此州城及大和城俱在坡陀山上故也。"《读史方舆纪要》卷 117 曰：河东城"在（三泊）县北十五里，唐河东州置于此。土人称为华纳城，天宝中废"。即今云南凤仪县一带。《新志》无河东州，当于天宝年间为蒙氏所据。《新唐书·南蛮传》记南诏十赕，其一为赵川赕。《元史·地理志》：赵州，"蒙氏立国，有十赕，赵川赕其一也。夷语赕若州。皮逻阁置赵郡，阁罗凤改为州"。赵州，以渠敛赵为名，当为废河东州后置。

渠浪州：洪迈《容斋随笔》卷 1："成都有唐平南蛮碑，开元十九年，剑南节度副大使张敬忠所立。时南蛮大酋长染（渠）浪州刺史杨盛颠为边患，明皇遣内常侍高守信为南道招慰处置使以讨之，拔其九城。"《云南志》卷 6："渠敛赵，本河东州也，大族有王、杨、李、赵四姓。"知杨氏渠浪州即以渠敛川为名。亦应在凤仪附近，确址不详。

蹄州：《云南志》卷 4："独锦蛮者，乌蛮之苗裔也。在秦藏川南。去安宁两日程。天宝中，命其长为蹄州刺史。"秦藏川应在昆州秦藏县附近，即今云南富民县。蹄州应在县南。

越析州：《云南志》卷1："越析州今西洱河东一日程。"卷3："越析，一诏也，亦谓之磨些诏。部落在宾居，旧越析州也，去囊葱山一日程。"卷5："（河东州）东北至毛郎川，又东北至宾居汤，又北至越析川，磨些诏故地也。"据此方位推算，越析州应在今云南宾居镇一带。

津州：《云南志》卷1："从戎州南十日程至石门，通越析州、津州，盖史万岁南征出于此也。越析州在西洱河东一日程，越析州咨长故地也。津州未详其处。"确址无考。

泸州都督府管下羁縻州考

纳州：《新志》："仪凤二年开山洞置。县八。""先天二年与萨、晏、巩皆降为羁縻。"《元丰九域志》卷7："泸州南至羁縻纳州五百二十七里，东南至羁縻纳州四百五十里。"《蜀中名胜记》卷16泸州纳溪县："纳溪水，源自阿永蕃部，为唐之羁縻纳州，纳水所出矣。"位置应在今四川兴文县南。

萨州：《新志》："仪凤二年招生獠置。县二：黄池、播陵。"《旧志》作薛州："天宝元年，改为黄池郡，乾元元年，复为薛州。"领县三，多一枝江县。《蜀中名胜记》泸州珙县："唐羁縻萨、珙二州也。萨州今之下罗计，珙州今之罗星渡矣。"《大清一统志》叙州府二："罗计废司，在珙县西南。下罗计堡，在县西五十里。"即今四川省高县南罗场镇。

巩州：《新志》："仪凤二年开山洞置，县五：哆楼，都擅，波婆、比求、播郎。"《大清一统志》："故巩州在珙县西南，罗星渡堡在珙县南八十里。"即今四川珙县南洛表镇。

晏州：《新志》："仪凤二年招生獠置。县七：思峨、柯阴、新宾、扶来、思晏、哆冈、罗阳。"《全唐文》卷295韩休撰《赠邠州刺史韦公神道碑》："公讳钧，字季和"，"以亲累出为晏州嵯峨县丞"。思峨或为嵯峨之误。《元史·地理志》叙州路戎州："唐武后时，恢拓蛮徼，设十四州、五团、二十九县，于本部置晏州。""州治在箐前。所领俱村囤，无县邑乡镇。"《蜀中名胜记》泸州兴文县："戎州故址，在宁远坊之西，唐晏州罗阳郡。南五里有南寿山。"《大清一统志》叙州府二："废晏州，在兴文县西。"即今四川兴文县。《读史方舆纪要》卷72泸州江安县：柯阴废县，"在（江安）县西南，唐羁縻晏州所领县也"。

宋州：《新志》："县四，柯龙、柯支、宋水、卢吾。"《蜀中名胜记》卷16泸州："宋江在州治东百步。源出大坝儿北洞，经宋州，故名。"《大清一统志》泸州："废宋州在州西南。"今四川兴文县有大坝乡，北至古宋镇，当为宋州所在。宋水，即永宁河支流。

高州：《新志》："县三，柯巴、移甫、徒西。"《大清一统志》叙州："高县，唐置羁縻高州。"《蜀中名胜记》卷15高县："唐高州故址，在县南百二十里，正州乡。"即今四川省高县境内。

定州：《新志》："县二：支江、扶德。"《元史·地理志》："四十六囤蛮夷千户所"，"在庆符向南抵定川，古夜郎之属，唐羁縻定州之支江县也"。《读史方舆纪要》卷70叙州府：庆符县在"府南百二十里"，"废支江县在县东南，唐羁縻定州属县也"。其地应在今高县庆符镇一带。

长宁州：《新志》："县四：婆员、波居、青卢、罗门。"领户38。《元史·地理志》："唐置长宁等羁縻十四州，五十六县，并隶泸州都督府。宋以长宁地当冲要，升为长宁军，立安宁县。"《元丰九域志》卷7泸州："淯井在州西南二百六十三里。熙宁八年夷人献纳长安等十州土地，隶淯井。"《读史方舆纪要》卷70叙州府长宁县："安宁废县在县东南"，"唐置婆员县，属长宁州"。即今四川长宁县。

溆州：《新志》："久视元年置。县四：新定、溆川、固城、居牢。"《读史方舆纪要》：新定废县，"在（长宁）县西北"，"久视元年，置羁縻溆州"。《大清一统志》叙州府二："废溆州，今长宁县治。"

思峨州：《新志》："天授二年置，县二：多溪、洛溪。"领户37。《读史方舆纪要》卷72泸州：思峨废州，"亦在州西南境"。"今州有思峨洞，或云州盖因洞而名。"《大清一统志》："废思峨州在珙县东。"即今四川珙县东。

蔺州：《读史方舆纪要》卷73永宁宣抚司："唐为羁縻蔺州。""元和初置，宋乾德二年废。"废蔺州在"司东百八十里。志云：唐置州于此，其旁有地名唐朝坝"。《元丰九域志》泸州羁縻州有蓝州，疑即蔺州。其地应在今四川省古蔺县。

黎、雅州管下羁縻府州考

《新志》记剑南道诸羌州168，巂州都督府管下思亮等16州，雅州都督府管下当马等57州，黎州都督府管下奉上等50州。巂州管下思亮等16州，唐代文献中没有什么记载，所以无法进行考证。雅州、黎州管下107州，也只是在《新唐书·南蛮传》中做了一个极简单的介绍。《太平寰宇记》卷77简单记载了雅州管下部分羁縻州的里程。所以，要对这些羁縻州做详细考证，目前还难以办到。

唐朝黎、雅二州与吐蕃的分界在大渡河。《太平寰宇记》曰："大渡河自吐蕃界经雅州诸部落，至黎州东界，流入望通界，于黎州为南边要害之地。"《新唐书·南蛮传》："雅州西有通吐蕃道三：曰夏阳、曰夔松、曰始阳，皆诸蛮错居。凡部落四十六：距州三百余里之外有百坡、当品、严城、中川、钳矣、昌逼、钳井七部落，四百余里之外有罗岩、当马、三井、束锋、名耶、钳恭、画重、罗林、笼羊、林波、林烧、龙逢、索古、敢川、惊川、祸眉、不烛十七部落，五百余里之外有诺柞、三恭、布岚、欠马、论川、让川、远南、卑卢、夔龙、曜川、金川、东嘉梁、西嘉梁十三部落，六百余里之外有椎梅、作重、祸林、金林、逻蓬五部落，皆羁縻州也，以首领袭刺史。"

这些大小部落，地处唐朝和吐蕃之间，与双方都有贸易往来。《隋书·西域传·附国》：大业四年，嘉良夷"欲献良马，以路险不通，请开山道以修职贡，炀帝以劳人不许"。唐朝后期，少数民族部落与雅州的往来比较密切，《全唐文》卷804陈溪《彭州新置唐昌县建德草市歇马亭镇并天王院等记》叙述大中年间，"御史中丞渤海吴公行曾持节出刺雅安"，"仍兼知黎州及巡边制署。公遂于大渡河创制一桥，亘五百尺。自干戈未宁，士马旁午，馈运往复，商旅经过，曾无覆溺之忧，永绝滞留之患，至今行者，见必归恩"。这也加强了唐朝对西南少数民族的了解。

唐朝在设置这些羁縻州时，并没有派出过使节前往招抚，而是诸部落前往雅州府朝贡，接受唐朝封号。前引《宋史·蛮夷传四》，北宋太平兴国三年，雅州野川蛮酋长马令膜持唐告身前往参拜，宋朝才了解到那里是当年唐朝羁縻之地。所以，唐朝设置的羁縻州，只限于居于交通路线附近与其有贸易往来的部落，这可能是地理文献记载只能以路程为依据的原因。

《新唐书·南蛮传》分夏阳、夔松、始阳三路叙述诸州，《太平寰宇记》卷77以和川、夏阳二路记雅州旧管46州。从记载来看，和川即今雅安往泸定、康定之路；夏阳即雅安西北经宝兴通小金、金川之路。

《太平寰宇记》卷77曰：

和川（路）37州。

罗岩州去当道240公里。按《通典·州郡六》：雅州卢山郡，"西至羁縻罗岩州界三百八十里"。当是，即今四川泸定县。

其余诸州以《太平寰宇记》所记里程推算，总在泸定附近，大渡河以东。

夏阳路 9 州，可考者有东、西嘉良州。

《隋书·附国传》曰："附国者，蜀郡西北二千余里，即汉之西南夷也。有嘉良夷，即其东部。""嘉良有水，阔六七十丈，附国有水，阔百余丈，并南流，用皮为舟而济。"嘉良水，应为大金川。附国水，应为雅砻江。嘉良夷活动地区，应在大小金川一带，即今四川阿坝藏族自治州小金县一带。东、西嘉良州应以嘉良夷命名。夏阳路应是由雅州西北至大小金川走向。《元和郡县志》雅州卢山县有卢山，"在县西北九里，其山西北连延入夷獠界"。"灵关镇在县西北六十里，车灵山在下。""关外即夷獠界。"据此，夏阳路由今雅安地区芦山、宝兴二县北至小金。夏阳路九州应位于宝兴至小金沿路。

黎州所领羁縻州，《新唐书·南蛮传》曰："黎州，领羁縻奉上等州二十六。开元十七年，又领羁縻夏梁、卜贵等州三十一。"《新唐书·地理志》列其州名，多不可考。唯莱川州尚能考。《通鉴》武后长寿元年五月："吐蕃酋长曷苏帅部落请内附，以右玉钤卫将军张玄遇为安抚使，将精卒二万迎之。六月，军至大渡水西，曷苏事泄，为国人所擒。别部酋长昝捶帅羌蛮八千余人内附，玄遇以其部落置莱川州而还。"《新志》作米川州。《大清一统志》雅州府二："叶川废州，在打箭炉界。"即今康定。

松、茂二府管下羁縻府州考

松、茂管下诸羁縻府州，史料记载极少，今择其可考者试注其地望。

茂州都督府：

涂州：《旧志》："武德元年，临涂羌归附，置涂州，领端源、婆览二县。

贞观二年，州县俱省。五年，又分茂州之端源戍置涂州也。领县三”，“端源、临涂、悉怜”。《通典·州郡六》：维州“东至羁縻涂州二百三十里”。茂州“西南到羁縻涂州三百七十里”。其地应在今四川汶川县南。

笮州：《旧志》：“贞观七年，白苟羌降附，置西恭州。八年，改为笮州也。领县三”，“遂都、亭劝、北思”。《通鉴》唐高祖武德七年正月，“以白狗等羌地置维、恭二州”。胡三省注：“恭州，即西恭州，后改曰笮州。”《新志》松州都督府管下有恭州，乃开元二十四年析静州置。恭州即西恭州、笮州，武德七年与维州同置，胡注是。其地当与维州邻近，在今四川理县一带。

鲁州：《旧唐书·李德裕传》：“且吐蕃维州未降已前一年，犹围鲁州。”据此，鲁州当与维州相近。维州故址在今四川汶川县威州镇南，鲁州亦应在这一带。设置年代不详。

婆州：《通鉴》唐玄宗开元二十六年：“初，仪凤中，吐蕃陷安戎城而据之，其地险要，唐屡攻之，不克。剑南节度使王昱筑两城于其侧，顿军蒲婆岭下。”蒲婆岭又作蓬婆岭，《元和郡县志》柘州：“大雪山，一名蓬婆山，在柘县西北一百里。”婆州若以蓬婆岭为名，其地应在今四川黑水县西。

归化州：《旧唐书·西南蛮传·东女国》：贞元九年七月，其王汤立悉“率其种落诣剑南西川内附”，“西川节度使韦皋处其众于维、霸、保等州”，“授立悉银青光禄大夫、归化州刺史”。《旧唐书·李德裕传》：“维州据高山绝顶，三面临江，在戎虏平川之冲，是汉地入兵之路。”“况西山八国，隔在此州。”“诸羌久苦蕃中征役，愿作大国王人。”维州大中以前为吐蕃所据，以李德裕论，归化州以东女国部落立，当在维州以西。确址不详。

松州都督府：

阔州：《新志》：“贞观五年置。县二：阔源、落吴。”《通鉴》唐太宗贞观九年七月，“李靖之击吐谷浑也，厚赂党项，使为向导。党项酋长拓拔赤辞来”。“赤水道行军总管李道彦行至阔水，见赤辞无备，袭之”。“赤辞击之，道彦大败"，"退保松州"。胡三省注："阔水在党项羁縻阔州界。"按李道彦时为岷州都督，南下击吐谷浑，又东退至松州，则阔水应在岷州南、松州西，似应为今松潘西之黑河。《大清一统志》松潘直隶厅："废阔州，在厅西北。"

霸州：《通鉴》贞观十二年七月，"吐蕃寇松州。八月，霸州山獠反，烧杀刺史向邵陵及吏民百余家"。胡三省注："按天宝元年招附生羌置静戎郡，乾元元年，方置霸州。""而此霸州又是仪凤二年松州加督三十八州之数。"《括地志》贞观十三年大簿无霸州之名，当已废。《新志》记霸州隶松州都督府，"无版"，存其名目而已。

祐州、嶂州、玉州、盖州、立州、桥州：《旧志》松州都督府管下25羁縻州有上述6州之名。叠州都督府下又曰："（贞观）十三年，置都督，督叠、岷、洮、宕、津、序、壹、枯、嶂、王、盖、立、桥等州，永徽元年，罢都督府。"按枯应作祐、王当作玉。《旧唐书·刘师立传》："师立上书请讨吐谷浑"，"遣使间其部落，谕以利害，多有降附，列其地为开、桥二州"。按《新唐书·西域传》，刘师立时为岷州都督。据此，祐、嶂、玉、盖、开、桥等州贞观初属岷州都督府，贞观十三年后属叠州都督府，永徽初叠州府废，方隶松州。《旧志》又曰："贞观初分十道，松、文、扶、当、悉、柘、静等属陇右道。永徽之后，据梁州之境，割属剑南道也。"羁縻州之归属亦循此。上述诸州之地当在叠州之南，松州之西。确址无考。肃宗时唐失陇右，诸州皆内徙至灵、银、庆、夏四州之境。

黔中道

黔州都督府管下羁縻州考

　　《旧志》记黔州下都督府所领充、明等 50 州名目，不能考其方位所在。《宋会要辑稿·蕃夷五》曰："至道元年，蕃王龙汉绕遣使龙光进率西南牂牁诸蛮来贡方物，帝召见其使，询其地理风俗。译对曰：地去宜州陆行四十五程，程无里堠，但晨发至夜谓之一程。每三二百户为一州，州有长。其刑罚止用鞭扑。杀人者不偿死，尽以家财以赎。国王所居地，郭无壁垒，官府惟短垣。"溪峒部落，居无常处，故史籍皆不能详究。清代《贵州通志》及民国编《麻江县志》，则记录了唐、宋诸羁縻州的大致方位，又不述资料来源，其准确性殊为可疑。今附录于后，仅做参考，俟来日考古发现，或能证实一二。

　　应州：《旧唐书·南蛮传》："东谢蛮，居黔州西三百里。""贞观三年，其酋元深入朝。""帝以地为应州，即拜元深刺史，隶黔州都督府。"领县五，治都上。天宝三载降为羁縻州。《大清一统志》记充、应、庄、矩诸州"在思南府境"。《贵阳府志》卷87云："应州，今黎平、都匀之地也。"《麻江县志》卷13："应州治都尚县，在今都江县左近。"即今贵州省三都水族自治县东南都江镇一带。

　　牂州：《新志》："武德三年以牂柯首领谢龙羽地置。四年更名柯州，后复故名。"开元中降为羁縻。《元和郡县志》：播州"东南至牂柯州二百二十里"。唐播州治遵义，即今贵州省遵义市。《贵阳府志》卷87："牂州盖在今余庆、瓮安之间。"与《元和郡县志》大体相合，今从之。

充州：《新唐书·南蛮传》："（牂州）北百五十里，有别部曰充州蛮。"武德三年置充州，天宝三载降为羁縻州。《贵阳府志》卷87："充州在今石阡、铜仁之界。"《麻江县志》卷13："充州治平蛮县，在今石阡县左近。"

庄州：《新志》："本南寿州，贞观三年以南谢蛮首领谢强地置。四年更名，十一年为都督府，景龙二年罢都督。故隋牂柯郡地，南百里有桂岭关。"《都匀县志稿》卷14以庄州治所在贵阳市南25公里青岩一带。

琰州：贞观四年置。《通鉴》唐高宗永徽元年："梓州都督谢万岁、充州都督谢法兴，与黔州都督李孟尝讨琰州叛獠。"《安顺府志》卷3考定琰州应在安顺境内。《麻江县志》卷13："琰州治武候。在关岭县北诸葛营。"即今贵州关岭、镇宁之间。

矩州：武德四年置，天宝三载降为羁縻。《新唐书·南蛮传》："龙朔三年，矩州刺史谢法成招慰比楼等七千户内附。"则矩州应以南谢部落置。《贵阳府志》卷4："矩州，今贵筑也。"即今贵阳市。

明州：《旧唐书·南蛮传》："西赵蛮，在东谢之南，其界东至夷子，西至昆明，南至西洱河。""（贞观）二十一年，以其地置明州，以首领赵磨为刺史。"《大清一统志》："废明州，在思南府城南。"《贵阳府志》卷87："明州，今贞丰、罗斛即其地。"相当于今贵州省贞丰、望谟、罗甸地区。

劳州：《麻江县志》卷13："劳州在今荔波县东南一百二十里之劳村。"

羲州：《元丰九域志》作义州。《麻江县志》："在今黔西县东北。"

福禄州：《大清一统志》黎平府永从县："唐置溪洞福禄州。"疑即《新志》之福州。《麻江县志》曰福州在广西境内，与黎平地位近似。福禄州在今贵州省黎平县永从镇。

犍州：《武经总要》前集卷19："健（犍）州，东北至牂柯州百里，西南至庄州五十里。"以此推测,犍州应在今贵州省福泉、麻江二县之间。

邦州:《麻江县志》:"邦州治今都匀县西邦水司。"即今都匀市西。

清州:《新五代史·四夷附录第三》:牂柯蛮,"天成二年尝一至,其使者曰清州八郡刺史宋朝化"。《贵阳府志》卷4:"清州,元之曾竹。曾州马场即元曾竹长官地。"即今贵州平坝县马场镇。

峨州:《麻江县志》:"峨州治在今荔波县北峨浦里。"约在今荔波县东北峨阳一带。

蛮州:《新唐书·南蛮传》:"建中三年,大酋长检校蛮州长史、资阳郡公宋鼎与诸谢朝贺","以州接牂柯,愿随牂柯朝贺"。《贵阳府志》卷4:"蛮州,今为贵阳亲辖地开州、修文之南境、西境及清镇卫之故也。"《麻江县志》:"蛮州治在今开阳县。"

嵌州:《元丰九域志》作鼓州。《麻江县志》:"嵌州治黎平北九十里欧阳司。"即元代欧阳寨长官司。今贵州锦屏县东北五里欧阳村。

令州:《元丰九域志》与《贵阳府志》卷4作今州:"即金筑,今广顺也。"即今贵州省长顺县西北广顺。

晖州:《麻江县志》:"在今织金县北境。"

郝州:《新志》作都州,误。《麻江县志》:"都州在大定县南。'都'应以《九域志》作'郝'。"大定,即今贵州省大方县。

晃州:《宋史·蛮夷传一》:"淳化二年,知晃州田汉权言,本管砂井步夷人粟忠获古晃州印一纽来献。"此为唐印无疑。《大清一统志》:晃州在湖南凤凰直隶厅境内。《元和郡县志》曰,锦州境内有晃山,在卢阳县南50公里,即今湖南省麻阳县南境,晃州当以此为名。

候州、樊州:《麻江县志》以二州在黎平境内,所据不详。

添州:《麻江县志》以其在镇远境内。

普宁州:《贵阳府志》卷87:"唐普宁州即今安顺旧州是也。"在今安顺市东旧州。

功州：《贵阳府志》卷4："功州，今修文东北境也。"即今修文县东北。

亮州：《麻江县志》："亮州，即今黎平县北百里亮寨司。"即今锦屏县南亮司。

茂龙州：《麻江县志》："茂龙州在广西西隆县。"即今隆林县北入安龙境内。

训州：《贵阳府志》卷4："训州，在兴义府境内。"

卿州：《元丰九域志》作乡州。《麻江县志》："乡州在长寨县麻响司。"即今长顺县南麻响。

抚水州：《太平寰宇记》卷168："抚水州在宜州西北一百八十里。"清《庆远府志》以抚水州在思恩县东北60公里外中州三里及驯驻里地，即今广西环江县境内。

南平州：《麻江县志》："南平州即今平舟县。"今为贵州平塘县地。

勋州：《贵阳府志》卷4："勋州今大塘也，元史地理志管番民总管有重州长官。明初改为通州。谨按勋讹动，动又省为重，通州即动州也。"即今贵州平塘县西南通州。

龚州：《元丰九域志》原作龚州。《麻江县志》："龚州即今黔西县。"

殷州：《新唐书·南蛮传》："咸亨三年，昆明十四姓率户二万内附，析其地为殷州、总州、敦州，以安辑之。殷州居戎州西北，总州居西南，敦州居南，远不过五百余里，近三百里。"按三州应属戎州都督府。《新志》划归黔州管下，当为天宝唐失剑南后事。《大清一统志》："宋商州即唐殷州，盖避讳改殷为商也。"即今四川省宜宾市西北商州镇。

诚州：《宋史·蛮夷传二》："诚、徽州，唐溪峒州。""崇宁初，改诚州为靖州。"按宋靖州即今湖南省靖县。徽州亦应在其邻近。《新志》无，今补。

岭南道

桂州都督府管下诸州

纡州：领县六。《元丰九域志》卷 10："唐宜州羁縻"，"皇朝庆历三年废州，入宜州"。《舆地纪胜》卷 122："（庆历三年），以羁縻芝忻、归恩、纡三州地为忻城县来属。"忻城即今广西来宾市忻城县。

归恩州：《新志》作归思州，字误。《元丰九域志》卷 10："唐宜州羁縻"，领五县。"皇朝庆历三年废州，入宜州。"在今忻城县境内。

思顺州：领县五。《舆地纪胜》卷 112：思顺州，"本名嵯峨镇。唐仪凤三年，土户首领洛光娑等上表乞置州额，其年赐额为思顺州"。《大清一统志》："思顺旧州，在宜山县东南。"即今广西河池市宜州区与忻城县交界处。

蕃州：领县三。《太平寰宇记》：蕃水县"在宜州南四十五里"。都伊县在州"西五十步"。思寮县在州"西十里"。《大清一统志》庆远府："废蕃州，在宜山县南。"

温泉州（温泉郡）：领县二。既有温泉郡之名，当为玄宗天宝年以前置①。《太平寰宇记》：温泉县"在宜州东六十里"。洛富县在宜州"西二十二里"。

---

① 编者注：作者原稿如此。

《大清一统志》："温泉废州，在宜山县东。"今广西宜州区东南有洛富村，疑唐温泉州地即在此。

述昆州：领县五。《大清一统志》："述昆旧州在宜山县西南。今县西南有述昆乡，分属永顺正长官司。"永顺长官司即今广西都安瑶族自治县北板岭镇永顺村，述昆州应在这一带。

邕州都督府管下诸州

棍州：领县八。按棍州领县，与环州同。唯环州有武石、都索二县，与棍州二县字异。疑《新志》误将环州县置于棍州管下。诸地理书均不载棍州，是否在环州境内，待考。

归顺州：本归淳，元和初更名。《通鉴》宪宗元和三年五月："西原蛮酋长黄少卿请降，六月，癸亥，以为归顺州刺史。"《新唐书·南蛮传》："西原蛮，居广、容之南，邕、桂之西。""又有黄氏，居黄橙洞"，"其地西接南诏"。《大清一统志》南宁府："黄峒，在新宁州西，一名黄橙峒，即西原蛮巢穴也。"新宁州即今广西崇左市扶绥县，唐归顺州当在县境内。

思刚州：《舆地纪胜》卷115：宾州迁江县，"在州东北八十五里，本唐之思刚州，立于大历之九年"。《元丰九域志》卷9：宾州迁江县，"天禧四年改思刚州为迁江县"，"有都泥江、贺水"。即今广西来宾市红水河、清水河汇合处之迁江镇。

石西州：《太平寰宇记》卷166：谭、石西、七源、思恩，"右四州陷漏，不属都督府检校。户口既多，景龙二年十月，敕邕州置都督府，管上件州卓牌"。《大清一统志》太平府："石西故州，今明江厅治。"即今广西宁明县东明

215

江镇。

思恩州:《通典·州郡十四》:融州朗宁郡,"西北到思恩州四百九十里"。《大清一统志》思恩府:"思恩故城在府西北一百五十里,即今旧城土司也。"旧城即今广西平果市北旧城镇。

思同州:《宋史·地理志》:邕州羁縻思同州,"属左江道"。《大清一统志》太平府:"思同废州在永康州西南,今为思同村,北至永康州十五里。"今广西扶绥县北有思同村,当为思同州故地。

思明州:领县一,显川。《明实录》洪武二十九年十二月:"思明府土官知府黄广成奏言:本府所辖江左一路州县洞寨,东至上思州,南至铜柱。"《大清一统志》平府:"思州土州,东至南宁府迁隆峒界八十里,西至宁明州界三十里。唐置羁縻思明州。"应在今广西宁明县东板桂村一带。

万形州:《读史方舆纪要》卷109:"万形废州","宋并入万承州"。

万承州:《大清一统志》太平府:"唐置万承、万形二州,宋省万形入焉。万承故州在今万承土州治。"《广西少数民族地区石刻碑文集》载清康熙二十五年《万承土州土官家族头目等分占官田碑》,在广西大新县龙门乡。即万承、万形二州所在。

上思州:《大清一统志》南宁府:"上思州故城在今上思州南隔江胡恃岭下。"即今广西上思县城南明江南岸。

思琅州:《续资治通鉴长编》卷279:熙宁九年十二月,"郭逵等次富良江","乾德惧","纳苏、茂、思琅、门谅、广源五州之地"。五州在今中国与越南交界地带。同书卷291元丰八年八月:"广源、思阆州金银坑冶租赋之饶,尽归封界。"陶维英《越南历代疆域》第9章以思琅州在今越南高平省上琅、下琅二县境。

波州:《宋史·地理志》:"初,安平土州曰波州,皇祐元年属邕州都督府。"《大清一统志》太平府:"故波州,今安平土州治。"《广西少数民族地区石刻碑文集》有清乾隆二年《安平土州永定规例碑》,在今广西大新县雷平镇太平社区安平村，即唐波州所在。

员州：《新唐书·南蛮传》："黄氏、侬氏据州十八"，"其后侬洞最强，结南诏为助。懿宗与南诏约和"，"太州刺史黄伯蕴、屯洞首领侬金意、员州首领侬金勒等与之通欢"。侬氏领地，在宋为广源州。《宋史·蛮夷传三》："广源州蛮侬氏，州在邕州西南郁江之源。"陶维英《越南历代疆域》第九章以广源州在今越南高平省广渊，则员州、太州亦应在这一带。太州《新志》无，今补。

左州：《通典·州郡十四》：融州朗宁郡，"西南到羁縻左州五百里"。《大清一统志》太平府："左州故城，在今左州东。"即今广西崇左市左州镇附近。

思诚州：《大清一统志》太平府："思诚故城在崇善县境。唐宋志并作思诚，明志作思城，近时始讹作恩城。"《广西少数民族地区石刻碑文集》有明景泰四年《重立恩城土州治所碑》，在今广西大新县恩城乡。此即唐思诚州所在。

七源州：《新志》邕州："郁水自蛮境七源州流出。"郁水即今之左江。陶维英《越南历代疆域》以七源州在今越南谅山七溪县。

智州：唐志不载。《元丰九域志》卷10：羁縻智州，"领英罗、富力、智本、兰江、平林五县"，"隶宜州"。《大清一统志》庆远府："智州山在河池州西南四十里，以唐建智州而名。"河池州即今广西河池市金城江区。

《太平寰宇记》邕州管内羁縻州有渡州、笼州，属左江道。武峨州、武龙州、昆明州、娄凤州，属右江道。曰："右件并是羁縻卓牌州"，"司马吕仁高唐先天二年奏，奉敕差副使韦道桢滕崇、黄居左等巡谕"。唐志不载，今补。

廖州：《广西少数民族石刻碑文集》有《智城碑》，在广西上林县北智城山。署名"廖州大首领左玉钤卫金谷府长上左果毅都尉员外置上骑都尉检校廖州刺史韦敬辨"。碑文曰："智城山者，廖州之名山也。"上林县在唐为澄州治所，廖州当为澄州境内之羁縻州，属邕州管辖。诸志不载，今补。

养利州：《读史方舆纪要》卷109："唐置羁縻养利州，属邕州都督府。""今唐志不载。"养山在"州西三里"，"州盖以此山及利水名"。《广西少数民族地区石刻碑文集》有清康熙四十一年《养利州革除催粮黄册里长碑》,在今广西大新县桃城镇。当即养利州所在。

归化州: 领县四: 归朝、洛回、洛都、洛魏。《舆地纪胜》卷112: 归化州, "本名郎仓峒, 唐仪凤二年陆元积奏请为州, 其年赐额为归化"。《大清一统志》庆远府: "归化废州在宜山县东南。"《太平寰宇记》: "归化州, 治归朝县, 在宜州东一百六十五里。"即今广西柳州市柳江区境内。

安南都护府管下诸州

德化州: 永泰二年以林觐符部落置。领县二: 德元, 归义。

郎茫州: 永泰二年以林觐符部落分置。领县二: 郎茫, 古勇。贾耽《四夷路程》曰: "又四百五十里至古涌步, 水路距安南凡千五百五十里。"水路, 即由安南府沿红河上行。《蛮书》卷1曰, 由安南上水至贾勇步凡二十五日程。向达考证古(贾)勇步应在蛮耗, 即今云南屏边苗族自治县曼耗。则德化州、郎茫州均应在这一带。

龙武州: 大历中以潘归国部落置。贾耽《四夷路程》: "古涌步百八十里经浮动山、天井山, 二日行至汤泉州, 又五十里至禄索州, 又十五里至龙武州, 皆爨蛮安南境也。"方国瑜《彝族史稿》推断龙武州在今云南蒙自。禄索州、汤泉州则应在个旧附近。唐志不载, 今补。

郡州: 领县二: 郡口, 乐安。《蛮书》卷10: "咸通四年, 蛮贼四千余人收郡州。"《元和郡县志》卷38安南都护府: "郡州, 西北至府约一百五十九里。"其地应在今越南海兴省海阳一带。郡口, 《蛮书》卷10曰, 樊绰录成书10卷, "于安南郡州江口, 附襄州节度押衙张守忠进献"。向达以为郡口应作江口，其地位于今越南太平河口。

武安州：《元和郡县志》卷38：武安州"西至（安南）府约一百八十里"。"管县二：武安、临江。"《新志》安南管内有二武定州，其中之一当为武安之误。《蛮书》卷10："咸通四年六月，蛮贼四千余人收郡州。武安州刺史陈行余，以航舶战船十余只，筑损蛮贼船三十来只沉溺。"武安州当在郡州以东，即今越南海防。

苏茂州：《通典·州郡十四》：峰州玉山郡，"西北到苏茂郡一百三十里"。《续资治通鉴长编》卷279：熙宁九年十二月癸卯，"郭逵等次富良江"，"乾德惧，奉表诣军门乞降，纳苏、茂、思琅、门谅、广源五州之地"。宋周去非《岭外代答》："苏州、茂州皆与邕管为境。"郭逵收复五州地，亦是今越南北部与广西交界处。《越南历代疆域》曰苏茂州在今越南江宁省亭立、安州地区。疑《通典》方位记载有误，应在峰州东南。谅州即今越南谅山。门州应与谅州邻近。《元史·地理志六》有："文周，一云门州。"注："此以下县，接云南、广西界，虽名县，其实洞也。"

西原州：《大清一统志》南宁府："西原旧州在新宁州西南。"《读史方舆纪要》卷110：西原废州"在（新宁）州西南，又西接太平府境，皆古西原蛮地"，"大历六年，西原蛮张侯、夏永等陷容州及郁林州，容管经略王翊讨平之。因置羁縻西原州，属安南都护府，寻复入于蛮"。据此，州当在今广西扶绥县西南。

林西州：《通鉴》唐宣宗大中十二年六月："峰州有林西原"，"其旁七绾洞蛮"，"常助中国戍守，输租赋"。《读史方舆纪要》卷112：峰州城"在（太原）府西北"，林西原"在峰州西"。《越南历代疆域》以峰州在越南白鹤三江口，即今永富省越池。则林西州当在此西北部山区。

甘棠州：贾耽《四夷路程》："安南经交趾太平，百余里至峰州，又经南田，百三十里至恩楼县，乃水行四十里至忠诚州。又二百里至多利州，又三百里至朱贵州，又四百里至丹棠州，皆生獠也。"丹棠即甘棠。以里程推算，忠诚州应在越南永富省的富寿一带。甘棠州《越南历代疆域》定在老街，多利州应在安沛，朱贵州应在朗盖。

武定州：《元和郡县志》卷38："武定州，东至（安南）府三百二十里。"《蛮书》卷9："自数年来，缘邕、交两地长吏苛暴，恣杀无辜，其容州经管三十四羁縻州，伏请委安南大首领为刺史。武定州亦请委大首领为长吏者。"《旧志》："安南都护府北至武平县界武定江二百五十二里。"州当以江为名，即今越南河内北之带河，武定州应在江上游一带。

都金州：《越南历代疆域》以州在今越南宣光、咸安地区。

平原州：开成四年析都金州之平原馆置。当在都金州附近。《读史方舆纪要》卷112引罗氏曰："一道自蒙自县河阳隘，循洮江左岸，十日至平源州。"洮江即今明江。

龙州：《大清一统志》太平府："龙州厅，西北至越南界一百里。唐置羁縻龙州。"即今广西龙州。

真州：《蛮书》卷4："大中八年被峰州知州官申文状与李涿，请罢防冬将健六千人，不要味、真、登州界上防遏。"同书卷6："夷人不解舟船，多取通海城路贾勇步入真、登州林西原，取峰州路行。"已知峰州在白鹤，真、登州当在峰州西北，今越南永富省富寿一带。味州、登州《新志》无，今补。

思陵州：《宋史》卷488外国交阯传：景祐三年，"蛮寇邕州之思陵州、西平州、石西州及诸峒"。《大清一统志》太平府："思陵土州，西至越南界四十里，南至越南界三十里。唐置羁縻思陵州。"即今广西宁明县中越边界之思陵村。

禄州：《大清一统志》太平府："废禄州在思陵土州东南。"《读史方舆纪要》卷112安南引罗氏曰："入交之道凡三"，"北岸一道由思明府入，过摩天岭，一日至思陵州。过辨强隘，一日至禄平州。州西有路一日半至谅山府"。禄平州当即禄州，在今越南谅山东之禄平。

西平州：《元丰九域志》卷10：西平州属左江道。《读史方舆纪要》卷111

思恩军民府：西平州在"府西南二百里"。应在越南谅山、高平一带。

罗伏州：《蛮书》卷4："桃花人，本安南林西原七绾洞左右侧居。咸通三年三月二十一日，仅五六千人，安南城西角下营。蛮贼杨思缙委罗伏州扶邪县令麻光高部领之。"《读史方舆纪要》卷112谅山府汤州城："废罗伏州在府西境。""咸通七年，南诏据安南，置扶邪都统。"罗伏州应在林西原，即今越南谅山一带。《通典·州郡十四》骤州曰南郡："南至罗伏郡界一百五十里。"在今越南义静省海万一带。杜氏所记，为开元年事，贞元年间，环国北陷骤、爱二州，罗伏州应有迁徙，今并存之，待考。

金龙州：《旧唐书·文宗纪》：大（太）和七年三月，"安南奏：蛮寇寇当管金龙州。当管生獠国，赤珠落国同出兵击蛮，败之"。按贾耽《四夷路程》，生獠部在安南府西境与南诏交界处。金龙州当在安南府西北，确址无考。

哥富州：《蛮书》卷1："从安南上水至峰州两日，至登州两日，至忠诚州三日，至多利州两日，至奇富州两日，至甘棠州两日，并是水路。"向达以为奇富即哥富字异。以里程推之，当在越南黄连山省红河沿岸安沛至寨忽一带。

尚思州、安德州：《唐会要》卷71："哥富州、尚思州、安德州，贞元十二年七月，析安南县置。"

南城州：《唐会要》卷73："大足元年四月，置武安州、南城州，并隶安南都护府。"诸州《新志》无，今补。确址无考。

这部稿子是我在博士论文的基础上改就的。而论文则是在谭其骧先生的悉心指导下完成的。

1978 年，我考入山东大学历史系，在王仲荦先生指导下学习魏晋隋唐史，毕业后给王先生做助手。当时王先生完成了他的大作《北周地理志》，引起我对唐代历史地理的特殊兴趣。王先生着意向我传授这方面的知识，并推荐我投考复旦大学历史地理所，希望我有所造就。我入复旦学习一年后，不料王仲荦先生因心脏病发作突然逝世，我感到非常悲痛。直到现在，我仍然对王先生表示深切的怀念。

1985 年我进入复旦大学，在谭先生指导下学习中国历史地理，并选择了唐代历史地理作为研究方向。当时谭先生写了一篇论文《唐代羁縻州述论》，第一次全面阐述了这个前人很少研究的问题。他把尚未发表的手稿提供给我，我深受感动。这篇论文使我很受启发。谭先生希望我进一步研究这个问题，于是我在先生指导下，开始搜集材料，写出了《唐代羁縻府州研究》的初稿。

在写作过程中我感觉到，这是一个难度较大的课题。它不但涉及边疆地理、民族关系等各方面的问题，而且资料缺乏，能说明问题的重要史料就更少了。加上我过去对历史地理这门学科了解甚少，基础不够扎实，这些都给写作带来了困难。周振鹤、葛剑雄两位学长给予我很多帮助，使我能够尽快掌握历史地理这门学问的研究方法。谭先生对我进行了认真的指导，他不顾年迈体弱，逐字逐句审阅我的论文稿，一条条地核对史料，连错字也不放过；纠正了论文中的许多错误，并提出了修改意见。先生严谨的治学态度和对学生认真负责的精神给我留下了深刻印象。这篇论文的完成，与先生的帮助是分不开的。谭先生虽然也已故去，但他指导我时的言谈话语，至今记忆犹新。在学生时代能得到王仲荦、谭其骧两位先生的教诲，实为人生之大幸。只是我能力有限，与先生的要求还有很大差距，有待我在今后的学习中不断充实和提高。

论文的写作和学习过程中，还得到了其他老师和同行们的热情帮助。邹逸麟教授为我设计了论文写作的框架，并审阅了部分初稿，提出了很多宝贵意见。另外，南京大学魏良弢、陈得芝教授为我提供了唐代突厥和中亚的史料，云南大学的尤中教授和林超民教授，为我提供了唐代云南地区的史料和专著。周绍良先生和国家文物局古文献研究室的王素、李芳、刘绍刚同志，为我提供了大量唐代墓志铭和出土文献资料。杨志玖先生专程从天津来上海主持我的论文答辩会，吴应寿、方诗铭、徐连达、沈起炜教授对论文的修改提出了宝贵的意见。在此，我向帮助过我的各位老师和同志们，表示衷心的感谢。

毕业后来到北京，从事百科全书的编纂和军事历史的研究。工作性质的变化和学术著作出版困难的原因，致使论文迟迟未能发表。辛德勇、韩茂莉两位博士热情帮助，把论文推荐给"唐代历史文化丛书"主编马驰先生。马先生认真地审阅了文稿，提出了修改意见，并促成了这本书的出版。责任编辑张养年先生为本书的出版倾注了大量心血，认真负责地提出了许多意见。对此，我表示由衷的感激。我在原稿基础上做了修订，并参考了近几年的学术研究新成果，想把它搞得成熟一些。但学术研究是没有止境的，欢迎学者同仁批评指正，将这个专题的研究向前推进。

刘　统

1998 年 4 月

附

篇

怀念恩师王仲荦教授

1986 年 6 月 4 日，王仲荦教授像往常一样，完成了一天的写作。晚饭后看了半小时电视新闻，又回到书房。不料突发心肌梗死，当家人听到他摔倒的声响冲进书房，先生已然失去知觉，再也没有醒来。我当时正在复旦大学读书，惊悉噩耗，当夜乘火车返回济南，参加先生的告别仪式。当时先生面色安详，如同睡去。岁月流逝，然而先生伏案疾书的形象，仍时时在我眼前重现。先生的教诲，至今铭记在心。

一

先生祖籍浙江余姚，自古是文人荟萃之地，号称"文献名邦"。故乡的熏陶使先生自幼爱好文史。青年时代在上海求学，与国学大师章太炎先生比邻而居，遂至太炎先生门下，作了弟子。当时太炎先生表面上不问政事，专心讲学，实际上仍然关心国家和民族的命运。先生从太炎先生那里既得了经学真传，为日后的学术研究打下了坚实的基础，又受到爱国思想和民族气节的教育，受业六年，对先生以后半个世纪的学术生涯，产生了深刻的影响。

作为一位历史学家，先生首先是一位爱国者，对我们的国家和民族有着深厚的感情。太炎先生反复教导他们这些学生要爱国。当年先生陪伴太炎先生到苏州和无锡讲授经学，大家都以为太炎先生在复古，不合时宜。太炎先生认为：多读经史可以"保国性"，也就是弘扬爱国主义和民族精神。太炎先生对帝国主义的侵略深恶痛绝，强调"严夷夏之防"，临终遗嘱还说："设有异族入主中夏，世世子孙毋食其官禄。"告诫子女和学生绝不能当汉奸，做有损于国家的事情。对此，先生铭记在心，并传授给我们这些晚辈。

青年时代，先生是在国难和家难中度过的。抗战时期，他的故乡被日军占领，他辗转流亡到云南、重庆。在颠沛流离之中，他手头只有一部《资治通鉴》，躲空袭警报时也带在身边。苦难的生活，使他对乱世有切身的体会，也为国家民族的命运担忧。先生后来从事魏晋南北朝隋唐史研究，熟读《资治通鉴》是一个起因。

我曾请教先生：为什么选择魏晋南北朝隋唐史研究，写两部断代史的指导思想是什么？先生给我讲：魏晋南北朝是一个动荡分裂的时代。造成这种动荡的原因，过去归咎于北方少数民族的互相残杀。其实《尚书》中"取乱侮亡"的典故最能说明问题，"一个国家，一个政权，如果内部安定团结的话，无论敌人势力怎样强大，也不见得会被消灭掉。十六国时期，前赵进攻前凉，前赵主刘曜有二十八万军队，'列营百余里，金鼓之声动地，河水为沸'。前凉张茂虽然只有几万军队，但内部和睦，使敌无隙可乘。后来后赵主石虎也动员了十多万军队进攻前凉，还是攻不下来。相反，兵力虽然强大，如果内部充满矛盾，像前秦主苻坚统率八十七万人大举南下，同只有八万人的晋兵会战于淝水，也会一败涂地。刘裕北伐的兵员并不比后秦多，只是趁着后秦姚氏众叛亲离之际，'取乱侮亡'，终于攻下长安，灭掉后秦。所以，只要自己内部安定团结，别人就不敢轻易欺侮自己，在中国历史上，这类例子还很多。这个历史教训，我们应该好好记取"。先生一生历经动荡，这段关心国家民族命运的肺腑之言，写进了《魏晋南北朝史》的序言中。

作为一个历史学家，最重要的是史德。只有品德高尚的人，才能做出不朽的学问。而看风转向、趋炎附势的"学者"，看似聪明，其实那些跟风的作品，不但不能存世，还会被钉在耻辱柱上，让后人嘲笑。"文化大革命"的十年动乱给我们的国家造成了巨大的灾难。先生当时受国务院委托，在中华书局点校二十四史。客居京华，耳闻目睹"文化大革命"的种种倒行逆施和极"左"路线造成的危害，先生对国家的前途和命运十分担忧。他写下了许多诗篇，或咏史，或感事，表达他的内心感情。

1976 年清明节，他到天安门广场看到群众悼念周总理，声讨"四人帮"的壮观场面，写下《无题》一首：

> 天安门外花如雪，烈士碑成堕泪碑。
>
> 总理有灵应喜甚，中华个个好男儿。

当年 10 月，粉碎"四人帮"的消息传来，先生为之精神振奋。我们的国家和民族又走上了光明之路，历史又掀开了新的一页。年底，先生又写了《送丙辰年》一首：

> 山崩地坼史无前，真是黄杨厄闰年。
>
> 云散苍梧人竭泪，星乘箕尾杞忧天。
>
> 已闻西内诛韦武，更喜尚冠迎汉宣。
>
> 新令初颁生业重，伫看花柳满前川。

先生有鲜明的爱憎，行事也有自己的原则。只要自己认为是正确的道路，就坚持下去，绝不拿原则做交易，更不向邪恶势力低头。1959 年，全国高等院校搞起了反右倾"插红旗，拔白旗"的运动，涉及学术界一批德高望重的老先生。先生也被当成"白专道路"的典型，遭受不公正的批判。先生很长一段时间不在历史系露面，表示无声的抗议。但是他并没有因此而消沉，用他自己的话说："每每遇到不如意的时候，我总想沉下心来，整理旧著。"

1973 年，先生正在北京点校二十四史，"四人帮"掀起了一场"评法批儒"的运动。众所周知，他们的矛头是指向周总理的。北京有些趋炎附势的"学者"，充当了运动的吹鼓手，到处做报告宣传"儒法斗争"。先生对这种歪曲历史的行为嗤之以鼻，当时上边派人来中华书局，软硬兼施地要这些老专家们去做报告。先生巧妙地进行了抵制，对来人说："我连普通话都讲不好，怎么能去做报告呢？"将此事推了过去。先生还写了《百鸟朝凤》一诗，将那些鼓吹者比作为武则天登基效劳的"北门学士"：

> 百花萎绝亦何伤？凤舞高岗百鸟翔。
>
> 吾笑北门冯学士，可怜膜拜向山梁。

没过几年，历史就证明了一切。那些"学士"纷纷写文章和回忆录，表示忏悔。我认为，这不单纯是个"受蒙蔽"的问题。作为学者，他们难道不知道自己是在歪曲历史吗？他们不知道这种做法违背学术良心吗？他们写这种文章误国误民，难道就不承担历史责任吗？当时那种诳上的心态，那种"国师"情结，使他们守不住节操，为现实"服务"，结果是自取其辱。他们可以否认当年写的作品并非出自本心，但白纸黑字俱在，历史的污点是抹煞不了的。相比之下，先生不仅没有去做那种事情，而且从开始就鄙视，就抵制，不与其同流合污。经过历史和实践的检验，先生的品德更令我们钦佩。

二

先生研究魏晋南北朝隋唐史的成就，为国内学术界公认。我常常问起先生的治学方法。先生以为：当前研究生的专业划分，是我国高等教育体制所决定的。治学应当有侧重，有专长。但就研究历史来说，如果自己画地为牢，只读一个断代的史籍，则是不应该的。他的治学之路，就曾走过漫长曲折的旅途。

青年时代，先生喜爱中国古典文学，18 岁就开始注《西昆酬唱集》。这是北宋杨亿等人唱和的一本诗集，诗中用典甚多，在宋诗中自成一体。为了注这部诗集，他广泛阅读《毛诗》《左传》《史记》《汉书》等几十部古籍和大部头类书《初学记》《太平御览》《佩文韵府》等著作，从中寻觅出一条条典故。

当时学术界整理国故的风气，对先生也很有影响。1935 年，开明书店印行了王伯祥先生编辑的《二十五史补编》，汇集乾嘉以来的学术成果。先生年轻气盛，开始着手编写《北周职官志》(即《北周六典》)和《北周地理志》。这两部长达百万字的初稿，是在短短几年内完成的，此外，他还打算编一部《联绵辞典》，从古籍中摘抄了几十万字的素材。因抗战爆发，先生带着写就的三部稿子向大后方转移，《联绵辞典》的草稿太多，只好埋在余姚家乡。待抗战胜利后返来寻找时，才知已在战乱中散失了。

先生年轻时代的这些努力，绝对没有任何功利可言。如果他当时去投考一个名牌大学或出国留洋，可能给他带来更多的实惠。但他当时没有考虑过这些，只是对读书有乐趣。先生晚年谈起这个过程，感慨地说：学业的基础，全靠青年时代的努力。捷径是没有的，只有老老实实地多读书，读懂书，才能有所成就。

先生不仅博览群书，一些重要史籍，他是反复精读的。抗战时期在云南、重庆，他手头唯有一部《资治通鉴》。读得次数多了，越读越有味道。司马光对史料的取舍和考异，起到去粗取精、去伪存真的作用，尤其是唐代历史，保存了许多珍贵史料。胡三省的注释严密精当，为《资治通鉴》锦上添花。我 1978 年投考先生的研究生，口试完后他对我们这些考生说："要好好读《资治通鉴》，我已经读了十八遍，现在有问题还要查它。"当时我们都惊叹不已，后来先生著《隋唐五代史》，案头一直摆着《资治通鉴》，随时翻阅。

先生的勤奋也体现在教学上。新中国成立后他到时在青岛的山东大学历史系讲授魏南北朝隋唐史课程，在很短时间内写成八十万字的讲义。我问先生为何要写这么厚的讲义，他风趣地说：我一口上海话，唯恐北方学生听不懂，因而讲义写得详细，为的是让学生真正学到东西。先生的敬业精神，由此可见。

先生在治学道路上从不满足，总是不知疲倦地吸收新资料，探索新问题。晚年在修订和撰写《魏晋南北朝史》《隋唐五代史》两部大作时，正史、典章、笔记、碑刻、文集、出土文物等方面的资料，都力求穷尽，不使遗漏。记得写唐代经济和中外交流部分时，山东大学图书馆刚从北京图书馆购买了一套敦煌文书缩微胶卷。先生年事已高，走到图书馆五楼去阅读胶卷实在困难。他写了一个条子让我去找馆长，请求特殊照顾。我从馆里借出他所需胶卷和一部显微阅读器，搬到他的书桌上。他不顾眼睛高度近视，吃力地一边阅读，一边用笔抄录。有一次读慧超《往五天竺国传》，文书上的字迹模糊不清，还有唐人自造的"简化字"。他叫我坐在旁边，反复辨认研究。当这些字被一一认清后，他高兴地连声说："好极了，好极了！"

我一直在思索这样一个问题：先生读过的书，我们也同样读过，为什么先生能有这样大的成就，而我们却不能？答案只有一个：我们读书时，往往只从自己的一两个研究方向出发，寻找"有用"的材料。而对其他多方面的问题则略而不顾。先生不是这样，他一边读书，一边把材料分门别类，抄录下来，读书求穷尽，对材料的收集也务求完备。举例来说：《隋唐五代史》中写到唐代水利，正文不过几千字。然而在后面的注释中，先生将《新唐书·地理志》《元和郡县志》《唐会要》《舆地纪胜》《读史方舆纪要》等书中所有关于唐代水利设施的资料，按年代排列了几百条，长达数万字。仅这一节，就能看出先生下了多大功力！又如写到唐代行市，书中列举了幽州范阳郡的二十多行，仅几十字。从注释中可以看到：这些资料来源是先生从《房山石经题记》中一点一滴摘录出来的。这又要花费多少工夫！我们如果不研究佛教，恐怕很少想到去看《房山石经题记》。即使看到了，恐怕也很难下得了这么大决心去抄录下来。

三

先生常说的一句话是："良工不示人以璞。"他对学问是精益求精，不断充实，不断发展的。他劝我们多读书，不要急功近利，书还未读通就发表文章。他曾对我说："学问是打磨出来的。"自己也是身体力行，为我们做出榜样。

大家知道，先生在中国古代史分期的研究上，是主张魏晋封建论的。他最初研究这个问题是在 20 世纪的 50 年代。1957 年出版《关于中国奴隶社会的瓦解及封建关系的形成问题》一书，第一次提出魏晋封建论。1961 年出版的《魏晋南北朝隋初唐史》上册中，有"封建关系的加强"一章，再次叙述这个观点。1980 年《魏晋南北朝史》上卷出版，对魏晋封建社会形成的历史背景和主要特点，又做了更为详细的补充和修订。我们对比这三个时期的著作，可以看出先生的论述是如何逐步走向成熟的。当年提出这个论点时，在史学界是处于"少数派"的。但是先生认为自己的观点是有科学根据的，不去随波逐流适应别人，而是从历史事实出发，不断在研究过程中丰富、完善自己的论点，现在得到了越来越多的史学界同仁的认同。

先生的两部断代史巨著——《魏晋南北朝史》和《隋唐五代史》，洋洋二百万言，被史学界誉为两部优秀的断代史著作。我曾问起先生：为何要花费几十年的精力来写这两部书？先生说：50 年代初史学界掀起学习马列著作热潮，用历史唯物主义的立场、观点、方法研究历史，他是深为赞同的。当时"百家争鸣"的风气，确实给史学研究注入了新的活力。但是政治运动带来了"左"的风气，有的人不读原始资料，仅仅读了马列一点皮毛，便热衷于唱高调、发宏论，叫"以论代史"。更有少数人专门喜欢写批判和"商榷"文章，对不同意见打棍子、扣帽子。先生轻蔑地说："这些人的文章口气很大，内容空空，一些基本常识都没搞清楚就滥发议论。所以，我是从来不写这类文章的。"他感到当时的历史研究过分偏重个别领域，如农民战争问题、土地制度问题，对于其他领域的问题则不关心。作为一名教师，他认为自己最重要的责任就是向学生全面客观地介绍中国古代的历史，给学生打下坚实的基础。有了这个基础，才能从事未来的研究。因此先生决定做这个铺垫基石的工作，写出全新的、高质量的断代史来。

1961年出版的《魏晋南北朝隋初唐史》上册，是先生从事断代史研究的初期成果。下册尚未出版，便赶上"文化大革命"。幸亏出版社的编辑将手稿及时退回，才免遭不测。1977年后，形势好转，出版社再次约稿。先生认为这部稿子只能代表当年的水平，现在十多年过去，又有许多新成果，应该给予总结。当年因为教学的分工，把唐朝历史一分为二，"两税法"之前算一段，"两税法"之后算一段，现在看起来也是不合理的。因而先生决定对旧稿进行大的修订补充，又用了六年时间，写定了《魏晋南北朝史》和《隋唐五代史》两部著作。

断代史应当突出什么？当年出版的一些著作，离不开"以阶级斗争为纲"，把征战杀戮当成中国古代历史的主要内容。用大量篇幅描述历史上的灾难和人口死亡、社会萧条的现象。先生认为：在中国历史中大写这些阴暗面，既不符合客观事实，也不利于在国际上树立中华文明的形象。事实上，中国历史虽然曾有不少曲折，但毕竟总是向前发展的，不会停滞在一个水平上，更不会长期处于倒退状态。他举两个例子：南北朝时期，南朝从政治和军事上说，力量都弱于北朝。但是江南经济在南朝时代有了很大发展，许多荒凉的地区得到开发，这是不容否定的事实。有了南朝打下的基础，隋唐统一时期才显示出江南的富庶。五代十国时期，北方黄河流域战争不断，破坏很大；南方虽然历经十国，但是战争并不多。所以江南经济还是在向前发展的。如果把中国历史看成一团漆黑，对宣传民族文化、继承中华文明是没有什么益处的。先生以发展的眼光积极地研究中国历史，将介绍中国古代经济发展和文化成就等方面的内容作为重点。看了他写的断代史，不仅能给读者以民族自豪感，而且使读者对中国古代社会发展进程有了全面、正确的理解。

先生做学问，力求尽善尽美。自己认为不满意的东西，是不会轻易拿出来发表的。他的几部大作，都是经过几十年的撰写修订才完成的。以《北周地理志》举例，这部七十万字的历史地理巨著，是他经过四十多年的潜心研究，四次增删修订而成的。

北周在南北朝历史上是一个很短的王朝，从宇文泰执掌西魏政权起算也不到五十年，但是北周的历史地位却很重要。西魏乘梁朝内乱，夺取了梁、益、荆三州的广大区域。北周灭掉了北齐，统一了北方，又夺取陈朝淮南之地。到隋取代北周时，北朝的疆域达到极盛，为南北方的统一奠定了基础。所以，以北周末年的疆域范围编撰的《北周地理志》，实际上囊括了北齐、梁的大部分疆域。对研究南北朝后期的疆域变化、行政区划，有承前启后的重要作用。

从事历史地理研究的人都知道，北朝疆域沿革是历史地理研究的一个难点。一是因为北朝政区变化很大，历史记载又很不完备，《魏书·地形志》就是一笔糊涂账。要理清北周的州郡设置，需要汇集所有的南北朝及隋唐地理著作、各种史料，分门别类进行排比梳理，才能整理出一个头绪。研究地理沿革，不仅要搞清某个时期的州郡设置，更重要的是搞清楚一代的疆域发展、州郡变化过程，这个难度就更大。众所周知，南北朝时期的政区设置是最混乱的。由于政治和军事的需要，当时到处设立侨州郡，真是"百户之邑，便立州名；三户之民，空张郡目"。这些侨州郡多数设在北齐、北周的军事对峙区域，今天你占领，明日他夺去，所以时常并省，重叠设置。例如在山西汾水流域，东魏的南汾州在定阳，西魏的南汾州在玉壁；北齐的正平郡在临汾，北周的正平郡在柏壁。先生广泛搜集史料，点滴积累，细心考证，一个州、一个郡地进行复原，克服了诸多困难，在《北周地理志》中共著录215州、552郡、1056县，述其沿革、地望，及当地发生的重大事件。比《隋书·地理志》中记录的北周211州、508郡的数目尚有所增补。经过辛勤的劳动，先生在北朝历史地理的研究上取得了重大成果。

《北周地理志》的价值不仅在于沿革考证，书中汇集的丰富资料可供许多学科参考。研究南北朝战争，不仅要研究战争的过程，更重要的是要揭示其原因和内在联系。如一场战争为什么要在这里进行？战前双方态势如何？战后发生了什么变化？都必须详细了解当时的地理环境。史书上是没有现成材料的，而《北周地理志》则提供了大量的背景资料。《通典·州郡一》综述北齐、北周军事分界线时说："（北齐）大抵西则姚襄城、洪洞、晋州、武平关、柏崖、轵关、河阳，南则武牢、洛阳、北荆州、孔城防、汝南郡、鲁城，置兵以防周寇。""（北周）当全盛战争之际，则玉壁、邵郡、齐子岭、通洛防、黄栌三城、宜阳郡、陕州、三鸦镇，置兵以备东军。"在《北周地理志》中，我们不仅可以看到有关这些地点的详细记载，而且补充了大量的镇、戍设置和驻防情况的资料。玉壁是西魏为了防御蒲津渡口，威胁东魏军事中心并州（今太原）而在黄河东岸设置的一个军事重镇。高欢为了拔掉这个军镇，出动大军围攻六十天，伤亡七万人，最后仍以失败告终。玉壁争夺战改变了东、西魏之间的力量对比，西魏由防御转为进攻。《北周地理志》中汇集了有关玉壁的全部资料，使我们全面地了解这个军事重镇的设置、布防、战争经过和所起的作用。当北周平齐后，玉壁便失去了存在的价值，被废弃了。

先生治学态度极为严肃认真。对自己的作品，总要再三修改补充，力求完美。有时为了一个地名的今注，为了一条典故的出处，不惜反复查找。《西昆酬唱集注》是先生年轻时完成的第一部著作，1945 年在南京中央大学中文系申报副教授，先生将这部稿子送审。当时的系主任伍叔傥先生阅后，感慨地说："用这本书升教授也可以了。"但是有几条典故总找不到出处，十几年后，先生在阅读《山海经》时，从郭璞注中发现了这几条典故的出处，不觉大喜。随着这些疑问的解决，《西昆酬唱集注》也终于交付中华书局出版了。这些例子看起来似乎出于偶然，但是如果没有苦苦的寻觅，这样的"偶然"是不会出现的。

先生的手稿堪称艺术品，完全是秀丽工整的楷书，一笔一画，清清楚楚。修改过的地方，用稿纸剪接，绝没有涂抹的痕迹。先生说这样是为了让编辑和排字师傅看得清楚，实际上也反映了他的严谨作风。先生的认真有时甚至到了

"固执"的地步，他一生的作品都是用繁体字写成的。有人曾劝过他：用繁体字，只有少数几家出版社具备这种出版条件，限制了出书的渠道。先生认为：搞古代史的学问必须尊重历史，它原来是什么样子就是什么样子。有许多古代专用字词，是简化字不可取代的。如皇后的"后"和后来的"後"，在简化字中是同一个"后"字，但在古文中这两个字是不可以通用的。所以不管别人怎么说，他坚持用繁体字写作，终生不改。

四

先生是著名的学者和教授，但他从没有大学者的架子，谦虚谨慎，乐于助人。"文化大革命"云散，百业重兴。先生出任山东大学历史系主任，精神振奋地努力工作。他身受极"左"路线的迫害，对那些当年蒙受冤屈的好学生、好同志寄予深深的同情。在平反冤案时，他尽其所能，帮助一些同志重返教学科研岗位。这样的事情，先生是做了很多的。

我本人的入学也曾经历一番曲折。1978 年国家开始招收研究生。当时规定：没读过大学，具有同等学力的自学人才也可以报考。因此，我选择报考了山东大学历史系的魏晋南北朝史专业。通过了初试。7 月来到山东大学复试，第一次见到了先生。先生了解了我的身世和学习经历，深表同情。到了 10 月，等来的不是录取通知书，而是一封冷冰冰的电报："因名额有限，不能录取。"我意识到又是政治原因。"文化大革命"初期，身为中学老师的母亲惨死在红卫兵的棍棒之下。我这个初中学生也成了"黑五类狗崽子"，被赶出校门。所以一经政审，我就是"历史不清楚"。当时政治空气已有缓和，不再要求家庭出身和历史清白，只要求历史清楚。什么意思呢？说句大白话：你家有人被判刑，就有白纸黑字的判决书，叫历史清楚。我家当时享受着"反革命"的待遇，却没有组织上的文字结论，就叫"历史不清楚"。

然而，仿佛否极泰来，中央开始了大规模平反冤假错案。母亲的冤案被石家庄市委予以昭雪。在组织的帮助下，我拿着盖公章的证明，到山东大学申诉。王先生表示一定要录取我，并将我的情况逐级反映。因为要重新上报录取手续，山东大学历史系为我准备了床位和课桌，让我和已经录取的研究生一起学习，不致脱课。我就以这种特殊身份度过了第一学期。当公文履行回来，录取通知书发到手里，已经是 1979 年的寒假。在"文化大革命"后国家招收的第一届研究生中，我可能是最后一个报到的。

知识改变命运，我与先生的师生关系就是在这样不寻常的情况下开始的。跟随先生学习和工作的那几年，我收益很大。不仅从先生那里获得学业的指教，而且还有许多额外的收获。

先生一生最大的乐趣是读书。我毕业留校给他做助手，每个星期日的固定任务就是去城里书店买书。先生年高体弱，不能出远门，经常在新书预告上勾画一番，要我去把书买回来。先生的兴趣极为广泛，新版古籍、学术专著、名人传记、古典文学、民国轶事、文物考古、书法字画，他都尽量搜集。每次我买回书来，他都要问："还有什么好书？"后来我也掌握了他的兴趣所在，看到好书就买回去，给他一个意外的惊喜。通过给先生买书，我又向先生学到了许多新的知识。后来我到复旦大学读博士研究生，先生在去世前一个月给我写的最后一封信，还托我代购新出版的《艺苑掇英》，并嘱咐我"勤学勿怠"。我还没来得及将书寄出，便传来先生去世的消息，真是令人痛心。

先生曾对我回顾他一生走过的路，他自认为是幸运的。当时他的《魏晋南北朝史》《北周六典》《北周地理志》和《西昆酬唱集注》都已见书，《隋唐五代史》和论文集《鹊华山馆丛稿》也已交付出版。他说：太炎先生有几位高足，学问都很好，可惜命运多舛。还没来得及将学问总结出来就弃世而去，留下诸多遗憾。先生认为自己虽然年轻时历尽坎坷，但一直不改初衷，坚持把学问做下去，终于在晚年看到了成果。相比之下，现在的青年一代读书的条件要好多了。他勉励我不要怕吃苦，不要怕寂寞，不要见异思迁，用功不懈，日后必定会有成就。这些年来，我是照先生的话去做的，虽然因工作关系，改为从事中国现代史研究，但先生教授的治学方法，我把它运用到自己的研究工作之中。先生的治学态度和理念，一直是我从事研究的指导思想。我希望自己的成果也能像先生的作品一样，经得起时间的检验，不辜负先生的期望和培养，以学术上的成就作为对先生最好的纪念。

20 世纪的中国通史

一、通史科学体系的发展演变

中国通史著作的产生，与清末民初教育制度的改革有直接的关系。

1901 年 8 月，清朝政府在国内改良浪潮的冲击下，改革科举制度，废除八股，以中国政治史事及各国政治艺学命题。10 月，刘坤一、张之洞等洋务派大臣奏请变法，兴学堂，设局编译教科书。1904 年，张之洞等制订《学堂章程》，规定立学宗旨："以中国经史之学为基。"1905 年 9 月，袁世凯奏请停科举，推广学堂，得到清廷批准。延续一千多年的封建科举制度被废除，为了适应学校教育的需要，朝廷命令各地迅速颁发各种教科书。历史、国文是学校教育的基本课程，作为历史教科书的各种《中国通史》遂应运而生。

清末民初的通史著作，尚处于草创阶段，新体系尚未建立，旧学传统难以打破。柳诒徵在刘坤一的江鄂书局任分纂时，编修《历代史略》6 卷，1905 年出版。其体例、行文不出纲鉴套路。1914 年上海会文堂出版的葛陆纶著《国史概论》4 卷，分史事、文化、吏政等部分。罗列若干专题，如"中国古今民族之消长""唐代女宠宦官藩镇迭起祸国之原因及其始末""论清季各国之租借地""历代国用盈亏"等。作为文官考试前自修之用。写法夹叙夹议，如同科举之对策。每一专题虽通论各代，但即兴发挥有余，取材随意，严谨不足。

20世纪20年代后，随着近代教育体制的确立，对历史教科书的质量有了明确的要求。当时教育部颁布的教材编修要旨是"使知历史上重要事迹，明于民族之进化、社会之变迁、邦国之盛衰"。据此，一些学者在编修教材的过程中，探索创立完整、系统、具有特色的通史体系。

1926年上海世界书局出版了李岳瑞等编修的《评注国史读本》12卷，是一部为中学历史教学编写的通史著作。上起原始社会，下至1925年"五卅惨案"。叙述采用古代史书的编年和纪事本末体裁，以朝代为纲，分门别类记述政治、军事、民族、社会等方面的重大事件。书中的正文，基本上是摘录"二十四史"、《资治通鉴》、《明史纪事本末》的原文，正文后的"评"才是作者的观点、评价。"注"则着重于古代地名今注。作者声称这种编写方法是"合国史、国文为一术"，其实是古代史籍的选读。而后面增修的近代史部分，偏重于内乱国耻，没有了"评""注"，只有"附记"作为补充说明，显得前后体例不一。

当时日本的通史教科书已经形成了比较完整的体系，夏曾佑等学者将它引入中国通史的编修，其代表作是章嵚的《中华通史》。1933年由商务印书馆列入"大学丛书"出版。该书开始是7篇："导言"，"释地"述疆域沿革，"释族"简述汉蒙满回藏五大民族来源，"释系"是历代帝王表，"释时"是古代纪年与民国纪年对照表，"释政"是对中国君主体制的简述，"释民"简述人口和社会阶层。在史事叙述上打破了中国传统的纪事本末方法，纵向依理乱兴衰、社会生活、学术思想等门类论述，横向依时间、朝代顺序论述，纵横两种界线交织于同一书中。周谷城先生称其为"坐标体"，认为综述各朝典章制度，这种体例比较适宜，但破坏了历史本身的完整性。书中在一些重大提法上，如春秋战国称为"封建解纽时代"，秦汉称为"帝权初炽贵族助长时代"，隋唐称为"帝权再炽武人助长时代"，有牵强引用国外史学框架之嫌，并不符合中国历史的实际。

20世纪30年代以来，通史著作形成两大发展趋势：一派是以传统史学为基础，总结中国历史发展的大势和规律，以邓之诚、钱穆为代表；一派是以唯物主义的社会发展史理论为基础，打破传统观念，探索创立新的通史体系，以周谷城、吕振羽为代表。

邓之诚的《中华二千年史》，是一部以传统史学的"纪事本末"和"长编"为体系，比较系统、完整地叙述中国封建社会历史的通史著作。他认为编纂通史是一项严肃的学术研究工作，不是简单摘录史料或套用国外史书体例就能完成的。他在"叙录"中指出："近来著述之才斐然，通史之作，非无鸿篇巨制，而不刊之典，似犹有待。盖率尔成书，不脱日本人之窠臼，揆之于义，未免不衷。"他建立的体系是以纪事本末之体，将各代历史事实、制度、学术、文学、风俗等进行系统的叙述，"存'通'之本义"。全书以简捷的文字作纲要式叙述，佐以经过考证和排比的史料，以示言必有据，并使读者掌握学术研究的门径。为了便利读者了解一些比较复杂的问题，他编制了帝王世系、官制、法律、疆域、诸侯割据、学术流派等多种表格。根据中国历史发展的大趋势和教学的需要，他将通史划分为秦汉三国、两晋南北朝、隋唐五代、宋辽夏金元、明清五个断代。这种划分比较合理，为后来多数通史著作沿用。在文字上他坚持用文言文，认为"史贵求真，苟文字改易，将必去真愈远"，反对使用白话文。

钱穆的《国史大纲》与《中华二千年史》比较，跳出了史料的束缚，在分析、综论、研究等方面都有发展。钱穆在"引论"中说：中国近代史学有三派，一是传统派，亦称"记诵派"；二是革新派，亦称"宣传派"；三是科学派，亦称"考订派"。他认为传统派虽然熟悉史料，但缺乏思想；革新派有思想，但学术根基不扎实；而科学派是"以科学方法整理国故"，系统把握历史，并将史学与现实相结合，建立新的通史体系。这种新通史应当简明扼要，既能将中国历史上政治、社会、文化、思想的演变过程讲明白，使读者有全面的了解；又能揭示历史产生的种种复杂现象和问题，给现实革新提供借鉴。因而《国史大纲》在分别讲述各代政治制度、社会变迁、文化思想、中外民族关系等主要方面的同时，注重研究它们的内在联系和承上启下的连贯性。对历史事件的具体过程和人物的事迹，不做长篇大论的描述，避免冲淡主题。在编纂方法上，《国史大纲》虽然在形式上与《中华二千年史》有相似之处，但在内容的广度和深度上有很大不同。《国史大纲》的正文，是作者的研究成果和结论；每段后附带的说明，是作者对史料的消化和理解；对典章制度、地理、民族等专用名词进行了注释。

以传统史学为基础的通史著作，在建立通史的框架体例、断代、整理融汇史料方面做了有益的工作。但是作者的立场、观点和方法依然是继承封建史学的传统，坚持"正统"观念的。这种阶级和观念的局限，决定了这些著作不能全面、科学、准确地解释和说明中国历史发展中的一些重大问题，也不能真正揭示历史的发展规律。钱穆的著作中带有明显的政治倾向，为维护国民党的统治、镇压人民革命提供历史经验，使其学术走向了历史的反面。

不打破传统史学的束缚，不引进革命的理论，通史的编修就难以形成科学的体系，通史的研究也不可能实现真正的突破。在马克思列宁主义传入中国后，一些进步学者注重学习掌握马克思列宁主义的唯物辩证法和历史唯物主义理论，为将其应用于中国通史的研究，进行了一些初步的探索。周谷城、吕振羽等人编撰的通史著作，为中国通史的研究和科学体系的建立做了有益的尝试。

1939 年出版的周谷城著《中国通史》，运用马克思主义唯物史观，对以往通史编纂的指导思想和体例进行了批判，提出了新的见解。他在"导论"中指出："历史就是斗争过程，就是矛盾发展和解决的过程。"他认为过去编写的通史，都没有体现出这个主题。有的是分类叙述，"如世系，如疆域，如内政，如外交，如文治，如武功，如外戚，如宦官，如实业，如民生，如学术，如思想等；按照此等子目，将材料编入。编得愈有条理系统，而历史本身或斗争过程之完整性愈被支离；于是历史书变成了史料书或历史辞典……始终看不出历史之自身或斗争的过程"。还有分朝代叙述，将朝代更迭时期的激烈斗争分割为二，"一半划入前朝之末，作为该朝灭亡的原因；一半划入后朝之端，作为该朝开创的工作"。这也不能完整地体现历史的矛盾和斗争。周谷城特别强调历史的完整性，他的《中国通史》打破了王朝体系，以西方世界史的分期，将中国历史分为古代史（原始社会至秦）、中世纪前期（汉至五代）、中世纪后期（宋至清）等，在大的历史阶段内，综合叙述阶级社会的矛盾斗争、经济、民族、文化的发展。他重视农民战争的作用，用相当多的篇幅介绍历史上重大的农民起义，强调农民战争对历史发展产生的推动作用。他重视生产力与生产关系的发展，认为古代社会生产力的水平、社会经济和商业的发展是阶级关系演变的基础。但是这些研究还是初步的，同时作者受西方世界史的影响较深，在历史分期上与西方同步。对秦汉的阐述模仿罗马帝国的模式，将商周的宗教思想与古代埃及、巴比伦的"神统"相提并论，显得牵强。在叙述中大段引用古籍原文，未加剪裁，表现出旧史学对作者的影响。

1941年出版了吕振羽著《简明中国通史》的第一册。当时只有八章，后来作者到了解放区，于1948年完成了全书的写作。作者在"序"中陈述他的编写意图是："第一，把中国史看成同全人类的历史一样，作为一个有规律的社会发展的过程来把握；第二，力避原理原则式的叙述和抽象的论断；第三，尽可能照顾中国各民族的历史和其相互作用，极力避免大民族主义和地方民族主义的观点渗入。"在建立新史学体系的同时，他注重对传统观念的批判。书中用不少篇幅揭露封建社会的专制统治和阶级压迫，批判其反动性。对中原王朝与周边少数民族的关系能采取客观态度，反对大汉族主义和历史上歧视少数民族的观点，肯定少数民族在中华民族的形成中所起的作用。他注重吸收进步史学家的研究成果，在先秦社会的阐述上颇有特色。

中国共产党人非常重视历史的研究与教育。1939年12月毛泽东在延安发表了《中国革命与中国共产党》这篇重要文章，把马克思列宁主义普遍真理与中国革命的具体实践相结合，成为研究中国历史发展规律，建立革命的历史学理论的基础。这篇文章的第一部分"中国社会"是集体创作的成果，经毛泽东修改定稿。它的主要论点成为以后研究中国历史的理论指导，对中国通史的编写产生了重大影响。

范文澜主编的《中国通史简编》于 1942 年在延安出版。这是用马克思列宁主义理论和毛泽东中国革命理论为指导编写的，具有划时代意义的一部通史著作。范文澜在《关于中国历史上的一些问题》这篇文章中，对编写《中国通史简编》的立意和方法做了详细说明。他强调编写的目的：一、劳动人民是历史的主人；二、阶级斗争是历史发展的基本线索；三、科学技术的发展创造了中国古代文明；四、中国封建社会经历了前期（西周至秦）、中期（秦至隋为前段，隋至元为后段）、后期（明至鸦片战争以前）三个阶段，是曲折发展的历史。在编写方法上，他提出了"直通、旁通、会通"的理论。"直通"就是要精确具体地划分出中国社会发展的各个阶段，掌握贯穿古今的基本线索。"旁通"就是考察某个历史阶段各种社会现象互相联系、依靠、制约的关系，从事物矛盾的发展过程中研究历史的发展趋势。"会通"则是将"直通"和"旁通"结合起来，总结社会发展的历史规律。

什么是人民的历史？范文澜指出："几千年来，中国劳动人民对自然界作斗争的生产斗争史，对统治阶级及侵略民族作斗争的阶级的民族的斗争史，都有非常光辉的成就。统治阶级中一部分人，以各个不同的程度，参加这种斗争，全部或部分的符合人民的意志和利益。在政治经济上，在武力卫国上，在文化思想上也作出了许多大小事业，给历史以大大小小的贡献，这与劳动人民的成就，同样值得人民的永远纪念与学习。把上述丰富的史实综合起来，就会基本上构成中国人民的历史。"

以革命理论指导中国通史的编写，是思想和学术上的一次革命。对中国以往的历史，需要重新研究、审视，得出新的结论。这是一项重大的任务，需要做许多艰苦细致的工作和学术研究的积累。在战争年代和国民党统治区域内，历史研究的条件极差，因而革命史学在萌芽状态时还表现出很多不全面、不深入的弱点。新中国成立后，在"百花齐放"政策的指引下，史学工作者以极大的热情，积极开展学术研究，中国通史编修出现了一个繁荣局面。范文澜的《中国通史简编》在修订过程中不断完善，并陆续出版了四卷。周谷城、吕振羽的通史著作也出版了修订本。新的通史著作不断推出，翦伯赞主编的《中国史纲要》、尚钺主编的《中国史纲要》、郭沫若主编的《中国史稿》是其中有代表性的成果。

新中国成立后出版的通史著作，主要是为高等院校教学服务。在纲目设计上逐渐成熟，按照社会发展的历史阶段，着重讲述政治、经济、思想文化和中外关系。在重大历史事件的评价上，运用历史唯物主义和阶级分析的方法给予一分为二的评论。翦伯赞主编的《中国史纲要》为大学历史教学提供了一个优秀的范本。《中国史纲要》的特点是系统、简练，对中国古代至近代的历史发展过程叙述全面，观点鲜明。对政治、经济制度、阶级关系、文化成就都给予适当的介绍，篇幅分配合理，没有畸轻畸重现象。特别注意了中国各民族的历史发展，对民族文化和交流做了必要的介绍。全书很少有空洞、抽象的议论，也没有罗列经典语录，而是史论结合。作为教材，既达到了提供基本知识的要求，也为教师讲授留有发挥的余地。以后各大学又编写了多种中国通史和古代史的教材，但在体系和风格上基本与其保持一致。这个时期的通史著作在学术问题上能各抒己见，展开讨论。如尚钺对中国社会分期问题、资本主义萌芽问题，就有独立的见解。随着历史研究的不断深入，通史著作注意吸收新的研究成果，不断充实到通史中去。新中国的考古成果给历史研究带来突破性的进展，郭沫若的《中国史稿》将历史文献与考古成果紧密结合起来，给通史编写注入新的活力。但也需要指出，"左"的思想路线和"文化大革命"对历史研究造成极大的破坏和影响，通史的编修工作也深受其害，走了一段弯路。

改革开放带来了学术的繁荣。20世纪70年代以来，历史研究在各个领域都有重大发展。当时断代史、专门史、人物传记的专著、论文数量大增，丰富的出土文物为历史提供了重要的素材，许多薄弱领域和"禁区"也取得了突破性的研究成果，这些都为新的通史写作创造了条件。以教材形式编写的通史，显得过于简略，内容不够丰富，写法也欠生动，不能适应时代的要求和满足读者深入了解中国历史的需求。白寿彝先生在1983年古籍整理规划会议上提出编修大型《中国通史》的建议。他指出："我们这么大的国家，有这么长丰富的历史，我们不能只满足那么简单的几本小书，这跟我们这个伟大的国家不相称，跟我们的国家地位不相称。"在他的主持下，国内几百位专家学者通力合作，经过十余年的努力，终于完成了 20 世纪篇幅最大的一部多卷本《中国通史》。

白寿彝先生总主编的《中国通史》使用了全新的体例。他强调中国的历史是统一的多民族国家的发展史，是各族人民共同创造的历史。用什么样的形式来反映中国历史的丰富内容，既能宏观把握历史发展规律，又能从多角度、多层次容纳生动的史实。中国古代的编年体和纪传体各有优长，如果能够在继承传统的基础上适当吸收别的体例作为补充，就能在通史编修上取得新的突破。他指出："编纂史书，本是为了反映历史真相。采用这种史体或那种史体，是为了反映历史真相的方便。如果因为拘泥于体例而排挤掉重要的史事，岂不是舍本逐末了。"多卷本《中国通史》的第一卷《导论》，宏观论述中国的基本状况、历史发展的大趋势，作为全书的纲要和综合性介绍。第二卷"远古"部分，是以考古资料为依据，叙述原始社会的发展。第三卷以后划分断代，每卷分为序说、综述、典志、传记四部分。序说包含对这一断代基本史料的阐述、当代研究成果和编写意图；综述是对这个历史时期的政治、军事、经济、民族、文化、中外关系等方面发展状况的叙述。典志分篇论述生产力和生产关系的状况及政治制度、法律、风俗等，反映经济基础与上层建筑的关系。传记包含著名历史人物、学派、自然科学、艺术、宗教的传记，但与旧史书的纪传体性质不同。白先生在《中国史学史》中解释四个部分之间的关系时说："综述与典志的关系，是要求前者能阐述历史发展之阶段性的全貌，而后者则是对这一历史发展过程中若干侧面的剖视。传记部分，篇幅特多，这也是旧史的传统。但我们写传记，则要求传记中人物不是一个一个孤立的人物，而是特定历史时期特定历史环境中的人物。"这种新体例通史的好处，是可以容纳更丰富的历史内容，可以从更深更广的方面反映历史发展的全貌。多卷本《中国通史》的出版，使通史著作从教材的框架中解放出来，在继承传统的基础上为通史编写开创了一条新路。

二、通史的思想性与时代特色

通史是高度浓缩的历史，而历史又是与政治密切相关的学问。中国历史的内容是如此丰富，在一部通史中究竟写哪些内容，要表达哪些思想，要取得什么效果，都反映出作者的思想境界和阶级立场。这也是我们评价一部通史著作的基本标准。

封建社会修史的目的，是为统治者总结前代的历史经验和教训。司马光编《资治通鉴》的目的就是"鉴于往事，有资于治道"，为宋朝统治者提供历史上治乱兴衰的教科书。在马克思主义历史科学产生之前，中国的旧史家基本上继承了《资治通鉴》的传统。他们记录的历史，主要是帝王将相的历史，是研究封建统治术的著作。直到民国时期某些通史著作，还可以看到这样的阶级立场和价值取向。

钱穆的《国史大纲》中，对农民战争采取完全否定的态度。他在"引论"中说："汉末黄巾，乃至黄巢、张献忠、李自成，全是混乱破坏，只见倒退，无上进。近人治史，颇推洪、杨。夫洪、杨为近世中国民族革命之先锋，此固然矣。然洪、杨十余年扰乱，除与国家社会以莫大之创伤外，成就何在？建设何在？"而在叙述这些过程时有意回避王朝腐朽、社会黑暗的事实，这表明他是站在封建正统的立场上来叙述历史的，这种敌视人民群众的思想，不可能写出科学的、客观的历史。

再举一例。抗日战争时期，蒋介石的消极抗战与民众的抗日情绪形成鲜明的对比。宣传抗日的学者往往以岳飞、文天祥等民族英雄来激励群众，教育群众。吕振羽在《简明中国通史》第十三章的"结语"中斥责赵构、秦桧等主和派是"历史的罪人",是"猪狗不如的奸细"。岳飞等主战派是正义的,"所以他们能够依靠人民,为人民所支持"。实际上他是在影射现实,斥责蒋介石和汪伪汉奸,歌颂共产党和人民群众的抗日行动。钱穆则相反,为赵构杀岳飞辩解。说赵构"并非庸弱之君",是担心岳飞军权太重,对朝廷构成威胁,"故岳飞不得不杀,韩世忠不得不废"。这种论调也是在影射现实,为蒋介石的"攘外必先安内"寻找历史依据。

无产阶级革命史学在初创时期,最主要的特点是它的批判性和战斗性。它的批判性在于要推翻旧史学的传统体系,打破帝王将相中心论,写人民的历史、社会发展的历史、阶级斗争的历史。总结历史经验来为革命斗争服务。尽管革命史学在初创时期有很多不成熟的地方,在今天看来是偏激的,非学术的,但却能给读者留下深刻的印象。这就是它的战斗性。范文澜在新中国成立后修订了他的《中国通史简编》,并检讨了他在第一版中存在的"借古说今"情绪。如以三国时吴蜀联合拒魏来类比抗日民族统一战线,借孙权类比国民党破坏统一战线。以武则天开告密之门来斥责国民党的特务政治。范老表示:这些都是非历史主义的,需要改正。我们要指出:《中国通史简编》第一版问世后,对于用革命思想教育群众,使他们从历史中了解现实社会,寻找进步,起了很大作用。这是一般的纯学术著作无法相比的。1947年白寿彝先生曾经发表评论,指出该书在体例和编写上的缺陷和不足,同时肯定"这是一部有强烈的战斗意识的书。说的虽都是过去,但也可以说,都说的是现在"。1981年5月他在一次讲话中说:"到了抗日战争、解放战争时期,郭沫若、范文澜、侯外庐、吕振羽、胡绳等同志,先后发表了一大批马克思主义史学论著。在中华民族危急的、生死存亡的关头,在两种中国命运决战的严重时期,他们写这些书有什么用啊? 又不是飞机大炮。实际上,这些著作对打击敌人、教育人民有很大作用……这些论著揭露了历代统治阶级的腐朽和他们必然灭亡的命运,发扬了中华民族的优秀传统,鼓舞了青年一代,增强了他们反对内外反动派的斗争的信念。对这个作用要做出充分的估计。"

一部好的通史，不仅要有革命的观点和批判的精神，更要有科学的态度。这样才能写出客观、全面的历史。从新中国成立后的通史著作中我们看到两种倾向：一种是把马克思列宁主义的立场、观点、方法融入历史研究中，在叙述历史的过程中反映历史唯物主义理论。一种是过分强调历史为现实服务，"以论带史"，先摘抄领袖语录，然后顺着语录去叙述历史。事实证明，后一种方法是"左"的，将通史编写引入歧途，并引起了学术上的混乱。

众所周知，在通史的编写中始终存在着一些重大争议。如中国社会历史分期，就存在着范文澜的西周封建论、郭沫若的战国封建论和尚钺等学者的魏晋封建论三大派别。这本来是一个学术问题，但是受到政治因素的影响，出现了许多不正常的情况。戴逸在为《尚氏中国古代通史》所作的序言中谈道："由于《中国革命和中国共产党》一书中提过一句：中国的封建制度'自周秦以来一直延续了三千年左右'，因此，持魏晋封建论的同志碰到了越来越多的麻烦，开始尚是一般的诘辩非难，逐渐地上纲上线，成了反党反毛泽东思想的异端邪说，甚至扣上托派的帽子，领导明令不准在课堂上讲授魏晋封建论，其帽子之大，压力之重，令人惶惶然。"翦伯赞的《中国史纲要》也遇到了这类问题，邓广铭先生在1978年为此书写的"说明"指出："在古代史分期上，是采用郭沫若同志的战国封建论的。后来，在有关同志的建议下，为更有利于百家争鸣，翦伯赞同志改用了自己素所主张的西周封建，并把西周至战国部分改由他亲自执笔。"

这种"左"的倾向在"文化大革命"时期达到了极点。《中国史稿》的命运就是历史的见证。这部通史是1958年在中央历史工作委员会的指导下，以党政干部学习历史为目的组织撰写的。当年由郭沫若、尹达、刘大年、田家英主持，集中了历史研究所和国内一批专家学者集体编修。学术力量和组织保证上都是最强的，在学术上也是力求有所突破，有所创新。在历史分期上就采用了郭沫若的战国封建说。但是在"文化大革命"后期，由于"批林批孔"运动，在孔子问题上大作文章，郭沫若同志受到巨大压力，《中国史稿》第一册也被迫进行了重大修改，以适应"文化大革命"的口径。1976 年版的"前言"中说："原来的稿子中对于孔丘的评价有严重的错误，这次作了根本的修改。对其他章节也作了较大的改动。"书中第四章第五节中写道："孔丘的思想和政治纲领，就是'克己复礼'四个字。"并在诛少正卯问题上大作文章，完全是搞大批判，全无学术可言。"文化大革命"结束后，《中国史稿》由于写作班子解散，未能再进行修订，留下了历史的遗憾。与此相对照的是，范文澜的《中国通史简编》在 1978 年以《中国通史》名义再版时，也没有对孔子的内容进行修改，依然保留着原貌。第四章第九节对孔子的评价是："他给中国人民留下了一份珍贵的文化遗产，中国人民必须珍重这一份遗产。"鉴于这种历史教训，尚钺先生在 1981 年发表《坚持用马克思主义研究中国历史》一文，强调："我们用马克思主义去研究历史，是用它正确的立场观点方法，并不是攫取对于某一问题的具体的结论。""学术上不应该有权力标准。在真理面前人人平等。领导人，包括高级领导人在学术问题上的意见也只能是一家之言，要和不同的意见进行平等的讨论。"

回顾这些曲折，我们应该吸取教训。历史是客观存在的，如何正确地认识和阐述历史，往往有一个曲折的过程。一些时髦的观点未必经得起历史的检验，一些被掩盖的倾向要经过一段时间才能被我们认识。对于这些，我们应该有实事求是的态度，把通史编修建立在严肃的学术研究的基础上，反对迎合时尚，忽"左"忽"右"的错误倾向。中国五千年的历史，是各族人民共同奋斗、进步的历史，是一部发展史、文明史。要充分反映历史发展的主流，反映各个时代的特色和成就。至于阴暗的一面，如内乱、分裂、灾难，可以反映，但要放在适当的位置，作为历史的教训供读者借鉴。这样才能使读者真正认识历史，增强爱国思想和民族自信心。在历史问题的评价上，既要反对"左"的"以阶级斗争为纲"，也要反对虚无主义态度。人们对历史的认识永远不会停止在一个水平上，总是要不断探索，不断发展和提高。坚持"实践是检验真理的唯一标准"，应该是通史编修的基本方针。

改革开放时代，思想解放带来了学术研究的繁荣和发展。历史研究的深度和广度都取得了显著的成就。"文化大革命"以前历史研究的重点放在农民战争、土地制度、生产关系等方面，20世纪80年代以来，史学界在政治制度、社会经济、思想文化、民族关系、历史地理、中外交流、人物研究等多方面都取得了丰硕的成果。这些学术成果为编写新的中国通史打下了坚实的基础。

与此同时也出现了新的情况：一方面是史学著作、论文数量剧增，各高校编写了许多通史教科书；一方面又存在着"史学危机"。何以出现这样的矛盾？其主要原因是通史著作过分教材化，在体系上因循守旧，条块统得过死；在内容上只见骨头不见血肉，缺乏生动性和趣味性。致使学生们发出疑问："学历史有什么用？"

时代的发展对通史著作提出了新要求。通史是向读者和学生传授历史知识的第一步，为读者提供一部内容全面、观点新颖、特色突出、文字生动的中国通史，是中国史学家的首要任务。它应该体现出以下特点：在涵盖中国历史基本内容的基础上总结中国历史发展的大趋势，并突出时代特征；对重点的问题，如生产力的发展水平、社会关系和生产关系的变化、国家体制的发展、科学技术的发展进行专题论述，以此显示通史的思想性和学术研究水平。在叙述历史过程中既反映社会的全貌，也重视个人的活动，突出人的创造性和对历史的推动作用。白寿彝先生总主编的多卷本《中国通史》，在继承以往通史著作的优长和传统的基础上，实现新的突破。它以全新的体例和深刻的思想性、学术性，结合通俗性、可读性，为读者展示了一幅中国历史的全景画。

多卷本《中国通史》的宗旨是牢牢把握中国历史发展的总趋势。这个总趋势就是中国统一多民族国家的形成和发展。在这条历史的长河中，又反映不同历史阶段的曲折和变化。白寿彝先生对各历史阶段，都有一个总的评价，反映在各卷的"题记"和"编撰旨趣"之中。例如秦汉时期，是"我们统一的多民族国家在这个时期进入新阶段，封建社会也建立起来"。这种统一和封建社会的建立，体现在土地所有制、劳动者身份、户籍制度、赋税制度、政制、官制、兵制等多方面，共同构成了大一统封建国家的基础。

分裂的三国两晋南北朝时期，白先生透过现象指出："三国两晋南北朝时期的分裂和动乱，长期受到人们的重视。但对这一历史时期的分裂和动乱中为自己寻求出路，却是很少有人注意到的。我们认为，在这个时期大量消极现象掩盖下，存在着积极的因素，国家的分裂为新的统一规模准备了条件，民族间的斗争为新的民族关系的协调准备了条件。"从消极现象中寻找积极因素，就为这个时期由分裂到统一，由民族对立到民族融合，找到了一个合乎历史唯物主义的、科学的解释。

同样是强盛的、统一的封建王朝，也各有其特色。隋唐与秦汉都是中国封建社会的繁荣时期，但是白先生强调隋唐的强盛来源于"社会的重组"。旧的阶级关系、社会等级被打破，庶族阶层取代门阀世族成为社会的动力。江南经济的发展形成新的经济格局，给隋唐的繁荣注入活力。民族关系的融洽和对外开放的政策使唐朝的疆域扩展，成为世界文明的中心。白先生将这些都称为社会重组焕发出的活力。

对于中国封建社会晚期的明清两朝，白先生也没有完全否定。他指出："清和明，都属于封建社会的衰老时期。我们说衰老，不说衰落，不说解体，这是因为衰老还含有一定的生命力，有时在某些方面还可以表现一定程度的坚强。""清处于封建社会末期，但有过康乾盛世。""清有民族压迫的一面，有时压迫得很残酷，同时也有增进民族联系、发展民族关系的一面。从历史的长河上看，后者自然是历史的主流。"这样高度的概括，起到"纲举目张"的作用。各卷的作者们把主题贯彻到各个章节中去，写出了一部全新的中国通史。

把握社会发展的主流，反映时代特色，是多卷本《中国通史》的成功之处。这样的通史著作，呈献给读者的是一部中国的发展史，是一部中华民族的文明史；而不是以往的争夺权力的历史、争战杀戮的历史。它歌颂了中国人民悠久的历史传统，肯定了中华民族为世界文明发展所做的贡献。

新恢复的人物传记在多卷本《中国通史》中占有将近一半的篇幅。人的个性和创造性是历史中最生动活泼的内容。许多历史人物的丰功伟业，给中华民族留下了光辉的历史。早在"五四"新文化运动时期，李大钊就在他写的《史学要论》第 6 章中指出：这些英雄豪杰为民族为国家舍身牺牲的行动，使后世读者感动敬仰，愿意学习他们作社会的先驱。如果通史中缺少了这些生动内容，而是罗列概念和数字，就难以给人留下深刻的印象。因此白寿彝先生强调："尽管研究历史要充分利用历史记录，但研究历史的目的究竟是人类历史活动的本身。"以前在"左"的思想影响下，借口批判"英雄创造历史"来淡化历史人物的个性和行为，实际上是抽掉了历史中最生动、最有教育意义的内容。白寿彝先生主编的多卷本《中国通史》恢复了人物传记并给予重要地位，是对通史编修的重大改革。了解历史人物，不仅是在学习历史知识，而且是在培养自己的人生观、道德观和价值观。这个尝试对提高通史著作的生动性与可读性，取得更好的教育效果，有重要的意义。多层次、多方面的历史综述与人物传记相结合，多卷本《中国通史》的成就是显著的。它是集体智慧的成果，也是 20 世纪中国通史研究的总汇。

在编修的组织工作和写作方式上，多卷本《中国通史》也有成功的经验。它打破了由历史专业学者集体编修的惯例，实现了跨学科的协作。随着历史研究的不断深入和领域的拓宽，许多新的边缘学科不断出现。自然科学、技术科学的许多学科已经与历史研究结合起来。例如用天文学解释古代史书中的历法，用现代技术复原古代建筑、造船技术，可以证实历史文献缺乏记载的问题，使原来薄弱的领域得到加强和充实。多卷本《中国通史》在科学技术内容上，填补了以往通史著作的许多空白和缺陷，拓宽了视野，充实了内容。它表现出这样的前景：通史编修已不再是史学工作者能独立完成的任务，需要多学科的协作和交流，兼容并包，不断更新知识，为通史注入新的内容。

在编写方式上，白先生坚持学术性与普及性的结合。他提出"准确、凝练、生动"的修史三原则。通史的首要目标是普及历史知识，一部优秀的通史著作，应该是普及的范围越广越好，读者越多越好。如果以往的教材式写法显得陈旧或不适应读者的需要，就应该进行改革，建立新的体系，在写法上采取多种形式，适合不同层次读者的需求。白寿彝先生在《古籍整理和历史编纂》一文中大声疾呼："现在，我们写历史书，都是千篇一律地一章一节的写。这样写，对讲理论有方便之处，但还须有别的方法……经常有读者反映，说我们的历史书写得干巴巴的。写书，本来就是为了让人看嘛。我们应该努力写得让人爱看。"多卷本的《中国通史》，是学术与通俗相结合的产物。它力求文字生动活泼，将深刻的学术思想用通俗易懂的写作方式表达出来，使读者读起来很有兴趣，从中得到许多经验和启示。以此展望 21 世纪的中国通史，应该是多层次，多种风格的。有学术型的，有普及型的；有文字为主的，有图片为主的；有编年体的，有纪传体的。总之，让不同年龄、不同文化程度的读者，都有一本适合他们阅读的中国通史。

《历史科学与理论建设》，北京师范大学出版社 1999 年版

历史是人的行为

——白寿彝先生总主编《中国通史·导论》读后

白寿彝先生总主编的多卷本《中国通史》陆续与读者见面了。这部气势宏大的著作是在白先生的倡导和主持下，汇集了国内一大批史学专家，经历十几个寒暑的辛勤工作的结晶。与前人编纂的通史不同的是，白先生在总体框架的设计上有全面的革新。1984年他在《中国史学史》第一册中就阐述了这个设想："这几年，我同几十位同志合作，进行多卷本《中国通史》的编撰。我们吸取前人编撰经验，试行一种新的综合体例。全书中有十个卷是每一卷分为四个部分。第一部分是叙说，内容包括基本史料的阐述，已有研究的成果和本卷的编写大意。第二部分是综述，阐述这一个历史时期的总的发展形势，其中包含政治、经济、军事、民族、文化和中外关系。第三部分是典志，分篇论述生产力和生产关系的状况以及政治制度、军事制度、法律、风俗等。第四部分是传记，包含个人传记、学派传记，艺术家、宗教家传记等。这样的体例，大体上采取了纪传体的办法，而性质上有很大的区别。"在已出版的卷本中，我们看到白先生的设想已经得到充分的体现，也给予读者一个更开阔的视野，让大家更全面、更深刻地了解祖国的历史。全书的精华，汇集在《导论》(即《中国通史》第一卷)之中，从中国历史的不同角度、各个方面，进行了高度概括、提纲挈领的论述。晚辈后学，不敢妄加评论，感触最深的，就是白先生对历史中的"人"，人的行为、人的作用、以人为中心写活历史所阐发的一系列见解。我愿就这方面的内容，谈一点自己的读后感。

一

历史是什么？在当代史学高度发展的今天，这似乎不成为问题。但是白先生特别强调：历史是人类的活动。在《导论》第八章中有这样一段话："历史的发展，毕竟是人们活动的结果。在史书中，看见了历史人物的群像，就愈益感到历史的丰富性。离开了人，也就谈不上历史。"

这个论点，最初源自李大钊同志。他在《史学要论》中指出："历史这样东西，是人类生活的行程，是人类生活的联续，是人类生活的变迁，是人类生活的传演，是有生命的东西，是活的东西，是进步的东西，是发展的东西，是周流变动的东西；他不是些陈编，不是些故纸，不是僵石，不是枯骨，不是死的东西，不是印成呆板的东西。"白先生继承和发展了这个历史唯物主义的认识论，并把它运用到历史研究之中，作为研究中国史各个领域的基本出发点。

中国的历史，是以汉族为中心的大一统的历史，还是统一的多民族的历史？这是几千年来的封建史学与马克思主义新史学的根本区别。白先生在《导论》的第一章，就开宗明义地指出："中国的历史是中华人民共和国境内各民族共同创造的历史，也包含着曾经在这块广大国土上生存、繁衍而现在已经消失的民族的历史。"

秦汉之际的匈奴，是生活在北方草原的强大游牧民族。它与中原王朝的战和关系，一直是引人注目的课题。在封建社会传统的"贵中华、贱夷狄"思想指导下，来自北方游牧民族的入侵被视为中原王朝的大敌。有人把匈奴、鲜卑、突厥等民族与汉族的战争列为影响中国兴衰的一条主线。如何看待这个问题，白先生在《导论》第一章中通过对《史记·匈奴列传》的分析，揭示了游牧民族与农耕民族的矛盾冲突，首先是人类不同的生存方式造成的结果。

《导论》第三章中，引用了马克思《德意志意识形态》中的一段名言："人们为了能够'创造历史'，必须能够生活。但是为了生活，首先就需要衣、食、住以及其他东西。因此第一个历史活动就是生产满足这些需要的资料，即生产物质生活本身。同时这也是人们仅仅为了能够生活就必须每日每时都要进行的（现在也和几千年前一样）一种历史活动，即一切历史的一种基本条件。"这段话告诉我们，人类的历史首先是求生存的过程，对于任何民族都是如此。地理环境的不同导致游牧与农耕生活方式的不同，由此产生出不同的习俗和价值观。司马迁在描述匈奴的民族特点时，特别引用了中行说（一位在匈奴部落中生活的汉族人）与汉朝使节的对话，来说明这种差异。汉使说："匈奴俗贱老。"中行说解释道："匈奴明以战功为事，其老弱不能斗，故以其肥美饮食壮健者，盖以自为守卫，如此父子各得久相保，何以言匈奴轻老也?"当匈奴人喜好汉族的丝织品为服装时，中行说指出骑马的民族不宜使用这种衣料。"其得汉缯絮，以驰草棘中，衣袴皆裂敝"，不如穿皮衣结实耐用。这些描述表明，以汉族的价值观来评价少数民族的生活方式，不可能得出客观正确的答案。

汉朝与匈奴之间的战争，原因不是单方面的。根据《史记》的记载，我们知道游牧民族的南下是他们的生活方式造成的。河套和阴山以南的草原，是他们赖以生存的牧地。这种活动早在战国以前就有，只是在秦建立大一统的王朝后，据河套，修长城，切断了匈奴的南下之路，这就导致了战争。而这种战争的性质首先不是攻城略地，而是生存的需要，对于这个问题，古代西方的哲学家也看得很清楚。苏格拉底在与格劳孔的对话中指出：当我们想要获得邻国的一片土地，以供畜牧和耕种之用，而假使邻国也如此，超过了其需要的限度，想无限制的积累财富，他们也同样想要我们的土地，那么战争就无可避免了。英国军事家富勒在《西洋世界军事史》导言中以苏格拉底的话来解释农耕民族与游牧民族间的冲突，他说："在两种文明之中，战争的基本原因都是生物性的和经济性的。牲畜的繁殖愈盛，则寻找新草地的机会愈频繁；在任何时候只要有一次旱灾，就可以成为一次侵入的预兆。同样的，城市人口愈繁殖，则所需的粮食即愈多，于是必须用来耕种的土地也愈多。所以在两种文明中，战争都经常是为了肚皮打的。"这种归纳，基本上适用于古代的民族战争。

我们也必须看到，在中国历史中，汉族和周边少数民族的关系，毕竟是和平多于战争。只有在力量对比发生强弱倾斜时，战争才有可能发生，并给一方带来灾难。在双方力量处于均势的时候，各族之间是能够和平共处的。无论是汉代的和亲还是唐代的通商，民族之间通过和平方式的交往，得到生存和发展。这种发展的结果，是民族间的融合。汉族的发展是与其和许多少数民族的融合分不开的，历史上的鲜卑、契丹、党项到哪里去了？他们不是被灭绝了，而是找到了新的生存方式，成为中华民族大家庭的一员。从这个意义上说，研究中华各族的历史发展，首先要研究人类不同的生存方式，这是研究民族、阶级、阶级关系的起点。《导论》中把多民族统一的国家形成作为中国历史研究的首要问题来论述，为中国通史著作开拓了一个新的广阔领域。

二

白先生《中国通史》的另一特点，是恢复了人物传记。这不仅仅是对传统的回归，而且给纪传体史学注入了新的活力。

历史事实告诉我们，在历史发展过程中，人是最有创造性、最生动活泼的因素。因为人具有千万种不同的个性，他们的言行在不断创造出新的历史，推动社会的前进步伐。所谓"英雄"，历史上的杰出人物，都是具有鲜明个性的代表。有文字记载的历史，也是以记录人的行为开始发展起来的。中国的《春秋》《史记》，古希腊希罗多德的《历史》，写作形式不同，内容都是以人为主。所以，这些史书以其资料丰富、文笔扎实生动，被后人喜爱和传诵，也成为后世修史的样本。

读过白先生《中国通史》后几卷可以看到，立人物传的目的在于把历史写活，通过人物传来反映综述中无法详细叙述的一些生动内容。这不仅提高了通史的可读性，而且通过了解历史人物的活动，能使读者更具体地了解古代社会，更直接地体会古代人物的思想、性格和时代特征。白先生积多年教学、科研之经验，认为纪传体可以容纳更多的史料，比编年体史书优点更多。他从实际出发，指出："编纂史书，本是为了反映历史真相。采用这种史体或那种史体，是为了反映历史真相的方便，如果因为拘泥于体例而排挤掉重要的史实，岂不是舍本逐末了？"他推崇司马迁写人物的笔法，即历史与文学的结合，准确与生动的结合。他对修史提出六个字的要求：准确、凝练、生动。这个要求不仅适用于记事，也适用于写人。

如何反映以往的历史，对古人和今人都是一个难题。记事并不难，难在能否准确客观。两千年来的封建社会，建立起一套相当完整的伦理道德传统，大一统的封建制度与法律就是道德的具体规范。这些年来，不少学者致力于古代文化与制度的研究，想从中寻求社会的发展规律。令人尴尬的事实是：历史上的开国皇帝、英雄豪杰，恰恰是旧道德法律的破坏者。毛泽东在一次讲话中列举了古代许多开国皇帝和名将的例子，指出他们都是年纪不甚大，学问不甚高的年轻人。李世民十八岁当总司令，项羽死时也不过三十多岁。他们对旧王朝的反抗在历史上留下了生动的一页。现在有人往往喜欢用一种模式来解释历史：统治阶级的腐朽导致人民的贫困，社会矛盾的激化导致农民起义的爆发，从而推动社会前进。我们考察历史可以看到：这个规律虽然原则上说得通，但具体分析为何起义会在此时此地发生，而不是在别的地方，就不能用通常的惯例来解释了。其实，社会矛盾是随时都存在的，如果没有陈胜吴广，可能秦朝的暴政还会延续多年。唐朝最混乱的时代是安史之乱，但并没有爆发农民起义。宋朝和明朝开国不久就走向了停滞和腐化，但是朝廷的统治却维持了那么长的时间。隋朝灭亡，群雄并起，结果是李渊父子得了天下。除了必要的条件外，人的主观能动性究竟起了多大作用，确实是一个非常值得研究的问题。

人的行为不是盲目的，必定受某种利益的驱动。我们今天往往以阶级利益作为判断终极目的的标准。其实阶级利益、政治利益，归根结底是经济利益的表现形式。白先生十分赞赏司马迁对李斯的描写，李斯看到老鼠在厕所中吃脏东西，见到人和犬就仓皇躲避。但在粮仓之中却悠然自得，过着舒适的生活。他由此得到启发:"人之贤不肖,譬如鼠矣,在所自处耳。"白先生评论说:"这是一个轻松的小故事,写在这个政治家的传记上,好像有点浪费笔墨,但司马迁却正用它写出李斯的全部人生观,斤斤计较于个人得失。在一定意义上,老鼠的故事简直就是李斯一生的缩影。"一些政治家的生涯可能是很不寻常的,但在复杂的历史现象后面,其基本出发点和动机可能是很单纯的。吕不韦在秦公子身上的投资导致他登上相位,与李斯虽然形式不同,但目的是一样的。从这点出发,可以引申到历史上的许多重大方面。众所周知,国家和法律是维护阶级和利益集团的工具。我们在研究古代政治制度和法律时,常为其复杂的变化感到头痛。其实中国封建社会的特色就是"人治",法是人制订的,当某种利益需要时,可以随时更改或破坏。东汉光武帝刘秀是个杰出的帝王,平定天下后即下令平分土地,让百姓安定生产,以巩固其政权。然而官员们查田归来,表示"河南、南阳不可问"。刘秀问其缘故,儿子对他说:"河南帝城,多近臣;南阳帝乡,多近亲;田宅逾制,不可为准。"刘秀居然无可奈何。这种"人情大于王法"的现象,就是阶级内部利益分配产生出的矛盾和斗争。历史上的改革家总是想压缩官僚集团的利益来强化皇权,结果都归于失败。这些行为,无法以明确的界限或阶级划分来说明,因为人的行为是经常发生变化的。这些看似偶然而又零散的事情,常常有许多发人深思的东西,值得我们去研究。

所以,要想真实准确地反映历史,首先要考察当时人的行为,以此作为研究历史的第一步。然而依据官修的史料是否就能做到这一切,是很令人怀疑的。我们知道封建社会的一大特色,就是充满了阴谋政治。历史记录的重大政治事件,往往是它的表面现象或结果。而我们需要了解的则是它的过程。尤其是当事人的内心思想、动机和预谋策划的过程。可是这些实质性的内容不是没有条件记录下来,就是被有意地隐瞒和歪曲了。所以钱锺书先生对《左传》《史记》中一些精彩片断的真实性颇为怀疑。他在《管锥编》第一册中针对《左传》记载介之推与母亲的一段对话评论道:"上古既无录音之具,又乏速记之方，驷不及舌，而何其口角亲切，如聆謦欬欤？或为密勿之谈，或乃心口相语，属垣烛隐，何所据依？如僖公二十四年介之推与母偕逃前之问答，宣公二年鉏麑自杀前之慨叹，皆生无傍证，死无对证者。"而对《项羽本纪》中"鸿门宴"一段描写，则认为："其论文笔之绘声传神，是也；苟衡量史笔之足征可信，则尚未探本。此类语皆如见象骨而想生象，古史记言，太半出于想当然。"这是说一些活动在当时没有条件如实记录下来。还有一些事情是受到种种制约，不可能如实记录下来。如隋文帝杨坚被儿子杨广杀害，唐宪宗被宦官杀害，历史记载都模糊不清。这种人为的曲笔给后世留下了多少疑难和悬案。

　　要求历史记录完全准确，的确是太困难。尤其是古代帝王，他们的内心世界外人是很难知晓的。只有像雍正皇帝那样在大臣的密折上大段批示，后代人才能看到他内心究竟在想什么，怎样处理问题。其实最困难的是当代人写当代史，赵匡胤是玩弄阴谋的大家，他的"陈桥兵变"和"杯酒释兵权"都是他精心策划的阴谋，然而在史书中，他却成了一个迫不得已为之的宽厚长者。因为他是皇帝，谁敢秉笔直书其事？就是司马光这样的大家，《资治通鉴》也只能写到五代为止；当朝的历史，被他以所见所闻的方式记入《涑水记闻》中，这是笔记，不是正史，对赵匡胤的描写明显地带有隐晦的曲笔。而李焘则将其录入《续资治通鉴长编》，上升为正史。宋代以后的正史，其质量明显低于《史记》《汉书》，就是与历史的真实受到越来越多的制约、隐晦和歪曲有关。

　　但是我们也不能忽略一个事实，中国历来有口头流传历史的习惯。司马迁如果仅凭官府中保存的文献，肯定写不出那些精彩的文字来。他的史料来源于千里的巡访和实地考察，从长辈的口中得知那些文献中没有的历史。《刺客列传》《游侠列传》不就是民众口头流传的故事吗？所以一些民间流传的笔记、野史反而具有真正的价值，原因就在于此。

　　然而，这并不意味着以往的史料没有可信之处，关键是要找到一把解开历史之谜的钥匙。这就是从研究人的行为入手，联系扩展到对社会与政治的研究。白先生在其《中国史学史》中列举了古人"参验"和"解蔽"的方法。据我理解，就是分析现象，抓住本质。我们知道古代社会和政治有这样的特点：由家族和各种社会关系形成不同的政治集团，这些集团之间的利益矛盾产生冲突，导致权力的再分配。这种权力的再分配产生新的格局。这种运动的方式和程度直接影响到社会的变革或王朝的更迭。历史上的一些人物，往往就是这些利益集团的代表，他们的言行不是个人的、独立的行为，而是有其社会背景和一定的历史条件。所以白先生强调："历史人物本身也是历史的产物，他们身上不能不反映某些时代的特点。正面的人物会反映某些新生力量的时代特点，反面的人物反映某些保守的以至反动的时代特点，同时他们都还会反映他们的具体环境中的某些特点。编写人物传记，既要在传记中写出历史人物的历史作用，还要写出他们身上所反映出的时代特点。"举例来说："项羽和刘邦都以反秦起家，而项羽以优势兵力，反而与江东八千子弟同归于尽。刘邦以劣势兵力，却最后夺得了皇位。三国时期，诸葛亮以一身系蜀汉之安危。南宋时期，一个岳飞，一个秦桧，他们在权位上的得失，深刻影响宋金间的军事局势。"以人的行为来反映历史，最真实、最生动，也最能说明问题。

三

白先生在《谈历史文学》一文中，强调了历史教育的重要意义："第一，是要让年轻一代懂得做人的道理。第二，是要他们懂得历代的治乱兴衰，培养他们的政治兴趣，关心当前的政治形势。第三，是历史前途的教育，要引导他们向前看，而不是向后看。""学历史，固然要了解过去，但了解过去是为了解释现在，观察未来。"要想达到这些目的，就要求历史学家写出生动真实的历史著作来，让年轻人爱读、爱看，并且读后有所收获。

但从近年的情况看，史学的情况不容乐观。出版的通史和其他著作不少，但大多采用教材式的写法，灌输给读者一堆概念和数字，使人感到枯燥无味。

难怪有人要问："学历史有什么用？"对此，白先生是十分焦虑的。他在《古籍整理和历史编纂》一文中大声疾呼："现在，我们写历史书，都是千篇一律地一章一节的写。这样写，对讲理论有方便之处，但还须有别的方法。过去的大历史家，都是大思想家，同时也是大文学家。我们没有把这个好传统继承下来。经常有读者反映，说我们的历史书写得干巴巴的。写书，本来就是为了让人看嘛。我们应该努力写得让人爱看。"如何做到这一点，我想还是白先生总结的"准确、凝练、生动"那六个字，而"生动"则显得尤其重要。

如何让历史著作生动起来，最好的办法是以描述人的行动为基本出发点。李大钊先生说："吾人浏览史乘，读到英雄豪杰为国家为民族舍身效命以为牺牲的地方，亦能认识出来这一班所谓英雄所谓豪杰的人物，并非有与常人有何殊异，只是他们感觉到这社会的要求敏锐些，想要满足这社会的要求的情绪热烈些，所以挺身而起为社会献身，在历史上留下可歌可哭的悲剧、壮剧。我们后世读史者不觉对之感奋兴起，自然而然的发生一种敬仰心。"在这方面，李大钊先生是身体力行的。从读英雄到做英雄，这也是历史对他的教育产生的结果。

中国几千年的历史中，产生过许多杰出人物。政治家如秦皇、汉武、唐太宗，军事家如孙子、诸葛亮，思想家如孔子，文学家如屈原，都留下了不朽的业绩。读历史首先要读人的历史，它给予我们的教育是最直接、最真切的，可以启发人的思想，鼓舞人的精神，增添人的智慧。在古为今用、让历史为现实服务方面，毛泽东是极好的榜样。"二十四史"、《资治通鉴》，他手不释卷，反复研读，并做出批注。

据张贻玖《毛泽东读史》一书记载，毛泽东曾认真阅读《南史·韦睿传》，并做了批注。他十分赞赏韦睿的谋略和作风。韦睿在作战之前，都要仔细侦察地形。在小岘城下"巡行围栅"，在合肥城外"案行山川"。毛批："躬自调查研究。"韦睿作战常以少胜多，攻合肥时，北魏军援兵五万，梁军将领请求增兵，韦睿说："师克在和。"迎战取胜。当魏军逼近梁军营垒，诸将劝他退却，他说:"将军死绥,有前无却。"毛泽东对韦睿的胆识很赞赏,批注:"以少击众。"韦睿"性慈爱,抚孤兄子过于己子,历官所得禄赐,皆散之亲故,家无余财","俘获万余,所获军资,无所私焉"。毛批:"仁者必有勇。""不贪财。"毛泽东最欣赏的是韦睿爱护部下,以身作则的作风。书上说他"将兵仁爱,士卒营幕未立,终不肯舍。井灶未成,亦不先食"。毛批:"我党干部应学韦睿作风。"

可以看出,毛泽东读史有强烈的针对性,他不是笼统地泛读,而是认真研究古代人成功的经验和失败的教训,用于指导现实的政治。所以他善于从史书中发现问题,找到有借鉴价值的东西。他解剖历史人物也往往是一针见血,切中要害。但是这有一个前提,就是他所读的历史,都是活生生的人的历史。因此他不注重繁琐考证,只要是有益的东西,则无论正史、野史、文学作品,都烂熟于心,运用典故,得心应手。他用《红楼梦》的话"不是西风压了东风,就是东风压了西风"来比喻资本主义与社会主义两种制度的斗争,用《霸王别姬》来比喻脱离群众必然失败的道理。周谷城先生赞叹说:"在古为今用方面,没人能与毛泽东相比。"毛泽东读史给予我们的启发是,只有以人的活动为主题,写出活生生的历史,才能真正给读者带来效益,达到"鉴于往事,有资于治道"的作用。

白先生的《中国通史》的出版,是学术与通俗相结合的产物。一方面,它汇集了20世纪史学研究的成果,对中国历史做了分门别类的宏观综述,使读者对中国历史的发展过程有一个完整的、全面的了解。另一方面,它以人物传的方式,给你讲述历史的故事,使你读起来饶有兴趣,从中获得为人处世的经验。

历史是人写的,有的人写出名垂千古的大作,有的人写出一堆废纸,这也是人的行为。古代史家推崇的第一准则,就是修史要讲史德,要有秉笔直书的勇气和良心。"四人帮"搞"评法批儒",一些趋炎附势的"学者"不惜歪曲历史,大写"儒法斗争史"。当年他们写的小册子也曾风行全国,但是今天他们自己看了也会惭愧。除了政治上的软弱和投机，恐怕也只能说是出于个人利益的动机。现在，史学界也出现一种不好学风，急功近利的心态导致一部分人不肯安心做学问，不肯踏实研究问题，而是急于出"成果"。正如白先生指出的："现在的风气，有相当一部分书是连缀现成的材料，掺杂自己的意见，编排成书而自称为著作。像这样的情况，很不利于史学的发展。"可谓一针见血。我们相信，经历十几年的艰苦努力，白先生的《中国通史》一定会作为一部坚实的学术著作流传后世。

《新华文摘》1997 年第 2 期

中华早期文明的全景画

——白寿彝先生总主编《中国通史》第三卷读后

　　白寿彝先生总主编的《中国通史》第三卷已经和广大读者见面了。这一卷的内容是论述我国自夏、商、周到战国末年统一的封建帝国形成之前的历史。白先生在第一卷《导言》中阐述的主导思想和编修方法，在本卷中得到了具体的实施和贯彻。这部由众多学者集体努力创作的著作，以深厚的学术功力、全新的体例，为我们描绘了中华早期文明发展的全景画。读了这厚厚的上、下两册，感触颇深。作为一个普通读者，我想谈谈这部书给予我的深刻印象和启迪，就教于白先生和诸位作者。

一

　　中国的历史，首先是中华民族形成发展的过程。这是白先生主编《中国通史》的主旨，也是本书贯穿首尾的主题。白先生在《导论》中论述我国是一个多民族统一的国家时指出："我们的祖国，曾经出现过各种形式的多民族的统一，也曾经有过多次的分裂，但在分裂中也还是有统一的。"他把多民族的统一归结为四种形式："先是有若干单一的民族内部统一的出现，如夏、商、周等族的最初形成。然后有地区性的多民族统一，如战国七雄。然后有全国性的多民族统一，如秦、汉、隋、唐、元、明、清。然后有社会主义的全国性多民族的统一，有中华人民共和国的诞生。"《中国通史》第三卷叙述的是夏商周到春秋战国的历史，是中华民族早期的形成发展史，也是白先生论述的从单一民族到地区性多民族统一的过程。

古代中国从氏族公社进入奴隶制国家，经历了漫长的历史过程。先秦典籍中保存的神话传说和历史记录，征战杀伐占据了主要内容。如何看待这个问题，《中国通史》第三卷甲编第五章中有这样一段话："中国国家形成的形式，与雅典式的不同，和罗马式的也不一样。这就是说，它既不是直接从氏族社会内部产生，也不是在氏族社会形成的一个集团同氏族社会外另一个集团的对立斗争中产生，而是在氏族社会的内部分化成氏族贵族和平民阶级，在氏族社会发展起来的阶级对立中，'作为征服外国广大领土的直接结果而产生的'。"这个论点，是以历史唯物主义考察中国早期形成过程得出的正确结论。

本书以大量的史实，周密的考证，还原了曾经在中原地区生活过的近百个民族和氏族部落。并且按照地域划分，将他们归纳为炎黄族属、东夷族属、苗蛮族属和百越族属四大集团。在中国奴隶制国家产生之前，这些民族部落是客观存在的，无所谓正统和蛮夷之分。生产力的低下、抗御自然灾害能力的薄弱，迫使一些民族不断迁徙，以寻求更好的生存环境。古代地广人稀，为民族迁徙提供了可能。夏商周三代史诗中歌颂的祖先，就是带领部族迁徙、寻求适当的栖息地、开拓领地的英雄。所以，这种迁徙首先是生存的需要。在迁徙过程中部族间发生了冲突，导致战争。战争的结果是胜利的一方获得领土、财物和战俘，成为占据统治地位的强大民族。失败的一方或被兼并，或移往他乡。在奴隶制国家产生之后，开拓疆域、兼并弱小民族成为一些大国增强实力、获取人口的主要手段。到战国时期，就形成了以华夏族为主体的中原诸国和缘边的东胡、北狄、南蛮、西南夷等少数民族并存的格局。

汉族和少数民族都有各自的历史。然而只有文字记载的历史得以流传，造成了长期以来以汉族为中心，歧视少数民族的状况。这种封建史学的影响，至今仍然自觉不自觉地残存在一些人的头脑中。白先生主编的这部《中国通史》，特别强调中国的历史是多民族统一的历史，中国古代文明是各民族共同创造的结果。不是用生硬的教条说教，而是用生动的事例证明，是本书给予读者最深刻的印象。

从古代文献中，很少看到对少数民族文化的记载。然而近年来出土的大量文物，为我们直观地展现了各民族璀璨的古代文明。当我们对商周青铜器赞叹不已的时候，吴越的青铜剑、楚国的编钟、漆器，在制作技术和艺术造型的水平非但达到了与中原地区相等的水平，而且表现出独具特色的地区和民族文化特征。骑兵是北方游牧民族的创造，赵武灵王首先引进，各国效仿，引起军队和战术的变革。舟船是吴越的特长，他们曾以强大的水师北上中原争夺霸主地位。秦国的强大是华夏族与西北少数民族融合的结果，尚武的风气和"四塞之国"的独特地理环境，使其能够不断积蓄国力，向东征服中原各国。这说明，每个民族都有其长处和优点，不能以其是否中原"正统"而片面地加以肯定或否定。白先生指出：就是孔子本人也不轻视少数民族，他曾说过"夷狄之有君，不如诸夏之亡也"。意思是少数民族也懂得道德，不像中原各国贵族为了争夺权利地位作出种种丑恶行为来。

历史证明：凡是积极推进民族融合的国家，就能迅速强大。相反，一味强调"正统"，排斥其他民族的国家，必定走向衰败。在春秋战国的历史中，特别表现突出。中原地区的晋、郑、鲁等国，曾是地处经济、文化中心区域的国家。齐桓公联合它们提出"尊王攘夷"的口号，要把"戎狄"从中原地区赶出去。连秦、楚这些正在兴起的大国，也被列入排斥之内。其结果，这些以"正统"自居的国家在疆域开拓、人口增长等方面处于停滞，而争夺王位的内乱却愈演愈烈。秦兼并西戎和巴蜀，楚兼并吴、越，开拓西南，疆域和人口扩大几倍，成为战国时期七国中实力最强大的两个大国。从这部《中国通史》中，我们清楚地看到了这个兴衰的过程。

二

商、周两代是中国奴隶制社会的鼎盛时期，春秋战国是从奴隶制向封建制过渡的社会大变革时期。这是中国历史发展过程中第一个重要的时期，也是历史学界重点研究的方向。怎样写好这段历史，在综合前人和当代研究成果的基础上，提出新的见解，将中国早期社会历史的研究推向新的境界，《中国通史》第三卷的作者们紧紧抓住时代发展的主线，取得了可喜的成果。

这个断代的历史，相当复杂混乱。王朝和诸侯国的兴亡更迭，制度、社会结构、思想的变化，都需要花费很多精力才能把它们理出一个头绪来。让史料牵着鼻子走，是写不出好通史的。从书中可以看到，作者们抓住了竞争—发展—变化这条主线，来解释商周到春秋战国的历史演变过程，达到了"纲举目张"的效果。

正如书中强调的，中国古代国家的形成与雅典方式不同，与罗马也不完全相同，而是在一个部族对其他部族的军事征服中产生的。这种以武力征服方式建立起来的政权，绝不会是民主的体制。而是以部族血缘关系为基础的分封制。军事力量是实行统治的条件，部族的宗法制度是国家分封和权力再分配的依据。本书乙编第三章指出："周初的分封是一种武装驻防事业，其目的主要在于作为王室的助手，以监视被征服的各族人民，实际上它具有武装部落殖民的性质。"而这种分封，又是根据王室宗族的血缘关系和臣属关系，以其亲疏远近决定封国的大小。即《左传》所说的"内姓选于亲，外姓选于旧，举不失德，赏不失势"。这种分封特权是世袭的，为了确定合法的继承者，就要明确族属中的嫡庶关系，不得僭越。所以，奴隶社会的"国之大事，在祀与戎"。

这种国家体制有其致命的弱点：领地分配不可能完全公平合理，合法的继承人未必是理想的国君。权力的争夺首先在贵族集团内部展开，而夺取政权的方式也不可能是通过协商或其他公正的方法，只能是宫廷政变或武装叛乱。所谓"君子之国，五世而斩"，就是这种权力再分配斗争的写照。在周王室统治衰败后，诸侯国之间为了开拓疆土，争夺霸权，又开始了新的互相兼并征服的战争。权力继承的矛盾和各种利益的竞争，是中国古代奴隶制崩溃和向封建社会发展的第一个特征。

竞争引起了一系列的需求。军事的发展成为国家生死存亡的第一需要，生产力和生产技术的发展往往首先应用于军事。从青铜兵器到铁制兵器，从车兵到步兵再到骑兵，从陆战到水战，从城市攻防战到野外大规模会战。军事的发展在春秋战国时代以惊人的速度向前推进，产生了像《孙子兵法》这样伟大的军事著作，吴起、乐毅、廉颇、白起这样的名将，涌现了城濮之战、马陵之战、即墨之战、长平之战等杰出的战例。从战争性质来说，似乎是"春秋无义战"，但战争确实打乱了旧的社会体制，最大限度地调动了人的主观能动性和聪明智慧。

战争是你死我活的事情，人们渐渐认识到决定战争胜负的几个基本条件：强大的国家经济实力，众多的人口，优秀的政治家和军事将领。要具备这些条件，最重要的是要有适合的政策。为了寻求发展，各国不同程度地进行了政治、经济等方面的改革。书中在这些方面记述的内容相当丰富，宣王三十九年，周军败于姜戎，周王"乃料民于太原"。这种统计人口的做法，是因为战争需要动员更多的兵力。管仲相齐，制定一系列新的法令，发展农业工商，使齐国具有称霸的经济实力和军事实力。然而这种改革可能一时奏效，也可能人亡政息，不能巩固。晏子就意识到：要想保持国家的长治久安，必须有一套稳定的制度，使得"民不迁，农不移，工贾不变，士不滥，官不滔，大夫不收公利"。最主要的目的，是要把人口稳定在土地上，使其从事各种生产，给国家带来更多的收益。战国时期的改革，比春秋时代更为彻底，由原来的政策性变革进化到国家行政体制的根本性改革。

郡县制是改革的第一步。这种地方行政制度最早也是战争的产物。一些大国为了巩固新占领的疆土，设立郡县，派遣官吏，使其成为国家直接控制的领地。这样做的目的也许是出于军事上的需要，实际上却是打破了分封制，为建立中央集权的封建制国家打下基础。商鞅变法的"废井田，开阡陌"和军功爵制是完全为巩固中央集权而制定的法令。其中最严格的法令就是控制户口，强迫农民为国家生产和作战。有了这样的变革，才有了结束分裂割据，实现统一的基础。

竞争和改革需要真正的人才。春秋时代的分裂和社会动荡，为一些本来身份低下的士人提供了发挥聪明才智的舞台。本书对"士"的发展演变叙述，引人深思。我们知道这是一个百家争鸣的时代，是一个人才辈出的时代。为什么中国历史上只出现了这样一个时代，而没有第二？书中的分析相当深刻。

乙编第五章中说："新士人是一个新的有着广泛社会联系和很大社会影响的知识分子阶层。他们在政治上不像过去的士那样'一朝委质，终身为臣'，在经济上也不再依靠奴隶主贵族的恩典和施舍度日。他们有独立的人格，也有了独立的思想，他们可以按照自己的意思去著书立说或发表言论，成了这一时期不同阶级和阶层的思想代表，因而有各学派和百家争鸣局面的出现。"

读过这一章，我的体会是：首先，"士"是社会需求的产物。这个阶层的来源是多方面的，是旧的等级秩序被打破后重新分化组合的。有没落的旧贵族，有受过教育的平民，还有军人、游民、流氓等复杂成分。他们之所以被称为"士"，是其或文或武，都有所特长。在各国相互兼并征战的形势下，各国国君和大臣都注重吸引人才为其服务。这种需求使得士人可以自由选择合适的君主，这种关系为士人提供了独立的人格和身份，这种独立的身份使得他们可以发挥自己的个性和特长。动荡的社会也为士人提供了广阔的活动空间和机会，深谋远虑的政治家，口若悬河的纵横家，乃至行侠仗义的刺客和鸡鸣狗盗之徒，都能找到一显身手的位置。

其次，动荡战乱的社会关系到每个人的切身利益，使得许多人考虑和探索社会发展的问题，也有不少政治家和思想家提出自己的见解和主张，希望能运用到实践中去，有所作为。这就造成了百家争鸣的局面。百家争鸣有助于改革和发展，但也形成了一种偏向：出于经国致用的目的，多数士人重权谋，重纵横之术，重眼前利益而忽视长远利益，没有一个稳定的信念。而孔子、孟子作为理想主义者，其主张得不到当时各国国君的重视，被认为没有实用价值。而儒家思想的价值恰恰在于它是维护封建大一统的思想基础，是可以被封建统治者长期利用的思想体系。法家重权术、重刑法，信仰暴力，轻视道德，商鞅、韩非、李斯虽然可以使秦国迅速强大，但其政策也为秦的速亡埋下了种子。百家争鸣是时代的产物，每家都有其产生的背景和存在的理由，尽管评价有所不同，但他们的思想对后代的影响是巨大的。

三

编写中国通史，是近现代历史学家不断延续的一项事业。从邓之诚的《中华二千年史》，到范文澜的《中国通史简编》、郭沫若的《中国史稿》，以及各高校联合或独立编写的中国通史教科书，大家都在不断探索通史编写的方式和经验。应该说，中国通史的编写水平，是在不断地向前发展。白先生总主编的多卷本《中国通史》，是一项浩大的文化工程。白先生积六十余年的教学和科研经验，创立了新的通史编修体例。《中国通史》第三卷是首先出版的断代分卷，对以后的各卷起到样板的作用。在总体框架设计、内容结构、指导思想、撰写风格等方面都有新的突破，开拓了编写通史著作的一条新路。

这一卷是由序说、综述、典志和传记四大部分组成。序说部分不是像通常著作中的简单介绍，而是详细介绍了古代文献、考古资料和研究成果。治先秦史的学者都知道，由于史料的稀少和年代久远，对流传下来的典籍首先要有考证辨别的功夫。不辨真伪，盲目引证，必定错误百出。在序说中介绍古代文献的基本情况，既说明本书的撰写是在拥有史料依据的基础上经过缜密的研究写成的，也给一般读者提供了进一步研究这段历史的入门途径。

考古发掘为我们提供了先秦时期的实物证据，也出土了大量文献资料。这些为我们提供了研究先秦史的最可靠的依据。没有深厚的考古和古文字学知识，就无法在先秦史研究上取得突破，这已成为先秦史学者的共识。本书的序说中不仅介绍了考古成就和甲骨文、金文的研究概况，而且提供了研究著作的书目。这对读者是很有益的。

先秦史研究中有两个大问题：中国古代社会形态和历史分期。多年来这两个问题一直是史学界研讨争论的重点。了解这个过程和一些有代表性的观点，对学习和研究先秦史都是很有必要的。序说部分最后简要介绍了 20 世纪以来中国史学发展的道路，主要研究成果和尚在研究中的重大学术问题。在本卷的最后，由徐喜辰、斯维至先生撰写了关于中国古代史分期和中国古代国家的形成的综合性论述。这在以往的通史著作中是没有的，是一个创新。凡是讲授过中国通史的教师都有这样的感受：要想讲好先秦史，就必须给学生讲清楚这两个大问题。苦于缺少综合性的论述，教师备课时往往要查阅很多资料，还可能有遗漏和片面之虞。白先生从事教学和科研工作多年，深知其中甘苦。在这一卷的序说和最后的附录中专门做了重点介绍，既使读者明了这部《中国通史》的撰写是建立在扎实的文献和理论研究的基础之上，也为各高校中国通史的教学提供了一个汇集当代史学研究最新成果的教材。

这一卷中的典志部分，写得很有特色。以往的通史著作都很重视国家制度的研究，但侧重点多集中在介绍各代的官制、土地和赋税制度及法律等方面。白先生综合古人修典志和当代研究成果，提出典志修撰的方向应该是"历史现象的剖析"，其内容应包含社会经济、政治、军事制度、法律、宗教、礼俗、地理、中外关系等多方面。这使我们想起恩格斯论述人类历史发展规律的一段名言："人们必须首先吃、喝、住、穿，然后才能从事政治、科学、艺术、宗教等；所以，直接的物质的生活资料的生产，从而一个民族或一个时代的一定的经济发展阶段，便构成为基础，人们的国家制度、法的观点、艺术以至宗教观念，就是从这个基础上发展起来的。"（《在马克思墓前的讲话》）从中国人最初的生存环境和生活方式入手，再现中华早期文明的全貌，是这一卷中典志部分的特色所在。

历史地理的研究表明：古代黄河中下游平原具有气候温暖、植被和森林繁盛、多湖泊等优越条件，因而成为中华文明的发源地。我们的祖先在这片广阔的土地上栖息、生产、迁移、开发，从狩猎到农业，早期粮食作物主要是粟、麦、黍、稷等。从制作生活器具开始有了手工业，从陶器到青铜器、铁器。生产规模的发展产生了官营手工业，产品的交换产生了商业。交通的发展促进了商品流通，出现了一批商业中心城市。本书详细叙述了这个发展过程，不是就事论事，而是通过历史的运动把它们写活，并通过这种描述来反映它们对中国历史发展的影响。例如，书中对交通道路和都市的发展变化进行了详细的考证，使读者了解古代中国是怎样从零散聚落发展为区域性诸侯国，怎样从黄河中下游地区向淮河、长江流域和北方扩展，到战国时期发展为以各国都城为中心的相互联系的整体，在此基础上出现了统一的中国。我们以前熟知的是春秋战国时代的战争史，大量的战争都是以攻城略地为目的。如果深究一步，进行这些战争的利益何在？为什么某个地区会成为争夺的目标，不了解区域经济和城市的发展，不知道当时的交通状况，就无法解释清楚。

传记部分占了《中国通史》第三卷近半的篇幅。在编撰体例上吸收了司马迁《史记》的长处，不仅为人物立传，而且包含了诸侯国的兴亡史和科学的发展史。这部分有两个特点：一是强调"通"的原则，二是古为今用，有所发展。

在《史记》中，帝王和诸侯国的历史列入本纪或世家，著名人物入列传。春秋战国时代诸侯国林立，兼并分化，情况复杂。要在综述部分中记述各诸侯国的兴亡沿革，不仅要花费很多篇幅，而且显得枝权过多，影响主题的发挥。在这一卷中，春秋战国时期的主要诸侯国被纳入传记部分，既分别叙述了它们的兴衰过程，又减轻了综述部分的负担，使综述部分可以集中叙述历史发展的主线。这样的排列应该说是比较合理的。

在诸侯国传记的章节设立和排列上，也表现出主编独具匠心的考虑。不是为每个诸侯国单列一章，而是采取两国或几个小国合并叙述的方法，如鲁卫、燕齐、晋郑、吴越等国。这样叙述有什么含义呢？据我个人理解，一方面考虑到分封的先后，另一方面则是出于区域划分的便利。我们知道《禹贡》中有九州的划分，这是战国时期人们对地理区域划分的一种想象。然而这种划分有其原因及合理的成分。在古代交通不便的条件下，山川形势往往是分隔人类居住区域的重要原因。我们把《禹贡》九州与春秋时代的诸侯国对照一下，鲁、卫相当于古兖州，晋、郑相当于古冀州，吴、越相当于古扬州，秦相当于古雍州，楚相当于古荆州。中国古代王朝大行政区的划分，如西汉十三州刺史部、唐朝开元十道，以及割据时代的诸国疆域，都与《禹贡》九州区域有相似之处。在叙述春秋诸侯国的历史时，考虑到区域发展的特点，有利于以后各卷叙述政区沿革和分裂割据，可以让读者更清楚地了解其中的一些内在联系。

如何写好通史中的人物传记，是一个新问题。它与一般的人物传记不同，受到篇幅和体例的限制，既要简约，又要把人物的特点写出来。特别是这一卷中的人物，司马迁在《史记》中已经写了很精彩的列传，要超过司马迁，谈何容易。白先生在《导论》第八章中就这个问题谈了自己的立意：要通过历史人物的活动来生动地反映历史，要从人物身上看到那个时代的特点。这个立意在《中国通史》第三卷中也得到了体现，有些传记写得相当好。特别是思想家的传记，如孔子、孟子、荀子等。传记不仅写了他们的生平事迹和主要活动，而且根据他们的著作，系统阐述了他们的思想，并对其价值和影响进行了客观的分析评价。这就是用历史唯物主义的新观点和方法写人物，超越了古人的眼光。

然而，我们在阅读人物传记时也发现一些有待解决的问题。与综述部分相对照，就产生了如何处理交叉重复的问题。白先生在《导论》中提出了处理这个问题的原则：综述部分里"在历史上有重大影响的人物要写。只写带有历史性的重要活动，不是写他的传记，他的传记放在传记部分去写"。但即使如此，仍不可避免地出现了一些重复。在一部大通史中，交叉重复肯定会有，但应尽量控制。

《史学史研究》1997 年第 1 期

分久必合的历史趋势

——白寿彝先生总主编《中国通史》第五卷读后

　　白寿彝先生总主编的《中国通史》第五卷，全面叙述了三国两晋南北朝的历史。这段历史虽然过程复杂、头绪繁多，却是中国古代史研究中比较深入、成果较多的一个领域。这些研究成果为《中国通史》第五卷的编修铺垫了坚实的基础，由何兹全、黎虎先生主编，汇集了国内一大批知名学者完成的这部著作，是集体智慧的结晶，是三国两晋南北朝史最新研究成果的体现和总结。作为一个曾经学过这段历史的学生、一个读者，感到受益匪浅。愿将读后的一些心得体会，就教于各位作者。

　　白寿彝先生主编这部多卷本《中国通史》的宗旨，是要全面反映中华民族发展的历史，体现国内各民族共同创造和建设祖国的历史。众所周知，三国两晋南北朝是中国历史上的分裂时期，以往对这段历史的记录，充满了杀戮和痛苦。如何以历史唯物主义的立场、观点、方法公正客观地再现这段历史，白先生在序说第四章中写道："三国两晋南北朝时期的分裂和动乱，长期受到人们的重视。但对这一历史时期在分裂和动乱中为自己寻求出路，却是很少有人注意到的。我们认为，这个时期在大量消极现象掩盖下，存在着积极的因素，国家的分裂为新的统一规模准备了条件，民族间的斗争为新的民族关系的协调准备了条件。"《中国通史》第五卷的作者们紧紧抓住了由分裂到统一，由民族冲突到民族融合这条主线，为我们写出了一部史实准确、论据严谨、文字生动的三国两晋南北朝史。

一

  三国是一段人们熟悉的历史。《中国通史》第五卷的作者在记述官渡之战、赤壁之战等著名战役以及曹操、诸葛亮等著名历史人物时，不是简单重复历史事实，而是力求有新的突破。他们在探索更深层次的问题：是什么原因导致了东汉末年的战乱和分裂，是什么原因使三国鼎立的局面维持了七十年才由西晋实现统一？

  我们知道，维持统一的封建中央集权国家有其特定的社会基础。就东汉来说，士族地主是封建统治集团的基础，国家军队是维护政权的基本力量，而广大自耕农则是从事社会生产，为国家提供赋税和经济来源的保障。这三者互相依存，维持着封建社会的平衡和稳定。但是东汉末年社会政治的黑暗，打破了这种平衡和稳定的社会结构，从而导致了社会动荡和战乱。

  桓、灵之际外戚、宦官的执政，搞乱了封建统治阶层中权力再分配的秩序，士族对皇室失去了信心，纷纷退出朝廷，返回乡里。他们形成了一个个地方势力，并不断扩充自己的力量。国家军队的腐败和衰落，逐渐丧失了镇压反抗和稳定局势的能力。州郡牧守各自为政，集政权、军权、财权于一身，成为盘踞一方的军阀。广大农民在残酷的剥削压迫下沦为无家可归的流民，造成社会的动荡不安和国家经济来源的枯竭。这些变化导致了东汉统治基础的失衡与动荡，所以黄巾起义被镇压下去后，东汉政权再也没有能力恢复集权统治，出现了军阀混战的分裂局面。

  秦灭亡后，经过楚汉战争出现了西汉的统一。绿林赤眉起义后出现了东汉的统一。而董卓灭亡后历史却没有重演，进入了三国的分裂时期。究其原因，是因为旧的社会体制崩溃了，而新的适应统一的社会基础尚未形成。正如典志第七章所指出："在镇压黄巾起义的过程中，豪强地主的私家武装获得了合法、公开发展的机会，实力急剧膨胀，演成尾大不掉之势。……东汉国家军队已转化成为各军阀私人控制的武装。""百姓流徙，居无定所，户口无法稽核"，生产和赋税都得不到可靠的保证。豪强地主建立起拥众自保的坞堡，具有相当的独立性，想削平这些坞堡，建立听命于政府的郡县基层政权，绝非易事。"因此，各军阀集团在激烈的角逐中，面对风云变幻，盛衰莫测的局势，莫不以眼前得失为转移，无暇顾及长远。"在曹操统一北方，吴、蜀相继立国，形势相对稳定后，各政权才有可能考虑社会重建措施，为统一创造新的条件。谁解决了分裂战乱遗留的社会问题，谁就能实现统一。

何兹全先生在综述第一章就指出："魏、蜀、吴三国的鼎立，是以曹魏的盛衰为发展主线的。"这是一个科学的论断。建安元年（196），曹操"以军事编制的形式，推行屯田。在当时北方普遍粮荒、农民大量脱离土地的情况下，这是较有效的保证军粮供应的举措，也在一定程度上解决了流民就业的问题，这对曹操军事力量的充实、政治威望的提高，都有重大意义"。屯田制不是作为权宜之计，而是作为制度在中原推广，解决了流民问题，稳定了社会，恢复了生产，增加了编户，为曹魏立国奠定了基础。

为了尽快结束北方混乱和豪强割据的局面，曹操"唯才是举"。一些出身寒微，"不仁不孝而有治国用兵之术"的人被选拔为官，为曹操巩固政权、打击豪强出力，并且收到一定的效果。后来曹丕行九品官人法，改为重门第、重德行，后来演变为西晋的"九品中正制"。这个选举制度为世家大族进入政权铺平了道路，有的学者对比曹操的"唯才是举"，认为九品官人法堵塞了寒门入仕的道路，是历史的倒退。典志第三章专门论述门阀制度，详细阐述了它的演变过程。其中谈道：作为选举制度，九品中正制最初的标准是"德"。这样一来，不仁不孝之士就选不上了。其实所谓"德"就是指某个士族地主在地方上的威望，也就是社会基础。这要具备一些条件：有显赫的门第和众多宗族的支持，或是才学出众，远近闻名的"名士"。这样的人做地方官，才能保持地方的稳定。寒门出身的酷吏能够震慑一时，但不能保持长治久安。曹丕用这种制度拉拢代表地方势力的士族做官，组合重建新的统治阶层来维持政权的稳定和强大。

统一要通过军事手段来完成，一支强大的、有战斗力的军队是实现统一的保证。曹操在屯田制的基础上建立士家制，实行职业世袭兵制。典志第七章指出：曹魏士家、郡县民、屯田民三者界限划分得比较清楚，曹氏政权注意保持他们各自承担义务的稳定性，不随意打乱这种界限，以求稳定社会秩序。因此曹魏士家基本上是依靠本阶层自身的人口增殖来补充的，这是比较有利于经济恢复和发展的政策。士家制度保证了曹魏政权的兵源，又把数量保持在比较合理的位置，不致因为战争驱使大量男人当兵，破坏国家经济。曹魏解决了士族、农民和军队的问题，巩固了封建统治的基础，也为统一创造了条件。

在曹魏的力量还不足以统一的时候，地理环境是造成三国鼎立的一个重要条件。吴依靠长江，蜀依靠秦岭，与曹魏对峙。但是蜀、吴的内政都存在不少问题，国力始终弱于曹魏。蜀国虽然有诸葛亮这样的良相，但益州土著士族与外来士族的矛盾始终没有解决，诸葛亮"兴复汉室"的理想，又使他连年出兵攻魏。《中国通史》第五卷的作者做了统计，蜀国征兵比例远远超出百姓的承受能力。诸葛亮出兵攻魏，道路艰险，补给线过长，原来保护蜀国的秦岭变成了他出兵的障碍。蜀国的实力在战争中消耗殆尽，终于被魏兼并。吴国将佃客和士兵分配给士族和将领，使户口和兵力分散，中央集权的力量明显削弱。当西晋在淮南、荆州做了充分的战争准备，在长江全线发起攻击，吴国也土崩瓦解，三分天下归于一统。研究三国分裂和统一的战争，不仅要看到战争的过程和战略战术的问题，更重要的是对各国的内政、综合国力做具体的分析。

二

民族问题是两晋南北朝史的核心。由民族矛盾导致分裂和动乱，由民族融合完成国家的统一。过去的历史大写"五胡乱华"，当我们冷静地考察历史，就可以看出：历史上的民族冲突，往往是居于统治地位的强大民族压迫少数民族造成的。西晋末年的民族矛盾与东汉三国战争的结局有密切关系。长年的战乱破坏了中原地区的经济，流民的迁徙导致北方人口的锐减。五胡内迁填补了黄河流域人口的空缺，这些少数民族在新的居住地繁衍生息，对北方经济的恢复起了积极作用。他们一方面受郡县管辖，一方面保留着他们的部落组织。这些少数民族是愿意与汉族和睦相处的，像刘渊这样的匈奴贵族自称汉家亲戚，热心接受汉族文化。但西晋统治者以"非我族类，其心必异"的偏见，排斥打击少数民族，不仅掠卖人口，而且要将他重新赶回塞外。刘渊愤怒斥责"晋为无道，奴隶御我"。当民族矛盾激化到一定程度，统治集体内部又发生动荡时，少数民族就乘机起兵反抗了。正如何兹全先生总结："刘渊的起兵，本是阶级斗争的性质，是被降为田客、奴隶的已经汉化了的内迁的匈奴人民对晋统治者的反抗。由于参加者大多是匈奴人，也就带有民族斗争的色彩。这种色彩，是在后来匈奴贵族对汉族人民越来越采取一些报复手段时，才浓厚起来的。"这是一个公正的评价，也是对历史上民族冲突教训的总结。

两晋南北朝的民族冲突持续了二百年，难以实现统一，是中国古代史的一个特殊现象。《中国通史》第五卷对这个问题做了多方面的分析。民族矛盾的发展要有一个过程，不可能在短时期内解决。在战争中建立起来的十六国少数民族政权，并不是成熟和体制完备的政权。在当时民族矛盾尖锐对立的状态下，少数民族统治者为了维持自身的统治，采取两种办法：一是"胡汉分治"，如刘聪设左右司隶统治汉人，又设大单于统领少数民族。这样的双重机构是弊多于利，加重了民族之间的不平等，结果民族矛盾未见减轻，反而加剧。二是用屠杀进行征服，像石虎之类的暴君，使汉族人民深受灾难，结果导致冉闵灭胡的报复行为，演出了一场民族仇杀的历史大悲剧。在这种民族仇恨的恶性循环中，是根本谈不上民族融合与统一的。

民族矛盾不解决，不仅不能实现统一，十六国政权也只能是不巩固的短命政权。从历史看，前秦的苻坚似乎有机会实现统一，前秦对东晋的战争，是一次统一的尝试。从军事实力看，前秦具有优势，但淝水之战却以前秦的失败而告终。就军事角度说，淝水之战只是一场中等规模的战斗，不是大型会战，前秦军何以一败不可收拾，苻坚的骄傲轻敌是原因之一。更深层的原因是前秦内部的不巩固，《中国通史》第五卷引证王猛的话说：东晋虽然偏安东南，却是正统所在；鲜卑和羌人是前秦的心腹之患，宜渐除之。这说明前秦虽然统一了北方，但它不是一个巩固的政权，民族矛盾依然存在。一个自身都不巩固的少数民族政权，是无法完成统一大业的。

《中国通史》第五卷明确表达这样的见解：胡汉分治、军事征服都不是民族融合、国家统一的正确途径，当各民族间处于不平等状态时，矛盾和对抗是主要的。少数民族政权的统治者只有与占多数的汉族平等相待，首先求得政权的稳固，然后为民族融合创造条件，接受先进的文化和制度，实行彻底的改革，才能实现民族关系的正常化，使政权稳定，国力增强，从而实现民族融合和国家的统一。十六国时期的统治者对汉族文化并不排斥，而且很敬仰。刘渊熟读汉家经典；石勒让人给他读历史，从中学习统治经验；赫连勃勃让汉族士人为其起草文书，背诵给南朝使者，显示其汉化程度之深。但他们都不肯抛弃本族的习俗制度，彻底汉化。北魏在统一北方的过程中，才开始了逐步汉化的过程。拓跋鲜卑在征服漠北游牧部落时，其方式与十六国时期基本相同。进入中原之后，发现游牧部落的体制不适用，于是"离散部落，分土定居"。鲜卑族封建化的第一步是从游牧方式向农业生产方式的转化，由民族隔离到杂居共处的转化。综述第五章第四节指出："民族杂居的各个地区，都经历过自己的行程，其中往往是很痛苦的过程。但一旦定居下来，在不同民族之间就可能有互相学习、互相融化的机会。无论是北方民族进入中原，或南方民族受到中原势力的冲击，无论其是否经过武力较量，都不能不在一定程度上接受汉化。接受汉化，实际上就意味着封建化。"经济基础的变化进一步导致上层建筑的变化。综述第三章第五节论述北魏孝文帝改革有这样一段话："北魏在中原建立以后，所面临的最大问题即如何处理这一广大地区的民族关系，其中包含如何对待汉族的先进生产方式、汉族的文化问题。随着历史的发展和北魏统治者政治野心的增长，这一问题就愈益突出。是继续保存拓跋氏旧的社会制度和旧有的文化习惯，还是捐弃旧俗，接受先进的文化，在新的历史环境中获得新生，北魏的统治者必须作出抉择。……北魏走汉化的路，可以说是历史发展的必然。孝文帝的改革是历史的产物，其改革思想是顺应历史的发展的。"

迁都、改制、均田，是孝文帝改革的基本内容，也是南北朝时期民族融合由量变到质变的一个转折点。然而民族融合是个渐进曲折的过程，不是皇帝一道命令就能完成的。孝文帝改革全盘接受汉族制度，损害了部分鲜卑贵族的利益，导致内部矛盾激化，也是北魏灭亡的原因之一。历史教训表明：民族融合应该是双向的，少数民族具有的优点，也可以被汉族民众接受。北周统治者就是这样做的，他们恢复鲜卑姓氏，府兵制也是继承鲜卑部落兵制形成的。这是不是历史的倒退呢？典志第七章指出："（这）是宇文泰企图在府兵系统中扩大鲜卑血缘关系，促成府兵将士鲜卑化的一种举动；也是宇文泰在大量汉族民众涌入府兵后，力求调和府兵系统内部汉—鲜卑矛盾、消泯民族界限所采取的一种措施。"这些行动对推进民族融合是有积极作用的。鲜卑民族尚武、豪放的气质也极大影响了北方的社会风尚。南朝士族颜之推到了北方后，感受到北方民风与南方腐化、萎靡的风气形成鲜明的对比，承认北朝的发展和进步，把亲身体会写在《颜氏家训》中。北周和隋朝推进并完成了民族融合，民族矛盾这个造成两晋南北朝二百年分裂的主要问题终于得到解决，统一大业也随之实现了。

三

南朝是汉族建立的政权，从民族情绪上说，南朝得到多数汉族民众的拥护，就连北朝统治者也承认南朝的地位。高欢说："江东复有一吴儿老翁萧衍者，专事衣冠礼乐，中原士大夫望之，以为正朔所在。"按理说收复北方失地、恢复统一的事业应由南朝来完成。祖逖、桓温、刘裕等也确实进行过多次努力，但是都没有成功。究其原因，不能简单归咎于南朝统治者的不思进取，偏安一隅。《中国通史》第五卷以大量篇幅对南朝政治、经济制度，尤其是世族门阀制度进行了深入的分析研究，揭示了世家大族在南朝历史上产生的积极作用和消极影响。

任何事物的产生和存在都与当时的历史环境相吻合，有其存在的合理性。东汉末年的战乱、中央集权的崩溃，使中原地区的社会陷入混乱。地方百姓为了生存，不得不采用最原始的方式——以宗族血缘关系为社会组织，修筑坞堡或举族迁徙，寻求一个自给自足的生存环境。正如典志第三章所指出的："随着大土地所有制的发展，封建大家族、宗族也同步发展起来。……大土地所有者逐渐演变成乡里、宗族的领袖。在其影响、控制下，乡里特别是宗族的凝聚力大大加强了。依靠这一力量，大地主家族平时可以左右地方治安，战乱时又可以聚集成千上万户宗族、宾客拥众自保，甚至组成一支有战斗力的武装。就每一个大地主家族、宗族言，和封建王朝相比，其力量自然是不足道的。但当这种力量在全社会中比重日益增加之后，就总体言，就构成上述足以迫使封建皇朝不敢再轻易限制、打击，不得不对其改变态度与政策的强大力量了。"这段论述揭示了南朝政治与经济基础的基本特征。

从东晋建国之日起，中央集权的王朝实际上就是徒有虚名。"王与马，共天下"的特点，显示出东晋王朝是司马氏与世家大族的联盟。在几次北方流民向江南迁徙的移民浪潮中，世家大族起到了一定的组织作用。举族南迁的世族到达江南地区后，仍保持他们的地望，占山垦田，修建庄园，吸引大量的宗族、部曲、佃客，形成新的地方势力。当他们建起新的基业，有了比较稳定的生活环境，就不愿将自己的人力物力投入收复北方失地的战争中去了。祖逖北伐的势单力薄反映出南下世族的冷淡，桓温、刘裕是权倾朝野的将领，他们的北伐有为个人树立威信的目的，虽然手握重兵，也因后方支援不继而相继失利。在南北朝之间的战争中，南朝军队经常处于劣势，其原因就是世家大族的庄园经济分散了国家的户口和财力，致使南朝政权无法集中全国的人力物力进行与北朝的战争。

士族门阀阶层是支撑东晋南朝统治的基础。随着历史的发展和演变，士族内部也发生了很多变化。东晋时期的头等大族，随着东晋的灭亡而衰败。南朝皇室内部的权力斗争和互相残杀，更使一些大族望而生畏。他们已经有了很高的社会地位和独立的经济地位，无需参与朝廷内部的政治斗争，而是甘居清闲位置，表现出一种超脱的姿态。只要他们的庄园在，依附人口不减少，他们的地位就不会衰败。所以，国家的命运、朝廷的更迭对世家大族来说都是无所谓的事情。正如综述第三章所说："门阀大族离开必争的'权力'，倒是因祸得福了。……他们优游岁月，无案牍之劳神，不必为政治斗争互相残杀而惊心，也不必为改朝换帝而动容，君统变易，朝代更迭，与己无关。他们像别人结婚时的宾客一样，有时为受禅者授玺而已。"不问国事，闭门自守的结局是南朝世族的灭亡，当西魏军破江陵后，颜之推三为亡国之人；庾信被俘虏到北方后，写下沉痛的《哀江南赋》；他们才真正体会到国运与家运的密切联系，痛恨南朝的腐朽政治。

世家大族自迁移江南落户、开拓建设到消极保守乃至衰亡的历史过程，说明了历史发展的两个方面：当一个国家处于分裂动乱时，地方势力组成自保自救的生产组织和军事组织，是维持生存的基本保证。世家大族迁徙江南，对稳定社会、发展经济起过一定作用。但是这种势力的成长与发展，严重削弱了中央集权。南朝贯穿始终的一种斗争，就是朝廷与世家大族争夺户口的斗争。国家户口被世家大族占夺，削弱了南朝的国力，最终导致了南朝的衰亡。世家大族也如覆巢之卵，遭受同样的命运。历史证明，南朝世家大族作为一种地方势力的代表，不可能成为推进国家统一的动力。

四

改革是推进统一的动力。在《中国通史》第五卷的许多章节中都突出强调这一主题。北朝最终战胜南朝，除了民族融合的完成这一条件外，主要是北朝经历了一系列改革，到北周形成强大的中央集权国家，在经济和军事上具备了统一南北的实力。

北朝少数民族建立的政权，比起南朝的汉族政权，从政治体制到各种制度都显得幼稚和不完备。但是北朝有一点胜过南朝的是，少数民族没有深厚的政治和文化积淀，接受新事物和进行改革的能力很强。从北魏建国的封建化过渡开始，北魏孝文帝的改革和北周武帝、隋文帝的改革，使北朝一步步向建立强大的中央集权制国家迈进。

北朝的改革是多方面的，其中与统一关系最密切的，是北朝军人地位的上升，这是北朝军事力量强大的基础。

鲜卑人是马背上的民族，靠征战起家，所以鲜卑贵族非常重视军功。贵族子弟以征战和戍边为荣誉，并将尚武的风气世代相传。出身卑微，在战场上功勋卓著的少数民族将领，一样可以跻身世族之列。典志第三章指出："北朝后期是：许多出身低微的'势族'，与按血缘关系区分的士族、姓族并存。前者实际上起着瓦解门阀制的作用。因为这些'势族'，不论胡汉，多半靠吏干、武功起家，儒学传统和文化素质一般很差。""北朝后期在政权中占主导地位的鲜卑贵族，在重视官位、权势的同时，还十分重视军功、吏干。东晋南朝重文轻武、重学识轻吏事之风，在北朝一直缺乏社会基础，无法广泛流行。"这种风气甚至影响和改造着北方的汉族世家大族，他们也教育后代重视习武，以战功求得升迁。到北周时，世族尚武已经形成风气，《隋书·长孙晟传》说："时周室尚武，贵游子弟咸以相矜。"

西魏、北周实行的府兵制是一项重大的军事改革。它的意义正如典志第七章中叙述的那样，宇文泰"广募豪右补充府兵，是府兵制度形成过程中的十分重要的一步；这不仅是当时宇文泰扩军的唯一可行的办法，而且通过此举将地方豪右控制的地主武装——乡兵纳入了封建国家控制的府兵系统"。将地方豪强大族控制的私家军队并入国家军队，使宇文泰有了充足的兵源。他的这种努力，确实起到了提高士兵社会地位和增强战斗力的作用。

北周武帝将府兵与均田制结合起来，进一步提高了军人的社会地位和经济地位。兵农合一为北朝提供了丰富的兵源，切实的利益调动了农民从军的积极性。"是后夏人半为兵"反映了府兵与均田制的结合是一条符合当时实际的富国强兵之路。有了这样一支人数众多，士气高昂的军队，北周和隋朝才具有了统一北方和最后统一全国的实力。

南朝的情况恰恰相反，典志第七章中为我们描绘了南朝兵户地位衰败的悲惨景象。三国曹魏实行的士家制，开世袭职业兵制的先河。曹魏政权十分重视军户的经济地位，使其高于屯田户，以维持兵源和士兵的士气。孙吴的领兵制则使国家军队逐渐演变为大族和将领的私兵，东晋南朝的军制比曹魏不如，比孙吴有过。正如书中叙述的："豪门权贵以'送故'的名义，使国家的兵户朝私门流动，变为私家控制的依附人口，这在东晋似乎已成定制。……这样，国家调发士庶地主的奴客补充兵户，士庶地主侵吞国家的兵户，使之变为私家的依附人口，形成了这个被压迫阶层人口编制上的特殊循环方式；在循环的整个过程中，他们始终处在低贱的社会地位上。"这个循环是一种恶性循环，南朝从地主的依附户口和流动户口中搜刮兵员，而低贱的身份迫使兵户不断逃亡。士兵的身份低贱到如此程度，其战斗力和士气是根本无法保证的。南朝的户口不断流向私家，使国家控制的户口越来越少，这也意味着国家可以动员的兵源日益减少。我们只要看一下隋统一前南北双方户口数量的对比，也就可以推算出双方可动员的兵力。军事实力的差距如此之大，所以隋朝大军越过长江，南朝军队人无斗志，望风而降，是历史的必然。

《中国通史》第五卷对三国两晋南北朝历史的记述，最有价值的地方是它不仅生动再现了历史现象，而且注重揭示规律。抓住历史发展中的积极因素，就能够找到出路,从分裂转向统一。对安定时期而言,汲取历史上分裂的教训,居安思危,防微杜渐,采取有效措施维护国家和民族的团结,才是长治久安之策。历史是一面镜子,《中国通史》第五卷就起到了这个作用。

《史学史研究》1997 年第 4 期

隋唐强盛的深层探索

——白寿彝先生总主编《中国通史》第六卷读后

　　白寿彝先生总主编，史念海、陈光崇先生主编的《中国通史》第六卷已经出版了。它以140万字的篇幅，全面叙述了中国封建社会的繁荣强盛时代——隋唐两朝的历史。众所周知，隋唐史是中国古代史研究中成果丰硕的领域。我们已经熟知唐太宗的伟业、长安城的壮观、丝绸之路的繁华和百花齐放的文学艺术，如何在以往的研究成果基础上取得新的突破，写出一部更深刻、更广泛和富有新意的隋唐史，并对多卷本《中国通史》起到承上启下的作用，是本卷要完成的艰巨任务。读完这厚厚的两卷本，我们高兴地看到：诸位学者的通力合作，产生出一部视野宽广、论证坚实、观点新颖的隋唐史著作。它不仅为我们完整地阐述了隋唐的历史过程，而且从多方面、深层次探索了隋唐强盛发展的内在原因，使读者深受启迪。下面，我从几个方面谈谈读后的感受，就教于各位作者。

一

　　白寿彝先生在本卷的题记中指出："隋唐时期，是中国封建社会内部发生重大变化的时期。在田制、税制、官制、军制、法制、选举制度、行政区域的划分上，都有不同程度的变化，对后世有较大的影响。民族的重新组合、社会

289

阶级、阶层所发生的新的变化，都是应当予以阐明的历史性重点。"本卷作者们抓住"重新组合"这个主题，从多方面论证隋唐强盛的内在原因。

纵观中国封建社会各王朝的历史，我们可以看到这样一个规律：以汉族为主体的中央政权如何处理与周边少数民族的关系，是国家安危和疆域伸缩的关键所在。具体地说，是如何对待强大的北方游牧民族。汉朝对匈奴的政策是：在军事力量弱于对方时，就采取"和亲"政策；当军事力量强盛时，就进行决战，用武力征服对方或迫使其迁徙，以保障北方边境的安全。隋朝在统一之后，依然沿袭了汉代的政策，对突厥进行了几次战争。隋炀帝率大军巡游，也带有炫耀武力和迫使突厥臣服的意图。事实证明：这种敌视少数民族的立场，不可能解决民族矛盾，也不可能保持北方边境的安全。隋亡之后，突厥趁机南下，又给唐朝造成了巨大的压力。如何能摆脱这种恶性循环，缓和民族矛盾，为国家的统一和稳定创造条件，唐太宗采取了新的政策。正如综述第七章所说："唐太宗对少数民族的基本态度，是'降则抚之，叛则讨之'。也就是各少数民族只要不公开与唐对抗，就对其实行羁縻政策，以各部的酋长为都督、刺史，仍按其原来的风俗习惯、社会制度，对本族进行统治。反之，侵扰内地或对唐有严重威胁者，就用武力解决。"这个政策取得了明显的效果。

综述第三章"疆域和行政区划及其变迁"、第四章"隋唐各民族的分布及迁徙"、第七章"强大的封建专制国家"、第十章"封建经济的发展"，都谈到唐初在周边少数民族区域建立羁縻府州的情况。并称"这是唐代特有的制度"。以这样多的篇幅来叙述此事，反映出它对唐初统一和强盛的重要作用。

史念海先生以历史地理的方法研究了隋唐政权与游牧民族的冲突，指出："隋唐两代都有广大的版图，也各有若干臣附的属国。隋唐两代直接统治并设有州（郡）县的地方，都是在农业地区和半农半牧地区。当时它们和邻国相争执的地方，大半都是在这半农半牧的地区。"根据他的划分，半农半牧地区包括北方的阴山、贺兰山，河西走廊的祁连山、合黎山、龙首山，河北的燕山。这些地区的气候条件和水草资源，比蒙古高原和青藏高原都要优越。游牧民族定期向这些地区迁徙，是为了寻求牧场，是生存的需要。中原王朝为了巩固其统治和防御游牧民族的南下，就必须完全控制半农半牧区。于是就有了秦汉长城和防御体系。历史证明，这样做的结果是耗费了内地大量的人力和财富，但未必能达到预期的目的。当中原王朝强盛时，游牧民族就"内附"，取得在半农半牧区生存的权利。当中原王朝分裂内乱时，游牧民族就乘机南下，占领半农半牧区并向农业区扩张。

贞观四年，唐太宗派兵平定东突厥后，在讨论如何安置突厥降户时，采用了大臣温彦博"全其部落，顺其土俗，以实空虚之地，使为中国扞蔽"的建议，设置羁縻都督府。以后平定漠北、东北、西域，又将羁縻府州的制度推行到各个部族。这些少数民族部落在臣属于唐朝的同时，保持着相当程度的自治。部落可以保全，酋长可以世袭，行政上实行蕃汉双重体制。这在中国封建社会是一个首创。其结果是唐朝的疆域和势力范围急剧扩展，东到黑龙江的黑水都督府，西到中亚的昭武九国，南至南诏、安南，北至贝加尔湖。远远超过了汉朝。少数民族在半农半牧地区有了安定的生活。对于稳定北方、繁衍户口、发展畜牧业，起到了积极的作用。随着时间的推移，他们逐渐向内地迁徙，与汉族融合，成为唐朝的编户。

羁縻制度不仅是一种带有民族自治性质的行政制度，也含有军事征发的性质。游牧民族的骑兵被编入唐朝军队，突厥、铁勒九姓、奚、契丹等族在唐朝平定西突厥阿史那贺鲁部叛乱，反击高丽扩张的战争中，发挥了重要作用，涌现出契何力、阿史那社尔等一批名将。蒙古出土的突厥文《阙特勤碑》自述突厥骑兵为唐朝作战，向东到达太阳升起的地方，向西到达西域的铁门关。在战争中少数民族与汉族逐渐融合，蕃兵蕃将成为唐朝军队中最有战斗力的组成部分，在保卫唐朝领土和消灭内乱中成为骨干力量。我们注意到：唐朝没有效仿汉朝、隋朝，动员大量人工修筑长城，但却收到比长城更好的效果。其原因就是北方少数民族转化成维护边境安全的积极因素。

《中国通史》第六卷以大量事实说明：唐朝前期的强盛，得益于处理民族关系和民族政策的成功。主要是唐朝统治者能以包容宽厚的态度对待少数民族，建立一种和谐的关系。通过开驿道、通商通婚、吸引部落酋长到朝廷做官等方式，与少数民族和睦共处，实现了一种新型的民族融合和重组。如果说南北朝时期的民族融合是在战争和动乱中，在少数民族的迁徙和衰落过程中被动形成的，那么唐朝的民族融合和重组则是一种主动的行为。综述第七章引用唐太宗的话说："自古皆贵中华，贱夷、狄，朕独爱之如一，故其种落皆依朕如父母。""汉武帝穷兵三十余年，疲敝中国，所获无几；岂如今日绥之以德，使穷发之地尽为编户乎！"从战争状态到民族和睦，从边防对峙到休养生息，北方游牧民族从威胁内地的祸患，转化为维护国家稳定统一、开拓疆土的依靠力量。从贞观到开元百余年间，唐朝政府坚持了这种民族政策，使其成为统一多民族的强盛帝国。历史的经验对今天仍有借鉴作用。《中国通史》第六卷对隋唐民族关系的研究和总结，达到了一个新的高度。

二

《中国通史》第六卷中，详细叙述了隋唐时期社会阶级和社会阶层的重组，研究了这些变化给隋唐政治和社会生活注入的活力。序说第四章指出："隋唐两代承南北朝之后，重新组合已成定局。既已重新组合，就会发出新的力量。隋代历年虽甚短促，这样的力量就已经有所显现。到了唐代更是分明可见。唐朝中枢大员，不必细考其个人的生平履历，仅从姓名之间就可略见其时的风尚。……至于边庭将帅，尤其是无间华夷。重新组合并处，得以各尽所力，这也是难能可贵的。"这段话具体表现在两个方面：士族门阀制度的变化导致社会阶层的重新组合；科举制度为唐朝统治提供了丰富的人才，新兴的庶族阶层成为封建统治集团的主流。

自东汉至唐初延续了几百年的士族门阀制度，是一种以宗族血缘关系为基础，以地区性地主集团划分社会等级和分配政治权力的制度。在长期的分裂动乱时代，士族门阀地主曾经起过维护地方稳定、延续传统文化的作用。他们与朝廷是相互依存又相对独立的关系。尽管政权更迭，对士族的地位影响不大。他们依然拥有社会地位和政治上的特权，"上品无寒门，下品无士族"。门第观念造成了政治上的僵化，皇帝只能在有限的范围内选择人才，而许多人才则因出身寒微被排斥在统治集团之外。到南北朝后期，北魏和梁朝都在试图改变这种制度。北魏将鲜卑贵族列入士族，并与汉族士族通婚，混淆门第的界限。南朝则任用寒人掌机要，改变统治集团的成分，加强皇权的力量。

　　隋唐统治者对士族门阀的态度是双重性的。一方面他们也崇尚门第，中唐时代的苏冕还说："创业君臣，俱是贵族，三代以后，无如我唐。"另一方面他们在政治上有意削弱士族的地位。唐太宗立《氏族志》，将山东老牌士族列为三等，以当朝品秩为高下。武则天立《姓氏录》，凡有军功官至五品以上者皆可称为士族。旧士族对此深恶痛绝，称之为"勋格"，而大量的庶族地主却因此而提高了社会地位，进入统治集团。到晚唐时，旧士族退出了历史舞台。"言李悉出陇西，言刘悉出彭城。""冠冕皂隶，混为一区。"综述第十章叙述了这个历史演变过程后，总结了三条：（1）士族门阀的社会地位逐步和官品高低融为一体。（2）科举制度和庶族地主地位的上升促使士族门阀制度进一步衰落。（3）唐朝皇帝有意削弱士族地位，是要打破旧的传统，为统治集团注入新的活力。

　　历史事实告诉我们，当一个新王朝产生时，统治者在如何巩固政权的问题上面临两种选择：一是联合旧有的地主集团，取得他们的支持，与他们分享权力；一是培植新的势力，形成新的统治集团。事实证明：前一种方式可能是稳妥的，但这个政权是没有活力的，很快就陷入僵化和腐朽。后一种方式可能有风险，却能给新政权带来勃勃生机，使社会向前发展。隋唐统治者的目标是建立大一统的中央集权帝国，对人才的需求使科举制应运而生，并对国家的强大和发展产生了积极的推动作用。

典志第九章详尽叙述了隋唐的科举制度。指出"这时的科举制度刚刚冲破了以门第取人的九品中正制的樊笼，正处在具有很大活力而能发挥积极效力的崭新阶段，可以说是解放人才的制度"。所谓"解放人才"，就是"打破了九品中正制下由一小部分世族豪门垄断选举权的局面，于是，士不分门第高下，人不问世族寒门，一般人士均可报名投考，从而扩大了选举范围，使封建国家的选举制度能够发挥更大的效力"。在相对公平的条件下，通过竞争，使大批人才脱颖而出。再配上相应的官吏任免制度，封建政权有了充足的后备官员，使皇权得到充分的加强。

科举制的活力还体现在考试的内容和方式上。根据统治的需要选拔人才，不拘一格地选拔人才，是科举制成功的又一体现。考生来源上，既有国家学校培养的"生徒"，又有家学传授或自学成才的"乡贡"，军人则去参加"武举"。贵族子弟也可通过"资荫"获得一些照顾。只要有真才实学，就能得到考试的机会。考试内容上，分为经典、策问、杂文三部分。经典测试考生对封建正统道德规范的理解；策问要求考生针对当时政治、军事、社会、文化的一些问题发表自己的见解；杂文考诗赋，测试考生的文化素养和文学天赋。这些考试对考生提出很高的要求：他不仅要能熟读经史，而且要密切关注国家大事和现实生活，并显示出治国安邦的实际能力。诗赋则是检验人的个性和创造性，没有过人的才能是写不出好诗的。对那些在某些方面具有专长的人，朝廷还不定期举行"制举"考试，广泛收揽各种人才。应该说，隋唐的科举制度曾经选拔出一大批政治家、思想家、文学家，他们不仅对当时社会的发展做出了贡献，而且对后代也产生了深远的影响。当明清科举以八股取士的时候，考生确实是严格按照朝廷的命题做出非常符合规范的答卷，但是那种个性和创造性却消失了。科举制变成了制造官吏的机器，却不生产天才。

典志第九章评价隋唐科举制说："（这）对人们通过考试竞争而进入仕途来说，就具有了一定程度的公平性和广泛性，使得一部分处于社会中低层而了解社会实际的优秀人物取得参预政治和管理国家的权力。这样，既能调动人们的积极进取精神，扩大选取各种人才的范围，又能提高行政官员的素质，完善封建社会的管理，从一个方面促进了当时社会的进步和强盛。"这是唐朝前期的写照。晚唐时期政治走向腐朽，朝政和选举由少数官僚特权集团把持，成为结党营私的工具，并形成了僵化的社会等级。初唐的强盛风光成为历史，封建王朝又无可挽回地走向衰败。

<h1 style="text-align:center">三</h1>

　　《中国通史》第六卷以浓重的笔墨，详细描述并深刻探讨了隋唐强盛的经济因素。对于任何一个繁荣强盛的王朝来说，强盛当然最主要体现在经济上。以往的通史著作重在陈述，农牧业、手工业、交通运输、商业往来，虽然面面俱到，却有老生常谈之感。《中国通史》第六卷有关经济的章节，不仅在陈述上深入了许多，更从历史地理的角度，突出阐述交通的发展与唐朝强盛的关系，以及唐前期北方牧区的发展、唐后期江南经济的发展对唐朝命运所起到的关键作用。这些深层的研究探索不仅是隋唐史研究的新突破，也给读者以纲举目张的全新感受。

　　在两晋南北朝漫长的岁月中，军事对立使南北双方在交通要道和江河渡口上设立军镇关防，隔断了南北的交通。杜佑在《通典·州郡典》中综述历代沿革，特别提到南北朝在黄河、淮河、长江沿岸设置的军事重镇。北朝分裂为北齐、北周时，又在黄河、太行山一带布防。当时的重要城市军事作用明显超过经济作用。汉魏洛阳城的西北角有个金墉城，这个城中之城实际上是个军事要塞。这样的大环境下，交通尚不能通畅，经济发展和交流更不可能。隋统一后，即着手平毁关防险阻，打通南北的水陆交通。隋炀帝开运河，意在加强对江南的控制。他带领大军到塞北、陇右巡游，与当年秦始皇巡行的目的相同。隋朝抛弃了遭受战争破坏的汉魏长安、洛阳旧城，兴建规模宏大的新都城，显示了统一和强化中央集权的决心。隋朝虽然短促，却为唐朝的统一和繁荣打下了基础。

典志第七章叙述隋唐的交通与都会，指出："隋唐两代，前后相继，版图开阔，可以上迈秦汉。……在此广土众民的国家中，欲妥为治理，就必须整治往来道路，使政令不至壅塞。交通发达，都会亦相继兴起。"发展交通的目的首先是为了便于统治。而交通的发展必然导致经济和商业的繁荣，首都和各地区的中心城市也由此发展为一方都会。这是隋唐强盛的主要条件之一。

长安在唐以前多次被选为首都，主要是因为关中地区军事上易守难攻，"四塞之国"的地势把关中和中原、江汉地区隔开。唐朝建立后，即大力开辟长安的对外交通。史念海先生考证：唐代26座重要关隘，有12座分布在长安周围。这并不是说明长安的封闭，反而证明有12条交通干线通向四面八方。这样，以长安为中心，形成了一个向全国辐射的交通网。以黄河、长江水系和大运河为干线，又形成了沟通南北的水路交通网。《通典·州郡典》在每个州郡名下都记载四至八到的里程，说明唐朝交通的发达。典志第七章具体叙述了长安、洛阳通往各地的交通道路，并叙述了太原、江陵、扬州、益州等重要城市的交通状况。由于大运河的繁荣，在运河沿岸发展起一些十万户以上的新兴城市，如汴州、魏州等。边远地区的城市也在唐朝对外经济往来的基础上得以发展，如"丝绸之路"上的凉州、沙州、西州，东北的营州、蓟州，西南的姚州，岭南的邕州、安南府等。海上交通的发展使扬州、明州、登州成为商业港口城市。通过对唐朝交通线的研究，在读者头脑中描绘了一幅完整的地图。我们得以了解唐朝的经济和城市是怎样繁荣起来的，是怎样由中心都会向外界扩展的。交通是发展经济的前提，也是唐朝繁荣强盛的基础。

唐朝前期何以能够大力向外扩展疆域？"安史之乱"后唐朝又何以能维持百年不亡？政治上的原因大家都比较清楚。但经济上的原因众说纷纭。《中国通史》第六卷的作者抓住两个重要问题，进行了深入研究。一个是唐前期北方半农半牧地区养马业的发展，一个是唐朝后期江南经济对政权的支持。

在综述第二章和典志第一、三章中，作者强调指出："隋及唐代前期都有强大的军力，其中骑兵居有重要的地位。唐代更重视养马，养马的地区跨有陇右、金城、平凉、天水四郡，幅员已达千里，犹为隘狭不足以容纳，因扩展到河曲。寻又扩展到岐、豳、泾、宁四州，再后又扩展到盐州和岚州。这样的一再扩展，显示出对于半农半牧地区的善为利用。"我们知道这些地区原来比较荒凉贫穷，自北方少数民族相继内迁定居，这些地区人口增加，牧业发展。唐朝政府又设置国家牧场，大量繁殖良种马。由于拥有众多的马匹，唐朝的骑兵特别强大。由移民到养马，由扩充骑兵到征战四方。陇右和关内道北部的半农半牧区是维持唐朝前期强盛的战略基地。"安史之乱，中原各地相继板荡，陇右诸州亦为吐蕃所略有，养马地区尽数丧失，唐朝军队也就难得再像以前那样威武。为了继续取得马匹，只好购自回纥，可是高昂的马价，也使唐朝难以负担。在这样的情况下，唐军不仅不能再扬威于周边地区，就是对于跋扈的藩镇也无可奈何。"这样强烈的对比，显示出马政在唐朝盛衰过程中占有何等重要的地位。

隋唐前期的经济繁荣，很大程度上依靠运河。贯通南北的大运河将关中、中原、江淮和江南四大经济区联为一体，使地区的经济交流和商业往来迅速发展到一个新的顶点。运河沿岸发展起一批新兴城市，大量的船只将南方的粮食和各种物资源源不断运往长安、洛阳，漕运维持着唐朝的国运。"安史之乱"和以后藩镇割据的局面，使运河的漕运时常中断，直接威胁到长安的稳定。中晚唐中央与藩镇的斗争，焦点就是争夺运河的控制。正如序说第四章所说："安史之乱中原遭到破坏，乱后也无从恢复。皇朝所需的漕粮就不能不仰给于长江下游三角洲太湖流域，再廓而大之，就是东南八道。""由东南八道运输漕粮达到长安，主要依靠一条汴河。唐代后期，皇朝为了和跋扈藩镇争夺汴河的控制权，曾经费了偌大的心力。"《中国通史》第六卷的作者们抓住这一主题，从多方面进行了论证。在"经济重心南移的趋势""江淮以南农业的发展及关中漕粮主要供给地的南移""商业城市的变迁""商业交通路线的变化""以'扬一益二'见称的经济都会的交通道路"等章节中，叙述中晚唐时期经济形势的变化和经济格局的重组，江南经济对唐朝政权的支持作用。但是这种经济的发展，与唐朝初期以"丝绸之路"为代表的经济发展有很大的区别。"丝绸之路"反映了唐朝的强盛和对世界的影响，而中晚唐江南经济的发展则主要是为了维持唐朝的统治。结果是唐朝灭亡，而经济重心则由中原转移到江南。

四

隋唐是中国封建社会的盛世，也是当时世界上最强大、最先进的封建帝国。《中国通史》第六卷的作者们不仅把隋唐史作为中国历史的一部分，而且作为世界历史的一部分，对隋唐时期中国对世界文明发展的贡献做了充分的肯定和详细的论述。正如综述第十二章中说："隋、唐不仅在中国历史上占着极为重要的地位，而且在当时的世界上也占着非常重要的地位。在整个人类历史的进程中，曾经发挥过先导作用、楷模作用以及东西方经济、文化交流的桥梁作用。"

隋唐之所以强盛，国家的统一和经济的发展是基础。社会的开放，汉族与少数民族、中国与外国在经济、文化等方面的广泛交流是推动社会进步繁荣的动力。南北朝以来的民族融合，到隋唐又有更大的发展。隋唐统治者对周边少数民族采取了包容的态度，促使少数民族纷纷向中国内地迁移，在唐初形成一个民族融合的高潮。综述第十章专述"民族杂居地区的封建化"，在叙述河陇、灵夏、幽蓟等边地民族融合的情况后指出：在民族杂居、融合的过程中，各民族的文化、风俗也在逐渐改变，慢慢地趋向一致。汉族先进的经济、文化对少数民族产生巨大影响，而少数民族的文化风俗也在汉族中也传播风行。经过消化吸收后，这些文化逐渐消除了胡、汉的区别，成为同一地域的共同文化。在融合过程中诸族互相通婚，也改造了汉族的血统和成分。这种融合，使以汉族为主体的中华民族焕发出新的活力，在观念上、伦理道德上、文化上都产生出一种开放的、朝气蓬勃的新气象。

一方面积极地吸收外来文化，一方面输出本国先进的文化，隋唐作为当时世界上最繁荣强盛的帝国，为世界文明的进步和发展起到了推动的作用。中国的政治制度、礼仪、文化传播到日本、新罗，在两国中掀起学习、仿效中国的热潮。从国家体制、道德法律、宫廷建筑、服饰礼仪乃至文字，无不仿效唐朝。两国政府以极大的热情，不断派出"遣唐使"来中国取经。日本推行的"大化革新"，将唐朝制度移植到本国，使日本向封建化迈出了一大步。日本学者承认："日本古代人们生活，在精神和物质两方面，都因中国文化的输入而丰富起来。"直至今日，在中国早已消失的唐朝文化，还作为日本民族文化的遗产存在，可见唐朝文化对日本的影响之深。

综述第十二章谈到，唐朝的造纸技术在 8 世纪经阿拉伯传往欧洲，中国丝绸在唐朝由陆路和海路传往西方，成为世界性的贸易活动。长安和洛阳是当时世界贸易的中心，西域胡商、波斯商人在唐朝与欧洲的贸易中充当了主要角色。从长安到遥远的巴格达、君士坦丁堡一直到罗马，我们看到这条长长的道路是怎样成为东西方交流的纽带和桥梁，而它的源头在中国。如果说哥伦布发现美洲是欧洲人最引以为豪的成就，那么唐朝在推动欧洲向文明社会进步中曾起过怎样重要的作用，是中国历史学者应当认真研究的问题。

《中国通史》第六卷为我们展现了一部内容丰富、探索深入、观点新颖的隋唐史。作者们汇集了史学界、考古界的最新研究成果，并在历史地理、民族关系、政治制度、经济文化、中外交流等方面显示出自身的特色。正如白寿彝先生所说，既有深厚的功底，又有高屋建瓴的历史见识。他们辛勤的劳动和取得的成就，应该给予充分的肯定。但也应指出，编写这样鸿篇巨著的《中国通史》，在我国还是第一次。在编写工作和编修体例上都是新的探索，有些问题还需要研究解决。

例如，内容上的交叉重复是各卷都存在的现象。这是纪传体史书不可避免的。问题是如何通过主编的组织协调和作者们的相互配合，尽量减少不必要的重复，让有限的篇幅反映更丰富的内容。在第六卷中，长安和洛阳在综述中已经有专门的章节介绍，但在典志和传记中仍频繁出现相近或相同的内容。确实，长安和洛阳是隋唐文明的集中体现，任何一个章节的作者都不可能完全抛开不谈，但是重复的多了，就要影响全书的质量。有关唐太宗的叙述也存在类似问题。这对编写工作提出一个要求：在全书章节框架确定之后，作者们应当认真商讨内容的编排，尽量避免交叉重复。而不是在成稿之后，由主编来承担这样繁重的任务。

在以前的隋唐史著作中，文学艺术都是作为重要内容来介绍的。它们是中国传统文化的宝贵遗产，值得大书特书。但是根据《中国通史》统一的体例，第六卷中无法反映这些内容。综述中有学术文化一章，反映隋唐的经学和史学。典志中有音乐、礼俗两章。有关文学艺术的内容，主要是通过传记中一些著名诗人、文学家、艺术家的传记来反映的。虽然主要的内容都反映到了，但是其发展大势、流派、变化，用个人传记就很难全面反映。在遵守全书体例的前提下，针对各朝的特色，能否在章节上做相应的调整和加强，也是应当研究的问题。我们希望，这部多卷本的《中国通史》出齐之后，能够在 21 世纪进行修订。在已经取得的成就基础上，向尽善尽美的目标继续努力。

《史学史研究》1998 年第 3 期

分裂与繁荣的对立统一

——白寿彝先生总主编《中国通史》第七卷读后

    五代辽宋夏金这个阶段，在中国历史上的地位一直不高。传统史学观点都认为这是继魏晋南北朝之后的第二个分裂时期。战争的杀戮和人民的苦难，给人们的心里留下了深重的阴影。然而人们也不否认："积贫积弱"的宋朝，曾拥有中国"四大发明"的三项，指南针、火药和印刷术的出现将世界文明大大向前推进；《清明上河图》描绘的开封，是当时世界上最繁华的都市；马背上的契丹、女真人，是在北京修建都城的创业者。白寿彝先生总主编的《中国通史》第七卷，站在民族平等的立场，以全新的眼光和角度，再现了这个时期的历史。他在卷首的题记中指出："这是中国封建社会继续向前发展时期的历史，也是中国各民族又一次重新组合时期的历史。汉族地区经济重心的南移，南海贸易的畅通，边疆民族地区封建化的加深，都是前所未有的。在学术文化方面，文、史、哲、理均有巨著，且树新声。我们应该看到这时期有关的各民族在政治上都应有他们平等的地位，都各有他们对历史的贡献。""旧说简单地认为这段时期的历史是混乱、分裂时期的历史，只能是皮相之谈，是不足取的。"如何认识这种分裂与繁荣的对立统一现象，从现象去探求深层的本质，是五代辽宋夏金史研究需要回答的问题。读了《中国通史》第七卷后，我们高兴地看到这段历史的研究，取得了突破性的进展，这本书给读者展现了一部全面的、客观的五代辽宋夏金的历史。

一

五代的动乱，是唐朝种下的祸根。"安史之乱"后形成的藩镇割据，严重削弱了中央集权。藩镇集地方政权、军权和财权于一身，它们与唐朝的关系从君臣关系变为相互依存的关系。当唐朝在农民大起义的冲击下崩溃时，就进入了藩镇割据和相互兼并的五代十国时期。这些藩镇的实力尚不足以完成统一，分裂就延续了一个相当长的过程。赵匡胤建立宋朝后，立志于恢复强大的中央集权，彻底根除藩镇割据的隐患。针对"方镇太重，君弱臣强"的主要矛盾，他采纳赵普的"稍夺其权，制其钱谷，收其精兵"的建议，对官制、兵制和财政制度做了大幅度的改革。应该说，他的改革确实铲除了藩镇滋生的基础，使宋朝恢复了高度中央集权的统治。但一个倾向掩盖了另一个倾向，高度的集中制约了政权和军队的活力，由此产生的僵化和官僚主义形成了新的、更严重的问题。

在中国古代史中，中央集权王朝建立初期有两种不同的表现：一种如西汉、唐朝，政治简约，君臣协作，迅速走向强大；一种如东汉、西晋，政权建立后马上陷入权力再分配的斗争。北宋恰恰属于后者。究其原因，是如何处理君臣关系的问题。《中国通史》第七卷以大量篇幅，描述了赵匡胤登基前后的行为。赵是军人出身，以政变方式夺取政权。他的"义社十兄弟"是协助夺取政权的骨干。阴谋家的心态，总是怕自己的亲信以其道还治其身。赵匡胤在对这些将领封爵赏赐的同时，也在考虑如何剥夺他们的权力。他以"杯酒释兵权"的手段夺去石守信等人的军权，又以种种手段使这些将领或主动辞职，或遭到贬斥。这些措施取得了政治上的成功，却严重损害了君臣关系，在北宋朝廷中形成了互不信任、尔虞我诈的不正常气氛。结果，赵匡胤自食其果，被兄弟赵光义谋害。作为赵匡胤心腹的大臣赵普，此时见风使舵，编造"金匮之盟"的谎言，为宋太宗的政变制造合法证据，可谓品德卑劣之极。宋太宗死后，他宠幸的宦官王继恩与李皇后谋立赵王，亲太子的宰相吕端扣押王继恩，扶太子即位。在登基典礼时，吕端还亲自上前验明太子正身，才率领群臣拜呼万岁。《中国通史》第七卷在吕端传记中生动描绘了这一幕，让读者了解"吕端大事不糊涂"的真正含义。

在封建社会中，统治阶层的人事关系，是在国家政治中起主导性作用的因素。如果统治阶层内部相对团结，君臣就能形成合力，对内保持稳定，对外开拓征服。如果统治阶层内部矛盾重重，君臣貌合神离，互不信任，朝廷政治就会变得复杂和险恶，产生一系列的不良后果。北宋的官制是互相制约的制度，军权是枢密院与三帅分掌。所谓"天下之兵，本于枢密，有发兵之权，无握兵之重；京师之兵，总于三帅，有握兵之重，而无发兵之权"。在唐朝"事无不统"的宰相权力，也在宋朝被分化了。分权就要多设机构，机构多了就扯皮，结果是机构越多，行政效率越低。官员越膨胀，国家养官的财政开支就越大。《中国通史》第七卷在典志中用了大量笔墨，才将宋朝复杂的政治制度基本说清。

即使没有陷入政治旋涡的官僚，在这种制度下也被压抑了主动性和创造性。宋朝官僚机构中，一切因循守旧，以老成持重为务。有慷慨陈词要求改革的，便被视为异端，遭到排斥和非议。多数官员都唯恐承担责任或招惹事端，影响官位，腐朽的官气和暮气笼罩朝廷。政治上既无进取，官员们便专心捞取经济利益。赵匡胤"杯酒释兵权"的成功，在于他以丰厚的物质待遇赎买武将。以此为例，朝廷官员和将领在退休时都需要国家支付一大笔开支。结果，尽管北宋的经济是在不断发展的，但社会财富的积累赶不上官员膨胀的速度，"冗官、冗兵、冗费"的开支使国家财政捉襟见肘，所谓"积贫积弱"的局面就是这样形成的。在中国封建社会后期，这几乎成了历朝历代的不治之症，北宋王朝实为始作俑者。

南宋只剩下半壁江山，君臣本应励精图治，以收复失地为己任。但事实并非如此，宋高宗考虑的主要问题是如何维持他不稳固的统治。当时朝廷有岳飞、韩世忠等名将，对金作战连连取胜，形势十分有利。然而宋高宗却自毁长城,指使秦桧杀岳飞、罢韩世忠,制造千古奇冤。《中国通史》第七卷在宋高宗传记中揭露其中的奥秘:"防范武将,守内虚外是北宋立国以来世传的'家法'。自宋太祖以来宋朝诸帝对于武将一直抱有猜忌心理,他们惧怕武将在战争中发展力量,而最终造成对皇权的威胁。因此他们不敢放手让武将用兵,要时时限制或者剥夺武将的兵权,甚至在战争有利的情况下也宁愿赔款求和,而不让武将在战争中发挥更大作用。"这段分析,可谓一针见血。北宋的军队训练是一流的,古代兵书中北宋整理的经典最多。火器也是在北宋时期发明应用的。但是将帅的指挥却要处处受制于朝廷,这不仅限制了将帅的才能,也违背了战争的基本规律。所以,造成宋朝在对外战争中多次战败的原因,很大程度上不在军事,而在政治。

与北宋的腐败相对比,辽、金、西夏是少数民族政权。但是他们的汉化程度和封建化的进度远远超过魏晋南北朝时期。魏晋南北朝时期的民族分裂和战争,是由于汉族地主对少数民族的歧视和少数民族酋帅对汉族的仇恨。处于落后状态的少数民族想以战争和屠杀毁灭汉族的文明,既不现实也没有这种能力。当少数民族统治者接受先进的汉族文化,并与汉族融合时,统一才具备了条件。北宋时期的少数民族都有不同程度的汉化。契丹是游牧民族,在唐朝时就与内地交往密切。辽立国时设南、北面官,北面官管契丹事务,南面官管汉人事务,这仍是少数民族政权"胡汉分治"的传统。辽进入华北平原后,很快改革了这些不适应的制度。综述第二章叙述:"辽景宗励精图治,任人不疑,信赏必罚,而且更多地任用汉人为官,因而更多地吸收了汉人的统治经验。"西夏最初就是唐朝的藩镇,汉化更为彻底。李继迁筹备建国时,就开始模仿宋朝制度设立官职。西夏立国后,"设官之制,多与宋同"。为了达到既学习汉族文化,又保持民族个性的目的,李元昊专设"蕃学",将汉族经典《孝经》等译成西夏文字,供子弟学习。辽与北宋作战之初,还保留着游牧民族的习惯,在所过之地大肆劫掠,并称为"打草谷",以此解决军需和刺激士气。这种野蛮的做法遭到汉族人民的强烈反抗,辽统治者按汉人制度,设立后勤体制,解决军粮和马匹等问题。进入中原后，则设立屯田，开办牧场，以生产而不是掠夺解决经济需求，这是一个进步。相比之下，金朝是从原始部落发展起来的，制度更为落后些，金军在中原的野蛮行为遭到汉族军民的反抗，金朝在中原的统治从来也没有得到巩固。后来金朝学习辽制，设南、北选，拔擢汉人做官，并开汉学接受汉族文化。金朝逐步由奴隶社会进入封建社会，其进化速度是相当快的，但还是赶不上时代的需要，对社会的破坏大于建设，所以在汉、契丹和蒙古族的联合攻击下，终于灭亡。

所以，北宋与辽、西夏形成长期鼎立的局面，不是偶然的。北宋像个步履蹒跚的巨人，虽然强大却自缚手脚。辽与西夏虽然年轻，却有一股发展的活力。封建化的进程奠定了辽与西夏立国的基础，注定它们不会是短命的政权。它们没有传统文化形成的沉重负担，可以根据需要吸收先进的文化和制度。辽与西夏的存在，将东北和西北的边远地区带入封建社会，从根本上改变了其祖先的游牧和落后状态。白寿彝先生赞扬少数民族对中国统一多民族国家形成的贡献，就在于此。

二

宋朝虽然政治上乏善可陈，在经济上却依然保持着世界第一的位置。宋朝的繁荣程度比唐代又有大幅度的发展，如何解释这个现象，《中国通史》第七卷以大量篇幅，综合宋史研究的成果，为我们做了深入的分析。

五代至南宋，虽然战争不断，但是战争毕竟是在局部的地区和有限的时间内进行的。广大江南地区很少受到战争摧残。即使是黄河流域和西北地区，在战争间歇时期，农业经济也能在短期内得到恢复。如果看到史书上充满战争描述，就认为天下涂炭，是不符合实际的。这是一个大前提，也是宋代经济发展的基本条件。

不可否认，宋代经济是在唐朝经济发展基础上的延伸。唐朝后期经济重心的南移和手工业发展的水平，为宋代经济发展打下良好的基础。但是宋代在很多方面超过了唐代。究其原因，可归纳为四个方面：商品生产的发达、城市职能的改变、科学技术的突破以及海外贸易的发展。

宋代江南的人口增长和土地高度利用，使粮食和经济作物的产量比前代有较大幅度的提高。农业技术的进步和普及对促进农业发展有不可低估的作用。宋代官方文书中为数不少的"劝农文"和私人著述的农书，体现了对农业技术的重视。租佃制的实行放松了对农民人身的控制，分成制的分配方式在一定程度上提高了佃农的生产积极性。货币租赋的形式给农民的自由耕作提供了一些便利。宋代农业种植的品种相当丰富，棉花和蔗糖的迅速推广反映农民从单一的粮食生产转变为多种经营。没有土地耕种的农民转而从事养殖业、手工业。农业生产的多样化为商品生产提供了充足的原料，私营手工业的发达为社会提供大量商品，促进社会的繁荣和经济交流。

城市的职能在宋朝有相当大的改变。此前，城市主要是政治中心。唐后期在交通要道普遍设立军镇，维持地方治安。唐朝长安和洛阳的商业区集中在东西两市，规模虽大也是有限。典志第五章指出："到了北宋，城市经济向着近代化开放式城市发展，完全突破了居民区和商业区的区分，中世纪前期的城市管理制度'坊市制'退出了历史舞台，代之以适应新的商品经济十分发达的城市管理制度'厢坊制'。坊不再是封闭式的居民区，实际上是商业与居住混杂在一起的街区。'镇'已由原先带有军事性质的要地演变为县以下的乡村经济中心，'市'则是未设'镇'的乡村经济中心。"这是一个重大的进步。北宋的首都开封是当时世界上最繁华的城市，不仅拥有繁华的商店和众多手工作坊，还用四通八达的道路和运河保证了贸易往来的畅通。宋代的城市功能，逐渐向经济商业倾斜。新发展的城市大部分是商业中心。这样一批城市的出现，是宋代经济繁荣的集中体现。

科学技术在宋代有突破性的发展。以《梦溪笔谈》为代表的一批科学著作涵盖了天文、地理、冶金、采矿、石油、造纸、航海、建筑、兵器、医学等多方面的成果。《中国通史》第七卷从两方面反映了科技发展的原因。一是经济发展促进了民间的发明创造，如毕昇改进活字印刷术，开创了世界文明史上的一次伟大技术革命。而火药、指南针的发明者连名字都没有留下。二是宋代涌现了一批热心科学研究的官员。宋代官制很重要的一项是使职差遣，这些职务往往具有较强的专业性。它要求官员不仅具备行政管理能力，而且要有一定的科学知识。沈括任提举司天监期间，认真研究天文学，对观测仪器进行改造；在奉命治理汴河工程时，对水利研究颇有成就；任知延州时，对边防和军事地理进行了实地考察，还命名了石油并对其加以利用。在工作和实践中认识科学，总结科学，成为一些有识之士的习惯。他们把这些知识写在书中，流传后世，成为不朽的科技著作。李诫任将作监，主持东京宫廷建筑，据此写出《营造法式》。宋慈任提典刑狱官，写出法医学著作《洗冤集录》。这些科技著作的问世和传播，推动了科学的进一步发展，产生了巨大的经济效益。宋代科技的发展与经济繁荣是相互促进、相互推动的。

宋代商业的发展远远超过唐代。在封建社会的商业贸易中，货币往往是制约商业规模的主要因素。有限的金属货币使得唐代交易无法正常发展，常常使用低效的实物交易。宋代发明了纸币"交子"，被称为"货币史上的一次革命"。它是商业繁荣到一定程度、雕版印刷术成熟时期的产物，也大大推动了商业的发展。说到对外贸易，我们总要提到汉唐的"丝绸之路"。宋代尤其是南宋，在西北通道堵塞后，东南沿海成为对外贸易的主要通道。海上运输的效率与利润，是依靠骆驼长途跋涉的陆路运输无法相比的。但是过去对海上"丝绸之路"的研究远不如陆路研究深入。《中国通史》第七卷对宋代海外贸易进行了全面的叙述，高度评价它"远远超过了唐代的范围"。中国航海技术在潮汐研究、海图绘制和指南针运用方面，都处于世界最前列。充分肯定这一时期经济和科技的成就，是以发展的眼光全面反映中华文明史不可缺少的重要组成部分。

三

与经济和科技发展同步，五代辽宋夏金时代的思想、学术、文化也呈现出高度繁荣的景象，与宋朝政治的保守腐败形成鲜明的对比。如何解释这种矛盾现象，是《中国通史》第七卷阐述的又一重点。

中国古代知识分子历来有议政、从政的传统。他们关注国家政治，并亲身参与，希望受到皇帝的重视，充分发挥自己的能力。但是在保守腐败的朝廷面前，这些愿望常常落空。尤其是力主改革的人士，不但壮志未酬，还落个身败名裂的下场。中国封建政治的这种特色，使知识分子面临几种选择：或在做官后保持既得利益，成为官僚集团中的一员；或退而独立思考，以著述表达自己的观点和见解。

围绕王安石改革引发的一场斗争，是北宋政治生活中的一件大事。《中国通史》第七卷以客观的笔法叙述了改革的主要内容，同时也指出：王安石的改革意在加强中央集权，这就直接损害了官僚地主集团的利益。官僚地主是依靠皇权获取利益的，但是如果牺牲他们的利益来巩固皇权，又会遭到官僚地主的反对。《中国通史》第七卷中引用文彦博的话说明这个问题。当宋神宗重用王安石实行变法时，文彦博反对说："祖宗法制俱在，不便更张，以失人心。"神宗说："更张法制，于士大夫诚多不悦，然于百姓何处不便？"文彦博明确地说："为与士大夫治天下，非与百姓治天下也。"他的意思是：地主官僚集团是维持宋朝统治的中坚，这些人的利益是不能侵犯的。果然，王安石的改革遭到多数官僚的反对，这场斗争后来演变成集团间的朋党之争，最终以改革派的失败而告终。

宋朝积贫积弱的局面和政治腐败的现实，使许多有识之士无法实现他们的理想。残酷的现实使他们带着一种报国的激情和历史的责任感去思考问题。对世界观的思考引发出宋学、理学，对历史教训的思考引发出《资治通鉴》《通志》这样的巨著，对人生的思考和忧国忧民的激情产生出欧阳修、苏轼的古文，辛弃疾、陆游的诗词。生活的磨难和逆境成为产生伟人巨著的条件，绝非偶然。

司马光从政治上说，是保守的。但他个人始终关心国家的命运和前途。仕途的曲折并没有消磨他的抱负，转而修撰《资治通鉴》。他自述修史的目的是"举撮机要，专取关国家盛衰，系生民休戚，善可为法，恶可为鉴者，为编年一书"。《中国通史》评价说："他的史论和政论融合在一起，寓志于修史之中。"甚为精当。出于谨慎，司马光未修本朝史，将其见闻记录于《涑水记闻》中。这部笔记形式的著述，实际上是宋朝的国史，具有很高的史料价值。宋代流传至今的著名史书均为个人著作，如李焘的《续资治通鉴长编》、李心传的《建炎以来系年要录》、郑樵的《通志》、马端临的《文献通考》等。《中国通史》总结说："宋代是中国封建时期史学的鼎盛期，新史体先后创设，长篇巨著之多，史学家成就之大，各种地理志的纂修，以及把史学领域扩大至金石学等，足以凌驾汉唐，睥睨明清。"是符合历史实际的。

分裂动荡的社会和道德的沦丧，使一些知识分子意识到有必要从最基本的世界观和伦理道德中寻找出路。越是动乱时代，"教化"就越重要。旧经典和佛教都无法回答现实的问题，于是就有了理学。这些夫子们以近于迂腐的执着，去探索人生的哲理。朱熹读书是无所不学，"禅、道、文章、楚辞、诗、兵法，事事要学"。"读书读到不忍舍处，方是见得真味。"其实朱熹无论是考据义理，还是阐发学术，都没有忘记与当时的政治相结合。他在给皇帝上书中，论述天下"急务"是辅翼太子、选任大臣、振举纲纪、变化风俗、爱养民力、修明军政。另一位哲学家叶适的经制之学是"重典章、重经济、重致用、倡改革，又讲义理"。然而《中国通史》明确指出：由于理学的中心目标是维护封建统治，重建纲纪伦理，终于为腐朽的南宋王朝赏识。理学由奸臣史弥远倡导成为官方思想，不能不说是一个讽刺。

文学是道德和心灵的反映。欧阳修倡导道德文章，认为"文学止于润身，政事可以及物"。他把自己的政治观点融入修史，而把自己的感情寄托于诗文。

只有像范仲淹那样"先天下之忧而忧，后天下之乐而乐"的人，才写得出《岳阳楼记》那样的千古绝唱。动荡的生活和战乱的痛苦，产生了许多以爱国主义为主调的诗词。苏轼的热情豪放，辛弃疾的叙事抒情，陆游的忧国忧民，岳飞的慷慨激昂，都具有浓重的悲剧色彩，感人至深。《中国通史》在叙述两宋文学艺术特色时，首先从写人入手，通过对作者的生平经历和思想分析，凸显出佳作名篇产生的背景和原因，使读者对文学艺术的内涵有了更加深刻的理解。

读完厚厚的两册《中国通史》第七卷，深深感受到作者们付出的辛勤努力。五代辽宋夏金史是中国古代史研究中难度较大的一个断代，许多专题的研究还有待深入。这部通史汇集了当代研究的最新成果，融会贯通，是目前最全面、最完整的一部断代史。在肯定成绩的同时也应指出：由于这段历史头绪繁多，过程复杂，要将朝代兴衰沿革综述一遍，已占去大量篇幅。如何在有限的章节内再深入一步，确实是个难题。相比之下，人物传记中倒是体现了不少时代特色和深层次的探索，展开了一些综述和典志中简略的内容。我们相信，有了现在的《中国通史》第七卷，必将推动五代辽宋夏金史的研究向新的深度和广度前进，更好地体现多民族统一国家发展的历史，更好地体现这个时期分裂与发展的对立统一特色。

《回族研究》1999 年第 3 期

鉴古知今，服务当代

——《江苏省志·军事志》读后

经历十年辛勤编纂，《江苏省志·军事志》终于出版了。它以135万字的篇幅，全面、详实地记录了江苏军事地理、军事机构、古今战事、教育训练、驻军、兵役、防空、民兵武装的发展演变，提供了丰富、准确的第一手资料。这部军事志的成功之处，是在编纂中体现了深厚的学术功力和较高的军事科研水平，在充分体现地方特色的基础上，为当代国防建设服务。作为一个读者，从中受益匪浅。择要略述一二，供大家参考。

一、综述古今战事，体现战争规律

军事历史的主要内容是战争史。记录当地发生的战事，也是各级军事志重点记述的内容。但是如何记述，地方志与一般的军史、战史应该有所不同。《江苏省志·军事志》(以下简称《军事志》)紧紧抓住一个"地"字，从军事地理和战略要地的角度，综述从古到今的重大战争，从中体现规律性的东西，给读者一个清晰的印象。

《军事志》在概述中强调："江苏东临黄海，南连沪浙，西邻安徽，北毗山东，居长江、淮河下游，扼江淮入海门户，是东南沿海军事重地。从历史上看，控占江苏，可北拒鲁冀，西扼中原，南下沪浙，可见江苏战略地位十分重要。尤其是江淮之间，历为兵家征战之地。古今之重大战事，在江淮决定全局性胜负的战役战斗屡见不鲜。熟悉江苏地理环境，掌握江苏的地形特点，实为军事家指挥作战夺取胜利的重要条件。"在第 11 章"重要战事"中，通过列举古代多次南北对峙和统一战争，显示出一个大趋势：淮河是分隔南北的最重要的军事分界线，魏晋南北朝、五代、宋金战争，淮南淮北都是主战场。唐朝史学家杜佑在《通典·州郡典》列举前朝军事重镇，主要分布在泗水、涡水、颍水与淮河的交汇处。北方军队控制了寿县、凤阳、盱眙、淮阴这些要点，便可长驱南下，或沿运河邗沟直捣扬州，或经合肥到达和县。尤其是宋朝黄河改道夺泗入淮，徐州、下邳、淮阴更是北军南下的必经之路。宋金战争、元军灭南宋都是如此。而南朝刘裕北伐，自邗沟北上首先要夺取的目标就是徐州。控制了徐州，就有了进攻中原的基地。《军事志》不仅记录了这些战争的过程，还通过绘制作战地图一次次再现了这个规律。使读者真正了解了"守江必先守淮"的战略意义。以古知今，对解放战争中为什么国共最后决战在徐州的淮海地区，也就可以理解得更深刻了。

叙述到近代，《军事志》又强调了一个新特点：江防重于海防。江苏虽有漫长的海岸线，但外国侵略军都是沿长江口入侵内地的。无论是鸦片战争中的英军还是抗战初期的日军皆是如此。因此从清朝到民国，都十分重视长江下游的防御。《军事志》不但记述了这些战事的过程，还在概述中着重叙述了吴淞口、江阴、镇江、金陵炮台防御体系，标明了长江的四个防御重点。民国时期空军建立后，又先后在南京修了三个机场，并与常州、扬州等地的机场相呼应，形成长江和南京的立体防线。虽然清朝和民国抵抗外敌入侵的战争都失败了，但这些江防的历史经验依然有其可取之处。所以无论是国内战争还是对外反侵略战争，江苏以其特殊的战略地位，提供的军事上的经验和教训都是弥足珍贵的。修志者在记述历代战事的时候，并不是简单地罗列事实，而是独具匠心地突出重点，总结规律，使读者从纷繁变化的战争过程中，领悟到其中的奥妙。这样的《军事志》不是一个单纯的资料汇编，而是经过修志者的研究消化，显示出学术性和著述性的著作。

二、提供一手史料，填补军史空白

在现代军事史中，中国革命战争史占有主导地位，近年来研究的成果著作相当丰富。在这种情况下，地方志还有多大的编撰空间，是一个现实问题。常常看到这样的现象：一些志书中记录当地的革命战争事件，基本上是重复已出版的我军战史著作，这就不能发挥地方志应有的作用。《军事志》的编撰者花费了很大功力，收集了许多有价值的史料，填补了军史的空白。

近年来出版的我军战史著作往往有这样的特点：在内容编排上以我军的重要作战为主，以主力部队的行动为纲，以突出战略战术为特色。但是有些内容则无法全面反映。如抗日战争后期，新四军在江淮地区开辟抗日根据地，形成了许多小军区和分区。这些军区有的以地名简称，有的编为序列。其地域时扩时缩，其建制时分时合。要搞清它们的建置沿革，相当困难。但是这个问题不搞清楚，我们就不能确切了解根据地的基本情况，很多问题也无法深入研究下去。《军事志》在"军事机构"一章中解决了这个难题。过去我们在历史文献中常常看到"路东""湖西"这些分区的名称，搞不清其辖境。现在不但知道了它们的地域，还了解了它们的所属部队和组织沿革。另外抗战中临时设置的一些地名，如"甘泉"，不知其所在。现在知道是"湖西、水南办事处合并为甘泉县（现分属仪征、邗江、天长三县）"。

抗日战争和解放战争是漫长的历史过程。我们过去所了解的都是一些著名战斗。但是在没有发生战斗的多数时间里，各根据地和解放区是怎样生存和发展的，不是很清楚。对研究历史而言，过渡阶段看似平淡，却是相当重要的，起着承上启下的作用。不了解这个过程，就无法解释我军的发展壮大。《军事志》第十一章用相当大的篇幅，详细记述了抗战中期"新四军、八路军在江苏敌后战场的作战"、解放战争时期"坚持在国民党统治区的斗争"等内容。这些反"扫荡"、反"清剿"斗争看似琐碎，规模不大，但对配合战略全局有着重要意义。整理这些内容，是相当费力的。这些记载为研究革命战争史提供了宝贵的第一手资料，是对我军战史很好的补充。特别指出的是，抗战期间新四军建立了秘密交通线，通过与敌伪占领区的贸易，解决了根据地必需的物资，对维持根据地的生存发展起了重要作用。但是具体的路线过去一直不清楚。《军事志》在"新四军的军事运输"一节中，记录了从苏中新四军一师驻地角斜至葛家兜、余家庄、吕四港的交通线。注明"由此走海路可与上海的秘密交通站、秘密兵站及浙东的小路头镇相沟通。当时，从上海采购的军需物资器材、根据地与上海往来人员多经此线"。同时，还记载了新四军苏北各部队之间的多条兵站运输线，为我们呈现了一个四通八达的交通网。这些资料字数不多，极有价值。

在填补空白方面，《军事志》做了多方面的工作。例如，1927—1932年间，江苏曾发生数十次工农武装暴动。由于各方面的原因，这些暴动时间很短就失败了。过去很少记载这些暴动。《军事志》实事求是地记录了这些暴动的过程。没有这些教训，也就没有后来苏区红军的发展。这些共产党人的英勇奋斗和牺牲，应该在历史上有应有的地位，值得我们纪念。

战争既是敌我双方的较量，就应该反映两方的情况。过去的战史著作，着重记录我军的行动。对敌人方面的情况则很省略或基本不提。这使我们难以全面把握战争的态势和全局。应该指出，在我军当年的作战资料中，对敌情是十分重视的。不知己知彼，打胜仗就没把握。为了全面反映江苏的革命战争，《军事志》以"附录"的形式，分别列举了抗战时期"汪伪政权驻江苏部队""侵华日军驻江苏部队"。将日伪军的部署、调动情况，一一记录在案。这样，我们就可以清楚地了解当年新四军与敌人的对峙态势，对我军作战行动的目标和意图有了全面的理解。

江苏是有着光荣革命传统的省份。在抗日战争和解放战争中，在新中国成立后漫长的和平年代，江苏民兵都发挥了重要作用。在地方志中，民兵的内容是不容易写精彩的。有些地方志把民兵方面的内容写成工作汇报，训练、双拥，有千篇一律的感觉。《军事志》在第五章民兵中专设"战略地位和作用"一节，将民兵的作用提到战略的高度，充分肯定民兵在不同历史时期的作用。例如解放战争期间，苏北民兵配合主力部队，担负的主要任务是：侦察情报、切断国民党军交通、阻击袭扰国民党军行动、搜捕国民党逃兵和看押俘虏。在敌占区，民兵的斗争形式有：改造地形机动作战、开展锄奸活动打掉敌军耳目、配合地方武装反"扫荡"反"清剿"、开展政治攻势分化瓦解敌人。在战略决战阶段，民兵担负起繁重的支前任务，输送粮食弹药、救助伤员。新中国成立后担负肃清匪特、守卫海防等任务，常备不懈。对每个历史阶段民兵的活动，都有事例、有统计、有总结。毛泽东说："兵民是胜利之本。"革命战争是人民战争，没有广大人民的支持和参与，革命战争就不可能取得最后的胜利。在新的历史条件下，民兵依然是维护社会稳定的重要力量。该章结尾记述了1983 年南京栖霞区组织 3000 民兵，整治 15 路公共汽车秩序，打击偷盗，保护人民利益的事迹，给人深刻的启示：在社会主义商品经济时代，在未来反侵略战争中，如何发挥民兵的作用，是一个至关重要的问题。

三、指导思想明确，地方特色浓郁

《军事志》的学术性和实用价值体现在多方面，在编纂指导思想和突出地方特色方面也有创新。

每一部志书的出版，都该有它的分量。的确，上下几千年，方圆多少里，林林总总有多少事情要写，于是就产生了问题：哪些内容是必要的，哪些是不必要的。由于照顾到方方面面，难免有的该写也没有写深写透。江苏在修志总体规划中，体现了一个特点是：有所为有所不为，突出重点，写深写透。

就《军事志》来说，有所为有所不为首先表现在篇目设计上。江苏军事内容丰富，再加上一倍的篇幅也难以周全。为了解决这个问题，在总体规划中另设《军事工业志》《人物志》和《江苏人民革命斗争纪略》。这样既减轻了《军事志》的容量，又使其他军事内容在相关的专业志中得到充分的反映。在《军事志》的概述中，首先描述了江苏军事地理的概况，虽然未设单独章节，却对全书起到了提纲挈领的作用。

其次，在记述范围上也把握了这个原则。"编纂始末"中说："军事工作有其特殊性，历史上有些规模较大的战役行动往往是跨越省域进行的，因此志书记述不得不涉及一些邻近省市。否则难免会出现以偏概全、缺乏连贯的弊端。"因此，《军事志》采取了"本省从详，邻省从略"的办法，"按照当时的情况如实记述，这样既能反映事物的系统性和完整性，又能使读者从中看到发展变化，了解其来龙去脉"。从军事历史角度看，江苏与安徽和上海是不可分割的。但是《军事志》的编纂者在淮海战役等战事的叙述中详略得当，既突出了本省，又照顾了邻近地区。

在有所不为方面，采取了相应的省略。例如"文化大革命"十年，军事工作也深受影响，可记录的内容很多。但这主要是政治原因，如果把一次次政治运动都写下来，不仅冲淡了军事，效果也未必好。《军事志》仅用两页篇幅叙述"文化大革命"，这种处理是可取的。

在突出地方特色上，除了前面叙述的内容外，编纂者还在其他一些方面取得了成就。如作战地图的绘制，一是数量多，二是质量高，三是突出地方特色。例如淮海战役作战示意图，在反映全局上与《中国人民解放军战史》《中国军事百科全书》基本一致。不同的是《军事志》的地图附加了第一阶段作战的细部，因为歼灭黄百韬兵团的作战是在江苏境内进行的。这就突出了地方特色。这样的例子还可以举出若干，显示了编纂者的创新意识。在征兵工作中，江苏的特点是"富兵难征""富兵难带"，这是改革开放以来出现的新情况。编纂者并不隐讳这个特点，还在"兵役"和"政治思想工作"中总结了许多新经验，在方志编修中也是一个创新。

四、总结历史经验，为国防战备服务

军事志的一个显著特点，就是它的实用性。即总结历史经验和教训，为国防和未来反侵略战争服务。在现代高技术战争条件下，城市防空是一个重要问题。现代大城市越发展，防空和抗打击问题就越突出，海湾战争和科索沃战争已经给我们提供了严峻的教训。当年朱元璋占领南京后，谋士朱升就提出了"高筑墙、广积粮、缓称王"的战略方针。毛泽东在 20 世纪 70 年代提出了"深挖洞，广积粮，不称霸"的战略方针，全国上下掀起了战备高潮。《军事志》在"人民防空"一章中，对三十年来的工作进行了认真细致的总结，提供了很好的经验。

在江南水乡的特殊地理环境下，如何搞好国防地下工程，是一个难题。"人民防空"中介绍的"江苏地处东南沿海，境内沟河密布，地下水位高，年降雨量大。早期构筑的人防工事渗漏水严重，有的甚至长年浸泡水中，无法使用"的情况，是普遍性的。为了解决这个难题，各地人防部门经过多次研究实验，找到了化学注浆等一些行之有效的办法，不但提高了工程质量，还使许多面临废弃的工程起死回生。这些经验不仅对江苏有用，对江南各省也有指导借鉴意义。

"文化大革命"时期的地下防空工程，许多是由各单位人工挖掘的，成本高，质量差。在社会主义市场经济的今天，如何降低成本，提高质量和效益，江苏走出了一条新路。20 世纪 70 年代末，江苏组建了专业人防工程队伍，采用承包制，使工程建设走上符合经济建设规律的发展道路，效果明显。但是长期的和平时期，能否有效地维护这些需要大量经费投入的工程，又是一个问题。各单位发挥聪明才智，将市区内部分工程改建为服务设施，如旅馆、仓库等。特别是苏州将一条防空地道改建为过街地道，既方便了市民通行，又使防空设施得到维护。人防部门将这些服务设施的收益，转过来为人防工程建设服务，形成良性循环。他们总结的经验是："人民防空工程主要是用于战时防护，减少因敌机空袭造成的人员伤亡和物资损失，坚持城市斗争而修建的地下工程，每年要花费大量的人力、物力和财力投入工程建设和工程维护，为充分发挥工程投资效益，在兴建人防工程时结合考虑社会经济建设和城市建设，以利平时开发利用，为社会主义建设和人民生活服务，实行平战结合。"

在和平建设的今天，我们时刻不能忘记做好反侵略战争的准备。在修志过程中，编纂者没有忘记告诫大家。在这一章的最后，编者附录了"日军侵华期间对江苏各地的空袭"的历史资料。从上百起血淋淋的记录中，既使我们清醒了头脑，提高了战备意识；又使我们汲取了历史经验，认真研究高技术战争中的防空特点，具有现实的指导意义。

科索沃战争为我们提供了一个新经验。北约在轰炸南斯拉夫的过程中，主要是打击交通枢纽，瘫痪南军的机动能力。在未来反侵略战争中，如何维护军事交通线，也是一个新课题。因为在现代作战中，没有制空权，铁路、公路和桥梁很容易遭到敌机和导弹的破坏。《军事志》在第九章后方勤务中总结了国共双方的历史经验，具体列举了江苏境内的兵站系统和多条运输路线，对我们很有启发。针对江苏河网密布的特征，修志者特别强调了水路运输的重要性。在铁路、公路不通的情况下，水路运输以其支流多，易分散、运载量大的特点，同样可以发挥作用。为了说明这个问题，修志者在"水路军事运输"一节中列举许多事例。如 1976 年某导弹营进入苏北地区，因装备较重，公路桥梁负荷不够，改由水路运输，用 1500 吨的驳船完成了任务。在未来反侵略战争中，只要坚持"你打你的，我打我的"，依靠人的创造性，就一定能克服困难。抗美援朝中志愿军的"钢铁运输线"是典型的案例，江苏水上运输的经验，也一定能在未来战争中发挥应有的作用。

总之，《军事志》是一部高质量的专业志。对编纂人员付出的辛勤劳动和取得的成就，应给以充分的肯定。但是也有一些问题值得考虑，例如，军人退役安置的内容，士兵在"兵役"章，干部在"政治工作"章。我们知道士兵退役安置属人武部，干部转业安置属干部部。但是工作性质是同样的。部门分工的现象是否在方志中也要分清，是否可以合并？另外，"后勤工作"中记述计划生育，与军事关系不大，对各单位同样的工作，专业志中似可省略。这些问题可以在今后的续修中解决或完善。我们欣喜地看到，江苏省军区已经对《军事志》的续修做出规划，期望他们在今后的工作中取得更大的成绩，修出更好、更新的军事志来。

《中国地方志》2002 年第 6 期

中国历代战争与军事地理

一、关于兵家必争之地

军事地理学在中国是一门既古老又年轻的学问。说它古老，是因为中国自有战争之日，将帅、学者对地理环境就非常关注。春秋时期的军事经典著作《孙子兵法》中的"九地篇"，就是专门叙述战争地理学的著作。孙子把地形分为轻地、交地、重地、死地等，具有很强的实用价值。历代史家延续了这个传统，对中国的战争和地理进行了更深入的总结，最有代表性的当属唐代李吉甫的《元和郡县图志》，以今天的观点看，它实际上是一部兵要地志。清初顾祖禹著《读史方舆纪要》，可谓军事地理的集大成者，书中把历史地理的政区沿革、著名战场及雄关险路——总结，《读史方舆纪要》是古人在军事地理学领域的巅峰之作。

现代人谈起军事地理学，视角往往局限于"兵家必争之地"。军事地理学就是研究兵家必争之地吗？这是第一个需要解答的关键问题。前些年国内出版了几本关于兵家必争之地的书，写法是把古代军事地理现代化。即按顾祖禹的方式，将古代雄关险路、战场隘口等，标识了现代位置，做了一番总结，并给军事地理下了个定义："历史军事地理是研究历史上战争活动与地理环境之间的关系，探索各历史时期军事活动与地理条件之间相互制约与影响的规律，为研究军事历史和现今国防建设、军事活动提供历史的借鉴。"这个定义对不对？对，但是有问题。他们列举的兵家必争之地，是冷兵器作战时期的军事要地。20 世纪以来，作战方式、武器装备经历了翻天覆地的变化。冷兵器作战时期的作战经验有多大的参考价值？这是最大的问题。我们应该看到，随着作战方式的改变，军事指挥的眼光也早已跨越了多少个里程碑。如果仅仅以历史地理的眼光来研究军事地理，就极容易犯书生论兵的毛病。研究军事地理的人首先要懂得军事知识，懂得军事指挥的基本要领。军事地理不是一门简单的基础科学，而是一门实用性非常强的应用科学。军事地理，军事在先，地理在后。不从战争与军事的实际出发，地理的重要性就无从谈起。

研究学问、治学之道关键在活，活了学问就生动有趣。军事地理的基本方法，是研究战争进程对地理环境的要求。战争进程通常分为三步：第一，侦察；第二，对地图的判断；第三，决心和部署。先说侦察，侦察是打每场战役之前必须做的工作，它的关键在于对地形的熟悉与对情报的获取，侦察内容包括敌方目标位置、敌方兵力部署、敌方行军路线（经过桥梁、险路，沿途障碍等），这些是地理地形问题。我方需要提前进行哪些侦察呢？包括兵站、粮站、弹药囤积的位置及兵员、弹药的运输，这也是地理地形问题。通过地理知识、信息的获取，我们能判断这场战役应如何展开。以地图为根据，结合敌我两方的情报，争取对己有利对敌不利的地形。

那么，战争有进攻和防御的区别，根据地图地形、敌我两方情报，如何决定进行一场进攻战还是防御战？同样的地区地理环境大有不同，举例说明：八路军一一五师抗战中打的第一战——平型关战斗，是在一条山沟里打了一场伏击战。为什么要在这个地方打呢？2005 年我前往考察，古代的平型关建在山梁上，北宋时沿山脊建了一道土垒的长城，平型关当着山路，俯瞰关下是一条羊肠小路，敌军爬山累得气喘吁吁，到这里开始和守关的军士展开搏斗。山坡、隘路，根本无法展开大部队，平型关及长城起到"一夫当关，万夫莫开"的作用。抗战那时如果以国民党军队的战法，当利用古代天险在山梁组织一场阻击、防御战。但林彪察看地形后，却决定打一场歼灭战，即进攻战斗。他的部队埋伏在平型关附近的乔沟，然后从塬上居高临下地发起攻击。于是，平型关战斗作为一场伏击战闻名于世。从中可以看出，同样的地区，打防御战要利用山头的平型关和长城，打进攻战要利用山沟，换句话说，同一个地方出现两种决心，出现两种地形利用的方法。两者间孰优孰劣的判断，正是军事地理的灵魂核心所在。根据地形和观察下定决心，寻找适合作战的地形，绝非泛泛而谈就能解决的问题。

军事地理学中最重要的问题，即地图和实际的差距。任何地图与地理描述，都不可能百分百准确，地形是变幻莫测的，"变"与"不变"的奥妙皆蕴含其中。不变，黄土高原改变不了；说变，在具体的地方，高速公路、桥梁隧道、聚落点、新的城市，变化是最快的。一方面不变，一方面变得最快，所以在军事地理研究中必须注意地图和实际的差异。战争中所犯致命错误，往往是因为地图用旧了，用了老地图。而实际上，现实中很多地貌日新月异，特别在中国，地貌在短期内就会发生很大变化。所以，军事指挥员要时刻面对地图，掌握路程的远近、险要、河流、桥梁，根据行军能力决定作战计划，是非常有道理的。敌人兵力虽多，但分散，我方抓住敌分散兵力，集中优势兵力各个击破，才能取得最后的胜利。司令员看地图，需要掌握以下情况：一，敌方的部署如何；二，我方的部署如何。然后标出敌我态势图。接下来考虑如何打仗：部队从哪个方向运动前进？从哪几条路线包围敌人？包围一个点后，如何进攻，突破点在哪？如何阻援，预备队摆在哪儿？整个过程正如下一盘围棋，步步都要思虑周详。只有地理和军事发生了密切联系，地理对军事来说才真正是至关重要的。

二、战术、战役、战略地理

军事地理学是一门应用性、实用性很强的应用性科学。那么军事地理的实用价值体现在哪些方面呢？首先体现在不同的层次上，不同级别的指挥员对地理环境有不同的要求。有一句经典的话说：一个司令员的眼光和一个连长的眼光是完全不同的。连长注视的是眼前这片开阔地，是一个突破口，而司令员注视的是整整一片战区和最重要的几条战线。于是军事地理学就分成了几个层次，即军事学所说的战术层次、战役层次和战略层次。

先说战术地理，所谓战术地理是从一场战斗来看如何利用地形。举一个著名战例——韩信的井陉之战。《史记》上记载此战是背水一战，韩信摆出背水阵，战争胜利后诸位将领请示，韩信说这是"置之死地而后生"。然而这并非其真正用意。真正的用意是在敌强我弱的形势下，要避免被敌军迂回包围。韩信令部队退至河边背水一战，实际上巧妙地利用了地形，避免了被敌军迂回包围的困境，同时为自己创造了安全的后方。我们用现实中的一个模式来说明，一群人围攻两个人，此二人必背靠背应对群敌，为的就是保证后方安全，专注于目所能及的敌人。韩信井陉之战的真正诀窍就在于此，后背免遭迂回包围，就能激发全体战士的专注力，取得战斗的胜利，这在冷兵器作战时代是非常实用的。

其次是战役地理的层面。拥有成千上万的各兵种参战部队，决策者的眼光必然要扩大一步。配备坦克、大炮的重装部队选择有利的地形和战场，一定要选择开阔地。开阔地才能把坦克摆出来，才能发起大规模的进攻。另一方面，轻装部队要想战胜重装部队，一定要选择峡谷、盆地、沼泽这类适合小部队展开、不适合坦克大炮作战的区域，达到以弱胜强的目的。毛泽东1930年指挥红军进行第一次反围剿，战场在江西东固。考察当地你会发现：自吉安过富田后，进入白云山区域，道路变成山路，弯弯曲曲十几公里荒无人烟，在这十几里的峡谷内都是丘陵，植被非常茂密，便于隐藏大部队。毛泽东深知红军只有长矛大刀和轻武器的弱势，就设计一个口袋，将国民党军引进其伏击区。两侧红军从埋伏的树丛、草丛中冲出来，进行肉搏，使国民党军的机枪、迫击炮发挥不了作用。在《毛泽东选集》第一卷《中国革命战争的战略问题》中毛泽东提出一个战场建设的问题，他认为战场是要建设的，并非两军相遇迎头就打，打遭遇战是最没水平的。何谓战场建设？就是预先设伏，选择有利于我不利于敌，即利于我展开肉搏、不利于敌使用武器的作战区域。然后诱敌深入、聚而歼之，所以指挥员在战争中尤其要注意战场选择。朝鲜战争中，以轻武器为主的志愿军面对重装备的美军，如何克敌制胜？进入朝鲜境内后，彭德怀注意到朝鲜北部多山，公路多沿峡谷前进，便将志愿军部署于峡谷中，美军推进时突然从峡谷冲击，与其近战、肉搏，使美军瞬间丧失战斗力。志愿军一、二次战役都充分利用了峡谷的优势地形，取得了重大胜利。

第三是战略地理。以辽沈战役为例，战前毛泽东和林彪争论，毛泽东主张先打锦州将国民党军封闭关外加以歼灭最为有利，林彪则认为一线平推打长春、沈阳再锦州，两人争论了三个月，从中可以看出一个统帅和战区司令员的眼光是不同的。毛泽东看东三省地图，认为锦州最合适。林彪作为司令员，打锦州面临的最大问题是交通。其主力部队在北满（今黑龙江），几十万部队越过吉林、辽宁打锦州，如何行进？几十万大军粮食弹药运到锦州前线不被敌发现，如何操作？林彪看地图：锦州—沈阳—长春—哈尔滨一线叫中长铁路，在国民党军控制之下。我军队必须选择另两条铁路支线，一条自齐齐哈尔—白城—通辽—阜新到彰武，彰武前方已无铁路，另一条从哈尔滨到吉林，绕过长春到四平，从四平到通辽—阜新—彰武，再步行到锦州。如此长距离的运输，一旦长春、沈阳国民党出动，极易遭受攻击。就当时情况看，毛泽东有毛泽东的道理，林彪有林彪的道理。结果战争的进程出乎意料：我军包围长春，使长春之敌无法行动；而沈阳敌军对林彪行动判断不清。于是林彪命令部队夜里发车，躲过敌军侦察，经白城—通辽到彰武，一个月后将部队运到锦州。可以说，在整个战役过程中，司令员一直对后勤补给路线心存焦虑，锦州一战对林彪来说是一场生死之战，战前绝对没有必胜的把握。今天我们往往根据战果研究军事，但在当时，指挥员在战前需要考虑种种不利情况，这是一个痛苦的酝酿和思考的过程。毛泽东与林彪对锦州战役考量的差异正体现了战略家和司令员眼光范围的差异，此为军事地理必须注意的问题。

三、大战略和地缘政治

战略和地缘政治属于最高层次的军事地理问题。地缘政治不是西方人的发明，中国战国时期的政治家苏秦已经有了地缘政治的认识。《史记·苏秦列传》描写苏秦周游列国，游说秦王，凭秦国四塞之国的地理条件向东以征天下，定能成就一番霸业。其理论就是地缘政治的雏形，也就是战略地理。指从大的地理范围考虑国家战略问题。关于地缘政治和战略地理的一个著名案例，是诸葛亮的"隆中对"。他为刘备设计的战略构想是：先占据益州，再连接荆益，然后北伐中原。后人佩服诸葛亮不出茅庐而知天下事，但我们从战略地理的角度看，"隆中对"存在很大问题，诸葛亮不懂地理。跨有荆益，不曾考虑到三峡的阻隔，荆州与益州是两个独立的地理区域。后来关羽失了荆州，诸葛亮也回天乏术，在北伐中原的战略设想中，诸葛亮犯的错误在于将自己置于不利地位——蜀道。蜀道之难难于上青天，北伐中原时诸葛亮好不容易出了汉中、陇右，但由于长途行军和运粮，战争成本极高。而司马懿只需把守山口，坚守不战，消耗对方物资供给，就能迫使诸葛亮在军粮耗尽的情况下一次次不战自退。忽视了地理问题，忽视了秦岭和三峡的天然阻隔，所以"隆中对"在实践中不可能实现。

战略地理特点是占领对方中心区域。比如战国时兼并战争频繁发生，战争的意图就在于占领对方首都和经济富庶地区。那在什么地区打仗呢？在中间地带。战争一般不会在核心地域开展，因为破坏了富庶区，占领就无意义了。这正为我们解释了为何自古以来，江淮之间会成为征战之地。北京、江南或南京是决策者打算占领的富庶地区，而战争不在这些地区进行，而是发生于中间区域——江淮一带。以淮海战役为例，国共双方的战场选在徐州以东、萧县以西的平地，就是因为在此地开战双方所付代价较小，就像碾庄圩、双堆集也是平地，就是在这样无险可依的平原地区发生了最重要的战争。这正是战略地理学所要考虑的何为心脏区域、富庶区域、中间区域。掌握了这些要素，看地理就有了独到的眼光。

地理在军事方面究竟起到什么关键的作用呢？何为"兵家必争之地"呢？地理上有永久性天险，也有相对的、经常变化的环境。如太行山、燕山、秦岭，是不能改变的，即使在有高速公路和铁路的现代，它们也是永久性天险。太行山有著名太行八陉，时至今日亦然，只不过由骑马的驿道变成公路。这就解释了为何当年山西成为共产党的抗日根据地，就是依靠太行天险。共产党在利用地理环境方面很有特色，当时的太行山深处八路军的根据地，在黎城县境内有黄崖洞兵工厂。进入黄崖洞，人们发现这是个现代版的桃花源。整体是个盆地，入口为一线天的峡谷。从弯曲的小路进入，沿台阶拾级而上。控扼要道，易守难攻。日军攻击黄崖洞时，路口一个小哨兵就坚守了半天时间。里面是有水有田的山间盆地，可以耕作生活。有人可能疑惑，敌人从入口进来怎么办？当年左权参谋长看重此地，正因为它不但是天险，还有退路。有退路的天险才是完整的天险，才是真正的永久性天险。即使在现代化作战中，此地仍不失为屯兵、藏粮的首选。另一方面，军事地理环境在战争中的作用，在很大程度上取决于作战的武器和方式。例如 1950 年四野准备攻打海南岛，必然要越过琼州海峡。解放军没有军舰和空军的支援，只靠木船和陆军如何越过宽阔的海峡呢？四野决策者们首先考虑的是海流的走向，以及风向、风力。当时四野部队只有木船、帆船，依靠这些简陋装备偷渡海峡，必须具备的条件就是夜里的东南风。船只可以顺风顺流，天亮前登陆。四野将领经过调查分析后，强调"好风就是命令"。于是先遣队上船等风，风没有出现，战士们就下船。如此三番，终于在午夜 12 点等来了东南风。部队立即出发，取得偷渡的成功。由此可见，即使同样的登陆作战，由于依据的作战条件不同，做出的选择和判断就不同。

总之，军事地理是一门活的学问，地理环境与作战方式紧密结合，变化无穷。同样地理环境在不同的将帅眼里，就有不同的作用。可谓"用兵之妙，存乎一心"。

现代社会的地理环境早已超越了我们传统的思考，现代文明、现代生存环境、现代高科技的作战手段，产生的一系列新问题、新认识，将成为军事地理研究中的重点。但是，正如孙子所说："夫地形者，兵之助也。"地理环境是战争的辅助条件，而不是决定胜负的关键。决定战争胜负的是人，不是物。也就是说，战争是政治，正义的战争必将战胜不正义的战争。但是将帅在选择战场时，地理环境是重要的因素。利用地理环境争取战争的主动权，占据于己方有利陷对方不利的战略要地，这是"地形者，兵之助"的含义。吴起所说"在德不在险"，是说国家兴亡，政治第一。政治腐败、决策错误，则满盘皆输。与国家政治相比，地理环境仍处于辅助的地位。

以水代兵

我们知道，历史上的战争都是在有限的地域里展开的。将军在大战之前，一定要了解自己所处的地理环境，做出正确的判断和决策。所谓"不知天文，不知地理，不能为将"，说的就是这个道理。所以，从有战争那天起，人们就注意研究地理。中国的军事地理学历史悠久，源远流长。但是，军事地理不是一门死学问，里面充满了灵活多变的情况。同样的地形，可以有不同的应用。攻防之间，变化无穷。本文主要讲战略防御方面的故事。

提起战略防御，我们首先想到的是长城。长城蜿蜒万里，实际是北方的农牧分界线。出了长城就是牧区。古代的游牧民族，以骑兵见长，经常对中原形成威胁。有了长城，胡马不能度阴山，中原地区就安全了。

古代还有南北对峙的局面。长江成为天堑，以隔南北。北方的军队再强大，到了长江就止步不前了。三国时期曹操扫荡北方群雄，但在赤壁栽了跟头，形成三国鼎立。北魏鲜卑骑兵在中原纵横驰骋，到了扬州，太武帝拓跋焘望着浩渺的长江，长叹一声："嗟乎，天之所以隔南北也。"退兵回去了。

但是，要没有长城和长江，国防怎么办？北宋与契丹在河北平原中部的军事对峙，是中国古代战争史中罕见现象。历史上中原王朝与北方游牧民族的军事对抗，一般都在长城内外进行，如汉、唐、明时期。少数民族进入中原后，与汉族中原王朝常常以淮河、长江为界对抗，如南北朝、南宋与金时期。这是中国古代战争的发展大势。唯独北宋与辽在河北平原的对峙是一个例外，这个局面是由五代时期的历史造成的。

10世纪初，契丹（辽）兴起于东北，逐渐向南扩张。后晋的石敬瑭为了借助契丹力量争夺中原，以割让燕云十六州（今北京至山西大同一带）为代价求得辽国的援助。辽军乘机南下，控制华北重镇幽州（今北京）。传统的长城防线与燕山天险不攻自破。辽军南下对北宋构成严重威胁。北宋只好在河北平原上组织防御，抵抗契丹骑兵。

从军事地理的角度看，北宋的河北防线无险可守。在河北平原中部，有拒马河、白沟河、南易水（大清河）、滹沱河等几条平行的河流，可以阻挡契丹骑兵南下。但是这几条河不像淮河、长江水深流急，可以起到天然防线的作用。它们都是季节性河流，水量不足，冬季结冰。北宋设置瓦桥关（今雄州）、益津关（今霸州）、淤口关（信安镇）当南下大道，称为"瓦桥三关"，构成三角防御。

从燕云十六州到瓦桥三关这个历史演变过程，我们用杨家将的故事做个说明。

从后周到北宋初期，中原王朝一直想夺回燕云十六州。后周世宗柴荣征辽，马上打到幽州时，却不幸病故了。北宋雍熙三年（986），宋军分三路进攻幽州。东中两路由河北进军，西路由山西进军。西路主帅是潘美，杨业为副帅，杨延昭为先锋，在雁门关外节节胜利，收复了许多城池。东线由曹彬、米信率领，进攻幽州，被耶律休哥和前来支援的萧太后夹击，大败而退。得到东路军大败的消息后，田重进率中路军撤退。大批辽军压到西线。潘美没能接应杨业，使杨业孤军陷入重围，杨业在雁北朔县陈家谷口战斗中，中箭被俘，绝食三日牺牲。年59岁。杨延昭突围。这一仗叫"岐沟关之战"，决定了北宋在战略上被动的地位。

宋真宗咸平二年（999），契丹又一次从幽州南下，从平原向宋朝发动进攻，宋军节节失利。当时杨延昭守卫遂城（今河北徐水县东），九月初，辽军攻遂城，遂城城小无备，辽军攻围甚急。杨延昭将他们一次又一次击退。萧太后亲临城下，执鼓督战，矢飞如雨。城中守军不满 3000 人，众心危惧，延昭则从容自若，悉发城中居民丁壮登城，日夜守护。一直坚持到十月间。时当初冬，本不甚冷，适值寒潮，气温骤降，杨延昭命城中军民汲水浇灌城墙，一夜之间城墙冻得又坚固又光滑，辽军攻城不下，只好绕过遂城进攻别处。杨延昭乘机追杀，截获了辽军许多武器。这次战役结束后，杨延昭威震边庭，人们称杨延昭守卫的遂城为"铁遂城"。

几年后，杨延昭以功绩升任高阳关路副都部署（或称都总管），成为高阳关路的最高军事长官。杨延昭统兵数万，防守天津至太行山下一线的边防。高阳关、益津关、瓦桥关是河北边防的重要关口，都在杨延昭的管区之内。杨延昭前后守卫边境 20 多年，大中祥符七年（1014）正月于高阳关任所病逝，终年 57 岁。

这种当道设关，以州县城池为据点的防御体系，不能有效遏制契丹骑兵的冲击。契丹军随时可以南下，对中原和北宋首都汴京（今河南开封）构成威胁。如何在不利的地理环境下防御强大的辽军，成为北宋王朝面临的一大难题。

北宋君臣曾设想了几套防御方案。有人建议仿效唐朝河套防御的办法，以几个军事重镇为中心，以数十万军队层次布防。但是北宋兵力有限，无法办到。有人建议决黄河北流，以水代兵；或在沧州至定州一线构筑长城。但是决黄河必定造成大规模泛滥，灾民流离失所；平原上夯土筑城，劳民伤财，也难以持久。这时，六宅使何承矩根据地理环境，提出了"潴水为塞"的方略，实施在平原地区人工构造大纵深的水网沼泽防御体系，以阻遏契丹骑兵的计划。

他建议：利用易水、巨马河、白沟河的水势，在华北平原形成一片水田水网，阻挡辽军南下。宋太宗采纳建议，经过几年努力，"自顺安以东濒海，广袤数百里，悉为稻田"。宋神宗熙宁年间，又利用河北中部的泉源、湖泊，汇合滹沱、漳、易、涞等河流，"自保州（今保定）西北沈远泺（今徐水县东北），东尽沧州泥沽海口（今天津市泥沽村），几八百里，悉为潴潦，阔有及六十里者"。这种人工水网沼泽防御体系，称为"塘泺"。

水网防线的设立，大大限制了辽军骑兵的活动范围。辽军南下的道路被限制在平原的三条干道上，相当于今天的京广、京九、京沪铁路线的走向。活动范围大为缩小。这为宋军组织重点防御提供了条件。当然，北宋的水网防线并非无懈可击。

景德元年（1004），辽军在萧太后指挥下大举南下，在祁州（今安国）、瀛州（今河间）两地突破宋军防线，南下到黄河北岸的澶州（今河南濮阳北）。守军顽强抵抗，射死大将萧挞凛，挫了辽军锐气。宋真宗亲临前线督战，辽与宋签订"澶渊之盟"，缴纳岁币银10万两、绢20万匹后撤军。辽军暂停南下，北宋军民对水网工程进行全面的完善和加强。到宋仁宗明道二年（1033），历经三十年的经营，形成了更完整的布局。

对照今天的河北省地形图，可以了解当年北宋将领如何利用自然河流、湖泊、洼地，创造出联为一体的塘泺。宋辽的分界以今拒马河、白沟河、大清河及海河下游划分，这些河流当时通称为"界河"。沿着界河向南扩展，漕河、唐河、子牙河、滹沱河等都在河北中部汇流，带来丰富的水源，形成一片片天然的湖泊水淀。今天满城东北的一亩泉、望都的阳城淀、安新的白洋淀、霸州的东淀、得胜淀、文安县的文安洼、青县的黑龙港河等地，仍然可以看到当年北宋水网防线的遗迹。但是这些湖泊水淀没有连成一片，在平原西部，由于地势渐高，水源有限，人工造成的水网水量不足，冬天作用不大。为了解决水网防线东部强、西部弱的问题，北宋将领又想了不少办法，因地制宜完善这道防线。

宋仁宗明道元年（1032），刘平知成德军。见顺安、保定界的边吴淀到长城口这一百五十里宽的地带，是辽军骑兵出入要害之地，防御比较薄弱。建议引水植稻，开方田。这种方田是在塘泺湖泊间地势较高的交接处，利用农田进行改造，开沟蓄水，将其变成"深不可以行舟，浅不可以徒涉"的水网。这种水田，因积水太深，实际上无法种植水稻，损害了百姓利益，发生了百姓破坏堤坝放水的现象。这说明水网防御系统实际上只能起到军事上的作用，对百姓生计是一种破坏。

河北的水网防线一直维持到宋徽宗时，由于承平日久，朝廷腐败，"淤淀干涸，不复开浚。官司利于稻田，往往泄去积水，自是堤防坏矣"。靖康年间，金朝骑兵大举南下攻开封，北宋王朝饱尝战乱亡国之苦。

大家要问：北宋为什么选开封当首都呢？历代帝王立国，最重视的就是选择首都。国都的地理方位，要做到战时易守难攻，和平时期可以掌控天下。所以首都的选址讲究个"虎踞龙盘"。春秋政治家管仲说："凡立国都，非于大山之下，必于广川之上。高毋近旱而用水足，下毋近水而沟防省。"这就是说，首都要背靠大山，前临大河，形成天然屏障。长安有秦岭、渭河；洛阳有伊阙龙门、黄河洛水；南京有长江、紫金山；北京有燕山、永定河。所以许多朝代，都定都在这些地方。

从地理环境看，开封地处平原，不像长安、洛阳、北京等都有山川河流的天然屏障，四塞险固而利于守。但开封与其他古都相比，却有便利的水网设施。人工开凿的运河汴河与黄河、淮河沟通，还有蔡河、五丈河等诸多河流，形成向外辐射的水上交通枢纽，这一点是国内其他古都远远不能比拟的。开封处于汴河要冲，唐代京杭大运河通航后，大批江南的财富可直达汴州。关中由于连年战乱，经济凋零，长安、洛阳屡遭战争破坏，失去了昔日的繁华。北宋太祖赵匡胤建都开封，很快形成了一个商业繁华的国际大都市，《清明上河图》反映的，就是开封的场景。

但是，开封是个缺乏险阻的"四战之地"。燕山天险被辽军控制，华北平原使北宋王朝如同没有国防，辽国骑兵只需三五日就可到黄河岸边，渡河之后便能直趋开封。北宋末年金兵南下，开封在军事上的弱势暴露无遗。

南宋初年，杜充继宗泽之后担任了汴京（开封）留守。宋高宗建炎二年（1128）秋，金兵从山东、河南、陕西三路南犯，"是冬，杜充决黄河，自泗入淮，以阻金兵"。开封城被洪水淹没，一座繁华都市遭到毁灭。黄河改道，开始长期南泛入淮。

这是历史上"以水代兵"造成恶劣后果的战例。其实这不是第一次。公元前225年，秦将王贲攻魏都城连日不下，遂引黄河水灌大梁（今开封），魏王出降，魏国亡。明末崇祯十五年（1642）九月，李自成起义军围攻开封。城中明朝守将掘黄河堤坝想淹起义军营寨，结果奔腾的河水淹没开封，城中三十多万居民死亡大半。那场特大人为水患后，开封被黄河泥沙淤为平地，已是"黄沙白草，一望丘墟"。所以，今天的开封有个奇特景观，就是"地上有悬河，地下城摞城"。

我们知道，黄河是一条"害河"。由于泥沙淤积，河床越来越高，形成地上悬河。今天我们在开封以北柳园口黄河大堤上，可清楚地看到黄河之水已高出两岸的地面3米到5米。大堤北边的黄河在奔流，大堤南边的村庄、树木、农田，好像落在凹坑里。经实地测量，黄河的河床底部，比宋金皇宫遗址附近的龙亭公园地面高11米多。由于开封"城在釜底，仰视黄河"，一旦黄河决溢、改道，开封就会遭遇灭顶之灾。经考古发掘证实：开封"城摞城"最下面的城池——魏大梁城在今地面下10余米深处；北宋东京城距地面约8米深，明开封城约5—6米深，清开封城约3米深。

"以水代兵"会带来如此重大的灾难，但这种做法一直延续到现代战争中。1938年5月台儿庄会战结束后，国民党第五战区部队沿陇海线向西撤退。日军土肥原师团攻占山东菏泽后继续南下。蒋介石坐镇郑州，指挥国民党军在开封前线阻击日军。不料战局突变，日军主力攻占归德（今商丘），兵分两路向西进犯，开封前线国民党军主力10万人有陷入包围的危险。蒋介石下达紧急命令，要国民党军沿陇海线两侧向西撤退，10万大军拥挤不堪。加上阴雨，道路泥泞，官兵连日作战疲惫，撤退变成了混乱的溃退。6月6日开封被日军占领。

开封失守，郑州也岌岌可危。第一战区司令长官程潜手下已经没有多少兵力来阻挡日军。眼看情况紧急，战区长官部参谋长晏勋甫建议：在郑州北面花园口掘开黄河大堤，造成泛滥区，将日军隔绝在豫东，保全郑州、平汉铁路和中原。蒋介石批准了这个计划，第一战区长官部命驻在郑州附近的新 8 师炸堤。师长蒋在珍派一个工兵营于 6 月 9 日在花园口南岸黄河大堤实施爆破，炸开缺口。

如果说国民党军是乱挖，也不客观。当时他们的意图是：花园口决口后，黄河水顺着贾鲁河迅速下泄。形成宽阔的河面屏障，阻挡日军前进。贾鲁河是一条千年古河。它的前身就是楚汉相争时的"鸿沟"。鸿沟是战国时期魏国开凿的运河，故道在今荥阳市。鸿沟北引黄河水入圃田泽，东流经开封境内，再南下注入颍河，当时开挖的目的主要是为了灌溉农田。又经过二十多年的开发，连通了济、濮、濉、颍、汝、泗诸水，成为当时中原大地上的主干水道。因此，鸿沟在当时具有十分重要的战略地位，成为兵家必争之地。西汉时鸿沟又被称"蒗荡渠"，魏晋以后称蔡河，仍为南北水运要道，至唐末河道渐淤。元代黄河改道，泛滥中原。忽必烈命贾鲁治河。贾鲁在堵住决口的同时，疏通了故道、开凿了新河道。他从密县凿渠引水，经郑州、中牟，折向南而至开封，而后入古运河，直达周口入淮河，这正是今天贾鲁河的流向。

但是国民党军没预料到，决口第二天，黄河降了暴雨，水量猛增。赵口和花园口两股水流汇合后，贾鲁河开始外溢。滔滔洪水冲断了陇海铁路，向豫东南流去。土肥原师团先头部队陷入了黄河水的包围之中，被迫放弃了从平汉线进攻武汉的计划。退守到徐州后，南下到蚌埠，过淮河到合肥与日军其他部队会合，开始从长江北岸进攻武汉。黄河改道虽然为蒋介石争取了保存部队、迟滞日军的时间，但四个月后，武汉仍然失守。花园口决堤终究没有挽救国民党军败退的命运。

花园口决堤时，国民党军严密封锁消息，没有通知老百姓疏散和迁移。黄河水下泄后，西边一路沿颍河下泄淮河，东边一路沿涡河到安徽怀远流入淮河，黄、淮合流后涌入洪泽湖，淮河、洪泽湖沿岸变成了一片汪洋。河南、安徽、江苏共计 44 县市被淹，受灾面积 29000 平方公里，受灾人口 1000 万以上。淹死和饿死的群众多达 89 万人，而日军伤亡只有 7000 多人，花园口决口造成了历史上人为的一次大灾难。

抗战胜利后，1946 年 12 月，国民党政府的黄河水利委员会成立花园口堵口工程处，准备将黄河回归故道。这条"故道"实际上并不古老，清朝咸丰五年（1855）六月，黄河在河南铜瓦厢决口。经今河南、山东交界的长垣、东明、鄄城、台前等县境，在张秋镇穿过大运河后，夺大清河入渤海，形成今天的黄河下游河道。

此时，花园口以下的黄河故道，除开封、济南等少数大城市为国统区外，大部分都在冀鲁豫和山东渤海解放区境内。这里如同"哑铃中间的把柄"，连接晋冀鲁豫和山东两大解放区，战略地位十分重要。黄河改道后，故道干涸，老百姓在河道上垦荒种地，安家盖房，已经形成了阡陌相连的村庄，大堤也被挖开一个个豁口，开辟出南北畅通的大道。

从理论上说，黄河应当回归故道。但关键是先堵口，再修堤；还是先修堤，后堵口。这不单纯是工程技术问题，而是具有重大政治、军事意义的问题。国共双方斗争的焦点，始终没有离开这个主题。当时，共产党深知黄河归故后会对解放区带来洪水灾害，但为了顾全大局，拯救黄泛区灾民，表示在不使故道下游发生大水灾的前提下，同意黄河归故。但对国民党当局未复堤先堵口，企图水淹解放区的阴谋是坚决反对的。因为当时故道已断流八年之久，河上新建村庄 1700 多个，有居民 40 多万。且沿岸 2000 余里的旧堤已被破坏，急需修复。工程浩大，决非几个月内所能完成。若不先复堤再堵口，则故道两岸将成为第二个黄泛区。中共中央发言人发表谈话，表达了解放区军民的立场。

迫于国内舆论压力，国民党同意在南京与中共再度谈判。冀鲁豫解放区代表来到南京，在周恩来直接领导下与国民党行政院、联合国难民救济总署代表进行会谈。1946 年 5 月 18 日双方达成"南京协议"：下游复堤从速开工，所需器材粮食由联总供给，不受军事影响，花园口工程进度视下游情况而定。南京会谈结束后，解放区开始了大规模的复堤工程。渤海、晋冀鲁豫解放区动员黄河下游各县民工40多万人上堤抢修。当时正是夏收季节，各县治河指挥部向群众宣传治河的重要意义，说服大家麦收期间不停工，一定抢在7月汛期到来之前将堤坝修复。这一切都是在没有现代化工程机械的条件下，用人力和小推车完成的。到7月，两解放区群众共完成土方1230万立方米，初步修复了下游大堤。

1947年3月15日，花园口堵口合龙，滚滚黄河水回归故道，向下游流去。据不完全统计，仅冀鲁豫解放区濮阳、范县等10县河滩地区，被淹村庄237个，淹没耕地27万亩，河床内居住的众多居民陷入无家可归的悲惨境地。5月3日，冀鲁豫边区政府发出布告，要求全区人民行动起来，修堤自救。冀鲁豫全区人民紧急行动起来，自5月15日起，30万人在下游大堤上昼夜奋战。到7月下旬，下游北岸临黄堤及险工，均修复竣工。600余里北岸大堤普遍加高2米，培厚3米。南岸200里临黄堤也抢修完成。7月底汛期第一次洪水到来时，冀鲁豫、渤海解放区的黄河大堤经受住了考验，安然无恙。

6月30日，刘伯承、邓小平指挥的中原野战军主力渡过黄河，开始鲁西南战役。这时，黄河已经把解放区分隔成两半，我军处于有进无退的背水作战态势。当时正是雨季，黄河涨水，摆渡困难。从前方运回后方的伤员和从后方运往前方的弹药物资，都要费很大力气才能摆渡过黄河。

8月1日起，鲁西南地区连降暴雨，黄河水位猛涨。黄河归故后第一次洪峰到来时，有可能出现决口的灾难。一旦决口，刘邓大军将被淹在水里，全军覆没。那几天，刘邓天天睡不好觉，参谋们用"忧心如焚"来形容他们承受的压力。一天夜里，刘伯承突然接到六纵的电话："有人看到黄河水来了！"刘伯承问："是不是真的？"回答："是真的。"六纵部队所在的村庄确实发了水，村里的老乡有的绑木排，有的痛哭流涕。洪水无情，刘伯承派人侦察，第二天报告说是河堤漏水，不是决口。李达参谋长命令部队沿河放哨，观察水情，防备国民党军制造第二个花园口惨剧。部队和老百姓赶往大堤堵漏，干了一天才把口子堵住。邓小平晚年回忆说："我这一生，这个时候最紧张。听到黄河的水要来，我自己都听得到自己的心脏在怦怦地跳。"

这时，黄河南岸国民党军从几个方向围上来，企图与我军决战。刘邓果断决定，不再退回黄河北岸，不与国民党军纠缠。坚决执行中央军委将战争引向蒋管区的战略指示，大军于8月7日黄昏分头出动，拉开了千里进军大别山的序幕。国民党"以水代兵"的算盘，又一次落空了。

"以水代兵"是军事地理上的特殊现象。事实证明，这种做法是处于防御的一方出于阻挡强敌的目的，人工改造地形，造成沼泽和河流改道。其效果弊大于利，往往给人民造成灾难。这些历史教训，应该牢牢记取。

唐朝关内道边防的特点与演变

一

在漫长的中国封建社会历史中，对中原王朝安全构成威胁的外患主要是来自蒙古高原的游牧民族。秦汉时期有匈奴，北朝有柔然，隋唐时期有突厥，唐后期有回纥。抵御和抗击北方游牧民族的南下，维护以长安为中心的关中地区的安全，对历朝历代都是头等重要的大事。自秦汉至隋，封建王朝都采取修长城的办法来抵御北方游牧民族南下。关于长城，历史学家和考古学家都已做了大量研究，取得丰富的成果，本文不再赘述。需要指出的是：各朝的形势不同，防御重点也不同。历代主持边防的大臣将帅，从当时的具体情况出发，审时度势，充分利用自然地理环境，建立起牢固的防线和纵深防御体系，体现出灵活的边防战略指导思想。秦、西汉、隋唐皆都长安，因此黄河河套地区就成为北部边防的重点。

我们先来看一下河套地区的自然地理环境和交通状况。今内蒙古境内的狼山、阴山和大青山是一条自然地理和气候的分界线。北面广阔的蒙古高原，是古代北方游牧民族的主要生活区。三条山脉以南，黄河缓缓流过，分出众多支流，形成了今呼和浩特、包头一带的前套平原和巴彦淖尔市境内的黄河、乌加河后套平原，统称河套地区。这里气候适宜，水草丰美，历史上有"黄河百害，唯富一套"的说法。游牧民族逐水草而居、迁徙不定的生活方式，决定他们在冬季气候寒冷、不适宜生存时，必然举族南下，寻找适合的牧场和栖息地。在南下过程中，他们不可避免地要深入汉族农业区进行掠夺。这种周期性的迁徙造成了中原王朝与游牧民族冲突和战争的根源。

历史上北方游牧部落南下的路线有其规律可循。首先要有适合的山口和通道穿越狼山、阴山和大青山，过山之后要有适合的草原、湖泊供放牧生息之用。中原王朝要阻止游牧民族南下，这些通道和牧场就成为军事上的防御重点。将这些重点地区联成一线，就构成了北方的边防体系。根据史书记载，这些重点地区主要有：

第一，今内蒙古呼和浩特、托克托、和林格尔地区。由四子王旗、武川南下越过大青山，历史上称为"白道"。郦道元《水经注·河水》曰："芒干水（今大黑河）又西南，径白道南谷口，有城在右，萦带长城，背山面泽，谓之白道城。自城北出有高阪，谓之白道岭。"由白道岭进入今和林格尔、托克托平原，即汉云中、定襄郡故地。《新唐书·突厥传》说："故定襄城，其地南大河，北白道，畜牧广衍，龙荒之最壤，故突厥争利之。"考古学家考察位于今呼和浩特东南的美岱定襄故城与和林格尔以北的云中故城遗址，说那里"是一片广阔平原，它在古代不仅是阴山以南重要的孔道，也是发展农牧业的好场所"。①

第二，由今白云鄂博南下，越过阴山至固阳、包头，过河至达拉特旗境内。这条路线据唐朝贾耽《四夷道路》的记载，是唐朝与回纥的往来干道："中受降城（今包头市西南黄河北岸）正北如东八十里，有呼延谷。谷南口有呼延栅，谷北口有归唐栅，车道也。入回鹘（即回纥）使所经。"呼延谷在今包头市西北，《汉书·地理志》称为石门障。《水经注·河水》曰："河水又东流，石门水南注之，水出石门山。地理志曰：北出石门鄣，即此山也。"

第三，今乌拉特中旗地区。狼山、阴山在这里分离，成为漠北至河套的通衢大道。由乌拉特中旗南下过乌加河至五原，再过河至乌拉特前旗，秦汉称为

---

① 《1959年呼和浩特郊区美岱古城发掘简报》，《文物》1961年第9期，第20页。

"北假"。《水经注·河水》曰:"自高阙以东,夹山带河,阳山以往,皆北假也。"秦于此置五原郡,西汉置五原、朔方二郡,为河套地区的军事中心。

第四,由今乌拉特后旗越狼山,至乌加河以北的石兰计山口,古代称为"高阙道"。①《水经注·河水》曰:"赵武灵王既袭胡服,自代并阴山下,至高阙为塞。山下有长城。长城之际,连山刺天,其山中断,两岸双阙……故有高阙之名也。自阙北出荒中,阙口有城,跨山结局,谓之高阙戍。自古迄今,常置重捍,以防塞道。"

第五,高阙道以西,还有一条平行的峡谷。《水经注》称为鸡鹿塞道。峡谷南端有两个出口,一个今名大坝口,一个今名乃格隆山口。鸡鹿塞的遗址在今乌兰布和的乃格隆山口。②山口以南,秦汉时期有一个大湖,名屠申泽,也是理想的游牧栖息地。由此沿黄河南下,即可进入宁夏平原。

考察了古代河套地区的自然地理环境和交通路线后,我们就可以进一步研究秦汉至隋唐中原王朝是如何在这一地区设郡县,置军镇,层层布防以抵御游牧民族南下的。

自战国以来,抵御北方游牧民族入侵的主要防御方式是修长城。巨大的工程先后有赵长城、秦长城和西汉长城。这些长城在继承的基础上不断发展完善,形成了多层次的防御体系。长城主要建在河套以北,西汉武帝时修筑的外长城则扩展到阴山以北,将匈奴拒之于大漠戈壁中。这些长城发挥了重要作用,但也使中原王朝付出沉重的代价。秦汉向河套地区大量调兵移民,蒙恬守长城,军士常年保持在三十万人左右。西汉移民多达七十万。河套地区粮食不能自给,需要从关中大量输送,为此秦开直道,从咸阳至朔方,又耗费了巨大的人力物力。巩固边防的本意是为了维护内地的稳定,但大量的移民、筑城却

---

① 沈长云:《赵北长城西段与秦始皇长城》,《历史地理》第7辑,上海人民出版社1990年版,第126—133页。

② 侯仁之,俞伟超:《乌兰布和沙漠的考古发现和地理环境的变迁》,《考古》1973年第2期,第104页。

成为国家的沉重负担，并成为内乱的动因之一。这个现象一直延续到隋朝。历史教训是深刻的。

二

唐朝北部边防体系与前代不同，史书上很少有修筑长城的记载。贞观四年唐太宗灭东突厥后，重建北部边防又提到议事日程上来。他的指导思想是反对耗费巨大民力去修建长城，主张依靠精锐兵力和实用的措施来维护边境安全。他说："隋炀帝不能精选贤良，安抚边境，惟解筑长城以备突厥，情识之惑，一至于此。朕今委任李世勣于并州，遂使突厥畏威遁走，塞垣安静，岂不胜远筑长城耶！"[①]

唐初至"安史之乱"前的一百多年间，唐朝采用移民和沿河套、阴山一线设置军镇，重点防御的方法，构筑北部边防。在地理上继承了秦汉，在方式上则有所创新。

经历隋末战乱，唐初户口锐减。河套地区屡经突厥袭扰，户口逃亡一空。唐置丰州，"不领县，唯领蕃户"[②]。唐太宗不可能仿效汉武帝迁徙数十万内地户口往河套地区戍边，但这个地区的防务空白又必须填补，以保障长安和关中地区的安全。贞观四年唐平东突厥，突厥部落大量南下，迁移至河套地区。太宗召集群臣商议安边之策，温彦博"请准汉建武时置降匈奴于五原塞下，全其部落，得为捍蔽，又不离其土俗，因而抚之。一则实空虚之地，二则示无猜心"。太宗从其议，"于朔方之地，自幽州至灵州置顺、祐、化、长四州都督府，又分颉利之地六州，左置定襄都督府，右置云中都督府，以统其部众"[③]。

---

① 《旧唐书·李勣传》。

② 《旧唐书·地理志》。

③ 《旧唐书·突厥传》。

这些府、州，是唐朝最初设置的羁縻府州。

设置羁縻府州的目的，并不仅是为了安置突厥降户，而有明显的军事目的。将他们安置在河套地区，可以抵御来自漠北的薛延陀等部落，起到"捍蔽"的作用。这种"以夷治夷"的方式也可以减少唐朝军队的损失。安置的地域，史书记载不详。据可考的资料，化、长二州应在夏州境内。当时化州都督阿史那思摩率部众十万"居河南"，贞观十五年太宗令其部落渡河迁往定襄故城。思摩表示："实望世世为国一犬，守吠天子北门。有如（薛）延陀侵逼，愿入保长城。"① 这表明阿史那思摩部落起初是住在"河南地"，即今内蒙古杭锦旗、伊金霍洛旗境内，后迁往黄河以北，防御薛延陀南下。

在颉利故地设置的云中、定襄都督府，史书也未说明其具体所在。贞观四年李靖俘颉利，"复定襄、恒安地，斥境至大漠"。定襄，隋郡，治今和林格尔西北；恒安，隋镇，即今山西大同。说明当时颉利可汗活动的区域在今呼和浩特以南、大同以北地区。唐置云中、定襄二羁縻都督府，应是以西汉云中、定襄郡故地而设。这一带是水草丰美的牧场，又北临白道，可防御自大青山南下的部落。

严耕望先生认为，唐初河套防御比较简单，只在黄河设置燕然、单于二都护府，以统回纥、突厥诸州；在黄河南岸西置丰州，东置胜州，置都督府统大军，屯田积谷。"意在阻河为守，内以巩固河防，外以支援两都护府，作为北方防御的第一线。"② 此说有值得商榷之处。首先，唐关内道北部两大都护府名称屡变，有燕然、单于、瀚海、安北之名；治所亦多次变换。这个复杂过程，谭其骧先生在《唐北陲二都护府建置沿革与治所迁移》一文中已有详细考证，此不赘述。③ 究其原因主要有二：一是都护府系对少数民族部落进行羁縻统治

---

① 《新唐书·突厥传》。

② 严耕望：《唐代河套地区军事防御系统》，黄约瑟编：《港台学者隋唐史论文精选》，三秦出版社1990年版，第40页。

③ 谭其骧：《长水集》（下），人民出版社2009年版，第280—295页。

的机构，如这些部落反唐或迁徙，都护府亦随之废除或迁移。二是都护府长官常由边州都督代领，兼统边防与少数民族事务。朝廷任命何人任边州都督（或行军大使）兼都护，均视当时具体情况而定。这也是造成都护治所因人而异的原因。安北、单于二都护府比较稳定地设置在河套地区，是唐中宗景龙年间至玄宗天宝年间的事。丰、胜二州唐初户口稀少，还没有设重兵守卫。我认为唐初关内道北部的第一道防线，是以东起定襄、云中，西至夏州以北河套以南的突厥及九姓内附部落，他们以羁縻府州的形式为唐朝守卫。第二道防线则如严先生所述，以灵州（治今宁夏灵武西南）、夏州（治今陕西靖边县北白城子）、盐州（治今定边）都督府为一线，基本沿袭秦昭襄王长城遗迹，于横山、贺兰山一线布防。

唐高宗、武后时期，后突厥兴起于漠北。默啜可汗率骑兵频繁南下，对唐北疆造成严重威胁。河套地区游牧部落或逃或叛，羁縻府州名存实亡。永淳年间，突厥围丰州，朝廷欲罢丰州，迁百姓于灵、夏州境。丰州司马唐休璟力谏，指出丰州地处河套，"实为襟带，自秦汉以来，列为郡县，田畴良美，尤宜耕牧"。隋末因战乱，百姓迁至宁、庆二州。致使灵、夏二州以北，全为游牧民族据有。贞观末年才逐渐移民至丰州，恢复旧业。若废丰州，不仅河套之地尽失，灵、夏等州也不会安宁。朝廷听从他的劝告，"丰州复存"。[①]河套地区防务空虚的现实，使唐朝着力重建北部边防。

唐中宗景龙二年，张仁愿任朔方军总管。"先是朔方军北与突厥以河为界，河北岸有拂云堆神祠。突厥将入寇，必先诣祠祭酹求福，因牧马料兵而后渡河。"张仁愿于河北筑三受降城，"以拂云祠为中城，与东西两城相去各四百余里，遥相应接。北拓三百余里，于牛头、牟那山北置烽堠一千八百所，自是突厥不得度山放牧，朔方无复寇掠，减镇兵数万人"。[②]

---

① 《旧唐书·唐休璟传》。

② 《元和郡县志·丰州》。

西受降城的位置，根据王北辰先生的考证，在今内蒙古临河市东北。当地的古城是开元十年张说所筑，距张仁愿的旧城应相去不远。①中受降城即拂云祠，汉五原郡故地，在今包头市西黄河北岸。东受降城，据晚唐宰相李德裕说："胜州隔河去东受降城十里，自东受降城至振武（军）一百三十里。"②胜州故城即今内蒙古准格尔旗东北十二连城，东受降城应在黄河东岸，今托克托县西南。西受降城在故高阙塞以南，把守狼山通往灵州和河套地区的通道。中受降城正当突厥南下的大道，东受降城是由白道经云中、定襄进入关中地区的渡口。张仁愿临河筑城，占地利之先，把守住河套地区的水草牧场，使南下的突厥骑兵得不到牧马休整的场所。他又向北拓展三百里，广筑烽堠，以"论弓仁为朔方军前锋游弈使，戍诺真水为逻卫"。诺真水应是今阴山以北达尔罕茂明安旗的艾不盖河，游弈使的职责是"于军中选骁勇谙山川、泉井者充，日夕逻候于亭障之外，捉生问事"。③这个纵深的防卫体系，其范围与汉武帝的外长城相近。张仁愿继承了汉朝积极防御的思想，在地理环境的利用和军事要地的选择上也很相似。改进之处就是变秦汉的修筑长城为有重点的纵深防御，重点加强烽堠预警系统。在节省兵力和筑城劳役的巨额费用方面，都取得了更好的效果。

唐玄宗天宝年间，河东、朔方节度使王忠嗣"自朔方至云中，缘边数千里，当要害地开拓旧城，或自创制，斥地各数百里。自张仁亶之后四十余年，忠嗣继之，北塞之人，复罢战矣"。④这一时期的河套防御又有加强，于灵州北二百里黄河外筑定远城（今宁夏平罗南），灵州以西一百八十里黄河外置安丰军（今中卫）。又于中受降城西北五百里木剌山故可敦城置横塞军（今内蒙

① 王北辰：《内蒙古后套平原的几个历史地理问题——兼考唐西受降城》，《内蒙古社会科学（汉文版）》1989年第5期，第72—74页。
② （唐）李德裕：《条疏边上事宜状》。
③ 《资治通鉴·唐中宗景龙二年》。
④ 《旧唐书·王忠嗣传》。

古临河市北九十里古城乡），西受降城东一百八十里当北方大路的大同川置大安军（后改为天德军，今乌拉特前旗北乌梁素海东岸土城子）。单于都护府和东受降城，乾元年后改置振武军。一并归驻灵州的朔方节度使统领。天宝年间，朔方节度使领兵六万四千人，马四千三百匹，分布于诸军、城。在关内道自西南至东北二千里长的黄河沿岸，唐军构成了坚固的军事防御体系，有力地保障了长安的安全。

如何保障河套地区驻军的粮食和军需供应，也是唐朝政府面临的一大问题。关中地区人口的急剧增长，粮食已不能自给，每年需从运河、黄河漕运大量粮食至长安，再将关中的粮食千里迢迢运往河套，无疑是需要耗费大量民力的沉重负担。武后时期，即开始在河套地区屯田。娄师德任检校丰州都督期间，"率士屯田，积谷数百万，兵以饶给，无转馈和籴之费"。受到武后嘉奖。① 开元天宝年间，朔方军粮食不能自给，需从别处转运。夏州以北的毛乌素沙漠不断扩展，给关中至河套的陆路运输造成困难。唐朝政府借鉴北魏薄骨律镇将刁雍向河套地区水运军粮的经验，由灵州向河套诸军输送粮食军需。② 开元年间，专设六城水运使之职，使北部边防更加稳定。③

"安史之乱"后，唐朝国力大衰，边防形势亦发生重大变化。在平定叛乱过程中，朔方军作为朝廷倚重的主力，被调往内地。河套地区边防逐渐荒废。据武宗时宰相李德裕的陈述："三受降城相去四百里，自置天德军及振武节度，其东受降城中并在腹内，都无大段兵马镇守。就中中受降城不过三五十人，古城摧断，都不修筑。……东受降城缘是近年新筑……其张仁愿旧城，颇当要害……废来二十年，基址依旧。"④

---

① 《新唐书·娄师德传》。

② 《元和郡县志·灵州》。

③ （唐）孙逖：《授杨行审灵州长史仍充六城水运使制》。

④ （唐）李德裕：《条疏太原以北边备事宜状》。

三

唐朝中期，吐蕃兴起于青藏高原，回纥兴起于漠北。唐置重兵于河西、陇右，主要防御吐蕃的入侵。"安史之乱"后，唐朝西北兵力大部分调往内地，边防空虚。吐蕃乘虚而入，几年之内尽占河西走廊和陇东高原，广德元年（763）甚至一度攻入长安，给唐朝造成严重威胁。朔方军与吐蕃反复争夺，逐渐收复关中失地。德宗建中四年（783）唐与吐蕃在清水会盟，约定："泾州西至弹筝峡西口（今宁夏隆德东），陇州西至清水县，凤州西至同谷县（今甘肃成县），暨剑南西山大渡河东，为汉界。蕃国守镇在兰、渭、原、会，西至临洮，东至成州，抵剑南西界磨些诸蛮，大渡水西南，为蕃界。……其黄河以北，从故新泉军（今甘肃靖远西北），直北至大碛，直南至贺兰山骆驼岭为界。"①根据这个盟约，唐朝关内道边防重点由河套转向西北，沿六盘山、陇山、贺兰山一线布防。

历史上由陇东高原进入关中平原的通道，主要是沿着穿越六盘山、陇山的河谷东行。有渭河，自天水至宝鸡；有千河，自张家川至凤翔；有清水河，自中宁黄河边至固原。泾河上游的支流环江、茹水河，是由陇东高原进入关中的主要通道。唐朝防御的重点，是沿着几条河流的谷地，择险设置关防、军镇，扼守山口、峡谷，层次设防，分区把守。

为了防御吐蕃、回纥，唐朝调整了节度使的辖区。朔方节度使管盐、夏、绥、银、丰、胜等州，防御河套、横山地区；泾原节度使管泾、原等州，防御六盘山以东地区；邠宁节度使管邠、宁、庆等州，防御环江、马莲河流域；凤翔节度使防御陇山地区。晚唐节度使辖境、部署时有变更，但基本格局没有大的变化。

唐朝在陇山、六盘山地区设置的关防和军镇，从《新唐书·地理志》和

---

① 《旧唐书·吐蕃传》。

《元和郡县志》记载中，可见其布局。

陇山，唐称陇坻。陇山昔日以森林茂密、道路险隘作为关中西部屏障。唐中期后由于人为破坏森林，环境发生变化。沈亚之说："歧、陇所以可固者，以陇山为阻也。昔其北林僻木繁，故戎不得为便道。今尽于斩伐矣，而蹈者无有不达。"① 大历年间马燧为陇州刺史，"州西有通道，广二百余步，上联峻山，山与吐蕃相直。虏每入寇，皆出于此。燧乃按行险易，立石种树以塞之。下置二门，设篱橹，八日而功毕"。② 据《新唐书·地理志》，华亭有义宁军，大历八年置。应在今陕西华亭县西，即马燧设防处。又有安戎关（今陇县西南固关）、大震关（今陇县关山）、安夷关（今千阳县西南），扼守陇山诸道。

六盘山属原州境，原州治今宁夏固原，地处陇右与关中交通要冲。自原州北沿蔚茹水（清水河）、安乐川（苦水河）可至灵州。西越六盘山至会宁（今甘肃靖远）可至陇右。东南过弹筝峡、青石岭沿泾水至泾州（治今泾川），进入关中平原，道路四通八达，也是吐蕃军队经常袭扰的地区。唐朝对原州防卫极为重视，李德裕指出："自陇山天宁关北至萧关（今宁夏同心县南）、原州、安乐州（今同心东北）、乌兰桥（今甘肃靖远西南黄河边）等，皆是贼之险路，入寇要津。"③ 唐代宰相元载论原州形势说："泾州无险要可守，陇山高峻，南连秦岭，北抵大河……原州居其中间，当陇山之口。其西皆监牧故地，草肥水美。平凉在其东，独耕一县，可给军食，故垒尚存。"④ 因政治原因，元载的建议未能实施。德宗贞元年间，泾原节度使刘昌"受诏城平凉，以扼弹筝峡口……又于平凉西别筑胡谷堡，名曰彰信。平凉当四会之冲，居北地之要，分兵援戍，遏其要冲，遂以保宁边鄙"。⑤ 刘昌将原州治所由平高（今固

---

① （唐）沈亚之：《西边患对》。

② 《旧唐书·马燧传》。

③ （唐）李德裕：《赐缘边诸镇密诏意》。

④ 《资治通鉴·唐代宗大历八年》。

⑤ 《旧唐书·刘昌传》。

原）移至平凉，意在固守弹筝峡这条隘道。关于刘昌在原州布防的情况，权德舆在《刘公纪公碑铭》中说："西城平凉，开地二百里。据弹筝峡之险，北城保定，深入百余里。扦青石岭之固，凡七城二堡。"[1]《新唐书·地理志》记载，原州"有石门、驿藏、制胜、石峡、木峙等关，并木峡、六盘为七关。又南有瓦亭故关"。与刘昌筑关的记载相合。这些关隘的位置，据《武经总要》前集卷18记载，六盘关"在瓦亭西南陇山上"，瓦亭关在弹筝峡口。从今天的地图看，由平凉至固原的公路自三十里铺进入六盘山峡谷，经瓦亭、灯塔又分为两路：向西至隆德县，向东沿泾河支流至平凉。可以推断，唐朝原州七关应该分布在这条隘路的沿途，扼守由固原和隆德至平凉的通道。

环江、马莲河，在唐称马岭水，属庆州境。环江河谷也是吐蕃入长安的大道。与原州境内的六盘山隘路不同，环江河谷地带川路平直，两边虽有土山，山外皆有高塬，谷道纵横，不易防守。贞元十三年（797）邠宁节度使杨朝晟奏："方渠、合道、木波，皆贼路也。请城其地以备之。"[2]建好三城后，杨朝晟又筑马岭城。木波、马岭，即今环县南之木钵、马岭镇，均在环县至庆阳的路上，把守环江及其支流的汇合处。合道镇据《武经总要》记载，在木波镇西四十里，当在今环县西天池镇一带。

唐代宗大历年间，原州一度为吐蕃占领。唐失弹筝峡之险，将防线退至泾州（治今甘肃泾川）。据《武经总要》记载："泾州安定郡，唐平薛仁杲，置州泾渭之间，地形平敞，正当西塞之口。至德以后，河湟尽陷，西鄙极于潘原（今平凉东南）。遂屯重兵，升州为方镇。又谓散地不足守御，乃建平凉为渭州，临泾（今镇原）为行原州，张蕃翼之卫。"这段话表明泾水流域的茹水河、蒲河一带，均为平川，不能像原州沿河临峡口设防。唐朝只能在泾州选择适当地点，部署防御。

---

[1] （唐）权德舆：《刘公纪功碑铭》。
[2] 《旧唐书·杨朝晟传》。

　　泾州境内原有折庶、长武二城。折庶城在今泾川县东，唐初李世民曾与薛仁杲大战于此。长武城"在安仁谷中，四面险固，皆阻天涧，陡绝唯有一路可上。唐太宗讨薛仁果，顿兵于此，与折庶城相对，皆天险也。西北至（泾）州四十里"。① 长武城即今陕西彬县长武镇。二城虽险，却在泾州治所安定县以东，不利于防御西来的吐蕃军。因此唐朝又在泾川以西修筑新的防御点。

　　泾州西界有连云堡。宋祁曰："连云堡，泾要地也。三垂峭绝，北据高所。虏进退，烽火易通。"② 贞元三年（787），吐蕃攻陷连云堡。"泾州恃连云为斥候，连云既陷，西门不开，门外皆为虏境，樵采路绝。""由是泾州常苦乏食。"③ 次年刘昌重筑连云堡，加强戍守。连云堡应在今甘肃华亭东的安口镇一带。同时，陇右节度使李元谅筑良原故城而镇之。据《元丰九域志》，良原在泾州西南六十里，即今甘肃崇信境内。

　　宪宗元和三年（808），"临泾镇将郝玼，以临泾地险要，水草美，吐蕃将入寇，必屯其地。言于泾原节度使段祐，奏而城之。自是泾原获安"。④ 沈亚之《临泾城碑》述其形势曰："临泾地扼洛口（原注：有洛川在泾州西北，尽于临泾），其川绝饶，利息蓄。其西大野，走戎道，旷数百里。"⑤ 临泾即今甘肃镇原。筑城后，唐置行原州于此，为泾原节度使驻地。取代原州作为防御吐蕃的重要据点。

　　综上所述，我们可以看出唐朝在河套和西北黄土高原地区建立的两种防御体系。其共同的特点是防御少数民族骑兵的攻击，但是依据的地理环境有很大不同。主要特点是：在河套地区，唐朝没有仿效前代修长城的办法，而是因地制宜，控制漠南的交通要道和主要牧场，将对方拒于沙漠戈壁之中，达到遏制

---

① 《武经总要》前集卷18。

②③ 《资治通鉴·唐德宗贞元三年》。

④ 《资治通鉴·唐宪宗元和三年》。

⑤ （唐）沈亚之：《临泾城碑》。

对方的目的。这样就可以较小的代价，收到较好的效果。唐初在河套地区的防御体系，体现了积极防御的战略思想，防御的面宽、纵深大，依靠烽燧预警来灵活应对入侵。中晚唐时期在陇东高原对吐蕃的防御则比较被动，主要依靠扼守河川、隘路，筑堡防御。当一线失守后，再向后选择新的地点，逐次防御。这种防御的方式，对北宋防御西夏战争有很大的影响。北宋在横山、六盘山地区建立的堡寨体系，比唐朝更为完备，充分利用了地理环境。但是，这种防御缺乏机动能力，在战略上是被动的。所以无论是唐对吐蕃的战争，还是北宋对西夏的战争，中原王朝军队都无法取得最后的胜利。

图书在版编目(CIP)数据

唐代羁縻府州研究:刘统中古史文集/刘统著.——
上海:学林出版社,2023
ISBN 978-7-5486-1969-7

Ⅰ.①唐… Ⅱ.①刘… Ⅲ.①羁縻政策-研究-中国
-唐代 Ⅳ.①K230.7

中国国家版本馆 CIP 数据核字(2023)第 195040 号

责任编辑 胡雅君
封面设计 今亮后声

唐代羁縻府州研究
——刘统中古史文集
刘 统 著

出 版	学林出版社
	(201101 上海市闵行区号景路 159 弄 C 座)
发 行	上海人民出版社发行中心
	(201101 上海市闵行区号景路 159 弄 C 座)
印 刷	上海商务联西印刷有限公司
开 本	720×1000 1/16
印 张	23
字 数	33 万
版 次	2024 年 6 月第 1 版
印 次	2025 年 5 月第 2 次印刷
	ISBN 978-7-5486-1969-7/K·236
定 价	88.00 元